中国旅游业普通高等教育应用型规划教材

# 中国旅游文化（第二版）

主　编　刘亚轩

副主编　肖鸿燚　张文霞　郭兰英

中国旅游出版社

项目策划：段向民
责任编辑：孙妍峰
责任印制：钱　宬
封面设计：武爱听

图书在版编目（CIP）数据

中国旅游文化 / 刘亚轩主编；肖鸿燚，张文霞，郭
兰英副主编 . -- 2 版 . -- 北京：中国旅游出版社，
2024. 8. --（中国旅游业普通高等教育应用型规划教材）.
ISBN 978-7-5032-7388-9

Ⅰ . F592

中国国家版本馆 CIP 数据核字第 2024VQ1165 号

书　　名：中国旅游文化（第二版）

主　　编：刘亚轩
副 主 编：肖鸿燚　张文霞　郭兰英
出版发行：中国旅游出版社
　　　　　（北京静安东里 6 号　邮编：100028）
　　　　　https://www.cttp.net.cn　E-mail:cttp@mct.gov.cn
　　　　　营销中心电话：010-57377103，010-57377106
　　　　　读者服务部电话：010-57377107
排　　版：北京旅教文化传播有限公司
经　　销：全国各地新华书店
印　　刷：三河市灵山芝兰印刷有限公司
版　　次：2024 年 8 月第 2 版　2024 年 8 月第 1 次印刷
开　　本：787 毫米 × 1092 毫米　1/16
印　　张：18.25
字　　数：386 千
定　　价：49.80 元
ＩＳＢＮ　978-7-5032-7388-9

# 再版前言

  本教材自 2015 年出版以来，受到广大读者的喜爱，为了与时俱进，并根据读者对第一版的反馈意见，特对本教材进行了修订。

  本次修订主要针对书中的疏漏和不足，注重立德树人，将党的二十大精神、习近平文化思想、旅游强国写入教材，并更新了部分较陈旧的案例。

  本书理论联系实际，突出对学生综合素质的培养，适应新时代人才培养的新要求。

  因作者水平有限，不足之处在所难免，敬请广大读者批评指正。

编者

2024 年 6 月

# 前　言

随着现代社会的飞速发展，文化旅游正成为一种备受青睐、生机盎然的旅游形式。文化因素对现代旅游活动的影响，将会更加深刻和深远。要加快中国旅游业的发展，提高其国际竞争力，就必须高度重视旅游文化建设。一个国家的旅游业若缺少了自己本民族传统文化的底蕴，便失去了特色，不能反映出本民族独有的精神内涵，也便失去了强大的吸引力。实践表明，"举凡旅游业昌盛之国，莫不以旅游文化取胜。"

由于文化具有地域性、民族性、传承性等特点，往往为一个国家和地区所独有，很难模仿和复制。因此，在竞争中就降低了可比性，具有垄断的地位，易形成强有力的竞争能力，也易于创出自己的特色和名牌效应。名牌是促使旅游业走上可持续发展道路的一种宝贵的文化资源。

中国旅游业要获得较大的发展，立于世界旅游强国之林，就必须高度重视旅游文化建设，深入挖掘旅游文化的内涵，营造旅游文化氛围，建立一套具有中国特色的旅游文化体系，为旅游业的发展提供服务和指南。旅游文化是中国旅游业不可缺少的文化底蕴和灵魂，是中国旅游业保持中国特色、提高国际竞争力的关键。

有鉴于此，我们编写了《中国旅游文化》这本书。本书共分10章：概论、旅游历史文化、旅游宗教文化、旅游山水文化、旅游建筑文化、旅游园林文化、旅游饮食文化、旅游民俗文化、旅游曲艺歌舞文化、旅游美术文化。本书充分考虑教与学的需要，内容选取难度适宜。

本书适用于高校旅游专业学生，也可以作为旅行社岗位培训和导游人员等级考试用书。

本书编写分工如下：

第1章由郭兰英编写。

第2章由张文霞编写。

第3章、第4章、第6章、第8章、第9章、第10章由刘亚轩编写。

第 5 章、第 7 章由肖鸿燚编写。

本书涉及内容庞杂，在编写过程中作者参考了诸多文献，并在本书最后列有主要参考书目，对相关作者深表感谢。

由于编者水平有限，书中纰漏之处在所难免，敬请专家、学者批评指正。

编者

2015 年 3 月

# 目　录

# 绪　论

## 第一节　深入学习贯彻党的二十大精神

党的二十大是在全党全国各族人民迈上全面建设社会主义现代化国家新征程、向第二个百年奋斗目标进军的关键时刻召开的一次十分重要的大会，是一次高举旗帜、凝聚力量、团结奋进的大会。党的二十大在政治上、理论上、实践上取得了一系列重大成果，就新时代新征程党和国家事业发展制定了大政方针和战略部署，是我们党团结带领人民全面建设社会主义现代化国家、全面推进中华民族伟大复兴的政治宣言和行动纲领，对于全党全国各族人民更加紧密团结在以习近平同志为核心的党中央周围，万众一心、接续奋斗，在新时代新征程夺取中国特色社会主义新的伟大胜利，具有极其重大而深远的意义。学习贯彻党的二十大精神，习近平总书记强调的"五个牢牢把握"是最精准的解读、最权威的辅导。要从战略和全局高度完整、准确、全面理解把握党的二十大精神，增强学习贯彻的政治自觉、思想自觉、行动自觉，为实现党的二十大确定的目标任务不懈奋斗。

### 一、深刻认识党的二十大胜利召开的伟大意义，提升新时代大学生政治站位

党的二十大担负起全党的重托和人民的期待，从战略全局深刻阐述了新时代坚持和发展中国特色社会主义的一系列重大理论和实践问题，科学谋划了未来一个时期党和国家事业发展的目标任务和大政方针，在党和国家历史上具有重大而深远的意义。

#### （一）这是中国共产党在百年辉煌成就和十年伟大变革的高起点上创造新时代更大荣光的大会

中国共产党在百年历程中共召开了十九次全国代表大会。党的二十大是我们党在建党百年后召开的首次全国代表大会，也是在新时代十年伟大变革的时间坐标上召开的全国代表大会，具有特别的里程碑意义。

**（二）这是推进实践基础上的理论创新、开辟马克思主义中国化时代化新境界的大会**

马克思主义中国化时代化既是马克思主义的自身要求，又是中国共产党坚持和发展马克思主义的必然路径。中国共产党为什么能，中国特色社会主义为什么好，归根到底是马克思主义行，是中国化时代化的马克思主义行。党的二十大深刻阐述了习近平新时代中国特色社会主义思想的科学内涵和精神实质，深入阐释了开辟马克思主义中国化时代化新境界的重大命题并提出了明确要求，具有重大理论意义。

**（三）这是谋划全面建设社会主义现代化国家、以中国式现代化全面推进中华民族伟大复兴的大会**

现代化是各国人民的共同期待和目标。百年来，我们党团结带领人民进行的一切奋斗、一切牺牲、一切创造，就是为了把我国建设成为现代化强国，实现中华民族伟大复兴。在新中国成立特别是改革开放以来的长期探索和实践基础上，经过党的十八大以来在理论和实践上的创新突破，我们党成功推进和拓展了中国式现代化，创造了人类文明新形态。党的二十大明确提出以中国式现代化全面推进中华民族伟大复兴的使命任务，精辟论述了中国式现代化的中国特色、本质要求和重大原则，深刻阐释了中国式现代化的历史渊源、理论逻辑、实践特征和战略部署，大大深化了我们党关于中国式现代化的理论和实践。

**（四）这是致力于推动构建人类命运共同体、携手开创人类更加美好未来的大会**

当前，世界之变、时代之变、历史之变正以前所未有的方式展开，人类社会面临前所未有的挑战。世界又一次站在历史的十字路口，何去何从取决于各国人民的抉择。党的二十大深刻把握世界大势和时代潮流，宣示中国在变局、乱局中促进世界和平与发展、推动构建人类命运共同体的政策主张和坚定决心，为共创人类更加美好的未来注入强大信心和力量。

**（五）这是推动解决大党独有难题、以党的自我革命引领社会革命的大会**

全面建设社会主义现代化国家、全面推进中华民族伟大复兴，关键在党。党的二十大明确提出：我们党作为世界上最大的马克思主义执政党，要始终赢得人民拥护、巩固长期执政地位，必须时刻保持解决大党独有难题的清醒和坚定。

## 二、深刻把握党的二十大主题，激发新时代大学生爱国热情

党的二十大的主题，正是我们党对这些事关党和国家事业继往开来、事关中国特

色社会主义前途命运、事关中华民族伟大复兴战略性问题的明确宣示，是大会的灵魂。习近平总书记在党的二十大报告中，开宗明义指出大会的主题："高举中国特色社会主义伟大旗帜，全面贯彻新时代中国特色社会主义思想，弘扬伟大建党精神，自信自强、守正创新，踔厉奋发、勇毅前行，为全面建设社会主义现代化国家、全面推进中华民族伟大复兴而团结奋斗。"这一主题明确宣示了我们党在新征程上带领人民举什么旗、走什么路、以什么样的精神状态、朝着什么样的目标继续前进等重大问题。《中国共产党第二十次全国代表大会关于十九届中央委员会报告的决议》指出："报告阐明的大会主题是大会的灵魂，是党和国家事业发展的总纲。"学习领会党的二十大精神，必须把握这一"灵魂"，抓住这一"总纲"。大会主题中的六个关键词语值得我们高度重视。

### （一）旗帜

新时代新征程党高举的旗帜就是"中国特色社会主义伟大旗帜"。大会主题写入这一根本要求，既体现了中国特色社会主义历史演进的连续性、继承性，又体现了新时代党坚持和发展中国特色社会主义的坚定性、恒久性。

### （二）思想

大会主题所指示的"全面贯彻新时代中国特色社会主义思想"，就是要求在新时代新征程必须全面贯彻习近平新时代中国特色社会主义思想。党的二十大报告对此作出全面部署。

### （三）精神

继在庆祝中国共产党成立100周年大会上习近平总书记提出并号召继承发扬伟大建党精神后，党的二十大主题写入了"弘扬伟大建党精神"的要求，新修改的党章载入了伟大建党精神"坚持真理、坚守理想，践行初心、担当使命，不怕牺牲、英勇斗争，对党忠诚、不负人民"的内涵，这是党在自己最高权力机关及最高章程上的庄严宣示，明确回答了党以什么样的精神状态走好新的赶考之路的重大问题，不仅是贯穿大会报告的重要红线，也是今后党的全部理论和实践的重要遵循。

### （四）现代化

"现代化"即"全面建设社会主义现代化国家"。这一重要主题彰显了当前和今后一个时期党的中心任务。党的二十大庄严宣告："从现在起，中国共产党的中心任务就是团结带领全国各族人民全面建成社会主义现代化强国、实现第二个百年奋斗目标，以中国式现代化全面推进中华民族伟大复兴。""中国式现代化"成为这次大会的重要标识。

## （五）复兴

在党的二十大主题中，前后用了三个"全面"，即"全面贯彻新时代中国特色社会主义思想""全面建设社会主义现代化国家""全面推进中华民族伟大复兴"。第一个"全面"规定了新时代党的创新科学理论的指导地位，第二个"全面"规定了新时代新征程的中心任务，第三个"全面"规定了党在新时代新征程的奋斗目标。大会主题中的前两个"全面"，以及报告全文使用的其他一百多个"全面"，都是为了实现"全面推进中华民族伟大复兴"这一根本目标。

## （六）团结奋斗

"团结奋斗"是党的二十大主题的鲜明特色。除了在主题中要求"为全面建设社会主义现代化国家、全面推进中华民族伟大复兴而团结奋斗"外，"团结奋斗"一词还体现在党的二十大报告的标题、导语、正文、结束语各个部分。报告全文共使用7次"团结奋斗"、27次"团结"，突出表达了这次大会的主基调。

## 三、深入学习领悟过去五年工作和新时代十年伟大变革的重大意义，增强新时代大学生民族自豪感

过去五年和新时代以来的十年，在党和国家发展进程中极不寻常、极不平凡。习近平总书记在党的二十大报告中全面回顾总结了过去五年的工作和新时代十年的伟大变革，深刻指出新时代十年的伟大变革，在党史、新中国史、改革开放史、社会主义发展史、中华民族发展史上具有里程碑意义。学习宣传、贯彻落实党的二十大精神，必须深入学习领悟过去五年工作和新时代十年伟大变革的重大意义，坚定历史自信、增强历史主动，自觉在思想上政治上行动上同以习近平同志为核心的党中央保持高度一致。

党的二十大报告在总结党的十九大以来五年工作基础上，用"三件大事"、三个"历史性胜利"高度概括新时代十年走过的极不寻常、极不平凡的奋斗历程，从16个方面全面回顾党和国家事业发展取得的举世瞩目的重大成就，从4个方面总结提炼新时代十年伟大变革的里程碑意义。新时代十年的伟大变革，充分证明中国特色社会主义道路不仅走得对、走得通，而且走得稳、走得好。

## 四、深刻领会"两个结合"是推进马克思主义中国化时代化的根本途径，加强新时代大学生弘扬中华优秀传统文化教育

党的二十大报告提出，中国共产党为什么能，中国特色社会主义为什么好，归根到底是马克思主义行，是中国化时代化的马克思主义行。100多年来，我们党洞察时代大势，把握历史主动，进行艰辛探索，坚持解放思想和实事求是相统一、培元固本和守正创新相统一，把马克思主义基本原理同中国具体实际相结合、同中华优秀传统文化相结

合，不断推进理论创新、进行理论创造，不断推进马克思主义中国化时代化，带领中国人民不懈奋斗，中华民族迎来了从站起来、富起来到强起来的伟大飞跃，实现中华民族伟大复兴进入了不可逆转的历史进程。

马克思主义理论不是教条，而是行动指南。习近平总书记在党的二十大报告中指出："我们坚持以马克思主义为指导，是要运用其科学的世界观和方法论解决中国的问题，而不是要背诵和重复其具体结论和词句，更不能把马克思主义当成一成不变的教条。"坚持和发展马克思主义，必须同中国具体实际相结合。100多年来，我们党把坚持马克思主义和发展马克思主义统一起来，既始终坚持马克思主义基本原理不动摇，又根据中国革命、建设、改革实际，创造性地解决自己的问题，不断开辟马克思主义中国化时代化新境界。坚持和发展马克思主义，必须同中华优秀传统文化相结合。只有植根本国、本民族历史文化沃土，马克思主义真理之树才能根深叶茂。中华优秀传统文化源远流长、博大精深，是中华文明的智慧结晶，其中蕴含的天下为公、民为邦本、为政以德、革故鼎新、任人唯贤、天人合一、自强不息、厚德载物、讲信修睦、亲仁善邻等，是中国人民在长期生产生活中积累的宇宙观、天下观、社会观、道德观的重要体现，同科学社会主义核心价值观主张具有高度契合性。中国共产党之所以能够领导人民成功走出中国式现代化道路、创造人类文明新形态，很重要的一个原因就在于植根中华文化沃土，不断推进马克思主义中国化时代化，推动中华优秀传统文化创造性转化、创新性发展。

### 五、牢牢把握全面建设社会主义现代化国家开局起步的战略部署，指引新时代大学生守正创新促发展

党的二十大站在党和国家事业发展的制高点，科学谋划了未来五年乃至更长时期党和国家事业发展的目标任务和大政方针，发出了全面建设社会主义现代化国家、全面推进中华民族伟大复兴的动员令。

"全面建成社会主义现代化强国，总的战略安排是分两步走：从二〇二〇年到二〇三五年基本实现社会主义现代化；从二〇三五年到本世纪中叶把我国建成富强民主文明和谐美丽的社会主义现代化强国。"党的二十大对全面建成社会主义现代化强国两步走战略安排进行了宏观展望，又围绕统筹推进"五位一体"总体布局、协调推进"四个全面"战略布局，从11个方面对未来五年工作作出全面部署，全面构建了推进社会主义现代化建设的实践体系。特别是把教育科技人才、全面依法治国、维护国家安全和社会稳定单列部分进行具体安排，充分体现了抓关键、补短板、防风险的战略考量，是党中央基于新的战略机遇、新的战略任务、新的战略阶段、新的战略要求、新的战略环境做出的科学判断和战略安排，必将引领全党全国各族人民有效应对世界之变、时代之变、历史之变，推动全面建设社会主义现代化国家开好局、起好步。

### 六、深入把握党的二十大关于文化和旅游工作的部署要求，推动文旅融合高质量发展

党的二十大作出推进文化自信自强、铸就社会主义文化新辉煌的重大战略部署，要准确把握社会主义文化建设的指导思想和原则目标、战略重点和主要任务以及中国立场和时代要求。

#### （一）要准确把握社会主义文化建设的指导思想和原则目标

报告指出："全面建设社会主义现代化国家，必须坚持中国特色社会主义文化发展道路，增强文化自信，围绕举旗帜、聚民心、育新人、兴文化、展形象建设社会主义文化强国，发展面向现代化、面向世界、面向未来的，民族的科学的大众的社会主义文化，激发全民族文化创新创造活力，增强实现中华民族伟大复兴的精神力量。"报告明确提出了社会主义文化建设的根本指导思想、基本原则和奋斗目标，坚持为人民服务、为社会主义服务，以社会主义核心价值观为引领，发展社会主义先进文化，弘扬革命文化，传承中华优秀传统文化，满足人民日益增长的精神文化需求，巩固全党全国各族人民团结奋斗的共同思想基础，不断提升国家文化软实力和中华文化影响力。

#### （二）要准确把握社会主义文化建设的战略重点和主要任务

党的二十大报告提出了建设具有强大凝聚力和引领力的社会主义意识形态、广泛践行社会主义核心价值观、提高全社会文明程度、繁荣发展文化事业和文化产业、增强中华文明传播力影响力五个方面的战略任务，准确把握、全面落实好这些战略重点和主要任务，对推进文化自信自强、铸就社会主义文化新辉煌具有重要基础支撑作用。

#### （三）要准确把握社会主义文化建设的中国立场和时代要求

党的二十大报告指出："中华优秀传统文化源远流长、博大精深，是中华文明的智慧结晶。"要把马克思主义基本原理与中华优秀传统文化相结合，不断推进马克思主义中国化，增强中华文明的传播力和影响力。

#### （四）以文塑旅、以旅彰文，推进文化和旅游深度融合发展

党的二十大报告明确提出："加大文物和文化遗产保护力度，加强城乡建设中历史文化保护传承，建好用好国家文化公园。坚持以文塑旅、以旅彰文，推进文化和旅游深度融合发展。"这些重要论述，为文旅行业把握新发展阶段，贯彻新发展理念，构建新发展格局，推动高质量发展点明了方向，指明了路径，是未来5年乃至更长一段时间内文旅行业融合发展实践的根本遵循和行动指南，对文旅行业实现理念重构和实践创新具有非常重要的现实指导意义。

## 七、深刻把握团结奋斗的新时代要求，为文旅行业培养高素质人才

在党的二十大上，习近平总书记宣示新时代新征程党的使命任务，发出了全面建设社会主义现代化国家、全面推进中华民族伟大复兴的动员令。从现在起，中国共产党的中心任务就是团结带领全国各族人民全面建成社会主义现代化强国、实现第二个百年奋斗目标，以中国式现代化全面推进中华民族伟大复兴。

美好的蓝图需要埋头苦干、团结奋斗才能变为现实。习近平总书记的铿锵宣示充满信心和力量——"党用伟大奋斗创造了百年伟业，也一定能用新的伟大奋斗创造新的伟业"。让我们更加紧密地团结在以习近平同志为核心的党中央周围，全面贯彻习近平新时代中国特色社会主义思想，坚定信心、同心同德，埋头苦干、奋勇前进，深入贯彻落实党的二十大精神和党中央决策部署，为全面建设社会主义现代化国家、全面推进中华民族伟大复兴而团结奋斗，在新的赶考之路上向历史和人民交出新的优异答卷！

### 相关链接 1

### 关于党的二十大报告，必须知道的"关键词"

2022 年 10 月 16 日，中国共产党第二十次全国代表大会开幕，习近平代表第十九届中央委员会向大会作报告。一起学习报告里的这些"关键词"。

**【大会的主题】**

大会的主题是：高举中国特色社会主义伟大旗帜，全面贯彻新时代中国特色社会主义思想，弘扬伟大建党精神，自信自强、守正创新，踔厉奋发、勇毅前行，为全面建设社会主义现代化国家、全面推进中华民族伟大复兴而团结奋斗。

**【三个"务必"】**

中国共产党已走过百年奋斗历程。我们党立志于中华民族千秋伟业，致力于人类和平与发展崇高事业，责任无比重大，使命无上光荣。全党同志务必不忘初心、牢记使命，务必谦虚谨慎、艰苦奋斗，务必敢于斗争、善于斗争，坚定历史自信，增强历史主动，谱写新时代中国特色社会主义更加绚丽的华章。

**【极不寻常、极不平凡的五年】**

党的十九大以来的五年，是极不寻常、极不平凡的五年。党中央统筹中华民族伟大复兴战略全局和世界百年未有之大变局，就党和国家事业发展作出重大战略部署，团结带领全党全军全国各族人民有效应对严峻复杂的国际形势和接踵而至的巨大风险挑战，以奋发有为的精神把新时代中国特色社会主义不断推向前进。

**【三件大事】**

十年来，我们经历了对党和人民事业具有重大现实意义和深远历史意义的三件大事：一是迎来中国共产党成立一百周年；二是中国特色社会主义进入新时代；三是完成脱贫攻坚、全面建成小康社会的历史任务，实现第一个百年奋斗目标。

**【新时代十年的伟大变革】**

新时代十年的伟大变革，在党史、新中国史、改革开放史、社会主义发展史、中华民族发展史上具有里程碑意义。

**【归根到底是两个"行"】**

实践告诉我们，中国共产党为什么能，中国特色社会主义为什么好，归根到底是马克思主义行，是中国化时代化的马克思主义行。拥有马克思主义科学理论指导是我们党坚定信仰信念、把握历史主动的根本所在。

**【中国共产党的中心任务】**

从现在起，中国共产党的中心任务就是团结带领全国各族人民全面建成社会主义现代化强国、实现第二个百年奋斗目标，以中国式现代化全面推进中华民族伟大复兴。

**【中国式现代化】**

中国式现代化，是中国共产党领导的社会主义现代化，既有各国现代化的共同特征，更有基于自己国情的中国特色。

——中国式现代化是人口规模巨大的现代化。

——中国式现代化是全体人民共同富裕的现代化。

——中国式现代化是物质文明和精神文明相协调的现代化。

——中国式现代化是人与自然和谐共生的现代化。

——中国式现代化是走和平发展道路的现代化。

中国式现代化的本质要求是：坚持中国共产党领导，坚持中国特色社会主义，实现高质量发展，发展全过程人民民主，丰富人民精神世界，实现全体人民共同富裕，促进人与自然和谐共生，推动构建人类命运共同体，创造人类文明新形态。

**【全面建设社会主义现代化国家开局起步的关键时期】**

未来五年是全面建设社会主义现代化国家开局起步的关键时期。

**【五个"坚持"】**

我国发展进入战略机遇和风险挑战并存、不确定难预料因素增多的时期，各种"黑天鹅""灰犀牛"事件随时可能发生。我们必须增强忧患意识，坚持底线思维，做到居安思危、未雨绸缪，准备经受风高浪急甚至惊涛骇浪的重大考验。前进道路上，必须牢牢把握以下重大原则。

——坚持和加强党的全面领导。

——坚持中国特色社会主义道路。

——坚持以人民为中心的发展思想。

——坚持深化改革开放。

——坚持发扬斗争精神。

**【加快构建新发展格局】**

必须完整、准确、全面贯彻新发展理念，坚持社会主义市场经济改革方向，坚持高水平对外开放，加快构建以国内大循环为主体、国内国际双循环相互促进的新发展格局。

**【发展经济着力点】**

坚持把发展经济的着力点放在实体经济上，推进新型工业化，加快建设制造强国、质量强国、航天强国、交通强国、网络强国、数字中国。

**【实施科教兴国战略】**

必须坚持科技是第一生产力、人才是第一资源、创新是第一动力，深入实施科教兴国战略、人才强国战略、创新驱动发展战略，开辟发展新领域新赛道，不断塑造发展新动能新优势。

坚持创新在我国现代化建设全局中的核心地位。完善党中央对科技工作统一领导的体制，健全新型举国体制，强化国家战略科技力量，优化配置创新资源，提升国家创新体系整体效能。

**【全过程人民民主】**

全过程人民民主是社会主义民主政治的本质属性，是最广泛、最真实、最管用的民主。必须坚定不移走中国特色社会主义政治发展道路，坚持党的领导、人民当家做主、依法治国有机统一。

**【全面依法治国】**

全面依法治国是国家治理的一场深刻革命，关系党执政兴国，关系人民幸福安康，关系党和国家长治久安。必须更好发挥法治固根本、稳预期、利长远的保障作用，在法治轨道上全面建设社会主义现代化国家。

**【文化自信自强】**

全面建设社会主义现代化国家，必须坚持中国特色社会主义文化发展道路，增强文化自信，围绕举旗帜、聚民心、育新人、兴文化、展形象建设社会主义文化强国，发展面向现代化、面向世界、面向未来的，民族的科学的大众的社会主义文化，激发全民族文化创新创造活力，增强实现中华民族伟大复兴的精神力量。

**【为民造福】**

治国有常，利民为本。为民造福是立党为公、执政为民的本质要求。必须坚持在发展中保障和改善民生，鼓励共同奋斗创造美好生活，不断实现人民对美好生活的向往。

**【完善分配制度】**

坚持按劳分配为主体、多种分配方式并存，构建初次分配、再分配、第三次分配协调配套的制度体系。努力提高居民收入在国民收入分配中的比重，提高劳动报酬在初次分配中的比重。坚持多劳多得，鼓励勤劳致富，促进机会公平，增加低收入者收入，扩大中等收入群体。规范收入分配秩序，规范财富积累机制，保护合法收入，调节过高收入，取缔非法收入。

【推动绿色发展】

大自然是人类赖以生存发展的基本条件。尊重自然、顺应自然、保护自然，是全面建设社会主义现代化国家的内在要求。必须牢固树立和践行绿水青山就是金山银山的理念，站在人与自然和谐共生的高度谋划发展。

【总体国家安全观】

国家安全是民族复兴的根基，社会稳定是国家强盛的前提。必须坚定不移贯彻总体国家安全观，把维护国家安全贯穿党和国家工作各方面全过程，确保国家安全和社会稳定。

【新安全格局】

我们要坚持以人民安全为宗旨、以政治安全为根本、以经济安全为基础、以军事科技文化社会安全为保障、以促进国际安全为依托，统筹外部安全和内部安全、国土安全和国民安全、传统安全和非传统安全、自身安全和共同安全，统筹维护和塑造国家安全，夯实国家安全和社会稳定基层基础，完善参与全球安全治理机制，建设更高水平的平安中国，以新安全格局保障新发展格局。

【开创国防和军队现代化新局面】

实现建军一百年奋斗目标，开创国防和军队现代化新局面。

如期实现建军一百年奋斗目标，加快把人民军队建成世界一流军队，是全面建设社会主义现代化国家的战略要求。必须贯彻新时代党的强军思想，贯彻新时代军事战略方针，坚持党对人民军队的绝对领导，坚持政治建军、改革强军、科技强军、人才强军、依法治军，坚持边斗争、边备战、边建设，坚持机械化信息化智能化融合发展，加快军事理论现代化、军队组织形态现代化、军事人员现代化、武器装备现代化，提高捍卫国家主权、安全、发展利益战略能力，有效履行新时代人民军队使命任务。

【坚持和完善"一国两制"，推进祖国统一】

"一国两制"是中国特色社会主义的伟大创举，是香港、澳门回归后保持长期繁荣稳定的最佳制度安排，必须长期坚持。

坚持贯彻新时代党解决台湾问题的总体方略，牢牢把握两岸关系主导权和主动权，坚定不移推进祖国统一大业。

解决台湾问题是中国人自己的事，要由中国人来决定。我们坚持以最大诚意、尽最大努力争取和平统一的前景，但决不承诺放弃使用武力，保留采取一切必要措施的选项，这针对的是外部势力干涉和极少数"台独"分裂分子及其分裂活动，绝非针对广大台湾同胞。国家统一、民族复兴的历史车轮滚滚向前，祖国完全统一一定要实现，也一定能够实现！

【人类命运共同体】

中国提出了全球发展倡议、全球安全倡议，愿同国际社会一道努力落实。我们真诚呼吁，世界各国弘扬和平、发展、公平、正义、民主、自由的全人类共同价值，促进各国人民相知相亲，尊重世界文明多样性，以文明交流超越文明隔阂、文明互鉴超越文明冲突、文明共存超越文明优越，共同应对各种全球性挑战。中国人民愿同世界人民携手开创人类更加美好的未来。

【新时代党的建设新的伟大工程】

全面建设社会主义现代化国家、全面推进中华民族伟大复兴，关键在党。我们党作为世界上最大的马克思主义执政党，要始终赢得人民拥护、巩固长期执政地位，必须时刻保持解决大党独有难题的清醒和坚定。全党必须牢记，全面从严治党永远在路上，党的自我革命永远在路上，决不能有松劲歇脚、疲劳厌战的情绪，必须持之以恒推进全面从严治党，深入推进新时代党的建设新的伟大工程，以党的自我革命引领社会革命。

【五个"必由之路"】

全党必须牢记，坚持党的全面领导是坚持和发展中国特色社会主义的必由之路，中国特色社会主义是实现中华民族伟大复兴的必由之路，团结奋斗是中国人民创造历史伟业的必由之路，贯彻新发展理念是新时代我国发展壮大的必由之路，全面从严治党是党永葆生机活力、走好新的赶考之路的必由之路。

【战略性工作】

青年强，则国家强。当代中国青年生逢其时，施展才干的舞台无比广阔，实现梦想的前景无比光明。全党要把青年工作作为战略性工作来抓，用党的科学理论武装青年，用党的初心使命感召青年，做青年朋友的知心人、青年工作的热心人、青年群众的引路人。

资料来源：人民网·中国共产党新闻网.

## 相关链接2

### 9个重要表述，带你理解高质量发展

习近平在党的二十大报告中提出，必须完整、准确、全面贯彻新发展理念，坚持社会主义市场经济改革方向，坚持高水平对外开放，加快构建以国内大循环为主体、国内国际双循环相互促进的新发展格局。

## 中国式现代化

📖 报告原文

在新中国成立特别是改革开放以来长期探索和实践基础上，经过十八大以来在理论和实践上的创新突破，我们党成功推进和拓展了中国式现代化。

中国式现代化，是中国共产党领导的社会主义现代化，既有各国现代化的共同特征，更有基于自己国情的中国特色。

## 高水平社会主义市场经济体制

📖 报告原文

构建高水平社会主义市场经济体制。坚持和完善社会主义基本经济制度，毫不动摇巩固和发展公有制经济，毫不动摇鼓励、支持、引导非公有制经济发展，充分发挥市场在资源配置中的决定性作用，更好发挥政府作用。

## 现代化产业体系

📖 报告原文

建设现代化产业体系。坚持把发展经济的着力点放在实体经济上，推进新型工业化，加快建设制造强国、质量强国、航天强国、交通强国、网络强国、数字中国。

## 乡村振兴

📖 报告原文

全面推进乡村振兴。坚持农业农村优先发展，坚持城乡融合发展，畅通城乡要素流动。扎实推动乡村产业、人才、文化、生态、组织振兴。全方位夯实粮食安全根基，牢牢守住十八亿亩耕地红线。深化农村土地制度改革，赋予农民更加充分的财产权益。保障进城落户农民合法土地权益，鼓励依法自愿有偿转让。

## 区域协调发展

📖 报告原文

促进区域协调发展。深入实施区域协调发展战略、区域重大战略、主体功能区战略、新型城镇化战略，优化重大生产力布局，构建优势互补、高质量发展的区域经济布局和国土空间体系。

## 高水平对外开放

📖 报告原文

推进高水平对外开放。稳步扩大规则、规制、管理、标准等制度型开放。加快建设贸易强国。营造市场化、法治化、国际化一流营商环境。推动共建"一带一路"高质量发展。有序推进人民币国际化。深度参与全球产业分工和合作，维护多元稳定的国际经济格局和经贸关系。

**新领域新赛道**

📖 报告原文

　　必须坚持科技是第一生产力、人才是第一资源、创新是第一动力，深入实施科教兴国战略、人才强国战略、创新驱动发展战略，开辟发展新领域新赛道，不断塑造发展新动能新优势。

**共同富裕**

📖 报告原文

　　我们要实现好、维护好、发展好最广大人民根本利益，紧紧抓住人民最关心最直接最现实的利益问题，坚持尽力而为、量力而行，深入群众、深入基层，采取更多惠民生、暖民心举措，着力解决好人民群众急难愁盼问题，健全基本公共服务体系，提高公共服务水平，增强均衡性和可及性，扎实推进共同富裕。

**和谐共生**

📖 报告原文

　　大自然是人类赖以生存发展的基本条件。尊重自然、顺应自然、保护自然，是全面建设社会主义现代化国家的内在要求。必须牢固树立和践行绿水青山就是金山银山的理念，站在人与自然和谐共生的高度谋划发展。

资料来源：http://finance.people.com.cn/n1/2022/1018/c1004-32547280.html.

**相关链接3**

**高举中国特色社会主义伟大旗帜**
**为全面建设社会主义现代化国家而团结奋斗**
**——在中国共产党第二十次全国代表大会上的报告（节选）**

**八、推进文化自信自强，铸就社会主义文化新辉煌**

全面建设社会主义现代化国家，必须坚持中国特色社会主义文化发展道路，增强文化自信，围绕举旗帜、聚民心、育新人、兴文化、展形象建设社会主义文化强国，发展面向现代化、面向世界、面向未来的，民族的科学的大众的社会主义文化，激发全民族文化创新创造活力，增强实现中华民族伟大复兴的精神力量。

我们要坚持马克思主义在意识形态领域指导地位的根本制度，坚持为人民服务、为社会主义服务，坚持百花齐放、百家争鸣，坚持创造性转化、创新性发展，以社会主义核心价值观为引领，发展社会主义先进文化，弘扬革命文化，传承中华优秀传统文化，满足人民日益增长的精神文化需求，巩固全党全国各族人民团结奋斗的共同思想基础，不断提升国家文化软实力和中华文化影响力。

**（一）建设具有强大凝聚力和引领力的社会主义意识形态**

意识形态工作是为国家立心、为民族立魂的工作。牢牢掌握党对意识形态工作领导权，全面落实意识形态工作责任制，巩固壮大奋进新时代的主流思想舆论。健全用党的创新理论武装全党、教育人民、指导实践工作体系。加强全媒体传播体系建设，塑造主流舆论新格局。健全网络综合治理体系，推动形成良好网络生态。

**（二）广泛践行社会主义核心价值观**

社会主义核心价值观是凝聚人心、汇聚民力的强大力量。弘扬以伟大建党精神为源头的中国共产党人精神谱系，用好红色资源，深入开展社会主义核心价值观宣传教育，深化爱国主义、集体主义、社会主义教育，着力培养担当民族复兴大任的时代新人。推动理想信念教育常态化制度化，持续抓好党史、新中国史、改革开放史、社会主义发展史宣传教育，引导人民知史爱党、知史爱国，不断坚定中国特色社会主义共同理想。用社会主义核心价值观铸魂育人，完善思想政治工作体系，推进大中小学思想政治教育一体化建设。坚持依法治国和以德治国相结合，把社会主义核心价值观融入法治建设、融入社会发展、融入日常生活。

**（三）提高全社会文明程度**

实施公民道德建设工程，弘扬中华传统美德，加强家庭家教家风建设，加强和改进未成年人思想道德建设，推动明大德、守公德、严私德，提高人民道德水准和文明素养。统筹推动文明培育、文明实践、文明创建，推进城乡精神文明建设融合发展，在全社会弘扬劳动精神、奋斗精神、奉献精神、创造精神、勤俭节约精神，培育时代新风新貌。加强国家科普能力建设，深化全民阅读活动。完善志愿服务制度和工作体系。弘扬诚信文化，健全诚信建设长效机制。发挥党和国家功勋荣誉表彰的精神引领、典型示范作用，推动全社会见贤思齐、崇尚英雄、争做先锋。

**（四）繁荣发展文化事业和文化产业**

坚持以人民为中心的创作导向，推出更多增强人民精神力量的优秀作品，培育造就大批德艺双馨的文学艺术家和规模宏大的文化文艺人才队伍。坚持把社会效益放在首位、社会效益和经济效益相统一，深化文化体制改革，完善文化经济政策。实施国家文化数字化战略，健全现代公共文化服务体系，创新实施文化惠民工程。健全现代文化产业体系和市场体系，实施重大文化产业项目带动战略。加大文物和文化遗产保护力度，加强城乡建设中历史文化保护传承，建好用好国家文化公园。坚持以文塑旅、以旅彰文，推进文化和旅游深度融合发展。广泛开展全民健身活动，加强青少年体育工作，促进群众体育和竞技体育全面发展，加快建设体育强国。

### （五）增强中华文明传播力影响力

坚守中华文化立场，提炼展示中华文明的精神标识和文化精髓，加快构建中国话语和中国叙事体系，讲好中国故事、传播好中国声音，展现可信、可爱、可敬的中国形象。加强国际传播能力建设，全面提升国际传播效能，形成同我国综合国力和国际地位相匹配的国际话语权。深化文明交流互鉴，推动中华文化更好走向世界。

资料来源：http://www.gov.cn/xinwen/2022-10/25/content_5721685.htm.

# 第二节　深入学习领会习近平文化思想

在全国宣传思想文化工作会议上，党中央正式提出并系统阐述了习近平文化思想。这是一个重大决策，在党的理论创新进程中具有重大意义，在党的宣传思想文化事业发展史上具有里程碑意义。

习近平文化思想，是新时代党领导文化建设实践经验的理论总结，是对马克思主义文化理论的丰富和发展，是习近平新时代中国特色社会主义思想的文化篇。

习近平文化思想的形成，标志着我们党对中国特色社会主义文化建设规律的认识达到了新高度，表明我们党的历史自信、文化自信达到了新高度。

习近平文化思想内涵丰富、思想深邃、博大精深，为我们在新时代新征程继续推动文化繁荣、建设文化强国、建设中华民族现代文明提供了强大思想武器和科学行动指南。

深入学习领会习近平文化思想，是全党尤其是全国宣传思想文化战线的一项重要政治任务。

## 一、深入学习领会关于坚持党的文化领导权的重要论述

坚持党的文化领导权是事关党和国家前途命运的大事。坚持党的文化领导权，是习近平总书记深刻总结党的历史经验、洞察时代发展大势提出来的，充分体现了对新时代文化地位作用的深刻认识，体现了对党的意识形态工作的科学把握。习近平总书记指出，意识形态关乎旗帜、关乎道路、关乎国家政治安全。"经济建设是党的中心工作，意识形态工作是党的一项极端重要的工作。面对改革发展稳定复杂局面和社会思想意识多元多样、媒体格局深刻变化，在集中精力进行经济建设的同时，一刻也不能放松和削弱意识形态工作，必须把意识形态工作的领导权、管理权、话语权牢牢掌握在手中，任何时候都不能旁落，否则就要犯无可挽回的历史性错误。"党管宣传、党管意识形态、党管媒体是坚持党的领导的重要方面，要"坚持政治家办报、办刊、办台、办新闻网站"。他强调："所有宣传思想部门和单位，所有宣传思想战线上的党员、干部，都要旗帜鲜明坚持党性原则。""坚持党性，核心就是坚持正确政治方向，站稳政治立场，

坚定宣传党的理论和路线方针政策，坚定宣传中央重大工作部署，坚定宣传中央关于形势的重大分析判断，坚决同党中央保持高度一致，坚决维护党中央权威。""做到爱党、护党、为党。"他要求，要全面落实意识形态工作责任制，"各级党委要负起政治责任和领导责任，把宣传思想工作摆在全局工作的重要位置，加强对宣传思想领域重大问题的分析研判和重大战略性任务的统筹指导""宣传思想战线的同志要履行好自己的神圣职责和光荣使命，以战斗的姿态、战士的担当，积极投身宣传思想领域斗争一线""要牢牢掌握意识形态工作领导权""建设具有强大凝聚力和引领力的社会主义意识形态"。习近平总书记的这些重要论述，深刻阐明了加强党对宣传思想文化工作领导的极端重要性，明确了做好宣传思想文化工作必须坚持的政治保证。

## 二、深入学习领会关于推动物质文明和精神文明协调发展的重要论述

推动物质文明和精神文明协调发展是坚持和发展中国特色社会主义的本质特征。立足中国特色社会主义事业发展全局，正确把握物质文明和精神文明的辩证关系，体现了对社会主义精神文明建设重要性和中国国情的深刻认识和全面把握。习近平总书记指出，实现中华民族伟大复兴的中国梦，物质财富要极大丰富，精神财富也要极大丰富。中国式现代化是物质文明和精神文明相协调的现代化。物质富足、精神富有是社会主义现代化的根本要求。物质贫困不是社会主义，精神贫乏也不是社会主义。他强调："人无精神则不立，国无精神则不强。精神是一个民族赖以长久生存的灵魂，唯有精神上达到一定的高度，这个民族才能在历史的洪流中屹立不倒、奋勇向前。""我们要继续锲而不舍、一以贯之抓好社会主义精神文明建设，为全国各族人民不断前进提供坚强的思想保证、强大的精神力量、丰润的道德滋养。"他指出，我们不断厚植现代化的物质基础，不断夯实人民幸福生活的物质条件，同时大力发展社会主义先进文化，加强理想信念教育，传承中华文明，促进物的全面丰富和人的全面发展。他要求，"加强思想道德建设，深入实施公民道德建设工程，加强和改进思想政治工作，推进新时代文明实践中心建设，不断提升人民思想觉悟、道德水准、文明素养和全社会文明程度""深入开展群众性精神文明创建活动""深化文明城市、文明村镇、文明单位、文明家庭、文明校园创建工作，推进诚信建设和志愿服务制度化，提高全社会道德水平""深入挖掘、继承、创新优秀传统乡土文化，弘扬新风正气，推进移风易俗，培育文明乡风、良好家风、淳朴民风，焕发乡村文明新气象"。习近平总书记的这些重要论述，站在经济建设和上层建筑关系的哲学高度，深刻阐释了社会运动规律，深刻阐明了精神文明的重要作用，具有极为重要的本体论和认识论意义，为新时代坚持和发展中国特色社会主义、推进中国式现代化提供了科学指引。

### 三、深入学习领会关于"两个结合"的根本要求的重要论述

"两个结合"的根本要求拓展了中国特色社会主义文化发展道路。创造性提出并阐述"两个结合",揭示了开辟和发展中国特色社会主义的必由之路,也揭示了党推动理论创新和文化繁荣的必由之路。习近平总书记指出,新的征程上,我们必须"坚持把马克思主义基本原理同中国具体实际相结合、同中华优秀传统文化相结合""中国共产党人深刻认识到,只有把马克思主义基本原理同中国具体实际相结合、同中华优秀传统文化相结合,坚持运用辩证唯物主义和历史唯物主义,才能正确回答时代和实践提出的重大问题,才能始终保持马克思主义的蓬勃生机和旺盛活力"。他指出,在五千多年中华文明深厚基础上开辟和发展中国特色社会主义,把马克思主义基本原理同中国具体实际、同中华优秀传统文化相结合是必由之路。"如果没有中华五千年文明,哪里有什么中国特色?如果不是中国特色,哪有我们今天这么成功的中国特色社会主义道路?"只有立足波澜壮阔的中华五千多年文明史,才能真正理解中国道路的历史必然、文化内涵与独特优势。他强调,历史正反两方面的经验表明,"两个结合"是我们取得成功的最大法宝。第一,"结合"的前提是彼此契合。马克思主义和中华优秀传统文化来源不同,但彼此存在高度的契合性。相互契合才能有机结合。正是在这个意义上,我们才说中国共产党既是马克思主义的坚定信仰者和践行者,又是中华优秀传统文化的忠实继承者和弘扬者。第二,"结合"的结果是互相成就。"结合"不是"拼盘",不是简单的"物理反应",而是深刻的"化学反应",造就了一个有机统一的新的文化生命体。"第二个结合"让马克思主义成为中国的,中华优秀传统文化成为现代的,让经由"结合"而形成的新文化成为中国式现代化的文化形态。第三,"结合"筑牢了道路根基。我们的社会主义为什么不一样?为什么能够生机勃勃、充满活力?关键就在于中国特色。中国特色的关键就在于"两个结合"。中国式现代化赋予中华文明以现代力量,中华文明赋予中国式现代化以深厚底蕴。第四,"结合"打开了创新空间。"结合"本身就是创新,同时又开启了广阔的理论和实践创新空间。"第二个结合"让我们掌握了思想和文化主动,并有力地作用于道路、理论和制度。"第二个结合"是又一次的思想解放,让我们能够在更广阔的文化空间中,充分运用中华优秀传统文化的宝贵资源,探索面向未来的理论和制度创新。第五,"结合"巩固了文化主体性。任何文化要立得住、行得远,要有引领力、凝聚力、塑造力、辐射力,就必须有自己的主体性。文化自信就来自我们的文化主体性。这一主体性是中国共产党带领中国人民在中国大地上建立起来的;是在创造性转化、创新性发展中华优秀传统文化,继承革命文化,发展社会主义先进文化的基础上,借鉴吸收人类一切优秀文明成果的基础上建立起来的;是通过把马克思主义基本原理同中国具体实际、同中华优秀传统文化相结合建立起来的。创立习近平新时代中国特色社会主义思想就是这一文化主体性的最有力体现。习近平总书记的这些重要论述,充分表明我们党对中国道路、中国理论、中国制度的认识进一步升华,拓展了中国特色社会主义道路的文化根基。

## 四、深入学习领会关于新的文化使命的重要论述

新的文化使命彰显了我们党促进中华文化繁荣、创造人类文明新形态的历史担当。在强国建设、民族复兴伟业深入推进的关键时刻，高瞻远瞩提出新的文化使命，具有强大感召力和引领力。习近平总书记指出，"做好新形势下宣传思想工作，必须自觉承担起举旗帜、聚民心、育新人、兴文化、展形象的使命任务""巩固马克思主义在意识形态领域的指导地位、巩固全党全国各族人民团结奋斗的共同思想基础""在新的起点上继续推动文化繁荣、建设文化强国、建设中华民族现代文明，是我们在新时代新的文化使命"。他强调，要坚持中国特色社会主义文化发展道路，发展社会主义先进文化，弘扬革命文化，传承中华优秀传统文化，激发全民族文化创新创造活力，增强实现中华民族伟大复兴的精神力量。他指出："中国特色社会主义文化，源自中华民族五千多年文明历史所孕育的中华优秀传统文化，熔铸于党领导人民在革命、建设、改革中创造的革命文化和社会主义先进文化，植根于中国特色社会主义伟大实践。发展中国特色社会主义文化，就是以马克思主义为指导，坚守中华文化立场，立足当代中国现实，结合当今时代条件，发展面向现代化、面向世界、面向未来的，民族的科学的大众的社会主义文化，推动社会主义精神文明和物质文明协调发展。要坚持为人民服务、为社会主义服务，坚持百花齐放、百家争鸣，坚持创造性转化、创新性发展，不断铸就中华文化新辉煌。"他强调："对历史最好的继承就是创造新的历史，对人类文明最大的礼敬就是创造人类文明新形态。"他要求，新时代的文化工作者必须以守正创新的正气和锐气，赓续历史文脉、谱写当代华章。习近平总书记的这些重要论述，强调了新的文化使命是新时代新征程党的使命任务对文化发展的必然要求，落脚点是铸就社会主义文化新辉煌、建设中华民族现代文明。

## 五、深入学习领会关于坚定文化自信的重要论述

坚定文化自信，是事关国运兴衰、事关文化安全、事关民族精神独立性的大问题。习近平总书记指出："一个国家、一个民族的强盛，总是以文化兴盛为支撑的，中华民族伟大复兴需要以中华文化发展繁荣为条件。""我们说要坚定中国特色社会主义道路自信、理论自信、制度自信，说到底是要坚定文化自信。""文化自信，是更基础、更广泛、更深厚的自信，是更基本、更深沉、更持久的力量。"他强调："中华文明历经数千年而绵延不绝、迭遭忧患而经久不衰，这是人类文明的奇迹，也是我们自信的底气。坚定文化自信，就是坚持走自己的路。坚定文化自信的首要任务，就是立足中华民族伟大历史实践和当代实践，用中国道理总结好中国经验，把中国经验提升为中国理论，既不盲从各种教条，也不照搬外国理论，实现精神上的独立自主。要把文化自信融入全民族的精神气质与文化品格中，养成昂扬向上的风貌和理性平和的心态。"习近平总书记的这些重要论述，深刻阐明了文化自信的特殊重要性，彰显了我们党高度的文化自觉和文

化担当，把我们党对文化地位和作用的认识提升到一个新高度。

### 六、深入学习领会关于培育和践行社会主义核心价值观的重要论述

培育和践行社会主义核心价值观是凝魂聚气、强基固本的基础工程。坚持以德树人、以文化人，是习近平总书记始终念兹在兹、谆谆教诲的一件大事。习近平总书记指出："人类社会发展的历史表明，对一个民族、一个国家来说，最持久、最深层的力量是全社会共同认可的核心价值观。核心价值观，承载着一个民族、一个国家的精神追求，体现着一个社会评判是非曲直的价值标准。""核心价值观是一个国家的重要稳定器，能否构建具有强大感召力的核心价值观，关系社会和谐稳定，关系国家长治久安。""如果没有共同的核心价值观，一个民族、一个国家就会魂无定所、行无依归。"他指出："我们提出要倡导富强、民主、文明、和谐，倡导自由、平等、公正、法治，倡导爱国、敬业、诚信、友善，积极培育和践行社会主义核心价值观。富强、民主、文明、和谐是国家层面的价值要求，自由、平等、公正、法治是社会层面的价值要求，爱国、敬业、诚信、友善是公民层面的价值要求。这个概括，实际上回答了我们要建设什么样的国家、建设什么样的社会、培育什么样的公民的重大问题。"他强调："核心价值观的养成绝非一日之功，要坚持由易到难、由近及远，努力把核心价值观的要求变成日常的行为准则，进而形成自觉奉行的信念理念。""要注意把社会主义核心价值观日常化、具体化、形象化、生活化，使每个人都能感知它、领悟它，内化为精神追求，外化为实际行动，做到明大德、守公德、严私德。"他要求，弘扬以伟大建党精神为源头的中国共产党人精神谱系，用好红色资源。"要以培养担当民族复兴大任的时代新人为着眼点，强化教育引导、实践养成、制度保障，发挥社会主义核心价值观对国民教育、精神文明创建、精神文化产品创作生产传播的引领作用，把社会主义核心价值观融入社会发展各方面，转化为人们的情感认同和行为习惯。坚持全民行动、干部带头，从家庭做起，从娃娃抓起。深入挖掘中华优秀传统文化蕴含的思想观念、人文精神、道德规范，结合时代要求继承创新，让中华文化展现出永久魅力和时代风采。"习近平总书记的这些重要论述，深刻阐明了中国特色社会主义文化建设的一项根本任务，明确了推进社会主义核心价值观建设的重点和着力点。

### 七、深入学习领会关于掌握信息化条件下舆论主导权、广泛凝聚社会共识的重要论述

掌握信息化条件下舆论主导权、广泛凝聚社会共识是巩固壮大主流思想文化的必然要求。习近平总书记站在时代和科技前沿，对如何做好信息化条件下宣传思想文化工作进行了深邃思考。习近平总书记指出，当今世界，一场新的全方位综合国力竞争正在全球展开。能不能适应和引领互联网发展，成为决定大国兴衰的一个关键。世界各大国均

把信息化作为国家战略重点和优先发展方向，围绕网络空间发展主导权、制网权的争夺日趋激烈，世界权力图谱因信息化而被重新绘制，互联网成为影响世界的重要力量。当今世界，谁掌握了互联网，谁就把握住了时代主动权；谁轻视互联网，谁就会被时代所抛弃。一定程度上可以说，得网络者得天下。他深刻指出："没有网络安全就没有国家安全，没有信息化就没有现代化，网络安全和信息化事关党的长期执政，事关国家长治久安，事关经济社会发展和人民群众福祉，过不了互联网这一关，就过不了长期执政这一关，要把网信工作摆在党和国家事业全局中来谋划，切实加强党的集中统一领导。"网络空间是亿万民众共同的精神家园。网络空间天朗气清、生态良好，符合人民利益。网络空间乌烟瘴气、生态恶化，不符合人民利益。互联网已经成为舆论斗争的主战场。在互联网这个战场上，我们能否顶得住、打得赢，直接关系我国意识形态安全和政权安全。他特别提出："管好用好互联网，是新形势下掌控新闻舆论阵地的关键，重点要解决好谁来管、怎么管的问题。"我们必须科学认识网络传播规律，准确把握网上舆情生成演化机理，不断推进工作理念、方法手段、载体渠道、制度机制创新，提高用网治网水平，使互联网这个最大变量变成事业发展的最大增量。"我们要本着对社会负责、对人民负责的态度，依法加强网络空间治理，加强网络内容建设，做强网上正面宣传，培育积极健康、向上向善的网络文化，用社会主义核心价值观和人类优秀文明成果滋养人心、滋养社会，做到正能量充沛、主旋律高昂，为广大网民特别是青少年营造一个风清气正的网络空间。""随着5G、大数据、云计算、物联网、人工智能等技术不断发展，移动媒体将进入加速发展新阶段。要坚持移动优先策略，建设好自己的移动传播平台，管好用好商业化、社会化的互联网平台，让主流媒体借助移动传播，牢牢占据舆论引导、思想引领、文化传承、服务人民的传播制高点。"习近平总书记的这些重要论述，是我们党对信息化时代新闻传播规律的深刻总结，明确了做好党的新闻舆论工作的原则要求和方法路径。

## 八、深入学习领会关于以人民为中心的工作导向的重要论述

以人民为中心的工作导向体现了我们党领导和推动文化建设的鲜明立场。新时代以来宣传思想文化改革发展历程，贯穿着以人民为中心的鲜明主线，充分展现了习近平总书记深厚的人民情怀。习近平总书记指出，"人民性是马克思主义的本质属性""人民立场是中国共产党的根本政治立场""中国共产党的根本宗旨是全心全意为人民服务"。宣传思想文化工作必须坚持以人民为中心的工作导向。他强调："文艺要反映好人民心声，就要坚持为人民服务、为社会主义服务这个根本方向。""以人民为中心，就是要把满足人民精神文化需求作为文艺和文艺工作的出发点和落脚点，把人民作为文艺表现的主体，把人民作为文艺审美的鉴赏家和评判者，把为人民服务作为文艺工作者的天职。"他强调，哲学社会科学研究要"坚持以马克思主义为指导，核心要解决好为什么人的问题。为什么人的问题是哲学社会科学研究的根本性、原则性问题。我国哲学社会科学为

谁著书、为谁立说，是为少数人服务还是为绝大多数人服务，是必须搞清楚的问题"。他指出："我们的党是全心全意为人民服务的党，我们的国家是人民当家作主的国家，党和国家一切工作的出发点和落脚点是实现好、维护好、发展好最广大人民根本利益。我国哲学社会科学要有所作为，就必须坚持以人民为中心的研究导向。脱离了人民，哲学社会科学就不会有吸引力、感染力、影响力、生命力。我国广大哲学社会科学工作者要坚持人民是历史创造者的观点，树立为人民做学问的理想，尊重人民主体地位，聚焦人民实践创造，自觉把个人学术追求同国家和民族发展紧紧联系在一起，努力多出经得起实践、人民、历史检验的研究成果。"习近平总书记的这些重要论述，深刻回答了文化为什么人的问题，彰显了党的性质宗旨和初心使命。

## 九、深入学习领会关于保护历史文化遗产的重要论述

保护历史文化遗产是推动文化传承发展的重要基础。历史文化遗产承载着中华民族的基因和血脉。习近平总书记对文化遗产保护高度重视，展现了强烈的文明担当、深沉的文化情怀。习近平总书记指出，中华文明探源工程等重大工程的研究成果，实证了我国百万年的人类史、一万年的文化史、五千多年的文明史。历史文化遗产"不仅属于我们这一代人，也属于子孙万代"。"革命文物承载党和人民英勇奋斗的光荣历史，记载中国革命的伟大历程和感人事迹，是党和国家的宝贵财富，是弘扬革命传统和革命文化、加强社会主义精神文明建设、激发爱国热情、振奋民族精神的生动教材。"中华文化是我们提高国家文化软实力最深厚的源泉，是我们提高国家文化软实力的重要途径。要使中华民族最基本的文化基因与当代文化相适应、与现代社会相协调，以人们喜闻乐见、具有广泛参与性的方式推广开来，把跨越时空、超越国度、富有永恒魅力、具有当代价值的文化精神弘扬起来，把继承传统优秀文化又弘扬时代精神、立足本国又面向世界的当代中国文化创新成果传播出去。要系统梳理传统文化资源，让收藏在禁宫里的文物、陈列在广阔大地上的遗产、书写在古籍里的文字都活起来。"要敬畏历史、敬畏文化、敬畏生态，全面保护好历史文化遗产，统筹好旅游发展、特色经营、古城保护，筑牢文物安全底线，守护好前人留给我们的宝贵财富。"他指出："不忘历史才能开辟未来，善于继承才能善于创新。优秀传统文化是一个国家、一个民族传承和发展的根本，如果丢掉了，就割断了精神命脉。我们要善于把弘扬优秀传统文化和发展现实文化有机统一起来，紧密结合起来，在继承中发展，在发展中继承。传统文化在其形成和发展过程中，不可避免会受到当时人们的认识水平、时代条件、社会制度的局限性的制约和影响，因而也不可避免会存在陈旧过时或已成为糟粕性的东西。这就要求人们在学习、研究、应用传统文化时坚持古为今用、推陈出新，结合新的实践和时代要求进行正确取舍，而不能一股脑儿都拿到今天来照套照用。"他强调，要坚持古为今用、以古鉴今，坚持有鉴别的对待、有扬弃的继承，而不能搞厚古薄今、以古非今，努力实现传统文化的创造性转化、创新性发展，使之与现实文化相融相通，共同服务以文化人的时代

任务，"为更好建设中华民族现代文明提供借鉴"。他要求："各级党委和政府要增强对历史文物的敬畏之心，树立保护文物也是政绩的科学理念，统筹好文物保护与经济社会发展，全面贯彻'保护为主、抢救第一、合理利用、加强管理'的工作方针，切实加大文物保护力度，推进文物合理适度利用，使文物保护成果更多惠及人民群众。各级文物部门要不辱使命，守土尽责，提高素质能力和依法管理水平，广泛动员社会力量参与，努力走出一条符合国情的文物保护利用之路，为实现'两个一百年'奋斗目标、实现中华民族伟大复兴的中国梦作出更大贡献。"习近平总书记的这些重要论述，体现了马克思主义历史观，宣示了我们党对待民族历史文化的基本态度。

## 十、深入学习领会关于构建中国话语和中国叙事体系的重要论述

构建中国话语和中国叙事体系体现了我们党提高国家文化软实力、占据国际道义制高点的战略谋划。习近平总书记提出增强我国国际话语权的重要任务并摆上突出位置，体现了宽广的世界眼光和高超的战略思维。习近平总书记指出，要"增强中华文明传播力影响力。坚守中华文化立场，提炼展示中华文明的精神标识和文化精髓，加快构建中国话语和中国叙事体系，讲好中国故事、传播好中国声音，展现可信、可爱、可敬的中国形象""要讲清楚中国是什么样的文明和什么样的国家，讲清楚中国人的宇宙观、天下观、社会观、道德观，展现中华文明的悠久历史和人文底蕴，促使世界读懂中国、读懂中国人民、读懂中国共产党、读懂中华民族"。他认为，讲故事，是国际传播的最佳方式。要讲好中国特色社会主义的故事，讲好中国梦的故事，讲好中国人的故事，讲好中华优秀文化的故事，讲好中国和平发展的故事。讲故事就是讲事实、讲形象、讲情感、讲道理，讲事实才能说服人，讲形象才能打动人，讲情感才能感染人，讲道理才能影响人。他要求，要组织各种精彩、精炼的故事载体，把中国道路、中国理论、中国制度、中国精神、中国力量寓于其中，使人想听爱听，听有所思，听有所得。要创新对外话语表达方式，研究国外不同受众的习惯和特点，采用融通中外的概念、范畴、表述，把我们想讲的和国外受众想听的结合起来，把"陈情"和"说理"结合起来，把"自己讲"和"别人讲"结合起来，使故事更多为国际社会和海外受众所认同。要加强国际传播能力建设，全面提升国际传播效能，形成同我国综合国力和国际地位相匹配的国际话语权。深化文明交流互鉴，推动中华文化更好走向世界。要完善人文交流机制，创新人文交流方式，发挥各地区各部门各方面作用，综合运用大众传播、群体传播、人际传播等多种方式展示中华文化魅力。习近平总书记的这些重要论述，既是思想理念又是工作方法，指明了提升国家文化软实力的关键点和着力点。

## 十一、深入学习领会关于促进文明交流互鉴的重要论述

促进文明交流互鉴彰显了中国共产党人开放包容的胸襟格局。习近平总书记提出弘扬全人类共同价值、落实全球文明倡议等重要理念、重大主张，着眼的就是开放包容，

为推动人类文明进步、应对全球共同挑战提供了战略指引。习近平总书记指出："文明没有高下、优劣之分，只有特色、地域之别。""每一种文明都扎根于自己的生存土壤，凝聚着一个国家、一个民族的非凡智慧和精神追求，都有自己存在的价值。""历史告诉我们，只有交流互鉴，一种文明才能充满生命力。""文明因交流而多彩，文明因互鉴而丰富。文明交流互鉴，是推动人类文明进步和世界和平发展的重要动力。"推动文明交流互鉴，可以丰富人类文明的色彩，让各国人民享受更富内涵的精神生活、开创更有选择的未来。他强调："我们应该推动不同文明相互尊重、和谐共处，让文明交流互鉴成为增进各国人民友谊的桥梁、推动人类社会进步的动力、维护世界和平的纽带。我们应该从不同文明中寻求智慧、汲取营养，为人们提供精神支撑和心灵慰藉，携手解决人类共同面临的各种挑战。"坚持美人之美、美美与共。担负起凝聚共识的责任，坚守和弘扬全人类共同价值。本着对人类前途命运高度负责的态度，做全人类共同价值的倡导者，以宽广胸怀理解不同文明对价值内涵的认识，尊重不同国家人民对价值实现路径的探索，把全人类共同价值具体地、现实地体现到实现本国人民利益的实践中去。他特别指出："在各国前途命运紧密相连的今天，不同文明包容共存、交流互鉴，在推动人类社会现代化进程、繁荣世界文明百花园中具有不可替代的作用。"为此，习近平总书记提出了全球文明倡议："共同倡导尊重世界文明多样性""共同倡导弘扬全人类共同价值""共同倡导重视文明传承和创新""共同倡导加强国际人文交流合作"。习近平总书记的这些重要论述，深刻揭示了人类文明发展的基本规律，体现了我们大党大国的天下情怀和责任担当。

习近平文化思想是一个不断展开的、开放式的思想体系，必将随着实践深入不断丰富发展。我们必须及时跟进，不断深入学习领会和贯彻落实[①]。

## 第三节　习近平对旅游工作作出的重要指示

### 一、着力完善现代旅游业体系加快建设旅游强国　推动旅游业高质量发展行稳致远

中共中央总书记、国家主席、中央军委主席习近平近日对旅游工作作出重要指示指出，改革开放特别是党的十八大以来，我国旅游发展步入快车道，形成全球最大国内旅游市场，成为国际旅游最大客源国和主要目的地，旅游业从小到大、由弱渐强，日益成为新兴的战略性支柱产业和具有显著时代特征的民生产业、幸福产业，成功走出了一条独具特色的中国旅游发展之路。

① 资料来源：曲青山.深入学习领会习近平文化思想［N］.学习时报，2023-10-23（1）.

习近平强调，新时代新征程，旅游发展面临新机遇新挑战。要以新时代中国特色社会主义思想为指导，完整准确全面贯彻新发展理念，坚持守正创新、提质增效、融合发展，统筹政府与市场、供给与需求、保护与开发、国内与国际、发展与安全，着力完善现代旅游业体系，加快建设旅游强国，让旅游业更好服务美好生活、促进经济发展、构筑精神家园、展示中国形象、增进文明互鉴。各地区各部门要切实增强工作责任感使命感，分工协作、狠抓落实，推动旅游业高质量发展行稳致远。

全国旅游发展大会于 2024 年 5 月 17 日在京召开。中共中央政治局委员、中宣部部长李书磊在会上传达习近平重要指示并讲话，表示要深入学习贯彻习近平总书记重要指示和关于旅游发展的一系列重要论述，坚持以文塑旅、以旅彰文，走独具特色的中国旅游发展之路。要推动旅游业高质量发展、加快建设旅游强国，强化系统谋划和科学布局，保护文化遗产和生态资源，提升供给水平和服务质量，深化国际旅游交流合作，不断开创旅游发展新局面[①]。

## 二、加快建设旅游强国　总书记提出新要求

全国旅游发展大会是党中央首次以旅游发展为主题召开的重要会议，会上传达了习近平总书记对旅游工作作出的重要指示。

"新时代新征程，旅游发展面临新机遇新挑战。"在重要指示中，总书记既充分肯定改革开放特别是党的十八大以来旅游工作取得的显著成绩，又对加快建设旅游强国、推动旅游业高质量发展作出全面部署、提出明确要求。

### （一）肯定一条道路

习近平总书记指出，改革开放特别是党的十八大以来，我国旅游发展步入快车道。

快车道，意味着发展速度快：2012 年到 2021 年，国内旅游收入年均增长约 10.6%；2012 年到 2019 年，国内出游人数实现翻番。我国已形成全球最大国内旅游市场，也是国际旅游最大客源国和主要目的地。

快车道，也意味着发展方式别具一格：在中国，旅游是人民群众提升获得感、幸福感的重要方式，是传承弘扬中华文化的重要载体，是践行"绿水青山就是金山银山"理念的重要领域，还是乡村振兴的重要抓手……

对此，习近平总书记曾作出深刻阐释：

在黑龙江漠河北极村，指出"坚持林下经济和旅游业两业并举，让北国边塞风光、冰雪资源为乡亲们带来源源不断的收入"；

在山西云冈石窟，强调"让旅游成为人们感悟中华文化、增强文化自信的过程"；

在河南新县的民宿店，赞许"依托丰富的红色文化资源和绿色生态资源发展乡村旅

---

① 资料来源：《人民日报》2024 年 5 月 18 日第 01 版。

游，搞活了农村经济，是振兴乡村的好做法"……

从小到大、由弱渐强，特色突出、前景广阔。在重要指示中，总书记指出旅游业"日益成为新兴的战略性支柱产业和具有显著时代特征的民生产业、幸福产业""成功走出了一条独具特色的中国旅游发展之路"。

### （二）坚持三个原则

习近平总书记对旅游发展有着深刻认识和丰富实践。在《之江新语》中，他就写过一篇《重视打造旅游精品》的文章，指出：随着经济发展和人民群众生活水平不断提高，以观光为主的旅游已不能满足人们的需求。"求新、求奇、求知、求乐"的旅游愿望，要求我们不断推出更多更好的旅游产品。

如何把握新机遇、迎接新挑战？此次，习近平总书记鲜明提出了旅游发展要坚持的三个原则：

（1）守正创新。守正，守的是"基本盘"。绿水青山、历史文化、优质服务……这些都是旅游发展的基础，必须始终守护。创新，则是旅游发展的驱动力。只有开动脑筋、大胆求变，才能实现传统旅游业态、产品和服务的全面升级。

（2）提质增效。鼓励创新，也要防止"一哄而上"。旅游创新的目的应始终围绕提高质量、提高效率。如何将有限的旅游资源合理开发，创造更多旅游精品、名品？如何进一步发挥旅游的带动作用，让更多人受益？关心旅游"发展了什么"，更要注重"有什么效果"。

（3）融合发展。2020年9月，习近平总书记在教育文化卫生体育领域专家代表座谈会上强调，要坚持以文塑旅、以旅彰文，推动文化和旅游融合发展。更多领域正与旅游相加相融、协同发展。科技、教育、交通、体育、工业……越多融合，越有助于延伸产业链、创造新价值、催生新业态。

### （三）统筹五对关系

三个原则之外，总书记还强调统筹五对关系，体现了对旅游发展过程中若干重大关系的深刻把握。

统筹政府与市场。在旅游发展过程中，既充分发挥市场在旅游资源配置中的决定性作用，又发挥好政府在优化旅游规划布局、公共服务、营商环境等方面的重要作用。

统筹供给与需求。从"有没有"到"好不好"，人民的旅游需求呈现多样化、个性化、品质化趋势，这就要求旅游业继续推进供给侧结构性改革。

统筹保护与开发。开发是发展的客观要求，保护是开发的重要前提。只有科学合理的开发，才能促进旅游的快速发展。只有积极有效的保护，才能保证旅游的健康发展。

统筹国内与国际。做强做优做大国内旅游市场之外，提升中国旅游竞争力和影响力要求坚定不移扩大开放，发展好入出境旅游。

统筹发展与安全。安全是发展的前提，发展是安全的保障。要将安全作为检验行业可持续发展的重要标尺，守住安全生产底线、生态安全底线、意识形态安全底线。

## （四）明确五项任务

有党中央高度重视，有人民群众积极支持，有老祖宗和大自然留给我们的丰厚资源，我们完全有条件、有能力建设旅游强国。

在重要指示中，总书记还提出旅游业的五项使命任务：服务美好生活、促进经济发展、构筑精神家园、展示中国形象、增进文明互鉴。

从个体层面看，旅游是人民生活水平提高的一个重要指标。发展旅游，就是要让人们在领略自然之美中感悟文化之美、陶冶心灵之美，让生活更加美好。

从社会层面看，发展旅游业是推动高质量发展的重要着力点，旅游也是文化的重要载体。这就要求我们既关注旅游的经济作用，也关注其增强人民精神力量的作用。

从国家层面看，旅游是不同国家、不同文化交流互鉴的重要渠道。只有进一步发展旅游，才能更好展示新时代的中国形象，在"双向奔赴"中交流文化、增进友谊。

这五项使命任务，是总书记对于旅游业作用的深刻总结，也是总书记对旅游业未来的殷切期许[1]。

---

① 资料来源：https://news.cnr.cn/native/gd/sz/20240518/t20240518_526709689.shtml.

# 第 一 章

# 概　论

🔍 【教学目标】

（1）理解旅游文化的概念、内容以及旅游文化的研究意义和方法。

（2）熟悉中国旅游文化的发展演变。

（3）掌握中国旅游文化的基本特征，应用旅游文化的基本知识，正确理解和解释旅游文化的概念和特征。

🔍 【导入案例】

2024 年 8 月 5 日上午，杭州市政府新闻办联合市民政局、杭州西湖风景名胜区管理委员会召开杭州市慈善事业助力共同富裕新闻发布会，全面介绍杭州市慈善事业的进展情况，并详细解读刚实施的慈善景区创建方案，进一步展现了慈善事业在推动共同富裕建设中的重要作用。

该方案明确了"西湖善地""西湖善行""西湖善学""西湖善捐""西湖善购""西湖善礼"六大"善"行动，着力构建"全域可善""全域有善""全域向善"的"人间西湖"，拓宽"善城杭州"品牌建设内涵。

"西湖善地"党建赋能行动。以西湖自然之美、人文之韵、世遗之湖的独特优势，专业化驱动"党建＋旅游＋慈善"共生发展，形成以"西湖善客""西湖 Thank You"为主题的特色慈善品牌矩阵。推出"1+1+N"运行体系，建立西湖风景名胜区党群服务中心（善创空间），落实慈善总会主体责任，重点吸引一批头部慈善组织入驻，打造西湖景区"公益打卡、慈善集市、文创售卖、政策宣传及自助手工体验"为一体的慈善服务综合体。

"西湖善行"公益服务行动。围绕西湖景区治水、治乱、治污、治绿、治堵等重点任务，每年推出一批公益服务项目，建立健全党建网格责任制，重点环湖打造 6 个"西湖善客驿站"，实施"西湖善客驿站＋公益先锋岗＋专业化志愿服务组织＋公益项目＋西湖善客"的有效运行机制，切实将"西湖善客"公益打卡指数列为党建先锋指数的重要内容，大力倡导公益慈善参与景区综合治理。

"西湖善学"文化传播行动。推出 10 个公益慈善课堂目的地，把素质教育与慈善美德、西湖文化传承有机结合，串联形成 5 条具有景区特色的慈善旅游线路，每年推出特色项目不少于 5 个。聚焦对口帮扶区域，每年面向困难群体子女推出一批免费名额，把感受西湖之美、西湖之善转化为内心向善的强大动能。深度挖掘西湖慈善文化，打造慈善文化墙，开设慈善文化展览，提升西湖美誉度。

"西湖善捐"品牌共富行动。充分挖掘"以景营善"的撬动点，吸引爱心企业、社会大众以善而行，大力开展"六和钟声"慈善竞拍、新年祈福、群山公益越野赛、花卉义卖等慈善捐赠活动。广泛设立西湖景区社区慈善共富基金，在全市率先实现共同富裕目标。

"西湖善购"流量聚善行动。借助景区游客流量大的实际，围绕"经营＋慈善"理念，大力实施"西湖消费捐"。精心设计消费捐组织框架和运营制度，充分发动西湖景区内爱心企业、商户等，持续扩大消费捐朋友圈，以消费捐形式开展慈善项目筹款，以游客量有效提升慈善参与量。

"西湖善礼"数字激励行动。整合和提升西湖景区现有数字化平台资源，全面记录"西湖善客"的公益慈善行为，打通西湖景区慈善人"绿色通道"，推出"西湖善礼"。根据慈善数据，颁发最美"西湖善客"勋章和免费乘坐环湖观光车、免费乘坐西湖船舶等。这些是尊重慈善人的机制在西湖景区的生动实践。

**请思考：** 为什么杭州市要制定创建慈善景区方案？该方案将会给杭州的经济带来怎样的影响？

旅游行为的综合性、时间空间的延展性、景观意态的趣味性、旅游内容的丰富性，以及满足游客文化需求多样化的客观规定性，促使旅游业必须具有适合自身发展需要的文化形态，这就是旅游文化，并由此催生出旅游文化这门学科。

# 第一节　旅游文化的概念与范畴

## 一、旅游文化的概念和研究内容

### （一）旅游文化的概念

旅游文化概念的界定是旅游文化研究的重要内容，它是对旅游文化是什么的直接回答。而旅游文化的纷争也多源于对旅游文化内涵的不同认识。

1977 年被称为旅游业教育先驱者的美国学者罗伯特·麦金托什和夏希肯特·格波特首次提出旅游文化的概念并将其表述为，旅游文化实际上概括了旅游的各个方面，人们可以借此来了解彼此间的生活和思想。它有两层含义：一是旅游文化渗透在旅游活动的全部领域；二是旅游文化客观上具有促使旅游者或更广泛的旅游活动参与者们彼此了解、认知的作用。

我国第一次提出"旅游文化"的概念是在 1984 年，在《中国大百科全书·人文地理卷》第一版分册中指出，所谓旅游文化，指的是某个民族或某个国家在世世代代的旅游实践过程中所体现出来的本民族或本国家的文化。它包括只有这个民族、这个国家独有的哲学观念、审美习惯、风俗人情等文化形态。或者说，旅游文化就是一个民族的共同文化传统在旅游过程中的特殊表现。

以上两种旅游文化概念分别注意到了旅游主体和客体，但总结并不全面，也没有揭示旅游文化的本质。

20 世纪 80 年代中后期，随着中国旅游业的迅猛发展，人们充分意识到了旅游文化的重要性，旅游文化研究理论界也开始从不同角度对旅游文化现象展开广泛研究并取得了丰硕的研究成果。目前我国旅游学界关于旅游文化概念有以下几种观点。

### 1. 客体结构说

客体结构说把旅游文化等同于人文旅游资源，如国内较早研究旅游文化的学者之一晏亚初在《旅游文化管见》中认为，旅游文化，是根据发展旅游事业规划和旅游基地建设，以自然景观（名山、名水、名城、名景）和文化设施为依托，以包括历史文化、革命文化和社会主义精神文明为内容，以文学、艺术、游乐、展览和科研等多种活动形式为手段，为国内外广大旅游者服务的一种特定的综合事业。

### 2. 主体结构说

主体结构说特别强调旅游主体文化在旅游文化中的地位，如复旦大学教授沈祖祥认为，旅游文化是一种文明所形成的生活方式系统，是旅游者这一主体借助旅游外部条件，通过对旅游客体的能动活动，产生的各种旅游文化现象的总和。

### 3. 碰撞说

碰撞说认为旅游文化是旅游主体、旅游客体和旅游介体相互作用产生的物质和精神成果。马波认为，旅游文化是旅游者和旅游经营者在旅游消费或旅游经营服务过程中所反映和创造出来的观念形态及其外在表现的总和，是旅游客源的社会文化和接待的社会文化通过旅游者这个特殊媒介相互碰撞作用的过程和结果。

### 4. 文化交流与对话说

文化交流与对话说强调旅游文化的实质是文化交流与对话的一种方式。章海荣认为，旅游文化是基于人类追求自由、完善人格而要求拓展和转换生活空间的内在冲动，其实质是文化交流与对话的一种方式。它是世界各区域民族文化创造基础上的或现代全球化趋势中大众的、民间的休闲消费文化。

**5. 总和说**

1990年10月召开的首届中国旅游文化学术研讨会上提出，旅游文化是以一般文化的内在价值因素为依据，以旅游诸要素为依托，作用于旅游生活过程中的一种特殊文化形态，是人类在旅游过程中（一般包括旅游、住宿、饮食、游览、娱乐、购物等要素）精神文明和物质文明的总和。认为旅游文化是围绕旅游者的活动和旅游业的活动而产生的观念形态、物质形态，包括因旅游活动而产生的文化以及因旅游活动需要而纳入旅游活动中的文化。总和说开始形成了比较完整的体系。

其他关于旅游文化的概念还有很多，不再一一列举。从上述枚举的概念可以发现：第一，对旅游文化概念的界定分歧很大，远未达成一致；第二，对旅游文化的界定从不同的角度，分别侧重不同的方面；第三，旅游文化概念的内涵还很难概括旅游文化的所有属性，对其解读的随意性较大。

如果采用大而化之的方法，我们大致可以这样描述旅游文化：旅游文化是人类文化的组成部分。人们在旅游活动中，为了享受和发展，以旅游者为主体，以旅游资源为凭借，以旅游业为纽带，以旅游群体生活和心理互动为形式创造出的旅游环境、旅游方式、旅游习俗的总和构成旅游文化。它既有物化方面的内容，也有精神方面的内容，还包括制度和行为方面的内容。它是应旅游需求而产生，为旅游活动所创造，由旅游活动来实现，贯穿食、住、行、游、购、娱等旅游活动的全过程，并随着旅游活动而形成的物质财富和精神财富。物质财富主要有旅游的服饰、建筑、餐饮、商品、交通、卫生、通信、游乐、信息及其有关的设施等；精神财富主要有旅游的文学、艺术、科学、教育、习俗、道德、政策、法规等。但从根本上讲，旅游文化是人类在旅游活动过程中衍生出来的价值观、态度、信念、意义系统。

## （二）旅游文化的研究内容

旅游现象错综复杂，旅游研究内容也非常广泛，涉及各个方面，大致可以分为以下四点：

一是对基础理论的研究。内容包括旅游文化基本概念以及众多易与旅游文化相混淆的基础性概念（如旅游文化与文化旅游、旅游文化主体与旅游主体文化、旅游文化客体与旅游客体文化等），也包括对旅游文化的本质与特征、旅游文化构成要素和旅游文化功能等的研究。随着旅游文化研究的发展，旅游文化史、旅游文学、旅游文化教育、旅游管理文化、旅游制度文化等研究内容成为旅游文化研究的拓展部分。

二是对旅游主体文化的研究。旅游文化既需要研究旅游者的旅游消费行为，也需要研究旅游者的旅游审美，这种研究是旅游文化学的核心组成部分。因此，在旅游者层面，旅游文化的研究内容主要包括旅游审美文化和旅游消费文化。此外，旅游与休闲都在快速发展，在发展过程中渐行渐近，并大有融合的发展趋势。因此，有必要把旅游休闲文化纳入旅游文化研究的内容体系。

三是对旅游介体文化的研究。旅游介体文化包括旅游管理、旅游企业、导游、旅游教育、旅游政策法规等。对旅游介体文化的研究要求从旅游开发经营企业的个体行为出发来考察旅游文化现象，进而探讨整个旅游开发经营行业所形成的旅游文化特征，研究整个旅游开发经营企业在旅游文化形成发展过程中的作用与角色。

四是对旅游客体文化的研究。内容包括旅游对目的地的文化影响、旅游目的地文化变迁和文化调试等内容，如对旅游活动产生的物质实体——旅游服务设施、旅游商品等和作为旅游文化活动对象的建筑、园林、文化遗址等景观景物的研究。旅游目的地（旅游接待地）是旅游文化现象的最终极载体和最佳观测点。从旅游文化学视角看，旅游目的地地域（本源）文化、旅游对目的地的社会文化影响与各种旅游文化现象在旅游目的地的各种表现形式交织在一起，很难区分。

## 二、旅游文化学学科体系的建立与发展

20 世纪 80 年代初，由于旅游的研究不被看成一种学问，建立旅游专业曾受到传统学科多数专家学者的反对。因而在我国高等教育的学科专业目录中，"旅游学"成了"管理学"下面的"工商管理"之下的二级学科"旅游管理"。20 世纪 90 年代以后，随着旅游业的不断发展，旅游科学也日臻成熟，主要体现在旅游活动正在进入民众生活、旅游供给正在中国形成产业集群、旅游学概念体系已经获得相关学科一致认可、旅游学科语言系统已经确立、旅游学科的领域和地位已经形成其他任何学科无法取代的格局等方面。20 世纪 90 年代末，多数高等旅游院校已经达成共识，旅游学科脱离工商管理，成为一门独立的一级学科。旅游学科创立和旅游专业在我国高校设置相当一段时间后，旅游文化作为一门独立课程才在几所院校开设。例如，毛桃青在 1996 年提出，应在学科目录的设置上增加旅游文化这一专业目录，认为旅游文化学要有自己的学科地位，而根本不应该在"旅游经济"目录之下。但遗憾的是，这种设想并没有得到更多响应。1999 年，张国洪认为学术界对旅游文化的研究已进入学科整合时期，旅游文化的学科基础已经初步奠定，并认为旅游文化研究内容由五个方面搭建，分别是旅游文化系统、旅游文化模式、旅游文化功能、旅游文化变迁和旅游文化建设。

目前，旅游文化学的重要性已经引起人们的注意，大多数学校已将旅游文化定位为旅游管理专业的必修课程或专业基础课。

# 第二节　旅游文化的研究意义

## 一、揭示旅游活动发展的规律

人类旅游活动在本质上是一种文化活动，属于精神性的享受，是文化驱使的结果。

旅游业的发展在遵循经济规律、生态规律的同时，还必须遵循文化规律。旅游文化的研究有助于人们正确认识和了解人类的旅游行为，揭示旅游活动发展的规律，避免实践的盲目性和短视性。

## 二、促进旅游者和旅游从业人员自身文化建设

全面深入地把握旅游文化的内涵和本质意义，有利于提高旅游经营者、管理者和一般从业人员的主观能动性和基本文化素质，树立为游客服务的思想，把旅游产业发展和提高公民素质结合起来。对旅游客体文化的介绍，可以增加广大旅游爱好者的旅游文化知识，通过潜移默化的作用，形成良好素质，养成健康向上的旅游文化观念。

## 三、提高旅游业的竞争力

旅游业的竞争力从根本上是文化的竞争力，旅游文化是旅游发展的灵魂之所在。从一定意义上讲，旅游吃的就是文化饭，旅游植根于文化。游客借助文化与自然景观对话，借助文化与人文景观交流；景区借助文化将抽象的东西具象化，从而使游客获得其所需要的体验与阅历，借助文化实现旅游产品开发的经济价值。旅游文化的研究对旅游业文化建设可以提供指导，提高旅游业满足旅游者文化需求的能力，从而提高旅游业的竞争力。

## 四、有利于弘扬民族文化

中国旅游文化历史悠久，光辉灿烂。旅游文化的纵深研究，有助于人们对中国传统文化有更深层次的认识和理解，对旅游文化的传承、创新和发展，也具有重要的意义。

# 第三节　旅游文化的研究方法

## 一、比较分析法

比较分析法是对事物从不同角度进行比较分析的方法。人们认识问题、分析问题、解决问题离不开比较。比较分析法是许多领域科技研究活动普遍运用的一种方法，也是旅游文化研究的一种基本方法。旅游文化学中的比较分析法是将旅游文化的素材、现象在不同层次、不同范围内进行比较、概括、分类的研究方法。比较的目的在于发现和了解各种旅游文化现象产生与发展的不同的和相同的条件与因素，发现和了解各种旅游文化现象相互之间的联系和关系，从而进一步了解各种旅游文化现象的普遍本质和特殊本质，了解旅游文化发展的一般规律和特殊规律。

## 二、矩阵分析法

矩阵分析法是指将与研究对象密切相关的各种主要内部优势因素、弱点因素、机会因素和威胁因素，通过调查罗列出来，并依照一定的次序按矩阵形式排列，然后运用系统分析的思想，把各种因素相互匹配加以分析，从中得出一系列相应的结论（如对策等）。这些结论通常带有一定的决策性，有利于领导者和管理者做出较正确的决策和规划。矩阵分析法常被用于制定集团发展战略和分析竞争对手情况等方面，在战略分析中，它是最常用的方法之一。因此，在旅游文化研究中，可以将这种方法应用于旅游企事业单位对旅游文化开发、旅游文化产业发展、旅游文化产品策划与宣传等方面。

## 三、实地考察法

实地考察法是指通过对所关注的社会组织、结构的实地调查，通过掌握第一手资料来进行社会的研究。在旅游文化领域，旅游客体中相当一部分为民俗文化资源，用实地考察法研究这些民俗，有着不可忽视的重要意义。

## 四、案例研究法

案例研究法是旅游文化领域应用较为普遍的一种方法，案例研究目前多是描述性的，是在一定的理论框架指导下的观察过程。这种方法多被应用于旅游文化资源保护与开发、区域旅游文化内涵的挖掘、游客的文化价值取向以及旅游文化与旅游经济的发展四个方面。

## 五、文献综述法

文献综述法是文献综合评述的简称，主要指搜集、鉴别、整理文献，并通过对文献的研究，形成对事实科学认识。这种研究方法适用于对旅游文化的基本理论方面的研究，如概念、特征、意义等宏观层面。

## 六、结构式问卷调查

结构式问卷调查（特别是量表问卷调查）是获取定量研究资料的重要方法。其优点是问卷结构统一，样本量大，回答容易，便于处理分析和结果比较，可运用多种统计方法，结果的概括性强。其缺点是被调查者缺乏主动性，不能充分表达真实想法，有时只能做出被迫的回答。结构式问卷调查主要用于获得具有普遍意义的旅游者特征、态度等方面的数据，以此来了解旅游主体、旅游中介体的各种情况，如旅游者的构成、收入、受教育程度，旅游企业的经营方针、营业状况等，可进行比较研究和变量间关系的研究。

# 第四节　中国旅游文化

## 一、中国旅游文化的发展演变

旅游文化的发展历程，反映了人类在旅游活动中的创造过程，也反映了旅游主体在旅游中的人格塑造过程。

### （一）旅游文化的萌芽期

人类生活早期，旅游属于劳作性质的旅行活动。生活在原始生态环境中的先民，当其周围的资源不足取用时，便开始向大自然的纵深处前进。这种为了谋取生活资料或因其他原因的迁徙与旅行，和现代意义的旅游有本质区别，但它却揭开了中华民族旅游历史的扉页。

#### 1. 帝王巡游

传说中的中华民族的始祖黄帝，是一个性好远游、足迹遍天下的古代帝王。他"披山通道，未尝宁居""迁徙往来无常处"的旅行活动的传说在《史记·五帝本纪》中早有记载。此后尧舜禹效法黄帝，即位后把"巡狩"作为自己的第一要务。夏商两代的国王好田猎，往往三两天一次，有时一次达十天之久。夏朝太康是历史上第一个因游玩享乐而亡国的帝王，据说太康终日沉迷打猎，不理政事。周朝开始，"巡狩"成为一种制度，周穆王姬满把这一制度发挥到极致。《左传》记载"穆王欲肆其心，周游天下"，据晋太康年间汲郡（今河南卫辉市）古墓中发现的竹书《穆天子传》，记载周穆王驾八骏马西游，至昆仑丘与西王母宴会酬答等事。周穆王姬满西游，是我国有文字记载的最早的旅行探险活动。

#### 2. 游学

东周时期，中国出现了"士"阶层。由于诸侯争霸，知识分子也东奔西跑，游走不暇。孔子携弟子周游列国，寓教于游，用山水比喻象征人的道德精神，仁者乐山，智者乐水，体现了中华文化中重人伦轻自然的文化色彩。山水比德说为旅游活动在人生中的崇高地位的形成奠定了哲学和美学的基础。由孔子所总结的欣赏自然美的传统，代代相续，流传至今。"读万卷书，行万里路"，游历名山大川，承天地之灵气，接山水之精华的思想，是中国旅游文化的一大特色。孔子这种比德论的山水审美观虽然还没有在纯粹意义上达到山水审美的超然境界，但对后世的影响非常深远。

#### 3. 商旅活动

商代是中国奴隶制商品经济繁荣时期，商人的足迹已经遍及他们已知的地区。

### （二）旅游文化的形成期——秦汉

秦汉时期，旅游类型多样化。秦始皇统一中国之后，先后五次出巡，周游全国，开创了我国帝王巡游的基本形式。汉武帝在位几十年共巡游三十次。汉武帝时期，由于匈奴长期进犯，战事不断，人民渴望和平的愿望强烈。因此，汉武帝在加强中央集权统治的同时分别于公元前138年和公元前119年，两次派遣张骞出使西域，开拓了"丝绸之路"，建立了与西域各国的友好关系，开启了外交之旅。73年，汉明帝又派班超率36名随从出使西域，经过30余年的努力消除匈奴的干扰，挫败匈奴对南道各国的控制，使之尽归于汉。这一时期的求学之士，为创万世之业，既读万卷书，又行万里路，开阔视野，增长见识。伟大史学家司马迁，就是这一时期游学旅行的杰出代表。他曾游历考察江、浙、皖、湘、鄂等地，历时18年，为编写《史记》奠定了基础。

秦统一六国后，为了巩固空前庞大的帝国，保证皇权能及时触及每一个角落，不惜倾全国之力，先后以咸阳为中心，修建了四通八达的道路交通网。此外，还修了灵渠水路，沟通湘江水系和漓江水系。道路的修建，使这一时期的旅游设施有了很大发展。

秦汉时期，旅游的文化内容更为丰富。除旅游文学外，山光水色、市井风貌、民间风俗和异域奇闻都在散文诗歌中有所表现。

总之，秦汉旅游文化呈现出一种特别宏阔的气势，极尽多元开放之特色。

### （三）旅游文化的勃兴期——魏晋南北朝

在中国历史上，从魏晋南北朝至隋唐宋元，大致相当于欧洲中世纪。这一时期，中国旅游文化有了长足的进步和发展。这一时期，政局动荡，灾害频仍，儒、道、佛思想并行不悖，儒家"仁者乐山，智者乐水"和"独善其身"、退隐山林的观念，道家旷达逍遥、回归自然和养生成仙的思想，佛教的"青青翠竹，尽是真如，郁郁黄花，无非般若"的观览方法，风行于士大夫间，合奏成洒脱玄远、恣意纵情的旅游主题，使中国稳健内敛的旅游风尚在上层社会发生一定的变异。其主要标志是：

一是澄怀味象、以形媚道的审美情趣的提高。儒家的山水比德说只注重自然美的社会属性，而忽视了其自然属性，对自然美本身所具有的线条、形体、色彩、气韵等美学内容，缺乏应有的关照。而以形媚道则确认自然界存在的形式美。"澄怀"要求人们在欣赏自然山水时应该具有纯洁的审美心理，应有清虚淡泊的内心境界，排除一切杂念；"味象"是人们在澄怀的前提下的一种审美手段，即观察形象、感受形象、鉴赏形象、描摹形象，"味象"的境界的高低是与澄怀的素质修养有直接关系的。南朝宗炳的《画山水序》是中国绘画史上第一篇专论山水画的美学论文，为后来中国山水画的发展奠定了坚实的基础。宗炳在《画山水序》中明确提出了澄怀味象、以形媚道等重要的美学观点，并且将"形"与"神"的辩证关系扩展到山水画中作了深刻的论述。

二是玄游、仙游、释游新型旅游的兴起。

**1. 玄游**

玄，本来是指道家精深奥妙的哲理，语出《老子》，所谓"玄之又玄，众妙之门"。后来，人们把魏晋时郭象等人倡导的以老庄思想为本的哲学称之为玄学。玄学论有无，主清净，重自然，强调万物一体，师友造化。当时的文人，不管出身士族或寒门，皆漠视俗务，清谈玄虚，适意自然，钟情山水，形成了一种旨在参悟玄机、印证玄理和陶冶自然之情、自然之性的游览山水的风尚，这种旅游就称为玄游。玄游实际上成了一些人逃避现实的借口，在政治失意、精神空虚、思想痛苦之时，转向自然山水去抒发感情，寻找平衡，与田园郊野为友，并从中参悟玄机、印证玄理、安抚人生、陶冶性情，以参政为俗，以随俗为耻。玄游的代表人物是竹林七贤：由于当权的司马家族党同伐异，弄得正直的官吏和读书人朝不保夕，处境十分险恶。竹林七贤思慕老庄，研究玄学，日以玄谈为荣，以玄游为尚，以山水为友。《世说新语》记载，闻名遐迩的阮籍、嵇康、向秀、刘伶、阮咸、王戎、山涛等，年轻时相见恨晚，常常千里相聚会，联袂出游，于碧绿幽静竹林里肆意酣畅，热衷玄谈。玄游，山水已不仅是一种物质，更重要的是一种自由、一种精神、一种适宜适性的格调，以游历山水吟诗、作画、悟道为名，去寻求自由、潇洒、清雅、脱俗，开始以一种超凡脱俗的虚静的心胸面对山山水水，欣赏领略山水之美，这进入了中国美学史上真正意义的山水审美阶段。

**2. 仙游**

仙游是人们追求成仙而辗转奇山异水的旅游活动。仙游的产生与道教密切相关。道教追求长生不老、肉身成仙。葛洪、陆修静、陶弘景为了收集道教的神术仙方，广游大江南北。

**3. 释游**

释游即佛游，因佛教创始人是释迦牟尼，所以称为释游。魏晋南北朝的社会动荡和政治黑暗，为宗教的发展提供了温床。在现实中看不到出路的人，往往需要精神上的寄托与平衡。释游是一种为传经、取经或静居修行、坐谈佛理或朝拜佛陀所开展的旅游活动。魏晋南北朝时期社会动乱，佛教以其大慈大悲、普济众生、因果报应的教义赢得了各层次人群的信仰，释游因之盛行。释游有两种形式：一是为传经、取经开展的中外修学旅游，代表人物有佛图澄、鸠摩罗什、达摩、朱士行、法显；二是为静居修行、清谈佛理而开展的山水旅游，代表人物有于法兰、支道林、释道安、慧远等。魏晋南北朝时期宗教旅游的开展，形成了独特的宗教景观，并产生了宗教旅游文化。工整的、肃然的道观，香火缭绕、辉煌的寺院，雄伟的石窟，庄严的浮屠等宗教建筑艺术，遍布各地，给多元化的旅游文化增添了庄严的宗教色彩。

与先秦、秦汉旅游相比，魏晋南北朝时的旅游文化无论在内容或形式上，皆呈现出丰富多彩的状况；在实践或理论上，呈现出追求情感与哲理的境界。魏晋南北朝是个旅游文化走向自觉的时代，为唐宋旅游文化的发展和繁荣，奠定了坚实的基础。

### （四）旅游文化的鼎盛期——隋唐

隋唐是一个开放、充满勃勃生机的时代，是中国古代文明最为灿烂的时代，也是中国古代旅游大发展的时代，各个阶层都涌现出大批旅游家，是中国古代旅游文化最为辉煌的时代。

#### 1. 文官宦游阶段

文官制度的确立使文官宦游成为独耀星空的旅游活动。为了消除魏晋南北朝时期的贵族专权现象，隋朝开始推行科举制选拔官吏，从此掀起了读书热和官吏文人化浪潮，导致了求学旅游、赶考旅游、赴任旅游、谪宦旅游风行不衰，推动了游山玩水、寻访古迹等审美旅游的发展。文采飞扬的文官及其后备力量文人士子，且学且宦且游，把传统旅游活动推向辉煌的顶点。文官胸怀儒家"修身、齐家、治国、平天下"的目的，肩负着代天子君临下民的重任，奔走在各个任所，沿途凭吊古迹，在"乐山"与"乐水"中把自己修身成"仁者"与"智者"。他们以其文学才华，吟诗赋词，创作游记，为山川名胜增添了文化积淀。李白、杜甫、白居易、苏轼、欧阳修等足迹遍及中国，遗踪四处可见，又成为后世的旅游资源。

#### 2. 皇帝奢侈之旅

隋炀帝为了能去江南旅游，开凿大运河，发明龙舟，开创水上旅游活动，丰富扩大了旅游活动的内容和种类，开创了中国历史上帝王舟游的新篇章。唐高宗封禅泰山时，队伍长达数百里，从洛阳出发耗时两个月才到达泰山。唐玄宗于 725 年到泰山举行封禅大典，并在泰山上留下了巨大的摩崖石刻——《纪泰山铭》。皇帝奢侈之旅反映出中国封建政治文化特色，折射出中国旅游文化中特有的封建性一面。

#### 3. 高僧宗教之旅

佛教汉朝传入我国，隋唐时期呈现繁荣气象，进入繁盛阶段。玄奘于唐贞观三年（629 年），西行求法，广游周国，求法印度。鉴真东渡日本，对日本文化各方面影响巨大，日本唐招提寺至今还保存有鉴真的坐像。唐朝义净法师年少时即仰慕法显、玄奘之西游，20 岁受具足戒。于唐咸亨二年（671 年）经由广州，取道海路，经室利佛逝（苏门答腊巨港）至印度，一一巡礼鹫峰、鸡足山、鹿野苑、祇园精舍等佛教圣迹后，前往那烂陀寺勤学 10 年，后又至苏门答腊游学 7 年，历游 30 余国。

#### 4. 民间节日旅游

唐太宗提倡节俭，"斥远游，主近游"，使唐代旅游呈现出下移和普及的现象。主要表现在民间节日欢游、都市乐舞、宴饮和宗教"礼佛"上，如春游踏青、秋日登高、元宵节狂欢、端午节龙舟大赛等。唐朝的乡村、城镇还普遍开展"踏歌"的游赏活动，这种群众性的游乐活动甚至由朝廷出面组织。当时许多文人学士还为宫廷"踏歌"作《踏歌词》，来描绘踏歌的盛大场景。群众性歌舞娱乐活动的繁盛，从一个侧面反映了唐代旅游活动的普及与下移。这一时期首次出现带薪假期，公务人员实行"旬假"

制度。

### 5. 中外交流旅行

发达的交通，加上社会安定、经济繁荣等诸多因素，直接促进唐朝商贸旅行的兴旺。同时，唐代的中外经济文化交流活动也得到加强，陆上"丝绸之路"在贞观年间大有扩展，"海上丝绸之路"也于隋唐开通。于是，唐代东西往来的商人、僧侣、使臣、艺人络绎不绝，中外交流旅行达到了高潮。

## （五）旅游文化的发展期——宋元明清

### 1. 意在理趣的宋代旅游

北宋时政治暂时稳定，经济再度繁荣，为旅游提供了前提条件。旅游文化则向纵深发展，结出了累累硕果。宋朝旅游文化的成果与宋人在哲学思想上提倡理学不无关系。旅游尚理趣，重审美，讲究从景物中格物致知。这一时期，诗、词、游记、题记、匾额、楹联、地理方志盛行，这些文化装饰使景观更有文化韵味，更具有高尚情韵，如王安石《游褒禅山记》，欧阳修《醉翁亭记》《洛阳牡丹记》，李格非《洛阳名园记》等。另一方面，由于宋代旅游是在南北对峙，社会动荡不安的形势下进行的，所以旅游审美也带有忧患的色彩。具体反映在范仲淹、王安石等人的游迹上，游中未敢忘忧国。

### 2. 元朝中西旅游交往

元朝是一个横跨欧亚，疆域极为辽阔的大帝国，这为国际旅游带来了方便。所以元朝的旅游文化特点是中国与西方联系更为密切。西方向往东方文明的外国旅行家、冒险家、传教士、商人等，纷纷来到中国，领略东方文明和异国风光。意大利商人马可·波罗，17 岁来到中国，游历了 25 年，写下了著名的《马可·波罗游记》。意大利传教士鄂多立克，1322 年来到中国，先后游历了泉州、杭州、南京、扬州、北京、山西、西藏等地，回到意大利后，他把所见所闻写成《鄂多立克东游录》一书。汪大渊是中国古代旅游史上足迹最广的旅行家，他在东南亚和印度洋各地从事商贸和考察活动，游历220 个国家和地区，到过阿拉伯和东非海岸，甚至红海和地中海南岸，写出的《岛夷志略》史料价值很高。周达观，1295 年奉旨出使真腊（今柬埔寨），在顺利完成使命后，他不忘休闲旅游，饱览柬埔寨风土人情并写下了《真腊风土记》。

### 3. 明清旅游

明清是中国封建社会的最后阶段。一方面，表面上以空前的大一统和高度强化的中央集权专制维系王朝。另一方面，生产力的发展走向了尽头，各种社会矛盾日益激化，危机四伏。这不能不影响到人们的生活，其旅游失去盛唐的昂扬，宋代的理趣。明朝统治阶级为了加强统治，行文字狱，设锦衣卫，在从政危殆的情况下，不少文人及官员放弃仕途，归隐于山水，或问奇、或求知、或求乐。如徐霞客，问奇于名山大川，写下巨著《徐霞客游记》。又如李时珍，求知于青山绿水，完成了 190 万字的《本草纲目》。

明成祖时，一方面重申海禁，另一方面积极开展官方贸易，先后派郑和七下西洋，宣扬了国威，加强了中外经济文化的联系与交流，确立了中国在世界的地位。明朝中叶以后，政府海禁政策更为严厉，把郑和下西洋的宝船连同航海资料都一把火烧掉。清朝不仅海禁，还实行"迁界"，基本上禁止了与外界的交往。

### （六）旅游文化的近现代转型

19世纪以来中西文明激烈交锋，中国旅游文化产生了巨变。受西方冒险主义旅游文化的冲击，中国人开始迈出国门，寻求与世界文化接轨；中华民族旅游性格在近现代转化过程中，使冒险勇进精神逐渐成为中国旅游次生的性格特征。

#### 1. 新变凸现，放眼世界

清宣宗道光二十七年（1847年）林鍼第一次出洋，目睹美国工业革命后的经济繁荣景象，对比下深感封建中国的闭塞落后。1886年清政府派出第一支出游队伍，以官员斌椿为首游历欧洲诸国，深感"各法奇巧，匪夷所思"，从侧面反映出清朝政府求强、求富的决心。1876年费城世博会，工商业代表团赴美国参观，中国工商界由此迈出国门第一步。这一时期，旅游者结构发生变化，一些平民也开始出游，旅游观念也发生了一些变化，逐渐接受西方的旅游方式。

#### 2. 走近大众的现代旅游

20世纪初期，随着国门进一步开放，大量外国人来华，国内官员、学者也走出国门。人们对旅游活动有了更深层、更理性的认识。外国人在华旅行机构的建立，极大地刺激了国内有识之士。1923年，著名民营企业家陈光甫创立中国旅行社，并创办《旅行杂志》，宣传旅游文化，此举为中国现代旅游业的发展奠定了基础。

## 二、中国旅游文化的特征

关于旅游文化的特点，理论界诸说并出，论述颇异。大致说来，旅游文化从其自身的范畴、结构和规律来看，主要有这样一些特点：地域性、民族性、大众性、融合性、延续性、多样性、思想性、时代性等。其中，地域性、民族性、大众性和融合性，是旅游文化最为显著的特点。受中国文明和中国旅游发展道路的影响，在中国特定社会、政治、经济、思想和文化的制约下，中国旅游文化形成了不同于异地他邦的类型和特点，如宗法性、封闭性、伦理性的特点。总之，中国旅游文化既有旅游文化的共同特征，又具有中国独有的个性特征。

#### 1. 地域性

地域文化的不同是旅游产生的一个基本条件，也是造成旅游文化地域差异的根本原因。首先，旅游文化的地域性表现在旅游资源空间分布的差异上。例如，我国东北、华北、西北、华东、华中、华南、青藏及台湾旅游区等都在地域上显现出不同的特征，并以其背后蕴含的独特文化魅力吸引着旅游者。其次，旅游文化的地域性表现在旅游动机的差异上。一般说来，经济发达地区的旅游者总是乐于前往经济不发达甚至落后的地区旅游，对文化的原始状态充满眷恋；而经济不发达地区的旅游者却对经济发达地区情有独钟，对文化的现代化充满憧憬。最后，旅游文化的地域性还表现在不同区域的文化传统的差异上，如中华文化圈中的齐鲁、关陇、三晋、吴越、荆楚、巴蜀、岭南等亚文化都在建筑、装潢、遗址、遗迹、风俗、服饰、发饰、饮食、语言、思维、行为方式、精神风貌等方面发出独特的耀眼的光彩，从而使自己同其他的文化区别开来，成为特殊的、独具魅力的旅游吸引物。

### 2. 民族性

不同的民族处在各自不同的自然和文化生态环境中，必然具有不同的社会风尚和审美标准。不同民族的旅游文化的表象和内涵是不同的，常常呈现出较大的民族差异。以旅游主体的旅游性格为例，一般来说，多数中国旅游者较为内敛稳健，多数西方旅游者则较为外向、好冒险；中国人重视旅游的内心体验，西方人则钟情于旅游的外在观察；中国人倾心于旅游的道德塑造功能，富于人文情怀，西方人则看重旅游的求知价值，充满科学精神。正是由于旅游文化民族差异的存在，旅游主体才会对旅游目的地的风俗人情产生强烈的好奇心，纷纷尝试在文化的反差中体验感受异质文化的独特韵味。同时，也正是由于旅游文化民族差异性的存在，一个民族才得以在同其他民族的比较中突出自己的民族特色，从而在旅游活动中焕发出独有的魅力，增强旅游吸引力。

### 3. 大众性

随着社会生产力的发展，人们生活水平的提高，旅游已经成为人类社会的基本需求之一。一定意义上说，现代旅游就是大众旅游，现代旅游文化就是大众文化。值得注意的是，旅游文化的大众性特色，是指被大众普遍接受的通俗文化，不是文化的庸俗化，所以它并不排斥高雅文化。这是因为人类和人类文化都是积极向上的，旅游文化需要高雅文化的引领和进步。旅游文化应该是雅文化、俗文化合二为一的雅俗共赏的文化复合体。之所以强调旅游文化的大众性，是因为旅游文化的"大众化"特点同旅游文化的"精英化"特点相比具有更多的普遍性。旅游文化必须面向社会大众，适应时代和社会发展的需要，不能"曲高和寡"，忽视大众旅游的需求。否则，旅游活动，特别是旅游开发和旅游经营活动必将"门庭冷落""高处不胜寒"，给旅游及旅游业的发展带来不利的甚至是灾难性的影响。

### 4. 融合性

旅游文化是一种移动的传播文化，不同地域的文化随着旅游主体的运动而漂移和扩散。在旅游主体的移动中，他们都会自觉或不自觉地将其所负载的客源地文化、民族文化，以及个人的思维方式、价值观念、行为方式等传播给目的地，强烈地冲击并影响着目的地文化。同时，旅游目的地的异质文化又强烈地吸引和反作用于旅游主体，迫使旅游主体在一定程度上接受和容忍目的地文化，显现出对母体的客源地文化的一种反叛和背离。旅游主体返回旅游客源地后，旅游目的地文化便被带到旅游客源地，并对旅游客源地文化造成某些影响。由于旅游文化的融合性，旅游者的不断更新，不断带来新的文化冲击，在融合的过程中，也就使旅游文化本身不断出现新的表现形式。

### 5. 宗法性

我国的宗法制度形成于西周时期，是以血缘关系为纽带的政治社会构造体系，以"尊祖"和"敬宗"为主要标志。这种宗法社会的伦理型文化，对中华民族的形成和凝聚发挥了重要作用。我国的旅游文化也受制于宗法情绪。强烈的血亲意识使中国人"根"的观念根深蒂固，由此而产生的寻根旅游成为中国永恒的旅游主流。"封禅"活动是统治者宗法旅游的一种形式，历代帝王的"封禅"活动确定了泰山等五岳的名山地位，给这些名山打上了中华文化的烙印，使它们成为了解中国古代宗法文化的一个标本。

### 6. 封闭性

中国的版图为一面临海的半封闭式大陆地理环境，这种与外部环境隔绝的状态，使中国的古文化系统始终保持着自身的风格，没有像古埃及、古巴比伦等民族的文化那样因异族的入侵而断层。地理环境的隔绝状态也同时滋生了中国文化强烈的中央观念，形成闭锁内向的思维定式和自足心理。对土地的眷恋使中华民族养成了安土重迁的习惯，产生了游子乡愁的惧游观。这种封闭性使中国的旅游呈现出少入多的现象，旅游文化传播显得被动与乏力，也导致了中国旅游市场与世界旅游市场的隔绝。

### 7. 伦理性

中国文化的基本精神是从社会伦理出发来建构文化的，中国文化充满伦理色彩。中国伦理思想的核心是"仁"和"礼"，礼制对人伦的约束时有表现。如儒家"孝"的伦理观念要求"父母在，不远游，游必有方""吾不游也，吾有严父，当须侍之；吾有慈母，当须养之；吾有长兄，当须顺之；吾有幼弟，当须教之"，伦理孝亲情感直接影响人们的旅游动机。

## 【本章小结】

本章主要介绍了旅游文化的概念与范畴以及旅游文化的研究意义和方法，阐述了中国旅游文化的发展演变和中国旅游文化的基本特征，目的在于让学生能了解和掌握中国旅游文化中的一些基本概念和原理，为后面章节的学习打好基础。

## 【复习思考题】

1. 简述旅游文化的内涵。
2. 简述旅游文化的研究内容和研究意义。
3. 结合实际，谈谈你对中国旅游文化特征的认识。

# 第 ② 章

## 旅游历史文化

🔍 【教学目标】

（1）了解中国历史发展的基本脉络，熟悉中国历代王朝的建立时间、国都、主要帝王。

（2）掌握中国历史上主要历史人物、重大历史事件和中国古代思想家主要成就。

（3）指导学生撰写涉及历史文化的导游词，解答游客关于历史文化常识的一般性问题。

（4）培养学生具有强烈中华民族自豪感和责任感，同时培养学生的旅游职业道德和职业情感。

📖 【导入案例】

### 2000 年历史 "十朝古都" 南京老地名与历史记忆

南京与西安、洛阳、北京并称中国四大古都。南京也被称为六朝古都（三国吴，东晋，以及南北朝的宋、齐、梁、陈），十朝都会（前六朝另加南唐、明、太平天国、民国）。南京的故事很多，甚至每一个地名都是历史的记忆。

"朱雀桥边野草花，乌衣巷口夕阳斜。旧时王谢堂前燕，飞入寻常百姓家。"刘禹锡的这首《乌衣巷》脍炙人口，朱雀桥、乌衣巷这两个南京的老地名也由此深深地植入中国人的历史记忆中。

"胭脂井"：传说南朝陈后主沉溺于酒色，隋军攻打建康城门时，陈后主与张丽华、孔贵妃躲进此井，后被隋军所获，从井内爬出，三人脂粉淋漓，洒满井栏。后以帛拭之，其石有胭脂痕，所以得名。

"百猫坊"与"柳叶街"：相传明太祖朱元璋忌惮富豪俞通海（因谐音"鱼入海成龙"），便依刘伯温的风水之计，在俞通海生辰时赠其牌坊，雕刻百猫图案，以猫吃掉鱼的王气。朱元璋还在街上遍植柳树，意思是柳树串鱼晒鱼干，以挫俞锐气，此街遂名"柳叶街"。

"邀笛步"：著名典故"停艇听笛"的发生地。相传东晋名乐手桓伊喜音乐，善吹笛，一日王徽之路经此处，泊舟清溪邀伊吹奏，终《三调》自去，主客不发一语，传为美谈。据说此曲即后来著名的《梅花三弄》。南北朝以来，南京留下了大量蕴藏历史信息的地名。比如以古代集市命名的东市、西市、鱼市街、米行大街等，以寺庙建筑命名的师姑巷、观音阁、回光寺等，以名侯将相命名的吏部街、司署口、卢妃巷等，跟科考有关的讲堂大街、地藏庵、武庙等。

**请思考：**为什么一些年轻的导游对江南的才子佳人等话题讲得引人入胜，游客唏嘘不已，南京历史文化却难以驾驭，以致一些旅游团只能请资深导游或专业人士做导游，以满足游客了解南京历史文化的愿望？

中国是四大文明古国之一，以其悠久深厚而神秘的历史文化吸引着广大海外旅游者。中华文明历史悠久，是世界上唯一没有中断、发展至今的文明，历史上的重大发明创造和文化成就，不仅使中国文化领先于世界，还影响了周边国家，推动了世界文化的进步。如果旅游从业人员不了解自己祖国的国情，不掌握相当的历史知识，就难以树立起自信心和爱国心，就难以成就高素质、高技能的旅游人才，就难以胜任导游讲解、旅游服务接待、旅游产品营销等诸多工作。

# 第一节　中国历史文化概述

## 一、原始社会

### （一）原始群居时期

中国是人类起源地之一，境内留有人类进化各阶段的遗迹、遗址。考古发现距今170万年前生活在我国云南的元谋人，距今80万年前陕西蓝田人，距今70万—20万年前北京周口店的北京人都属于猿人时期（直立人）。距今30万—20万年前广东马坝人、湖北长阳人、山西丁村人都属于古人时期（早期智人）。这些原始人过着群居生活，使用打制石器，以采集渔猎为生，北京人能使用天然火，但婚姻形式为无限制的群内杂婚向血缘群婚发展。使用打制石器的时代被称旧石器时代。

## （二）氏族社会

距今 5 万年前开始，我国古人类进入新人时期（晚期智人），距今 18000 年前北京房山的山顶洞人已进入氏族社会，会取火，开始使用磨制石器、弓箭和骨针等。距今 7000—6000 年前，进入母系氏族社会时期，西安半坡氏族是北方旱作农业典型，建造房屋，纺织制陶，种植粟、白菜、芥菜，饲养家畜，定居生活；浙江余姚河姆渡氏族是长江流域的典型，建造干栏式房屋，发明打井技术，饲养家畜，种植水稻。妇女在生产生活中占主导地位，由于族外群婚制度，子女只知其母，不知其父。使用磨制石器的时代被称新石器时代。

距今 5000—4000 年前，代表父系氏族社会时期的龙山文化、大汶口文化中晚期、良渚文化、齐家文化出现，男子逐渐占主导地位，以父系血统确认亲属关系，对偶婚向一夫一妻制过渡，墓葬也以单人葬和男女合葬代替了男女分别埋葬，随葬品多少的差异反映出私有制和贫富分化，随之氏族社会被阶级社会取代，人们告别了野蛮时代，迈进文明社会的门槛。

## （三）神话传说

我国有丰富的神话传说反映远古时期的社会状况。传说中盘古将混沌世界开辟为天地，身躯化作万物。有巢氏"构木为巢"、燧人氏"钻木取火"代表了人类定居和人工取火的时代。女娲与伏羲氏兄妹结为夫妻的传说表明了我们先祖经历了辈行婚的血缘家庭阶段。伏羲氏、神农氏的故事反映了原始畜牧业和中国农耕文明的产生与发展。炎帝、黄帝、尧、舜、禹时期是父系氏族兴盛的军事民主时期，黄帝、炎帝大战蚩尤，反映了华夏远古部落的争战与融合，黄帝造舟车弓矢，嫘祖养蚕缫丝，仓颉造文字，大挠作干支，伶伦制乐器，中华远古文明达到全盛，黄帝被誉为中华"文明初祖"。上下五千年中华文明史从黄帝时代开始，因此中华儿女自称炎黄子孙。

三皇五帝，是中国在夏朝以前出现在传说中的"帝王"。存在多种说法。基本上，无论是按照史书的记载，还是神话传说，都认为三皇所处的年代早于五帝的年代。大致上，三皇时代距今久远，或在四五千年至七八千年以前乃至更为久远，时间跨度也可能很大；而五帝时代则距夏朝不远，在 4000 多年前。有不同说法：三皇为天皇、地皇、泰皇，见《史记》；天皇、地皇、人皇，见《三五历》；燧人、伏羲、神农，见《尚书大传》；伏羲、神农、共工，见《风俗通义》；伏羲氏、神农氏、轩辕氏，见《古微书》。五帝为黄帝、颛顼、帝喾、唐尧、虞舜，见《大戴礼记》；少昊、颛顼、帝喾、尧、舜，见《尚书序》；伏羲、神农、黄帝、尧、舜，见《战国策》。

## 二、奴隶社会

### （一）夏（约前 2070—前 1600）

"禹传子，家天下。"大禹建立夏，按禅让制应传位给伯益，但禹的儿子启废除了禅让制度，杀伯益，确立了父死子继兄终弟及的王位的世袭制度，定都阳城，即今河南登封。河南偃师县二里头村发现的二里头文化正是夏文化的代表，他们已掌握了冶金和铸造技术，建造了大面积的宫殿。夏朝共传 14 代 17 王，约 470 年，后夏桀为商朝的汤所灭。

### （二）商（前 1600—前 1046）

商汤革命，在伊尹的辅助下，建立商朝。商朝多次迁都，先后从亳迁到嚣，从嚣迁到相，从相迁到耿，从耿迁到庇，从庇迁到奄，从奄迁到殷。自盘庚迁都于殷后，国势强大，人称殷商。武丁时期，重用贤相傅说，在妻子妇好的帮助下，征服了周围各国，疆域扩大，人口增多，政治、经济、文化空前发展，人称"武丁中兴"。至纣王时，宠爱妲己，将比干、箕子、微子等贤臣杀害或贬斥，最终因暴政战败而自焚于鹿台。商朝前后相传 17 世 31 王，延续 554 年时间。

商朝是当时世界经济文化发达的国家。重达 800 多千克的青铜器后母戊鼎是迄今发现的世界上最大的青铜器，殷墟出土的甲骨文是当时世界上最先进的文字。

### （三）周（前 1046—前 256）

周武王伐纣，定都镐京，建立西周，公元前 771 年烽火戏诸侯的周幽王被犬戎所杀，西周灭亡。公元前 770 年周平王迁都洛邑，史称东周。东周时王室衰微，诸侯争霸，兼并战争不断，史称春秋战国时期。共传 30 代 37 王，大约 790 年。西周建制，分封诸侯，推行分封制、宗法制和礼乐制度，规定了统治的社会等级秩序。在经济上推行井田制。西周社会的宗法制对后来的中国历史演进的影响很大。公元前 841 年，国人暴动，周厉王被逐，周公、邵公共同执政，人称"共和行政"。这一年是我国有确切纪年的开端。

## 三、春秋战国时期

### （一）春秋（前 770—前 476）

平王东迁后，天子地位衰落，比较大的诸侯国凭借其实力，用战争来扩张领土，迫使弱小国家听从他们的号令，并互相争夺，形成了诸侯争霸的局面，出现了春秋五霸。一说为齐桓公、宋襄公、晋文公、秦穆公、楚庄王，一说为齐桓公、晋文公、楚庄王、吴王阖闾、越王勾践。

## （二）战国（前 475—前 221）

战国时期，七雄争霸。战国七雄是东周后期七个强势诸侯国的统称，分别是齐、楚、燕、韩、赵、魏、秦。战争需要强大的国力，各国力图变法强国。魏国李悝变法最早，秦国商鞅变法最彻底。变法使封建君主制度逐步完善，封建经济得以发展，封建等级制度得以确立。战争促进了民族融合，文化交流。战争促成了最后秦的统一。

春秋战国是中国历史上的重要时期。在这一时期，西周的分封制、旧的贵族势力逐渐瓦解，新的阶级势力逐渐强大，诸侯的兼并战争确立了地区性中央集权国家形成，并促使全国统一的中央集权的国家建立。

## 四、秦至清鸦片战争前的封建社会时期

### （一）秦（前 221—前 206）

公元前 221 年，秦王嬴政灭六国，一统天下，建立了我国多民族的中央集权的封建国家，定都咸阳。为巩固统一，确立至高无上的皇帝制度，自称始皇帝。设立"三公九卿"制，地方上推行郡县制，长官由皇帝任命。统一货币、文字、度量衡。修订《秦律》，"焚书坑儒"，师学从吏。北击匈奴，修筑长城，南击百越，开凿灵渠，广修驰道，巡视各地。苛政暴政，传至二世，爆发了陈胜、吴广领导的农民起义，秦亡。

### （二）汉（前 202—220）

项羽与刘邦经过四年楚汉战争，公元前 202 年，项羽垓下兵败，自刎乌江。刘邦建立汉朝，定都长安，史称西汉。刘邦采取无为而治，与民休息，经济得以恢复发展。至文帝、景帝时，出现"文景之治"。汉武帝时，鉴于吴楚七国之乱的教训，实行"推恩令"，削弱诸侯王势力，将盐铁和铸币权收归中央，采纳儒生董仲舒的建议"罢黜百家、独尊儒术"，加强中央集权。

9 年，王莽废汉建立新朝。实行复古改制，激起了绿林、赤眉农民起义，"莽新"灭亡。

25 年，汉室皇族刘秀称帝，定都洛阳，史称东汉，一度出现"光武中兴"。由于豪强地主大肆兼并土地，广建田庄，农民失去土地，不得不依附于豪强地主，但地主农民之间矛盾尖锐。东汉中期以后皇帝大多年幼无知，中央政权实际掌握在外戚、宦官手中，统治异常腐败黑暗，184 年爆发了黄巾军起义，东汉政权崩溃。

两汉是中国封建社会第一个鼎盛时期，和欧洲的罗马帝国处于同一时期，两个强大的帝国在东西方形成对峙的局面。汉朝的中原人被其他民族称为汉人，今天的汉族、汉字、汉语这些称谓也都由此而来。

秦汉是我国封建社会的奠基时期，此时所形成的经济制度、官僚政治制度、家庭制度、文教制度以及伦理规范，决定了中国文化的实质和精神。秦汉之制、秦汉思想文化风貌，成为后世遵循的楷模。

秦汉封建经济文化得到发展，科技文化在世界上处于领先地位，文学、史学、哲学和艺术对后世影响深远。西汉时，铁犁牛耕进一步发展，大量兴修水利，农业生产发展迅速。手工业以煤作燃料冶铁，纺织业使用提花机，商业城市繁荣。

张骞通西域，开辟了丝绸之路，沟通了汉与西域乃至西方国家的经济文化交流。班超经营西域，派甘英出使大秦，大秦王使者安顿来到洛阳，留下了中西文化交流的历史记录。

秦统一后，实行"书同文，行同伦，车同轨，度同制，地同域"的"五同"政策。汉代董仲舒提出"三纲五常"。可见，中华民族思想文化的真正统一及其相应制度的建立，是在秦汉时代。

### （三）三国两晋南北朝（220—589）

三国（220—280）。东汉末年，在剿灭黄巾军过程中，地方军阀势力形成。曹操在200年经官渡之战打败袁绍后，统一了北方。208年，赤壁之战曹操败北。220年，曹丕废汉献帝，建立了魏，东汉灭亡。221年，刘备建立汉，人称蜀汉或蜀。222年，孙权建立吴。三国鼎立的局面就此形成。

两晋南北朝（265—589）。263年，魏灭蜀。265年，司马炎废魏称帝建晋，定都洛阳，史称西晋。280年，晋灭吴，南北统一。316年，西晋灭亡。317年，司马睿称帝，设都建康（南京），史称东晋。西晋灭亡后，北方的匈奴、鲜卑、羯、氐、羌等族先后建立了十六个政权，史称五胡十六国。南方东晋至420年，被刘裕所废，建立宋。489年，萧道成废宋，建齐。502年，萧衍进兵建康称帝，建梁。557年，陈霸先废梁称帝，建陈。宋、齐、梁、陈皆定都建康，史称南朝。386年，鲜卑拓跋部建立北魏，逐步统一北方。后分裂为东魏和西魏。东魏后被北齐所代，西魏后被北周所代。此五朝，史称北朝。

三国两晋至南北朝，是我国封建经济文化进一步发展和民族大融合的重要时期。北魏统一后，魏孝文帝迁都洛阳，开始大规模的汉化改革，穿汉服，说汉话，改汉姓，与汉族通婚，沿用汉族习俗制度治理朝政，汉族先进文化制度完全融入北魏的政治统治中，使鲜卑族封建化、汉化，为南北统一奠定了基础。

### （四）隋唐（581—907）

隋（581—618）。581年，杨坚废北周建立隋朝，定都长安。589年灭陈，统一中国。杨坚在中央建立"三省六部制"，三省即尚书、门下、内史（唐朝改叫中书）；六部指尚书省下设的吏部、礼部、兵部、都部（后改为刑部）、度支（后改为户部）、工部六个机构，三省的长官相当于宰相。在全国实行均田制，推行科举取士制，社会安定，经济发展，史称"开皇之治"。但隋炀帝统治残暴，好大喜功，奢侈腐化，在隋末农民大起义中被杀于扬州，隋亡。

隋炀帝时，开凿了以洛阳为中心，北起涿郡（北京）南到余杭（杭州），连接黄河和淮河的通济渠，连接淮河和长江的邗沟，连接沁水、黄河、卫水的永济渠，连接长江与钱塘江的江南河，连通五大水系，长达四千八百里的大运河。它是我国古代水路交通要道，对南北各地经济文化交流起到极大的推动作用。

唐（618—907）。618年，李渊在长安称帝，建唐。唐太宗李世民接位后，采取开明的政策，注意与民休养生息，政治清明，纳谏任贤，推行均田制、租庸调制，完善科举制度。经济恢复发展，国力强盛，史称"贞观之治"。武则天是我国历史上唯一的女皇帝，690年武则天改国号为周，其统治时期，社会经济继续发展。唐玄宗李隆基时，先后任用姚崇、宋璟、张九龄等为相，革除弊政，整顿官吏，兴修水利，发展生产，使唐达到全盛时期，文化繁荣，疆域辽阔，对外交流频繁，大唐帝国的美名远播海外，史称"开元盛世"。由于玄宗后期崇尚享乐，怠于政治，重用奸佞，政治腐败，引发安史之乱，唐由盛转衰。此后，内有宦官专权，外有藩镇割据，土地兼并严重，社会矛盾尖锐，爆发了王仙芝、黄巢农民大起义。907年，节度使朱温废唐自立，建后梁。

隋唐是中国封建社会的盛世时期，文化引领世界潮流，形成东亚文化圈，对东南亚诸国有特别重要的影响。唐代农业经济发展表现在生产力上，如曲辕犁和筒车的使用，大大提高了劳动效率。手工业在冶金制造工艺方面有很大提高。长安城规模巨大，布局严整，是当时世界上规模最大、商业繁荣、人口最多的都市；还有很多国家和民族的商人、使者、留学生，是一座国际性大都市。

唐朝是继汉朝之后又一个强大的王朝，政治军事的强大和经济文化的空前繁荣，使中国在世界的地位显赫一时，在对外交往中常常以中华民族的盛唐景象为骄傲，至今不少海外华人居住区被叫作唐人街，穿着的衣服被称为唐装，大概因此得名。

## （五）五代十国（907—960）

这一时期，黄河流域先后经历了后梁、后唐、后晋、后汉、后周五代。同时，在山西和南方先后出现了北汉、前蜀、吴、闽、吴越、楚、南汉、南平、后蜀、南唐10个割据政权，史称"五代十国"。

## （六）辽宋夏金时期（907—1279）

960年，后周大将赵匡胤通过"陈桥兵变"建立宋，建都汴梁（今河南开封），史称北宋。赵匡胤采取了"杯酒释兵权"的方法，解除了地方节度使的兵权，结束了自唐朝后期以来地方势力拥兵自重的局面，设立枢密院与政事堂、路设转运使、文人知州等政策，将兵权、政权、财权和用人权最大限度地集中于皇帝自己手中，也开始了文人政治统治时期。979 年，北宋结束了五代十国的分裂局面。

北方的契丹族于 907 年建立契丹国，后改称辽，辽宋 1004 年通过"澶渊之盟"开始了相对稳定的局面，开展经济文化交流。

1038 年西北的党项族建立了大夏国，"庆历和约"后，宋夏关系相对稳定，开展互市。

为解决财政困难，缓和阶级矛盾，解决辽、西夏对宋的威胁，1069 年宋神宗任用王安石实施了变法，变法内容有：青苗法、募役法、农田水利法、方田均税法、保甲法等。

1115 年，东北的女真族建立金国。1127 年，金灭北宋。同年，赵构在河南商丘即位称帝，后迁临安（今杭州），史称南宋。在此期间，岳飞是最著名的抗金将领。1141 年，宋金签订"绍兴和议"，宋向金称臣。1206 年，蒙古族铁木真被推举为"成吉思汗"，力量不断壮大，消灭了西夏和金。1271 年，成吉思汗的孙子忽必烈定国号为元，建都大都（今北京）。1279 年，元攻占临安，南宋亡。

## （七）元朝（1206—1368）

1279 年，元朝实现了中国历史上规模空前的大统一。其疆域"北逾阴山，西极流沙，东尽辽左，南越海表"，版图超过汉唐，初步奠定了现代中国疆域的基本轮廓。元对地方实行"行省制度"。以中书省总理全国政务，称省。除京畿地区直接隶属中书省和吐蕃地区由宣政院管辖外，在诸路重要都会设立了 10 个行中书省作为中书省的派出机构，简称行省。行省长官统一掌握军事、行政、财政大权，称平章政事。行省制度是我国行政区划和政治制度史上的一次重大改革，现今的省制来源于此。元代西藏正式成为中央所属行政区域。

元统治者把全国人口分成四等，给予在政治、任职、科举、刑律等方面的不同待遇，具有强烈的民族歧视色彩。民族分化政策，导致元末红巾军起义，结束元朝统治。

## （八）明清时期（1368—1840）

### 1. 明朝（1368—1644）

明清时期，是封建社会的衰老时期。1368 年，朱元璋在南京称帝，建立明朝。朱元璋为加强中央集权，废除了中书省及丞相，权力分于六部，六部尚书直接对皇帝负责，后设殿阁大学士辅政。在地方设立三司分管民政、财政、刑法和军事。军事上废大都督府，设五军都督府。分典刑狱的机构合称三法司。颁布了大明律，设学校、行科举；兴文字狱，设立特务机构厂卫。在经济上采取休养生息政策，鼓励垦荒，减免赋役，实行军屯，使社会经济得到恢复和发展。朱元璋死后，皇孙建文帝即位，皇族内部矛盾激化。1399 年，燕王朱棣发动"靖难之役"，夺取帝位，改年号永乐，迁都北京，把北京皇城建成东方古代城市建筑的瑰宝。全国经济文化经过几十年的发展，国力强盛。1405—1433 年，明成祖派郑和七次下西洋，船队曾到达中印半岛、南洋群岛、印度和阿拉伯等亚非 30 多个国家和地区，最远到达非洲东海岸和红海沿岸，是世界航海史上的壮举。明中期，以苏州为代表的江南丝织业中，出现了"机户出资、机工出力、计日受值"的资本主义萌芽现象。为了防御北方瓦剌、鞑靼的南侵，明代重视长城的修筑，现存东起山海关，西达嘉峪关的长城，就是明长城的遗存物。在沿海地区，由于日本倭寇的抢劫烧杀，明政府组织抗倭斗争，著名抗倭将领有戚继光和俞大猷。

1553 年，澳门成为葡萄牙在中国占据的第一块土地。1626 年，西班牙侵略者侵占了我国台湾的鸡笼和淡水。1641 年，荷兰战胜西班牙，全部占领了我国台湾。16 世纪80 年代，西方传教士利玛窦来广东传教，1601 年，进京朝见明神宗、献上自鸣钟、万国图等，取得在北京传教的特权。他和徐光启等合译西方科技书籍，对中西文化交流、开阔人们科技视野有积极作用。明后期，政治腐败，土地兼并剧烈，宦官专权，党锢之祸，连年灾荒，爆发了高迎祥、李自成、张献忠领导的农民起义。1644 年，李自成军进北京，崇祯皇帝自缢于万岁山，明亡。

**2. 清朝前期（1636—1840）**

1616 年，东北女真族首领努尔哈赤建金，史称后金。1636 年，其子皇太极称帝，改国号为清。1644 年，清军击败李自成进军北京，由盛京迁都北京，建立对全国的统治。清康熙年间，禁止圈地令，实行更名田，奖励垦荒，推行"摊丁入亩"，把丁银全部摊入田亩中征收，结束了绵延数千年的人头税，促进了生产力的发展。至乾隆年间，社会经济繁荣，史称"康乾盛世"。在巩固统一方面，平定吴三桂为首的"三藩之乱"，解决了台湾与大陆统一问题。康熙又进行了雅克萨之战，击退了沙俄对东北地区的侵略。1689 年，中俄签订《尼布楚条约》，正式划定边界。康熙、雍正、乾隆三代，平息了准噶尔部上层的叛乱，使土尔扈特部重返祖国。粉碎了回部大、小和卓木的叛乱。设立驻藏大臣，创立了金奔巴制度，达赖和班禅的转世继承，必须由清政府册封等，至此，清政府统一中国的任务基本完成。与此同时，清政府大兴文字狱，实行思想文化钳制。

八旗制度是清朝特有的制度，是一种军事、社会组织形式，有正黄、正红、正蓝、正白、镶黄、镶红、镶蓝、镶白八旗。八旗成员平时从事生产，战时从军。出征时，军械粮草自备。清亡，八旗制度也随之瓦解。

# 五、半殖民地半封建社会时期

## （一）清朝后期（1840—1911）

1840 年 6 月，英国对中国发动了鸦片战争。1842 年 9 月，不平等的中英《南京条约》签订，中国从此进入半殖民地半封建社会。1860 年，英法等国又对中国发动了第二次鸦片战争。1883 年，法国挑起了中法战争。1894 年，日本发动了甲午中日战争。1900年 6 月，英、法、德、俄、日、美、意、奥组成八国联军侵华。侵略者迫使中国政府相继订立了《天津条约》《北京条约》《中法新约》《马关条约》《辛丑条约》等不平等条约，攫取巨额赔款，割占中国土地，享受特权，乃至控制清政府的政治、经济、军事、文化，使中国完全走向半殖民地半封建社会的深渊。

第二次鸦片战争后，清统治阶级内部也出现过"自强""求富"为目标的洋务运动，代表人物如奕䜣、曾国藩、左宗棠、李鸿章、张之洞等。他们从国外引进了近代机器大生产的方式、近代化的军工和民用生产技术，派遣留学生和聘请洋技师，介绍西方的科技等，对中国社会的进步具有一定的促进作用。但是，他们最后失败了。甲午中日战争后，中国资产阶级维新派康有为、梁启超、谭嗣同、严复等人登上政治舞台，他们和光绪皇帝一起，进行"救亡图存"的"戊戌变法"。政治上主张建立西方君主立宪制国家，经济上发展资本主义，文化上兴西学、废八股，设新式学堂。变法从 1898 年 6 月 11 日开始，至同年 9 月 21 日，经历了 103 天便告失败，史称"百日维新"。

资产阶级革命派以孙中山为代表，开始了旨在推翻清政府的革命运动。他们组织了革命政党同盟会，提出了"驱除鞑虏、恢复中华、创立民国、平均地权"的革命纲领，组织武装起义。经过无数次的失败和牺牲，1911 年，武昌起义爆发，很快蔓延全国。1912 年清帝逊位。

## （二）中华民国时期（1912—1949）

1912 年 1 月 1 日，中华民国临时政府在南京成立，宣告了清朝统治的结束。袁世凯窃取了辛亥革命的胜利果实不久，试图复辟帝制，全国上下一致讨伐，皇帝梦宣告结束。1915 年，陈独秀在上海创办《青年杂志》开始了新文化运动，提倡民主，反对专制；提倡科学，反对迷信；以后又提倡新道德，反对旧道德；提倡新文学，反对旧文学。代表人物有陈独秀、李大钊、鲁迅、吴虞、胡适等人。俄国十月革命后，一些民主主义者开始在中国传播马克思主义，代表人物有陈独秀、李大钊等。1919 年 5 月 4 日，"五四运动"爆发，标志着中国旧民主主义革命阶段的结束。

1919 年"五四运动"开始，中国进入新民主主义革命时期。1921 年，中国共产党在上海成立。从此，中国革命的面目焕然一新。1924 年，中国共产党与孙中山领导的国民党实现了第一次国共合作，创办了黄埔陆军军官学校。1926 年，国民革命军北伐。1927 年，国民党右派叛变革命。1928 年，东北改旗易帜，全国名义上统一。1927 年，中国共产党举行南昌起义、秋收起义、广州起义，创建了自己的军队和革命根据地。1931 年，"九一八事变"爆发，日本侵占了中国东北。1934 年，中国工农红军经过二万五千里长征，中共中央和中央红军胜利到达陕北，延安成为中国革命的圣地。1936 年 12 月 12 日，"西安事变"爆发，蒋介石被迫接受了停止内战、联共抗日的条件。1937 年 7 月 7 日，"卢沟桥事变"爆发，国共两党实行第二次国共合作，抗日战争开始。经过八年浴血抗战，1945 年，日本宣布无条件投降，抗日战争胜利结束。这是中华民族在中国近现代史上反侵略战争所取得的第一次完全的胜利。1945 年 8 月，国共两党就和平建国等问题在重庆进行谈判，签订《双十协定》，1946年6月，蒋介石悍然撕毁和谈协议，向解放区发动进攻，全面内战爆发。经过三年战争，共产党粉碎了国民党的全面进攻和重点进攻，转入反攻阶段，并取得了辽沈、淮海、平津战役的胜利。1949年4月20日晚，渡江战役开始，人民解放军胜利进军，占领南京，标志蒋家王朝的覆灭。

1949年10月1日，中华人民共和国在北京宣告成立，毛泽东担任中央人民政府主席。中国新民主主义革命时期结束，转入社会主义革命时期。

# 第二节　中国古代思想文化

## 一、儒家思想

儒家文化是中国文化最重要的组成部分，构建了几千年中国社会主流思想。在春秋战国时期产生的儒学，其完整的思想体系，给我们留下了一个崇尚道德的传统。儒家道德文化中"仁义礼智信""温良恭俭让"被称为道德标准和"君子五德"，儒家文化中的和谐意识、人本意识、忧患意识、道德意识和力行意识对中国社会的民族性格和民族精神的形成有深远的影响。

### （一）孔子的思想

孔子（前551—前479），名丘，字仲尼，春秋时鲁国陬邑（今山东曲阜）人。中国古代最著名的思想家、教育家、政治家，儒家创始人。孔子对中国思想文化的发展有极其深远的影响，也是世界上知名度最高的中国人。其核心思想是"仁"和"礼"，其言行思想集中反映在《论语》中。

"仁"是中国古代一种含义极广的道德范畴，本指人与人之间相互亲爱。孔子把"仁"作为最高的道德原则、道德标准和道德境界。他第一个把整体的道德规范集于一体，形成了以"仁"为核心的伦理思想结构，它包括孝、悌、忠、恕、礼、智、勇、恭、宽、信、敏、惠等内容。其中孝悌是仁的基础，是仁学思想体系的基本支柱之一。他提出要为"仁"的实现而献身，即"杀身以成仁"的观点，对后世产生很大的影响。

### （二）儒家思想的发展

孔子以后，儒家内部也形成了八个派别。其中孟子和荀子是最重要的两派。

孟子名轲，是战国中期儒家的主要代表人物，其思想体现在《孟子》一书中。他发展了孔子的"仁学"思想，提出了"人性本善"的理论，以及施行"仁政""王道"的政治理想和"民贵君轻"的民本思想等。孟子把儒家的生命价值观提炼为"杀身成仁""舍生取义",以立德、立功、立言的"三不朽"来超越死亡。人称"亚圣"。

荀子名况,曾任齐国学术中心"稷下学宫"的祭酒,著有《荀子》一书。他的代表思想是性恶论,认为治理国家不仅要以"礼"教化人,还要依"法"规范人,这一思想成为以后历代封建专制统治思想的源头。

### (三)十三经

十三经是十三部儒家经典的总称。先秦之世,有四经《诗》《书》《礼》《乐》、五经《易》《诗》《书》《礼》《春秋》、六经《诗》《书》《礼》《乐》《易》《春秋》之名。至汉,始以《易》《诗》《书》《礼》《春秋》,列于学官,"五经"之名始定。唐以《周礼》《仪礼》与《公羊》《穀梁》分而习之,析为"九经",列于学官。唐文宋刻石经,将《孝经》《论语》《尔雅》列入经部,是为"十二经"。宋,列《孟子》于经部,"十三经"之名始立。

### (四)四书五经

四书是《大学》《中庸》《论语》《孟子》的合称。南宋朱熹撰《四书章句集注》,始有"四书"之名。"五经",是《诗》《书》《礼》《易》《春秋》的合称,汉武帝时定。以上四书五经,是古代科举考试必读书目。

### (五)两汉经学

汉初统治者推行无为而治的道家思想,推动了先秦时期各种思想的相互渗透、相互补充,逐渐出现一种新儒学,即两汉经学。汉武帝时,经学大师董仲舒吸收了法家、道家、阴阳家等各家学说,对孔孟儒学进行改造,通过注释儒家经典,形成一套"君权神授""三纲五常""天人合一"的儒家理论,儒学发展为新儒学。公元前140年,他提出"罢黜百家,独尊儒术",被皇帝采纳,儒学定为官学,儒家思想从此作为封建社会正统思想一直延续到清末。

"三纲"是指"君为臣纲,父为子纲,夫为妻纲",要求为臣、为子、为妻的必须绝对服从于君、父、夫,同时也要求君、父、夫为臣、子、妻作出表率。它反映了封建社会中君臣、父子、夫妇之间的一种特殊的道德关系。"五常"即仁、义、礼、智、信,是用以调整、规范君臣、父子、兄弟、夫妇、朋友等人伦关系的行为准则。三纲五常,为封建阶级统治和等级秩序的神圣性和合理性而辩护,成为中国封建专制主义统治的基本理论,为历代封建统治阶级所维护和提倡。它们作为封建社会的最高道德原则和观念,被写进封建家族的族谱中,起着规范、禁锢人们思想、行为的作用。2000多年来,它一直影响着中国人的国民性。当然,这种思想在一定时期也起到了维护社会秩序、规范人际关系的作用。

## （六）程朱理学

宋明时期，学术思想界出现了一种以"理学"著称的学派。理学是佛教、道教思想渗透到儒家哲学以后出现的一个新儒家学派，亦名道学或宋学。理学分程朱理学和陆王心学两派。程朱理学是北宋理学家程颢、程颐和南宋理学家朱熹思想的合称。他们把"理"或"天理"视作哲学的最高范畴，认为理无所不在，不生不灭，不仅是世界的本原，也是社会生活的最高准则。主张"去人欲，存天理"。"天理"是公，是大善，是人的仁爱之心。"人欲"是私，是小恶，是人的自私之情。"存天理"就是存善，追寻天理，循道而行。"灭人欲"就是去恶，克己省身，修身养性。通俗理解朱熹的"存天理、灭人欲"，就是要防范个人欲望的过度膨胀，追寻维护社会、道德、政风和民风的和谐与美好。陆王心学的主要代表人物是陆九渊、王阳明，他们主张人心即真理，一切事物的理都在人的心中。

# 二、道家思想

在历史悠久的中国传统思想文化中，始终存在着两条主要脉络：以孔孟思想为核心的儒家学说，是中国文化的正统；而以老庄思想为代表的道家学说，以及在其基础上产生的道教，则是中国文化的另一主干。

## （一）老子

老子（约前571—前471），曾做过周朝的守藏史，中国古代思想家。姓李名耳，字伯阳，楚国苦县厉乡曲仁里（今河南省鹿邑县东太清宫镇）人，又称老聃，著有《道德经》一书。道家学派的始祖。

《道德经》提出：宇宙间的天地万物都来源于一个神秘玄妙的母体——道。"道生一，一生二，二生三，三生万物"，"道"乃"夫莫之命而常自然"，因而"人法地，地法天，天法道，道法自然"。"道"为客观自然规律，同时又具有"独立不改，周行而不殆"的永恒意义。德即得道，认识体验道，按照道的自然法则修身治国。老子的思想主张是"无为"，老子的理想政治境界是"邻国相望，鸡犬之声相闻，民至老死不相往来"。

《道德经》书中包括大量朴素辩证法观点，以为一切事物均具有正反两面，双方相互依存，相辅相成，有无相生、难易相成、长短相形、高下相倾、音声相和、前后相随，而对立的双方能够相互转化，祸兮福所倚，福兮祸所伏。

## （二）庄子

庄子（约前369—前286），名周，字子休（一说子沐），战国时代宋国蒙（今安徽省蒙城县）人。曾在家乡做过漆园吏，不久即归隐。著名思想家、哲学家、文学家，是道家学派的代表人物，老子哲学思想的继承者和发展者，著有《庄子》一书。他的学说涵盖当时社会生活的方方面面，但根本精神还是归依于老子的哲学。后世将他与老子并称为"老庄"，他们的哲学为"老庄哲学"。

他的思想包含着朴素辩证法因素，认为一切事物都在变化，他认为"道"是"先天地生"的，从"道未始有封"，即"道"是无界限差别的。主张"无为"，放弃生活中的一切争斗。又认为一切事物都是相对的，因此他否定知识，否定一切事物的本质区别，极力否定现实，幻想一种"天地与我并生，万物与我为一"的主观精神境界，安时处顺，逍遥自得，倒向了相对主义和宿命论。

庄子的文章，想象力很强，文笔变化多端，具有浓厚的浪漫主义色彩，并采用寓言故事形式，富有幽默讽刺的意味，对后世文学语言有很大影响。著作有《庄子》，亦称《南华经》，道家经典之一。

### （三）魏晋玄学

魏晋南北朝时期的士大夫，大多不谈世事，尚论玄理。严格来说，玄谈是由魏正始年间王弼、何晏提出玄学开始的。玄学随着佛教传入中国，知识分子开始把儒学与道教结合，理性地思考人生、自然和社会，把这些问题上升到哲学的高度去讨论。

魏晋玄学的主要代表人物有何晏、阮籍、嵇康、王弼、向秀、郭象等。其基本特点有：以"三玄"为主要研究对象，并以《老子》《庄子》注解《易经》；以辩证"有无"问题为中心；以探究世界本体为其基本内容，提出"以无为本"及认为"有"是独自存在的，不需要"无"作自己的本的思想；以解决自然与名教的关系为其哲学目的；针对汉儒支离烦琐的解释方法，强调在论证问题时把握义理，反对执着言、象，提出"得意忘言""寄言出意"的方法；以"辨名析理"为其思维形式。由此形成两晋南北朝玄学的独有特色。

魏正始年间（240—249），嵇康、阮籍、山涛、向秀、刘伶、王戎和阮咸七人常聚在当时的山阳县（今河南辉县、修武一带）竹林之下，肆意酣畅，世谓竹林七贤。

### 三、法家思想

法家是先秦诸子中对法律最为重视的一派，源于春秋时期的管仲、子产。前期代表有战国时期的李悝、吴起和商鞅。他们的思想核心是"变法"，重视法律，反对儒家的"礼"。他们主张新兴地主阶级要求土地私有和按功劳与才干授予官职是公平正确的，而维护贵族特权的礼制则是落后不公平的，他们反对贵族垄断经济和政治利益的世袭特权。

战国时期韩非是法家集大成者，韩非把商鞅重法、慎到重势、申不害重术，三者紧密结合，提出了一整套法制思想体系。法指的是健全法制；势指的是君主的权势，要独掌军政大权；术指的是驾驭群臣、掌握政权、推行法令的策略和手段，主要是察觉、防止犯上作乱，维护君主地位。

韩非著作有《韩非子》，为后来建立的中央集权的秦朝提供了有效的理论依据。后来的汉朝继承了秦朝的集权体制以及法律体制，这就是我国古代封建社会的政治与法制主体。

法家思想和我们现在所提倡的民主形式的法治有根本的区别，最大差异就是法家极力主张君主集权，而且是绝对的。

中国古代法治思想的负面影响主要表现在：

### 1. 强调法律价值的绝对性，忽视德治

涉及人们思想、认识、信仰等领域就不能用法律调节，因为人是理性的动物，有自己的是非善恶评价标准，而这些用法律强制，只能促成逆反心理。又如生活中的一些小问题，不宜采用法律手段，而应用道德来约束，给人们一个自我约束的空间。这是人类精神生活的一个重要方面。

### 2. 法自君出，实行独断

法家认为"权制独断于君则威"，主张立法权掌握在君主手里，臣下不得行使，建立起一种"天下之事无小大皆决于上"的君主极端专制的封建政治制度和法律制度。皇帝本人则凌驾于法之上，超越于法之外。

### 3. "强国弱民"

法家主张无限扩大国家权力而缩小人民的利益，这是法家理论的一个危机。

### 4. "刑用于将过"

法家将有犯罪思想的人和有犯罪行为的罪犯等同起来，给予同样的刑罚，这与现代意义上的法理是极不相符的。此外，法家这种"刑用于将过"的理论，还混淆了罪与非罪的界限，无疑是重刑主义的表现。

## 四、墨家思想

墨翟（约前468—前376）是墨家重要学派的创始人，其主要思想言行反映在《墨子》中，更多地代表了下层劳动者的利益和要求。墨子的主要思想是"兼爱""非攻"，既反对"大攻小，强执弱"的兼并战争，又反对强凌弱、富欺贫、贵傲贱的阶级压迫，企图用"兼相爱、交相利"的原则作为救世良方。墨子还提出"尚贤""尚同"，建议打破等级局限，选举最贤能的人当君主和各级官吏。墨子的思想还有"节用""节葬""非乐""非命""尊天""明鬼"等。反对音乐享受，一方面否定天命，同时又承认鬼神的存在。

墨子的形式逻辑相当严密。他第一次提出了"辩""类""故"等逻辑概念，并指出"辟""侔""援""推"四种辩论方式的逻辑要求与常见逻辑错误。墨子的逻辑学可与亚里士多德逻辑、古印度因明学媲美，并列为形式逻辑三大源流。

墨子还是一个杰出的科学家，在力学、几何学、代数学、光学等方面，都有重大贡

献，为同时代诸子所望尘莫及。墨家在科学上的成就为众多学者所称赞，中华民国首任教育总长蔡元培认为："先秦唯墨子颇治科学。"历史学家杨向奎称："中国古代墨家的科技成就等于或超过整个古代希腊。"

墨者中从事谈辩者，称"墨辩"；从事武侠者，称"墨侠"。在我国浩如烟海的传统文化中，杀富济贫，行侠仗义，快意恩仇，与侠客息息相关的理论体系就是墨家。

## 五、兵家思想

兵家是研究军事学说的学派，春秋时期的孙武、战国时期的孙膑是兵家的主要代表人物，分别著有《孙子兵法》《孙膑兵法》。孙子曰："将有五德，智、信、仁、勇、严也，凡为将者，以智为先"，"兵者，国之大事，死生之地，存亡之道，不可不察也。"

兵家把政治、经济、军事、天文、地理、国际关系等各种客观因素作为决定胜负的条件，并把它们看成相互关联的管理决策的统一整体，同时又把战争主观指导，即主体的决策、指挥、组织、运筹等军事管理素质（所谓的"将能""将才"）作为一项基本因素，并由此而引出争取战争胜利的一系列战法。

关于计谋（战略）的论述，可以说是中国古代兵家管理思想中内容最丰富的方面，它所揭示的许多带有规律性的原则，是至今仍必须遵守的。许多名言已成为脍炙人口的管理格言，诸如"知彼知己，百战不殆""知天知地，胜乃可全""居安思危""有备无患""先计后战""远交近攻""攻其无备，出其不意""避实击虚""以众击寡""兵贵胜、不贵久""兵贵神速""兵贵其和，和则一心""三军一人，胜""三军可夺气，将军可夺心"等。这些著名的兵家管理格言运用的一些基本原则，与现代科学理论，不仅基本精神一致，在语言上也有明显的渊源关系。

### 【本章小结】

了解中国历史文化，尤其是历史文化常识，对旅游从业人员和旅游者都是非常必要的。本章介绍了中国历史文化和中国古代思想文化，以便学生了解中国历史文化发展和中国古代思想发展的基本脉络。

### 【复习思考题】

1. 复述不同时期的中国历史文化。
2. 列举古代思想文化的代表人物及主要思想。

# 第 三 章

## 旅游宗教文化

**【教学目标】**

（1）了解宗教的产生、中国宗教信仰的特点及中国的宗教政策。

（2）重点掌握四大宗教的产生时间、创始人、基本教义、传播以及四大宗教形成的主要派别、经典及标志。

（3）熟悉四大宗教的供奉对象、常用的称谓、礼节及主要的宗教活动。

**【导入案例】**

### 宗教与旅游

宗教，从某方面来说，是带动旅游业发展的一个载体。在某些特定领域，旅游业如果失去宗教的存在，可能会门可罗雀，生意惨淡。

西藏，是典型的区域宗教旅游地，整个自治区绝大部分都是"藏密"的信徒。与其说雪域高原特有的风景吸引了游客前去，不如说遍布藏地的大小寺院与全民信仰的独特民俗，吸引了世人的眼球。在心灵的最深处，人们都清楚知道，如果西藏没有了宗教，它会少了很多神秘性。

其实，一些人去宗教性旅游地，并非旅游，而是朝拜。

道教圣地武当山，山险楼奇，独特的宗教建筑与文化，令中外游客如醉如痴。难道他们只是单纯看山？他们大概更想了解道教养生与保健的生活奥秘。

有史以来，宗教一直是人类生存的精神寄托。很多人会说，他们什么都不信，但每当他们面临圣地的时候，是最虔诚礼拜的。

**请思考：**宗教与旅游产业的发展给我们带来哪些启示？宗教文化旅游资源对旅游业

的发展有哪些积极意义?

　　"宗教"一词,英文为 religion,源于拉丁文 religio,意为有限者(人)与无限者(神)的结合。"宗教"一词源于印度佛教,佛教以佛陀之言为"教",佛弟子之言为"宗",二者合称为"宗教",意为崇尚、奉行佛陀及其弟子的教诲。宗教产生于史前社会后期,是一种信仰和社会现象,它相信和崇拜超自然的神灵,是对客观世界虚幻的解读。

　　当今世界上信仰宗教的人占总人口的一半以上,遍布世界各国及各个地区。仅在进入阶级社会后,就有过千百种宗教体系,如道教、基督教、佛教、伊斯兰教、印度教、犹太教、锡克教和神道教等。但流传最广泛的是世界三大宗教:基督教、佛教、伊斯兰教。

　　宗教文化与旅游活动具有相辅相成、相得益彰的价值功能。宗教本身信徒的虔诚度和特有的神秘感具有极强的吸引功能,藏于深山的宗教建筑与名胜古迹具有极高的观赏价值,魅力无限的宗教艺术具有深厚的文化内涵。

# 第一节　佛　教

## 一、起源与传播

### (一)佛教的起源

　　佛教是以信仰"佛"为中心的宗教,公元前 6 世纪由古印度迦毗罗卫国(今尼泊尔南部)净饭王的太子乔达摩·悉达多所创。后世佛教徒尊称其为"释迦牟尼",意即释迦族的圣人,简称为佛陀、佛。佛是梵音,意为觉悟者,即自觉、觉他、觉行三觉圆满的智者。

　　释迦牟尼生活的时代大约相当于中国的春秋时期。佛教界"八相成佛"的传说扼要地概括了释迦牟尼的一生:兜率来仪相、蓝毗尼花园降生相、四门游观相、逾城出家相、雪山修道相、菩提树下降魔成道相、鹿野苑初转法轮相和娑罗林下涅槃相。大意是说释迦牟尼从兜率宫降临人世。释迦牟尼是迦毗罗卫国净饭王的太子,他诞生于蓝毗尼花园。太子长大后出四门游历,看到人世间生老病死、生离死别等种种不幸,深感人生无常,充满苦难,便于 29 岁时辞别妻儿出家修行,以摆脱人生的苦难。6 年后太子在菩提伽耶的一棵菩提树下降魔、悟道、成佛,并在鹿野苑为弟子们第一次说法。在此后的 45 年中,释迦牟尼在印度恒河流域中部地区向大众宣传自己证悟的真理,信徒日众,由此组成教团,形成佛教。80 岁时,释迦牟尼在拘尸那迦娑罗林下圆寂。

现在，释迦牟尼的出生地蓝毗尼花园、成道地菩提伽耶、初转法轮地鹿野苑、涅槃地拘尸那迦是世界闻名的佛祖四大圣迹。

### （二）佛教的传播

#### 1. 南传佛教

以小乘佛教为主的佛教教派从古印度向南传入斯里兰卡、缅甸、泰国、老挝、柬埔寨等南亚、东南亚各国，并进入中国云南傣族等少数民族地区，主要影响了中国的傣族、布朗族等少数民族。因其经典属巴利语，所以又称巴利语系佛教。该派拒绝小乘之名，仍自称为上座部佛教。南传的上座部佛教至今保持着精进修学等早期佛教传统，重视禅定并遵守早期佛教的戒律；崇拜佛牙、佛塔、菩提树等佛祖纪念物。

#### 2. 藏传佛教

藏传佛教于 7 世纪传入西藏，因其经典属于藏语，故又称藏语系佛教。藏传佛教源于印度，是印度密乘佛教与藏族苯教融合而成的具有浓郁地方色彩的佛教。它主要影响我国西藏、青海及内蒙古地区。

（1）藏传佛教的主要教派：藏传佛教现在有四大教派，即宁玛派、萨迦派、噶举派和格鲁派。格鲁派 15 世纪初由青海湟中宗喀巴所创立，因为该派的僧人戴黄色僧帽，故称为黄教。其后世弟子形成了达赖和班禅两大活佛转世系统。由于清朝政府的册封和扶持，格鲁派成为西藏地区执掌政权、势力最大的教派。

（2）藏传佛教的活佛转世制度：藏传佛教早期大小活佛的继承均采取世袭制。13世纪宁玛派首先设立转世制度。格鲁派创立后，规定喇嘛不许娶妻，所以，活佛转世制度更为流行。按照藏传佛教的说法，活佛圆寂后，其灵魂转移，化身为另一肉体的人，即转世灵童。17 世纪中叶，清政府正式册封宗喀巴的再传弟子为达赖喇嘛和班禅额尔德尼，从此正式形成两大活佛转世制度。活佛的地位无比崇高，他不仅是藏传佛教的精神领袖，而且是西藏地方行政的最高长官，一度形成政教合一的政治体制。

此外，藏传佛教信奉咒术，而且对喇嘛异常尊崇，这些都是藏传佛教的重要特点。

#### 3. 北传佛教

北传佛教以大乘佛教为主，也包括密宗佛教，从古印度向北经过中亚细亚陆路传入中国，再由中国传入朝鲜、日本、越南等国。它是中国佛教的主体部分，因其经典主要属于汉语，亦称为汉语系佛教。

佛教传入中国的时间，一般认为是在西汉哀帝元寿元年（即公元前 2 年），西域大月氏王使臣伊存向中国的博士弟子景卢口授《浮屠经》，从此，佛教开始传入中国，史称"伊存授经"。

汉族地区佛教的传播与发展大致经历了译传阶段（西汉至魏晋南北朝时期）、创立阶段（隋唐时期）、融合阶段（宋元明清时期）三个阶段，形成了众多的教派。近代汉地的佛教，除少数律寺（律宗）和讲寺（天台宗）外，几乎都是禅宗丛林。在修持方面，禅僧又都"禅净双修"，禅宗和净土宗的界限已十分模糊。

从佛教在中国各地的传播和发展可以看出，中国的佛教包容了北传佛教、南传佛教和藏传佛教三大体系，全面地继承了佛教在印度发展三个时期的成果。可以说，世界上最完整的佛教在中国，世界上最完整的佛教经典也在中国。因此，佛教诞生在印度，而真正发扬光大却在中国。

## 二、经典、教义、标志和供奉对象

### （一）经典

佛教的经典是《大藏经》，由经、律、论三部经组成，总称"三藏经"或"大藏经"。它是释迦牟尼涅槃后，由其弟子们集体编定而成。内容包括经、律、论三藏，故称"三藏经"或"大藏经"。"藏"即容纳、收藏的含义，佛教用"藏"来概括全部佛教经典。其中"经"是释迦牟尼言论总集；"律"是佛教戒律和典章制度的汇集；"论"为释迦牟尼大弟子对其理论和思想的阐述。精通经、律、论三藏的僧人通常称为"三藏法师"。

藏传佛教的经典分为《甘珠尔》和《丹珠尔》两部。

### （二）教义

释迦牟尼出家的目的是寻求解脱生老病死等痛苦之道。佛教教义的基本内容简单地说起来，就是说世间的苦（苦谛）和苦的原因（集谛），说苦的消灭（灭谛）和灭苦的方法（道谛）。佛教的经典繁多，其实不超过这四圣谛，而四谛所依据的根本原理则是缘起论。佛教的所有教义都是从缘起论这个源泉流出来的。佛教的基本教义主要有：

**1. 三法印**

印就是印玺。国王的印玺可以证明文件的真实（有通行无阻的作用），借以比喻佛教的主要教义，也以符合"法印"而证明其为真正佛法（掌握了它，便能对一切法通达无碍），所以称为法印。"诸行无常，诸法无我，涅槃寂静"，并称三法印。或者加上"有漏皆苦"，也称四法印。

**2. 四圣谛**

佛教的基本教义主要是"四谛说"，它是佛教各派共同承认的基础教义。释迦牟尼用缘起论来观察人生，得出"四谛""八正道"。谛是真理的意思。四谛指苦谛、集谛、灭谛、道谛。四谛被称为佛教教义的总纲，又称为佛学的"四个真理"。

（1）苦谛：对社会人生以及外部环境所作的价值判断。认为世俗世界本性是苦。

（2）集谛：解释人生充满痛苦的原因。

（3）灭谛：解除痛苦，也就是佛教徒追求的最终归宿。佛教认为最高的理想境界就是涅槃。

（4）道谛：超脱"苦""集"的世间因果关系而达到出世间之涅槃寂静的一切理论说教和修习方法。

### 3. 八正道

佛教8种通向涅槃解脱的正确方法或途径。包括：（1）正见：对佛教教义的正确理解；（2）正思维：对佛教教义的正确思考；（3）正语：说话要符合教义，不说一切非佛理之语；（4）正业：从事清静之身业，按佛教教义采取正确的行动；（5）正命：符合佛教戒律规定的正当合法的生活；（6）正精进：按照佛教教义努力学习和修行；（7）正念：铭记四谛等佛教真理；（8）正定：集中精力，专心致志修行。

### 4. 十二因缘

亦称"十二缘起"。包括：（1）无明，即愚痴无知；（2）行，由无明而产生的善不善等行为；（3）识，即脱胎之时的心识；（4）名色，胎中的精神和物质状态；（5）六入，即眼、耳、鼻、舌、身、意生长完备等；（6）触，为出胎后开始接触事物；（7）受，即感受苦乐等；（8）爱，贪等欲望；（9）取，即追求；（10）有，由贪等欲望引起的善不善等行为；（11）生，即来世之生；（12）老死。其中（1）、（2）是过去因，感现在果；（3）~（7）是现在果；（8）~（10）是现在因，感未来果；（11）、（12）为未来果。

## （三）标志

佛教的旗帜或佛像的胸间，往往有"卐"标志。此标志在唐朝时被武则天定音为"万"，意为光芒四射或燃烧的火，称为"万字符"。后来作为佛教吉祥的标志，表示吉祥万德之意。佛教的标志也常常以法轮表示，谓之佛法如车轮辗转，可摧破众生烦恼，佛法圆满无缺。

## （四）供奉对象

佛教供奉的对象较多，其基本类型分为佛、菩萨、罗汉和护法天神四种。

### 1. 佛

佛指自觉、觉他、觉行圆满者，是佛教的最高尊神。佛不仅能够自我解脱、教化他人，而且法力无边。大乘佛教宣称三世十方处处有佛。佛教经典和佛寺中主要有三身佛、三方佛、三世佛、华严三圣等。

（1）三身佛：佛教天台宗有"佛具三身"的说法。佛具三身，即法身佛、报身佛、应身佛。"身"指除体貌外，亦有"聚积"之义，即由觉悟和聚积功德而成就佛体。"法身佛"即毗卢遮那佛，代表佛教真理凝聚而成的佛身，象征佛法真理无处不在。"报身佛"即卢舍那佛，经过艰苦修习而获得的佛果之身，显示佛的智慧。"应身佛"即释迦牟尼佛，是佛为教化众生、随缘显现的各种化身。

（2）三方佛：又称横三世佛，是在不同空间同时存在的三尊佛。中尊为娑婆世界尘世教主释迦牟尼佛、左尊为东方净琉璃世界教主药师佛、右尊为西方极乐世界教主阿弥陀佛。释迦牟尼的左胁侍为文殊菩萨，右胁侍为普贤菩萨，三者合称"释家三尊"。药师佛的左胁侍为日光菩萨，右胁侍为月光菩萨，三者合称"东方三圣"或"药师三尊"。阿弥陀佛的左胁侍为观音菩萨，右胁侍为大势至菩萨，三者合称"西方三圣"或"阿弥陀三尊"。三方佛体现了净土宗向往西方极乐世界的信仰。

（3）三世佛：又称竖三世佛，指世界轮回流转，相继存在的三尊佛。中尊为现在世佛释迦牟尼、左尊为过去世佛燃灯佛、右尊为未来世佛弥勒佛。佛教认为，世界有周期性的轮回生灭，每128亿年就要毁灭一次，称为"一劫"。三世佛表示佛法永存，世代不息。

（4）华严三圣：毗卢遮那佛及其两个亲密的助手文殊菩萨和普贤菩萨的合称。华严宗认为无限的宇宙是华藏世界，法身佛毗卢遮那是该世界的教主，它无所不在，整个华藏世界不过是毗卢遮那的显现而已，一切佛、菩萨都是毗卢遮那佛的应化身。

**2. 菩萨**

菩萨即自觉、觉他者，能参悟佛道、普度众生者。中国寺院常供奉文殊菩萨、普贤菩萨、观音菩萨、地藏菩萨等。在中国，文殊、普贤、观音、地藏合称"四大菩萨"。

（1）文殊菩萨："文殊师利"的简称，意为"妙吉祥"。据说，文殊降生时，天地遍生奇异，出现十种吉祥物象，故称"妙吉祥"。他是释迦牟尼的大弟子，以智慧辩才第一，被推为众菩萨之首，司职智慧，所以又称为"大智菩萨"。文殊菩萨最为显著的特征是手持宝剑、骑狮子，象征着智慧威猛。相传其道场（即显灵说法之处）在山西五台山。

（2）普贤菩萨：专司"理德""行德"，将佛门所推崇的"善"普及天下，人称"大行菩萨"。其显著的特征是手持如意棒，身骑六牙白象。相传其道场在四川峨眉山。

（3）观音菩萨：又称"观世音菩萨"，唐以后，为避太宗李世民的名讳，略去"世"字，简称"观音菩萨"。他是汉化佛教中信仰最为广泛、化身最多、最为著名的菩萨。观音菩萨常见的形象是左手持净瓶，右手持杨柳枝。据说，当芸芸众生受苦受难时，念诵其名，观音"听"到这一声音后，便会立即前来解救，故而人称"大悲菩萨"。

相传，观音菩萨本为"善男子"出身，魏晋南北朝以后，为满足世俗社会供奉的需要，观音逐渐演化成一位大慈大悲的女菩萨。观音的化身众多，为中国老百姓所喜闻乐见的有千手千眼观音、滴水观音、杨柳观音、海岛观音、送子观音等。其中，千手千眼观音有两种：一种为四十只手，每只手上有一只眼，每只手和眼有二十五种功能，相乘后为千手千眼；另一种为每面有二百五十只手，四面共一千只手，每只手上有一只眼，这是实际的千手千眼。观音的左胁侍为善财童子，右胁侍为龙女。相传，浙江普陀山为观音菩萨讲经说法的道场。

（4）地藏菩萨：又称地藏王，是梵文的音译，因其"安忍不动，犹如大地；精虑深密，犹如秘藏"而得名。据说，地藏受释迦牟尼的嘱托，在释迦牟尼寂灭而弥勒下世前的这段"无佛世界"度化众生。释迦牟尼又令其作幽冥教主，管理阴间。地藏为此发下宏大誓愿："众生度尽，方证菩提；地狱未空，誓不成佛。"人称"大愿菩萨"。地藏菩萨的特征是手持宝珠、锡杖，身着袈裟的比丘形象。地藏菩萨的道场相传是在安徽的九华山。

### 3.罗汉

罗汉是"阿罗汉"的简称，指经过修行获得罗汉果位、超越生死轮回的解脱者。其中迦叶和阿难在罗汉中名气最大，他们是佛祖的亲传弟子。释迦牟尼涅槃后分别成为第二、第三代佛教领袖。一般来讲，阿难的形象是一位年轻英俊的比丘，而迦叶的形象是一位饱经风霜的老和尚。

罗汉是小乘佛教修行所能达到的最高果位，在大乘佛教中低于佛、菩萨，位居第三。罗汉担负着驻世弘法的任务，他们常驻人间，普济众生，并受世人供养。寺院中常见的有十六罗汉、十八罗汉和五百罗汉。

### 4.护法天神

著名的护法天神有四大天王、韦驮、哼哈二将、伽蓝神关羽等。

（1）四大天王：传说中掌管东西南北四大部洲山河大地的神，也称护世四大天王。佛教传入中国后，其形象逐渐汉化。今天我们所见的四大天王的形象是：东方持国天王，身白色，着甲胄，手持琵琶，职调；南方增长天王，身青色，着甲胄，仗剑，职风；西方广目天王，身红色，着甲胄，手持蛇（赤龙），职顺；北方多闻天王，身绿色，着甲胄，持宝伞，职雨。

（2）韦驮：原为南方增长天王手下神将，后亲受佛祖法旨，周统东、西、南三洲巡游事宜，保护出家人，护持佛法。汉化的韦驮为中国古代武将形象，手持法器金刚杵。一般有两种姿势：一种是双手合十，横杵于腕上，直挺站立，寓意本寺为十方丛林，是接待寺，云游僧人可在此修习佛法。另一种是一手握杵拄地，另一手叉腰，表明该寺为非接待寺，请来者另投他处。韦驮通常立于天王殿弥勒像的背后，脸朝大雄宝殿。

（3）哼哈二将：伽蓝守护神密迹金刚和那罗延天。二者以金刚力士像置于山门之空门两侧。左尊开口，执杵；右尊合口，提棒。

（4）伽蓝神：寺院的守护神，其地位相当于寺院的土地神。关羽是最著名的汉化伽蓝神。

## 三、主要礼仪和节日

### （一）佛教的礼仪

#### 1.合掌

这是佛教徒最常用的礼节，亦称合十，即左右合掌，十指并拢，置于胸前，表示由衷的敬意。

### 2. 绕佛

绕佛即围绕佛像，按顺时针的方向行走，一周、三周或百周、千周地走，表示对佛的尊敬。参观寺院或进入寺院礼佛、礼拜经塔时，均应按顺时针方向行进，否则被视为倒行逆施，会令僧人或信徒们反感。

### 3. 顶礼

顶礼也称五体投地，这是佛教最高的礼节。五体指两肘、两膝和头。五体投地，即先立正、合掌，然后右手撩衣，而后两膝、两肘和头先后着地，最后两掌上翻，表示承尊者之足。礼毕时，头先起，然后收两肘两膝，起立。

## （二）佛教的节日

佛教重要的佛事活动内容丰富多彩，最重要的节日有佛诞节、成道节、盂兰盆节等。

# 四、佛寺与佛塔

## （一）汉地佛教寺院

佛教寺院，简称佛寺，是佛教僧众供佛和聚居修行的处所。白马寺是佛教传入中国后营造的第一座佛寺，被誉为"中国第一古刹"、中国佛教的"祖庭""释源"，距今已有1900多年的历史。白马寺始建于东汉永平十一年（68年）。据历史文献记载，东汉明帝梦见有金人飞行于庭院之中，醒后决定派遣使者到西域请佛求法。派遣去的两个使者历尽千辛万苦，迎回了两位大月氏的高僧，并用白马驮着经卷回到洛阳。明帝敕令在都城洛阳城西建造寺院，专供两位高僧传经译法。因经卷用白马驮回，寺院遂得名为白马寺。

中国汉地的佛教寺院与中国传统建筑相结合，形成了具有鲜明民族特色的院落式寺庙。就单体建筑而言，汉地佛寺为木构架建筑，梁柱交错，斗拱支撑，人字形两面坡屋顶，上铺青瓦、琉璃瓦或镏金铜顶。就其布局而言，寺院从早期的围塔而建到后来发展形成了以殿堂为主的布局。寺庙多由数进四合院组成，具有中轴线，两偏殿对称，大型的寺院还有廊院。"伽蓝七堂"是最常见的寺院建筑模式，它包括山门、佛殿、法堂、僧堂、厨库、浴室、西净（厕所）。

现存汉地佛寺主要包括山门、天王殿、大雄宝殿、法堂、方丈室、藏经楼、斋堂等建筑。

山门是三门的另一种写法，因为寺院多建于山林之处，故称山门，现已成为专用名词。山门是僧俗两界的分界线，三门并峙，中间为空门，东侧为无相门，西侧为无作门。山门两侧立护法天神，即哼哈二将。天王殿是佛寺南北中轴线上的第一重殿宇。常见的布局是：正中供奉大肚弥勒佛。两侧供奉四大天王。弥勒佛的背后是韦驮。大雄宝殿是佛寺的主体建筑，殿内供奉的佛像随佛教宗派的不同而有变化：供一尊佛像者常为释迦牟尼；供三尊佛像者常为三身佛、三世佛或三方佛；供七尊佛像者则多为过去七佛。法堂一般设在大殿之后，是演说佛法、叙戒集会之处。它是禅宇寺院内仅次于大雄宝殿的建筑，除设佛像外，还要设置法座、讲台、钟鼓。方丈室是佛寺方丈居住、说法与接待客人之处。藏经楼是存放佛教经典之处，一般在中轴线的最后一进。

中国汉地佛教名胜众多，寺院林立。著名的寺院有五台山南禅寺、陕西西安慈恩寺、江苏扬州大明寺、江苏南京栖霞寺、江西庐山东林寺等。

藏传佛教的主要寺院有布达拉宫、大昭寺、小昭寺、扎什伦布寺、塔尔寺、北京的雍和宫和承德的外八庙等。

### （二）中国的佛塔

佛塔，汉语译为"萃堵坡""浮屠"，是为保存佛祖舍利而修建的。据说，佛祖圆寂后，弟子们将其遗体火化，发现佛祖火化后的骨骼中产生了许多色泽晶莹、质地坚硬的珠子，被称为"舍利"。当时弟子们将佛祖舍利分存8处。现今佛祖舍利仅存3处，其中一处是陕西扶风县的法门寺，另外两处分别是北京西山八大处灵光寺和斯里兰卡康提市佛牙寺。

佛塔建筑传入中国后，与中国传统建筑相结合，出现了许多新的塔型，主要有楼阁式、密檐式、覆钵式和金刚宝座式四种类型。

#### 1. 楼阁式佛塔

这种塔的建造源于中国传统建筑的楼阁形式，每层均有门窗、柱子、额枋、塔檐等，内部设有楼梯，可供人登高远眺。著名的楼阁式佛塔有西安大雁塔、杭州六和塔、山西应县木塔等。

#### 2. 密檐式佛塔

这类佛塔外檐层数多，每层间隔小，内部多为实心塔，不能供人登高。第一层塔身较高，多饰以佛龛、佛像及门窗等。如河南登封的嵩岳寺塔、西安小雁塔、云南大理的千寻塔等。

#### 3. 覆钵式佛塔

也叫作喇嘛塔或白塔，是藏传佛教的佛塔类型。其典型的特征是塔基为须弥座，上有半圆形的覆钵，顶部有细长的塔刹。这种佛塔最接近印度"萃堵坡"的建筑风格。比较有名的覆钵式建筑有北京北海的白塔、五台山白塔。

#### 4. 金刚宝座式佛塔

它仿照佛祖迦耶精舍所建，为密宗佛教建筑所特有。塔的下部为一个近似正方体的石砌宝座，上有5个密檐型金刚塔，代表着密宗五方五佛。中间是主塔，塔身略大，宝座四周建有比主塔略小的金刚塔。内蒙古呼和浩特的慈灯金刚宝座塔、北京真觉寺的金刚宝座塔都保存得比较完好。

中国佛塔从下至上，可分为地宫、塔基、塔身和塔刹四部分。地宫多为砖石构造；供放置舍利和文书之用；塔基是塔的基础部分，建于地面之上；塔身是塔的主体，也是塔的精华部分；塔刹是塔的顶尖部分，常为宝珠火焰或宝珠等各种形式。

# 第二节 道 教

## 一、起源与发展

道教是中国本土产生的宗教，距今已有 1800 余年的历史，道教文化对中华文化的各个层面产生了深远影响。道教的产生、传播和发展，大致经历了三个阶段。

### （一）原始道教阶段

东汉末年，张陵（又名张道陵）在四川鹤鸣山自称太上老君授之以"道"，命其为天师，于是在巴蜀地区创立了"五斗米道"。他们以为百姓治病为名进行宗教活动，凡被治好病的要交五斗米，故被称为"五斗米道"。信徒们尊张陵为天师，故五斗米道又称"天师道"。

与此同时，冀州巨鹿人张角自称"大贤良师"，在北方传教，人称"太平道"。此二者均属早期道教。

### （二）道教理论化阶段

对道教理论化作出突出贡献的是葛洪、陆修静、寇谦之和陶弘景四人。

东晋道教学者葛洪总结神仙方术的理论，形成了道家比较完整的修炼体系。他主要采用外丹和内丹修炼之术。外丹指用丹炉或鼎烧炼铅汞等矿石，制作"长生不死"的丹药。内丹主要指行气、导引、呼吸吐纳之术，旨在使精气神在体内凝结成丹，从而达到长生不死的目的。

南朝庐山道士陆修静和北朝嵩山道士寇谦之不仅分别创立了南、北天师道，而且还完善了道教的教规、仪范。

陆修静的再传弟子茅山道士陶弘景主张儒道释三教合流，为道教构建了一个整齐有序的神仙谱系，对后世道教的发展影响极大。自此，道教形成了一套较为完整的理论体系。

### （三）道教两大派系的形成阶段

隋唐时期，道教得到进一步发展，产生了诸多派别。此后，各派之间逐渐融合。明清时，全真道成为丹鼎派的代表，正一道成为符箓派的代表，一直流传至今。

### 1. 全真道

亦称全真教或全真派。它是金代（1167年）兴起于北方的最大的道教宗派，创始人为陕西咸阳人王重阳。全真教在基本教义方面，主张三教合一，以老子的《道德经》、儒家的《孝经》、佛教的《般若心经》为主要经典。在修行方面，全真道注重内丹修炼，不尚符，不事黄白之术（冶炼金银之术），以修身养性为正道。在教规方面，全真道有比较严格的教规，道士出家须住宫观，不蓄妻室。全真道还建立了丛林制度，各地全真派道士云游至全真十方丛林时，均可栖息学道。

王重阳死后，他的7个弟子分别开创了7个支派，其中长春真人邱处机所创的龙门派势力最大。

### 2. 正一道

亦称正一教或正一派，是元代形成的道教宗派。张陵第四代弟子张盛迁居江西龙虎山后，尊张陵为"正一天师"。元成宗于大德八年（1304年）授江西龙虎山第38代天师张与材为"正一教主"，主领三山符箓。三山符箓指龙虎山悄皂山和茅山等以符为主的道教宗派。从此，天师道正式改名为正一道。正一道的形成其实是江南道教的统一。

正一道是集符之大成者，他们尊张与材为当然的领袖，以《正一经》为主要经典。在修行方面不重修持，崇拜神仙，以画符念咒、降神驱鬼、祈福禳灾为主要特征。道规方面亦不甚严格，正一道允许道士结婚家居，也可以出家山居。主要支派有正一派、上清派、灵宝派、武当派等。

目前，我国北方道教宫观多属全真派，正一派则主要流行于我国江南地区和台湾地区。唐代以后，道教开始向外传播，逐渐流传到朝鲜、日本、越南以及东南亚一带。明代以后道教逐渐衰微，特别是清代皇帝重佛抑道，使道教的社会地位更趋衰落。近年来，国外为研究中华文化，研究道教的学者和学术团体日益增多。

## 二、经典、教义、标志和供奉对象

### （一）道教的经典

道教尊先秦道家学派的创始人老子为教主，道家学派整理老子学说即《老子》，又名《道德真经》作为道教经典。《道藏》是道教经典的汇编，集道教经典之大成。《道经》是谓以身心精进，在体悟道之所传。《德经》是谓先修自身心意。除道教经书外，还有诸子百家和医学、化学、生物、体育、保健、天文、地理等方面的论著，是我国古代文化的重要组成部分。

### （二）道教的教义

《老子》一书中，用"道"来解释和说明宇宙万物的变化，认为"道"是超越时空、无所不在的力量和永恒的存在，是天地万物的根源。老子的哲学思想本身与宗教并无渊源，是道教创始人张陵首先用道家的哲学思想来阐述自己所创立的宗教，把道家的理论作为其教义的基本要素，并奉老子为教主，从而使道家哲学思想宗教化。

**1. 道教以"道"为最高信仰**

道教认为"道"是超越时空、永恒存在的万物之源，是万物的阴阳之宰。天地万物都由"道"所派生，以"道"或"道德"为核心，依"道"而行，法"道"而行。"德"是道的表现，是道的行动。六朝以后"道"又进一步人格化，演化为至高无上的元始天尊，并产生了道教的三清尊神等。

**2. 乐生、重生、贵生**

道教是四大宗教中唯一乐生、重生、贵生的宗教，认为"天地之大德曰生"，"天大地大，有生乃大"，提出世间万事万物之中，人是最为尊贵的，生是最为快乐的。所以，道教追求长生不老、成仙得道。而且道教认为，只要诚心悟道，可以肉身成仙。为此，道教提出了一整套修炼的方法，如内养、外养和房中术等，希望通过修持，得"道"成"仙"，实现长生不老的梦想。

## （三）道教的标志

道教的标志为八卦太极图，如图 3-1 所示。

## （四）道教供奉的对象

道教的供奉对象分尊神、俗神和神仙三大类。

**1. 尊神**

（1）三清：玉清、上清、太清的合称，是道教信奉的最高尊神。玉清又称元始天尊，居清微天之玉清宫；上清又称灵宝天尊，居禹余天之上清宫；太清又称道德天尊，亦称太上老君，居大赤天之太清宫。三清尊神是"道"的人格化身，宇宙万物皆由其开创。

图 3-1 八卦太极

（2）四御：地位仅次于三清，辅佐三清的四位天帝。他们是：玉皇大帝，由其总执天道；紫微北极大帝，由其协助玉帝分管天地经纬、日月星辰和四时之神；勾陈南极大帝，由其协助玉帝执掌南北极与天、地、人三才，并主持人间兵革之事；后土皇地祇，由其执掌地道，主管阴阳生育与大地山河之秀。玉皇大帝和后土皇地祇俗称"天公地母"。

（3）日月星宿：日、月、木星、金星、土星、水星、火星、土星，及黄道圈上的二十八星宿和北斗星。它们均是道教信奉的级别较高的天神，法力巨大。其中二十八星宿中的北方玄武七宿，宋代时逐步被人格化为道教大神，称为"真武大帝"。北斗七星中的前四颗星是为魁星，道教认为其主文运，所以与掌管人世功名利禄的文昌帝君一样，备受读书人的崇拜。旧时"魁星楼""魁星阁"遍布各地。四方神即东方青龙、南方朱雀、西方白虎、北方玄武四神。道教以此四神为护卫神，以壮威仪。

（4）三官：天官、地官、水官。据称，天官赐福、地官赦罪、水官解厄。三官的诞生日分别在上元正月十五、中元七月十五、下元十月十五，故三官又称"三元大帝"。

**2. 俗神**

俗神指流传于民间而被道教信奉的神。有主掌自然现象的自然神，如雷公、风伯。有管理一方水土的城隍、土地、山神。有保佑居家或出入平安的门神、灶神和妈祖。有具有特定职能的行业神，如药王、财神。还有关帝圣君、文昌君及道教守护神王灵官等。

**3. 神仙**

神仙是道教理想中修炼悟道而神通广大、长生不老的仙人。一类是传说中的人物，如黄帝、西王母、九天玄女等。另一类是历史上确有其人，后经民间传说和道教的渲染，变成了神通广大、长生不老的仙人，如流传民间的"八仙"——铁拐李、汉钟离、张果老、何仙姑、蓝采和、吕洞宾、韩湘子、曹国舅。

## 三、主要礼仪和节日

### （一）道教的礼仪

道教的仪式，除了日常的早晚功课，还有大型的功德法事，统称为"斋醮"。供斋醮神是道教特有的宗教仪式。祭祀或举行典礼前清洁身心，谓之"斋"；祭祀神的仪式，称为"醮"。

醮分清醮（阳享）和幽醮（阴享）两类：清醮指祝国、迎祥、祝寿、庆贺、祈雨、祈福、谢恩等太平醮。幽醮是超度亡魂的活动。斋醮常配有烛灯和音乐吹打，颇具民族特色。斋醮常与道教庙会结合，成为道教文化的重要组成部分。

### （二）道教的节日

道教以各种神和仙以及各派祖师的生日为节日，每逢节日要举行隆重的斋醮，有的还举办庙会集市。道教崇拜的神和仙数量极多，加上各派祖师，因此节日多不胜数。如：

三清节：冬至日元始天尊圣诞；夏至日灵宝天尊圣诞；二月二十五日道德天尊圣诞，也称老君圣诞。

三元节：正月十五上元天官节；七月十五中元天官节；十月十五下元天官节。

玉帝圣诞：正月九日为玉皇大帝圣诞。

王母娘娘圣诞：三月三日为王母娘娘圣诞，即传说中的蟠桃会。

吕祖圣诞：四月四日为吕洞宾祖师圣诞。

## 四、道教宫观

道观的名称有宫、观、庙和道院等。"观"原是一种楼阁式建筑，据道家的说法，在高达天庭的高楼台榭上，人们可以观望到神仙，并与仙人们相见，故而称"观"。建筑规模较大的、地位特殊的道观称为"宫"。比较小的道观则称为"道院"。此外，如五岳庙、关帝庙、城隍庙、土地庙等也属于广义的道教宫观。

道教宫观的建筑形式虽不尽相同，但大体上道教宫观一般前有山门，中为殿堂，后为园池，两侧分别建有配房。山门为道教宫观的大门。山门殿内一般供奉道教的护法神将——青龙神和白虎神。灵官殿是山门之后的第一重殿。内供身披铠甲、手执鞭索的道教护法神——王灵官。三清殿是道观的主殿。殿内居中供奉着"玉清"元始天尊，左右两侧分别为"上清"灵宝天尊和"太清"道德天尊。四御殿是供奉玉皇大帝、紫微北极大帝、勾陈南极大帝和后土皇地四位天帝的场所。若仅供奉玉皇大帝，则称玉皇殿。三官殿供奉天官、地官、水官。

道教著名的宫观有北京白云观、山西芮城永乐宫、江西龙虎山上清宫、福建湄洲妈祖庙、四川梓潼七曲山文昌庙等。

白云观坐落于北京市西便门外。始建于唐代（739年），距今1200多年。建筑宏丽壮观，具有浓厚的道教色彩。白云观为全真道第一丛林、龙门派祖庭，它与终南山重阳宫、芮城永乐宫并称为"全真道三大祖庭"。观内邱祖殿下埋有龙门派创始人邱处机的遗骨。现为中国道教协会所在地。

永乐宫位于山西省芮城县城北。芮城永乐宫是唐末、五代著名道士吕岩，即八仙之一吕洞宾的故里和祖庙，是全真道三大祖庭之一。永乐宫占地8.6万平方米，是目前保存最为完整的一组元代建筑。永乐宫以举世罕见的元代壁画闻名于世。永乐宫几个主要的大殿都绘制有精美的壁画，面积达960平方米。这些壁画题材丰富，笔法高超，是中国绘画美术史上的杰作。

此外，龙虎山上清宫是历代张天师的道场；湄洲妈祖庙是海内外妈祖庙的祖庭；四川梓潼七曲山文昌庙是全国文昌庙的祖庭。

# 第三节 基督教

## 一、起源与传播

基督教起源于1世纪中期古罗马帝国统治下的巴勒斯坦地区，相传为犹太的拿撒勒人耶稣所创立。基督教信奉上帝，称耶稣为基督，中世纪时在欧洲占统治地位。11世纪分裂为天主教（罗马公教）和东正教。16世纪宗教改革运动中，新教又从天主教中分裂出来，在中国新教又称为耶稣教或基督教。以后，基督教各派（天主教、东正教和新教）逐渐传遍世界各大洲，对欧美各国历史、文化有深远影响。

基督教是以信仰耶稣基督为核心的各宗教派别的总称。"基督"，来自希腊文，其意为"救世主"，是基督教对其创立者耶稣的专称。基督教是世界三大宗教中流传最广、拥有教徒人数最多的宗教。目前，全世界约有12亿基督徒，遍布世界五大洲150多个国家和地区。

### （一）基督教的起源

基督教于1世纪由巴勒斯坦人耶稣创立，1—2世纪时流行于罗马帝国各族人民中间。

基督教认为其创立者——耶稣是上帝派到人间的救世主。据《圣经》记载，耶稣是上帝的独生子，其母是木匠约瑟的未婚妻玛利亚。上帝的"圣灵"使童贞女玛利亚受孕，在巴勒斯坦小镇伯利恒生下了耶稣基督。因此上帝、耶稣和玛利亚分别被称为"圣父""圣子"和"圣母"。耶稣30岁时开始传教，先后到巴勒斯坦和以色列地区传教。传说耶稣有许多神术，诸如使盲人复明、跛子行走、死人复活，可以用五个饼、两条鱼让5000人吃饱等，被人们称为"驱魔者"，受到了广大贫民和奴隶的欢迎。为此，耶稣受到罗马统治者的嫉恨。30年，耶稣带领门徒前往耶路撒冷传教，被其门徒犹大以30金币出卖。随后，罗马驻犹太的总督彼拉多以"谋叛"的罪名，将耶稣钉死在十字架上。

相传，耶稣死后第3天复活，并多次向他的门徒显灵。40天后，耶稣应上帝之召，返回天国。

耶稣受难之日是星期五，被捕前最后的晚餐有耶稣及其门徒共13人。因此，西方人忌讳数字"13"，并将13日与星期五视为凶日。

基督教创立初期，基督徒大多数是贫民和奴隶，长期受到统治阶级的鄙视和罗马帝国的残酷迫害。4世纪前后，由于中、上层人士的逐步渗透和基督教领导阶层成分的不断变化，基督教教义发生了很大的变化，大致是主张归顺执政者。这一变化迎合了罗马帝国统治阶级的政治需要，392年罗马帝国将其定为国教。自此，基督教在统治阶级的大力扶植下迅速发展，很快走向世界，成为世界性的宗教。

### （二）基督教的传播

基督教成为罗马帝国的国教后，在其发展和传播的过程中，经历了两次大的分裂，形成三大教派。

#### 1. 基督教历史上第一次大的分裂

为争夺罗马帝国首席教会的地位，西部以罗马城为中心的教会和东部以君士坦丁堡为中心的教会一直明争暗斗。395年，随着罗马帝国分裂为东罗马帝国和西罗马帝国，基督教东、西两个教派的斗争更加激烈。

1054 年，经过长达 700 余年的纷争，东、西罗马教会终于彻底决裂。东部教派自称为"正教"，表示自己正统的国教地位，在我国则称其为"东正教"。西部教会自称为"公教"，表示自己是全世界普遍认同的宗教。罗马主教成为西部教会的精神领袖，后来称为"教皇"。"公教"在我国被称为"天主教"。

**2. 基督教历史上第二次大的分裂**

16 世纪时，教廷与封建王朝紧密勾结，黑暗腐败，终于在罗马公教内部爆发了以马丁·路德为代表，以反对罗马教廷兜售"赎罪券"为导火索的宗教改革运动。公教内部分裂出一个反对教皇的绝对控制、不接受教皇支配、不承认天主教某些教义的新宗派——抗罗宗，在我国被称为"新教""耶稣教""基督教"。

**3. 基督教在中国的传播**

基督教在中国的传播，断断续续，前后历时 10 余个世纪，最终获得成功，因此，历史上有基督教"四传中国"之说。

（1）基督教一传中国：基督教最早传入中国是在唐朝。635 年，流行于中亚的基督教聂斯脱利派由波斯传入长安，时逢贞观盛世，人们谓之"大秦景教"。景教"法流十道"，"寺满百城"，发展迅速，大获成功。景教传入中国 210 年后，在唐武宗灭佛时，景教也被斥为"胡教"，受到牵连，教士 2000 余人被逐。此后，景教在中原地区绝迹，仅遗 781 年所立的、高约 2.36 米的"秦景教流行中国碑"，现存于陕西博物馆。

（2）基督教二传中国：13 世纪，随着成吉思汗大规模的军事远征，欧洲的基督教与我国边疆少数民族的聂斯脱利派建立了联系。元朝建立以后，元世祖忽必烈托马可·波罗致书罗马教皇，要求派传教士来华传教。当时基督教在中国称为"也里可温教"或"十字教"。元朝还设立了专门负责宗教事务的机构。随着元朝的灭亡，该教亦随之衰亡。

（3）基督教三传中国：1582 年，明朝后期，意大利天主教耶稣会士利玛窦来华传教。利玛窦重点利用先进的科学知识争取士大夫阶层，很快获得了极大的成功。到清康熙年间，我国基督教教徒已达 10 万余人，在全国 28 个城市建有教堂。后来由于基督教内部在"尊孔祭祖"的问题上，爆发了中国礼仪之争，罗马教皇和康熙皇帝均出面干预，导致冲突升级。康熙态度十分强硬，宣布禁止在中国传播基督教，并驱逐了在华的传教士。

（4）基督教四传中国：鸦片战争以后，特别是《中法黄埔条约》的签订，使基督教各派再次获得了在华传教的特权。在不平等条约的保护下，传教取得成功。中华人民共和国成立后，中国基督教（即新教）倡导自治、自传、自养的"三自"爱国道路。基督教各派别走上了"独立自主，自办教会"的健康发展道路。

## 二、经典、教义、标志和供奉对象

### （一）基督教的经典

基督教的经典《圣经》是基督教宗教思想的核心。《圣经》由《旧约全书》和《新约全书》组成。

《旧约全书》成书于公元前6世纪至公元2世纪，原是犹太教经典。书中记载了上帝和以色列民族订有永远尊奉上帝的盟约，故称"旧约"。内容主要是关于宇宙和人类的起源，有关的道德准则和宗教法典等，也有反映社会生活的寓言、格言、抒情诗等。

《新约全书》是随着基督教的传播而产生的。基督教宣称耶稣降世后，上帝和人类又重新订立了盟约，增编了《新约》。主要讲述基督耶稣的生活、传教、受难及其弟子传播福音的故事，还有部分书信。

### （二）基督教的教义

基督教在发展过程中形成了许多派别，各派的基本教义相同。主要包括上帝创世说、原罪救赎说和天堂地狱说等。

#### 1. 上帝创世说

基督教相信是上帝创造了世界并主宰世界。基督教认为在宇宙被创造出之前，世界上没有任何物质存在，甚至没有时间和空间，只存在上帝及其"道"。上帝就是通过"道"创造了地球和人。因此，人们应该而且必须无条件地服从上帝，否则将要受到上帝的惩罚。

#### 2. 原罪救赎说

上帝按照自己的形象创造了人类的始祖亚当和夏娃，并安置他们居住在伊甸园，过着无忧无虑的生活。但是亚当和夏娃却经不起蛇的诱惑，偷吃了知善恶树上的禁果，因而被逐出伊甸园。亚当和夏娃的罪过世世代代相传下去，成为整个人类的原罪，也是人类一切罪恶和灾难的根源。这种原罪，人类无法获得解脱，只有忏悔，只有依靠上帝派来的救世主耶稣来拯救人类的灵魂。

#### 3. 天堂地狱说

基督教认为，信仰、服从上帝，才能使灵魂得救，死后灵魂升入天堂；不信奉上帝，不思悔改的罪人，死后灵魂受罚，将被打入地狱。天主教和东正教还认为那些既不能升天堂，又不能下地狱者，可以在"炼狱"中赎罪，罪孽赎完后方可升入天堂。

### （三）基督教的标志

基督教的标志是十字架，如图3-2所示。基督教以十字架作为自

图3-2　十字架

己教派和信仰的标志,以示对耶稣为拯救人类而以身殉难的感恩。后来十字架逐渐演变成了圣洁的信物和福音的象征。

### (四)基督教的供奉对象

基督教信仰的对象有上帝、耶稣基督、圣母玛利亚、圣徒、天使等。

上帝是"耶和华"的汉语意译。上帝是天地万物的主宰,上帝具有圣父、圣子、圣灵(圣神)三个位格,三位一体,同受敬拜。

耶稣基督是上帝的独生子,是上帝派往世间拯救人类的救世主。耶稣为赎世人之罪,甘愿自己被钉死在十字架上。

圣母玛利亚是童贞女,由"圣灵感孕"而生耶稣。天主教、东正教尊其为"童贞圣母"。

天使是上帝的使者,是上帝创造出来并派往人世传达、贯彻上帝旨意的天神。

## 三、主要礼仪和节日

### (一)基督教的礼仪

基督教有许多"圣事"活动,并将其作为重要的礼仪。新教大都只承认洗礼和圣餐两件圣事。

#### 1. 洗礼

洗礼是基督教的入教仪式。受洗后方有权领受其他圣事。洗礼的方式有两种:一是点水礼,即基督教的神职人员用水蘸洒在受礼者的额头上,或在受礼者额头上画十字;二是浸水礼,即受礼者全身进入水中。天主教多施点水礼,东正教则多用浸水礼。

#### 2. 圣餐

亦称"神交圣礼",是基督教新教的一种宗教仪式。据说耶稣在最后的晚餐上,拿起饼和葡萄酒祝祷后,分给门徒们说:"这是我的身体和血,是为众人免罪而舍弃和流出的。"后来,新教规定,举行圣餐时,信徒分食少量的无酵或有酵的面饼和葡萄酒,作为纪念耶稣救赎的仪式。

### (二)基督教的节日

#### 1. 圣诞节

圣诞节是基督徒纪念耶稣诞生的重大节日。基督教的重大节日是根据《新约全书》所记载的耶稣生平而定的。《圣经》中对耶稣诞辰的具体日期并无记载,336年罗马教会将古罗马太阳神的诞辰12月25日作为耶稣基督的诞辰。现在,圣诞节是西方国家最隆重和最重要的全民节日。

### 2. 复活节

复活节是纪念耶稣复活的节日，在基督教中是仅次于圣诞节的重大节日。传说耶稣在被钉死在十字架上后的第 3 日复活，所以，这一天人们来纪念耶稣的复活。时间在每年春分月圆后的第一个星期天，约在 3 月 21 日至 4 月 25 日。复活节期间，人们互赠复活彩蛋，象征生命和繁荣昌盛。

## 四、基督教堂

教堂为基督教的主要建筑，是教徒们举行宗教活动的场所，在其发展过程中形成了独具风格的建筑类型，主要有罗马式、哥特式、巴洛克式、拜占庭式以及近现代的建筑风格。其中，尤以哥特式影响时间最长，其高大的空间，加上呈向上之势的塔顶、尖拱，体现出宗教超凡脱俗的精神，易使人产生腾空而起、飞向天国的神秘感。基督教建筑的特点：一是教堂讲究立面效果，非常注重柱式结构，以圆柱、柱础、柱顶的不同搭配形成不同风格，一般是尖顶、尖拱、簇柱林立，长形玻璃窗装饰为特征；二是神像、雕刻、壁画、浮雕、绘画众多。

### （一）罗马式教堂

罗马式教堂是基督教与罗马古建筑结合的建筑形式。其特点是：墙体厚实沉重，常用拱券式的门窗；半圆屋顶置于建筑中间，门道和小窗均用圆弧形的拱环；装饰上朴实无华。著名的罗马式教堂有意大利比萨大教堂、德国的美因兹主教堂等。中国比较典型的罗马式教堂是建于 1914 年的天津老西开教堂，现为天津天主教教会中心。

### （二）哥特式教堂

尖拱是哥特式教堂最显著的特点。哥特式教堂以其外表直升的线条、巍峨的外观和内部高广的空间，给人一种至高无上的感觉，再加上内部色彩绚丽的玻璃镶嵌壁画，使教堂充满了神秘和庄严的宗教气氛。德国科隆大教堂、法国巴黎圣母院都是哥特式教堂的典型代表。我国现存的哥特式教堂，主要有北京北堂、上海圣三一教堂等。上海圣三一教堂建于 1848 年，1875 年由英国坎特伯雷大主教直接掌管。建于 1891 年的哥特式钟塔，是闻名远东的著名建筑。

### （三）巴洛克式教堂

巴洛克式教堂具有浓郁的浪漫主义色彩。运动与变化是巴洛克艺术的灵魂，同时，巴洛克式建筑强调装饰的立体感。建筑的形式结构种类繁多，大量采用双柱、三柱或叠柱；屋顶加"涡卷"，檐部常作折断，墙面上有深深的壁龛。梵蒂冈圣彼得大教堂是典型的巴洛克式建筑。

### （四）拜占庭式教堂

拜占庭式教堂突出地具有东方风格。最早的拜占庭式教堂是东罗马帝国皇帝在君士坦丁堡（今伊斯坦布尔）所修建的圣索菲亚大教堂。其特征是中央顶部带鼓座的"战盔式"穹顶（俗称"洋葱头"）。拜占庭式教堂在分布上具有集中性的特点。其内部金碧辉煌，壁画、镶嵌画处处显示出教会的神秘和权威。莫斯科圣心大教堂是拜占庭式教堂的伟大杰作。

# 第四节　伊斯兰教

## 一、起源与传播

伊斯兰教创立于 7 世纪初，与佛教、基督教并称世界三大宗教。伊斯兰为阿拉伯语的音译，本意是"顺服"，意思是顺服唯一的"安拉"。伊斯兰教的教徒称为穆斯林，意为顺服"安拉"意志的人。

伊斯兰教是仅次于基督教的世界性第二大宗教。宗教之都"麦加"和突尼斯中部大城凯鲁万、麦地那和耶路撒冷，并称为伊斯兰教世界的四大圣地。

伊斯兰教相信"安拉是唯一真神"，"穆罕默德是安拉的使者"。具体内容包括六大信仰（伊玛尼）、五功（仪巴特达）和善行（伊赫桑）。

### （一）伊斯兰教的起源

穆罕默德是一位宗教家、思想家、政治家和军事家。他生于阿拉伯半岛麦加城一个没落的贵族家庭，自幼父母双亡，12 岁时随伯父在巴勒斯坦、叙利亚等地经商。在此期间他积累了丰富的知识和经验，也接触到了基督教和犹太教等宗教思想。当时阿拉伯半岛信仰多神，连年战事不断，穆罕默德对这一现状极为不满并深感忧虑。

610 年前后，穆罕默德宣称自己是"安拉"的使者，是"先知"，他奉行"安拉"的意志创立伊斯兰教。

由于受到麦加贵族的强烈反对和迫害，622 年 7 月 16 日，穆罕默德率领部分信徒迁往麦地那，并在那里建立了宗教、政治、军事三位一体的穆斯林社会组织——乌马公社。后来，伊斯兰教国家将 622 年 7 月 16 日定为伊斯兰教历法纪年的开始。

630 年，穆罕默德亲自率领万人大军攻克麦加，废除麦加克尔白神庙的 360 多尊神像，只留下嵌置在天房东面壁上的黑色陨石作为全体穆斯林朝圣的对象，并将神庙改成了清真寺。631 年穆罕默德统一了阿拉伯半岛，建立了政教合一的国家。

632 年，穆罕默德"归真"，葬于麦地那清真寺。

### （二）伊斯兰教的传播

伊斯兰教自创立到 21 世纪初已有 1400 多年的历史，它作为一种宗教信仰、意识形态和一种文化体系，传入世界各地后，与当地传统文化相互影响和融合，在不同的历史条件下，对许多国家和民族的社会发展、政治结构、经济形态、文化风尚、伦理道德、生活方式等都发生了不同程度的影响。伊斯兰教主要传播于亚洲、非洲，以西亚、北非、西非、中亚、南亚次大陆和东南亚最为盛行。第二次世界大战后，在西欧、北美、澳大利亚和南美一些地区也有不同程度的传播和发展，是上述地区发展最快的宗教。在亚非 57 个伊斯兰国家中，穆斯林占全国总人口的大多数。在 30 多个国家中，伊斯兰教被定为国教。尽管穆斯林分布于世界各地，国籍、民族、肤色和语言各不相同，却共同恪守着那古老而纯洁的教义，即宇宙间只有一个主宰——"安拉"，并且依照各自的理解，遵循着《古兰经》的教义。在当代，伊斯兰国家和穆斯林人民在国际政治生活中发挥着日益重要的作用。

伊斯兰教传入中国的时间，一般认为是唐高宗永徽二年（651 年）。大食国（唐宋时对阿拉伯帝国的称呼）派遣使者来长安朝贡，伊斯兰教也随之传入中国。从那时起，阿拉伯、波斯等国家的穆斯林就沿着海上的"香料之路"和陆上的"丝绸之路"源源不断地来到中国。

伊斯兰教传入我国之后，信徒遍及甘肃、宁夏、新疆、青海等西北地区。元末明初之际，我国通称伊斯兰教为"清真教"。据称，"清"是指真主（安拉）"超然无染，无所不在，无始无终"，"真"是指真主"永存常在，至高无上，唯一至尊，靡所比拟"。目前，我国西北地区有 10 多个少数民族信奉伊斯兰教，信教人数在 1000 万人以上。

## 二、经典、教义、标志和供奉对象

### （一）伊斯兰教的经典

伊斯兰教的经典是《古兰经》和《圣训》。《古兰经》是伊斯兰教最基本的经典，是穆罕默德在传教过程中，作为安拉的启示陆续颁布的，穆罕默德逝世后由他的继任者整理成书。书中记载了穆罕默德的生平、教义和教规。在伊斯兰世界，《古兰经》不仅是宗教法的依据，也是世俗法规的依据，至今在穆斯林的宗教生活和世俗生活中占据举足轻重的位置。

《圣训》是伊斯兰教仅次于《古兰经》的重要经典。主要记录穆罕默德的言行，内容涉及穆罕默德对宗教和社会事务的看法及其解释，是对《古兰经》权威性的补充和注释。

## （二）伊斯兰教的教义

伊斯兰教的基本教义和基本理论主要体现在六大信仰和规范教徒行为实践的五功等方面。

### 1. 六大信仰

（1）信安拉：安拉即"真主"。伊斯兰教相信安拉是创造世界和主宰万物唯一的神和无所不在的神。伊斯兰教认为除了安拉，世界上再无其他的神灵。

（2）信先知：相信穆罕默德是安拉派驻人间的使者，负责传达真主的旨意，并且认为穆罕默德是最后的集大成者的使者。

（3）信天使：相信天使是安拉创造出来的有翅膀而无性别的精灵，他们神通广大、各司其职。

（4）信经典：相信《古兰经》是安拉给世人的启示，是伊斯兰教的根本经典，要求穆斯林世世代代传诵下去。

（5）信前定：相信世间一切事物均由安拉事先安排，世人既无法选择也无力改变，所以必须顺从。

（6）信后世：相信人死后，安拉会根据天使的记录，使行善者入天堂，作恶者下地狱。

### 2. 五功

五功包括念、礼、斋、课、朝。念功，要内心信实地念诵清真言"万物非主，唯有真主；穆罕默德，主的使者"，以表白自身的信仰。礼功，要求穆斯林每天在晨、晌、晡、昏、宵五个时辰向麦加方向朝拜五次，每周五"主麻日"参加聚礼。斋功，每年伊斯兰教教历9月斋戒，昼间禁止饮食、娱乐活动。课功，以纳天课的名义向穆斯林征收一定的课税，以救济穷人。朝功，要求穆斯林信徒在身体健康、经济状况允许的情况下，一生至少应去麦加朝觐一次。

## （三）伊斯兰教的标志

伊斯兰教的标志是新月，如图3-3所示。

## （四）伊斯兰教的信仰对象

伊斯兰教的信仰对象有安拉、使者和天使。伊斯兰教认为安拉是独一无二的真主，除安拉之外别无神灵。穆斯林信仰使者，伊斯兰教认为穆罕默德是主的最后一位使者，也是最伟大的使者。穆斯林还信仰天使，认为天使是真主创造，奉安拉的差遣，专为传达安拉旨意来到人间的。据《古兰经》记载，安拉手下共有四大天使。

图3-3　新月

## 三、主要礼仪和节日

### （一）伊斯兰教的礼仪

艾达卜是指伊斯兰教的礼仪。这些礼仪包括以色兰（祝你平安）来问候他人、餐前诵太斯米（奉至仁至慈真主之名）、只用右手进食和吃喝。伊斯兰教的卫生习惯属于个人卫生及健康的范畴，如割礼、伊斯兰葬礼里对受到清洁及遮蔽后的尸体行殡礼并埋葬。

伊斯兰教对饮食有严格的规定。不食猪和不反刍的猫、狗、马、驴、骡、鸟类、没有鳞的水生动物等。不食自死的动物、非穆斯林宰杀的动物、动物的血。穆斯林宰牲要念经祈祷，采用断喉见血的方式，不用绳勒棒打、破腹等屠宰法。不食生葱、生蒜等异味的东西。伊斯兰教禁止饮酒。

伊斯兰教注重人际交往，十分重视礼仪。穆斯林相见，先要互相问安，后再交谈。伊斯兰教注重称谓，反对在命名中使用吉利的词语，如"发财""得胜""高贵"等，喜欢用"天仆""天悯"等词语。宗教领袖、教长、清真寺的主持人、什叶派的政教领导人，尊称为伊玛目。主持清真寺教务者尊称为阿訇。教坊首领，尊称为教长阿訇。经文大师尊称为开学阿訇。伊斯兰学者尊称为毛拉。见到尊长，应直立敬礼。同辈相见，行握手礼。十分亲密的友人，行拥抱吻礼。见面互相敬礼的同时，还互相用祝词祝贺对方。上门拜访，一定要征得主人家同意，方可入门。子女在晨礼前、午时脱下衣装后、宵礼后，要进入长辈卧室，必须先征得长辈同意。伊斯兰教提倡孝敬父母，善待亲属，怜恤孤儿，救济贫民，亲爱近邻、远邻和同伴，款待旅客，宽待奴仆。尤其是把孝敬父母提到敬拜安拉之后的高度。穆斯林握手、端饭、敬茶均用右手，用左手被视为不礼貌。

### （二）伊斯兰教的节日

#### 1. 开斋节

开斋节在我国新疆地区称为"肉孜节"。时间为伊斯兰教教历9月斋戒结束后的第二天，即看见新月的第二天为开斋节。节日期间，穆斯林们沐浴着盛装，前往清真寺参加会礼，并举行热烈的庆祝活动，通常持续三四天时间。

#### 2. 宰牲节

也称古尔邦节。时间为伊斯兰教教历的12月10日，这一天是朝觐麦加活动的最后一天，届时举行会礼、宰牲献主等活动。据说易卜拉欣梦见安拉命其杀儿献祭，正当他挥刀欲砍时，安拉喻示说易卜拉欣已经表现了足够的忠诚，可以用肥羊来献祭。以后，穆斯林为了表示对安拉的感谢，每年都在这一天举行仪式纪念。

### 3. 圣纪节

圣纪节时间为伊斯兰教教历3月12日，这一天既是穆罕默德的诞生日，也是穆罕默德归真的日子。活动在清真寺举行，由阿訇念经、赞圣，讲述穆罕默德生平业绩。仪式结束后还要举行聚餐活动。

## 四、清真寺

### （一）清真寺的建筑格局

清真寺是穆斯林聚众礼拜的场所，在穆斯林生活中占据重要的地位。中国的清真寺主要有两种建筑风格：一种是阿拉伯式，另一种是中国传统的殿宇式四合院。

阿拉伯或中亚式的清真寺，有圆形拱顶的正殿，正殿的前面是尖塔式的宣礼楼或望月楼，供阿訇观月和呼唤礼拜用。此外，还建有经堂、浴室等。这种风格的清真寺建造年代较早，多由大食、波斯等国的伊斯兰教传教士和商人建造，多数集中在我国新疆或东南沿海地区，如广州的怀圣寺、泉州的圣友寺和杭州的真教寺。

中国殿宇式四合院清真寺多建于元代。受中国传统建筑的影响，此类建筑有明显的中轴线，多为木结构建筑，以礼拜殿为其主体建筑，围绕主体建筑形成四合院式建筑。礼拜殿是清真寺的主体建筑，建筑上有两大特点。第一，一律背向麦加方向。中国清真寺大殿的大门都朝向东方，这样，教徒们做礼拜时，正好朝向圣地麦加方向。第二，礼拜殿中不设任何偶像。伊斯兰教认为，安拉是无方位、无形象的神，先知穆罕默德是人而不是神。所以，伊斯兰教仅在礼拜殿西墙正中设装饰精美的壁龛，也叫"窑殿"，用以指示朝拜的方向。壁龛的右前方设有宣讲坛。

### （二）我国著名的清真寺

#### 1. 泉州清净寺

泉州清净寺也称为"圣友寺"，建于北宋。它是我国现存最古老的典型的阿拉伯式建筑，也是沿海清真寺中规模最大、建筑艺术水平最高的一座清真寺。

#### 2. 广州怀圣寺

广州怀圣寺又称"光塔寺"，建于南宋。怀圣寺以高36.6米的阿拉伯式宣礼楼——"光塔"而闻名于世。整座建筑恰似一支矗立苍穹的巨大蜡烛，让人叹为观止。

#### 3. 北京牛街清真寺

北京牛街清真寺始建于北宋（996年），由阿拉伯穆斯林所建。清康熙年间进行了大规模的修缮和扩建。现在是北京地区规模最大、历史最悠久的清真寺。现为我国伊斯兰教协会所在地。

#### 4. 西安化觉寺

西安化觉寺建于明初，俗称"东大寺"。是我国现存规模最大、保存最完整的清真寺，属于中国传统的四合院式建筑。

## 【本章小结】

本章主要介绍了佛教、道教、基督教、伊斯兰教的起源与传播、经典、教义、标志和供奉对象及其主要礼仪、节日、活动场所文化等相关知识。

## 【复习思考题】

1. 佛教的主要教义有哪些？
2. 中国有哪些道教名山？有何特征？

# 第 四 章

## 旅游山水文化

🔍 **【教学目标】**

（1）了解中国山水文化的形成。

（2）熟悉中国山水文化的类型与特征。

（3）掌握中国名山文化及名水文化的内涵与分布。

🔍 **【导入案例】**

2024 年 6 月 5 日，由庐山市委、庐山市人民政府主办的"庐山天下悠 康养首选地"——2024 庐山文化旅游（上海）推介会成功举办。

推介会上，发布了庐山旅游优惠政策，诚邀上海各媒体来宾、旅行商共叙庐山情，共品康养美。欢迎广大上海市民来山休闲度假，感受秀丽风光、悠然生活。庐山相关企业代表围绕康养特色、全域旅游资源及线路产品进行了精彩推介。庐山市人民政府与上海市旅游行业协会，庐山文旅控股集团、环山文旅集团与上航旅游集团、上海锦江旅游分别举行了签约仪式，并共同见证"庐山天下悠 康养首选地"首发团启动。

为进一步吸引长三角区域广大市民和游客前来"悠"游庐山，活动现场还进行了二维码有奖互动、庐山诗词问答赢好礼、庐山风景一隅拍照、文创产品展示等一系列互动环节，让到场嘉宾感受到庐山浓厚的文化底蕴和独特的康养魅力。

**请思考：**本次推介会对推动庐山和长三角区域文化旅游交流合作，不断拓展庐山旅游客源市场有什么作用？山水旅游资源与文化对旅游业的发展以及当地经济的推动有哪些积极意义？

我国是一个幅员辽阔、历史悠久、文化灿烂的文明古国。神州大地美丽富饶的山山山水是中华民族赖以生存和发展的物质宝库与精神家园。在我国旅游发展的过程中，作为人们普遍观赏的审美对象，山水首先进入人们的视域，成为人们心驰神往的审美客体，并形成了由深远的历史积淀与广博的文化内容相结合的山水文化。

# 第一节　山水文化概述

## 一、山水文化概念

山水文化是指蕴含在山水中的文化沉积，以及由此引发的文化现象，也可以说是以山水为载体或表现对象的文化。

## 二、山水文化的形成

山水文化的形成过程，大体经历了自然崇拜、宗教与审美、审美与科学3个阶段。

### （一）自然崇拜

人类社会最初阶段，人们出于对自然的敬畏，相信山川有呼风唤雨的神力，从而开始了最初的山川祭祀。帝王封禅泰山，借自然山水之神来加强对人民的精神统治。群众祭祀山神水神，祈求吉祥平安、五谷丰登，相应地产生了一系列山水祭祀文化。

### （二）宗教与审美

秦统一中国以后，国家统一，交通便利，人们的地理视野扩大了。至汉代，中国产生道教，传入了佛教，宗教在人们的精神生活中逐渐产生影响。

#### 1. 宗教与山水文化

道教宣扬修道成仙，追求超凡脱俗的"仙境"。古代神话有昆仑和蓬莱两大系统，都和山水联系着。道教认为，除了升天的神仙，还有一些"地仙"，居住于十洲三岛、洞天福地。自古以来，一些洞天福地成了人间的佳境，游人仰慕名胜寻迹而至。为道教所染迹的山水，其中就沉淀着中国特有的文化。佛因山而显赫，山以佛而著名。五台山、峨眉山、九华山、普陀山是举世闻名的四大佛教名山。这些佛教名山不仅记录了佛教在中国的发展，而且是各代文物荟萃的场所。历代的建筑家、雕塑家、绘画家和书法家等各色艺人和能工巧匠，都在这里留下了他们的杰作。历代高僧、名士、文人学者的遗迹，也引起人们无限的兴趣和追念。佛教名山同时又是保存形形色色文物的文化宝山。佛教信仰对中国山水文化的形成和发展具有深远的影响。

#### 2. 艺术与山水文化

魏晋南北朝时期，游览自然风景已成为士大夫、文人们的新风尚。与此同时，以山水为表现对象的文学艺术应运而生。

### （三）审美与科学

清末以后，现代自然科学的传入，给山水文化增添了新的内容。我国的山水景观，多具有很高的科学价值，它们不仅是审美对象，而且是科学研究对象，也是了解地球演变的天然博物馆，进行自然科学普及教育的课堂。人们利用现代科学来研究名山大川的自然景观，开创了如地质学、地貌学、野生生物学及生态学等自然科学，赋予了自然山水新的文化内涵。

## 三、山水文化的内涵

中国山水文化是一个庞大的家族，内容和形态丰富多彩，包括以山水为载体的文化形态和以山水为表现对象的文化形态。从以山水为载体的形态来说，又可分为山文化和水文化。

### （一）以山水为载体的文化形态

所谓山文化，就是以山为主要载体的风景名胜。山文化具有悠久的历史。远古时代，我们的先人就以山为活动场所。中国的许多名山声誉远播，都有各自独特的文化内容。它们因所蕴含的主要文化内容不同，而成为不同个性的名山。

所谓水文化，就是以水为主要载体的风景名胜区。各种不同的水域有不同的特点，如江河、湖泊和海滨等就有不同的文化内涵。

### （二）以山水为表现对象的文化现象

中国山水文化的又一重要形态，是以山水为表现对象的文化现象。这是人们从审美需求出发，以对山水的审美体验为基础而创造出来的，是人们的审美创造的结晶。这一形态的山水文化，包括山水园林、山水诗文和山水绘画等。

# 第二节　中国山水文化的审美

## 一、山水审美意识的诞生

随着人类生产力水平的提高，对自然的认识改造能力增强，人与自然的关系也发生了质的飞跃，由原来的恐惧、崇拜、敌对、疏远过渡到亲近、喜爱、愉悦。山水在人们的眼中，不再是狰狞的面目，带给人类的痛苦梦魇消失了，逐渐显示出大自然独具的迷人魅力。人们开始以审美的心境关注自然，驻足山水。我国最早的诗歌总集《诗经》很多篇章都有对大自然山光水色的赏悦和体味："扬之水，白石粼粼""蒹葭苍苍，白露为霜""河水洋洋，北流活活""山有乔松，隰有游龙"，这些零星的描写具有重大的理论意义。人们不仅注意到山体与水体的对比、和谐，而且更注意到以山为载体的综合景观与以水为载体的综合景观间的对比和谐之美学意义。山川大河、流泉飞瀑自身的韵律美开始与主体的生命韵律形成同构关系，作为独立的物态形式，进入人类的审美领域。

中国自然山水审美崛起在先秦。正是春秋战国时期那种思想纵横开阔、学者游历四方、诸子百家争鸣的社会氛围，才使得儒、道两家的自然观和审美意识得以自由完善，并通过著书立说得以充分体现。

## （一）儒家人格化的自然观

自然山水人格化，即在山水审美过程中，赋予自然山水更多的人格成分。孔子的"岁寒，然后知松柏之后凋也"，是在对于自然山水林木的审美中，发现了自己的理想人格。而后代许多自然山水审美，都沿袭着这种意识来看待山水等自然景观。这种山水审美人格化的实质，归根到底是在欣赏自然山水过程中的自我人格欣赏。自然山水人格化的观念，在《论语》当中表述很明确："智者乐水，仁者乐山。"大水具有与"智者"的仁、义、智、勇等品质相类似的特征，所以它也是美的。在这里，自然的山与水，无疑成了人格的象征。孔子这种把自然山水人格化的思想，构成了自然山水审美的一种传统观点，从而影响了后来的山水审美精神倾向。

不论是人格向物的转化，还是人情以物为显现，这是人与自然在山水审美过程中的双向流通，它形成了自然山水特殊的审美定式。自然山水和处于我们生态圈中的自然景物，已经不是纯粹自然意义上的山水和景物，它们已经笼罩上一层层人文化的意蕴。看松柏，总感到它们是一种崇高伟岸人格的化身；观梅竹，总是联想到一种傲然清高的人品象征；临江涛，总是感到一种豪情壮志的奔涌。这种联想，总是按照已经沉积了多少代的思维模式而下意识地伸展。

儒家以自然山水象征人格品位，把自然山水作为人的道德精神比拟的象征物。孔子的"智者乐水，仁者乐山"，这正是以一种道德眼光去寻求人与自然内在精神契合。在儒家看来，山可以使草木生长、鸟兽繁衍，给人们带来利益而自己无所求，水滋润万物，所到之处给大地以生机，水有深浅，浅可流行，深不可测，蕴含智慧。人们之所以喜欢观山、赏水，就是因为山与水体现着仁者、智者的美好品德。山峦岿然不动的静态与仁者坚定稳重守一的情操，流水流淌不息的动态与智者绵延不断的思绪，都有着对应相称的关系。

儒家的自然山水人格化，究其根源，是用伦理眼光看待一切的必然结果。在儒家看来，最高的美就是理想的人格，最高的美感就是对理想人格的体验。所以面对自然山水，他们的审美重心往往放在自我人格的欣赏上，他们欣赏自然山水，往往结合着社会生活联想，自然山水的特点往往被看作人的精神形态，在赞美山的雄伟、海的壮阔、松的挺拔的同时，也是在赞美人，赞美人与自然山水特点相似的精神。

儒家伦理思想的核心之一是要求人们注重个体与社会规范的协调和谐，赞扬个体为社会而勇于牺牲的道德感，所以它强调群体至上。在这种思想观念的影响下，儒家的审美意识高度强调美与善的本质统一，高度强调把审美同人的高尚精神品质和道德情操联系在一起。例如，在儒家眼中，美与伦理道德的善是一致的。孔子提出人应当"尊五美"，弟子问他"何谓五美"。他回答说："君子惠而不费，劳而无怨，欲而不贪，泰而不骄，威而不猛。"很明显，孔子所说的"五美"，实际上属于伦理范畴的五种美德。孟子提出君子有三乐："父母俱存，兄弟无故，一乐也；仰不愧于天，俯不怍于人，二乐也；得天下英才而教育之，三乐也。"这里的"三乐"是人们实现了自己的道德义务而感到的乐趣。正因为美是伦理人格的显现，所以"智者乐水，仁者乐山""岁寒，然后知松柏之后凋也"，是在自然山水中发现自己理想人格所得到的愉悦，在这种愉悦当中，我们能够感到明显的伦理氛围。

## （二）道家"以人合天"的自然观

道家强调以天地自然之性来融化人之性，形成自然山水审美中的"天人合一"的自然观。在道家看来，天地自然的和谐相生是一种"大美"的境界，人也应该在与自然相融中获得相应的境界。所谓"人法地，地法天，天法道，道法自然"，以及"夫恬淡、虚无、无为，此天地之平而道德之质也。故圣人休休焉则平易矣，平易则恬淡矣。平易恬淡，则忧患不能入，邪气不能袭，故其德全而神不亏"。这里揭示的是这样的思维模式：天如何，人亦如何。人们以羡慕的眼光凝视着大自然的宁静和谐，或以此种境界作为自己的生命追求，希望能在与大自然的融合中，体验到这份宁静和谐。

老子、庄子从人与自然的统一、人在自然中所获得的精神慰藉与解脱这一心境去看待自然山水。就老子而言，并没有关于自然山水的具体论断，但其反对人文，要求返璞归真，实际是要使人们更接近自然。至于他说"众人熙熙，如享太牢，如登春台"，实际上透露了他对自然山水的喜悦之情。庄子仿佛更热衷于神游山水，有着超越现世，宁愿寄情于广漠山野河川的精神倾向。《知北游》中说："山林与！皋壤与！使我欣欣然而乐与！"这里的"乐"显然不是以自然山水为道德伦理的象征，而是出于对自然的一种更为纯粹的审美感受。这种以一种逍遥无欲、自喻适志的心境，去观赏体验自然山水的审美意识，应该说更接近自然山水审美的意旨与真谛。

向往在大自然中神游是庄子思想的基本核心之一。《逍遥游》中有这样一段意蕴深刻的文字："藐姑射之山，有神人居焉。肌肤若冰雪，绰约若处子。不食五谷，吸风饮露。乘云气，御飞龙，而游乎四海之外。"这里所描述的，与其说是带有神话般的传说，不如说是一种"神游"的精神状态。这种精神状态是对现实束缚的解脱，这种精神状态也是对自由的追求，所以庄子用"乘云气，御飞龙，而游乎四海之外"来加以形容。因此，"逍遥游"的"游"字，本身就象征着一种超脱了束缚而自由自在的精神状态，一种融于大自然的精神渴望。庄子的"乘云气，御飞龙，而游乎四海之外"显然是对于天地自然和谐相生的一种赞美，同时是对于人与自然和谐融化的一种渴求的表现。这种自然观，无疑是后代山水审美潜在的意识之源。

正因为古代先哲们把大自然的和谐相生视为"大美"，就必然把与自然的和谐融合，作为一种理想的生命状态与理想的审美状态。在后代，这种回归大自然的精神渴望，更以一种鲜明而富有民族文化特征的形态顽强地延续着。庄子所憧憬的逍遥游境界，在陶渊明那里表露的是"静念园林好，人间良可辞"的心灵倾慕，杜甫则发出"我生性放诞，雅欲逃自然"的人生感叹等，这些作为人类精神代表者所体现的难以遏制的内心渴望，典型地表露了人类对于大自然和自然山水的由衷向往。

### （三）儒道自然观及审美意识的区别

同样是强调人与自然的融合，在对自然山水的审美心态与理想境界的理解上，先秦儒、道两家还是有区别的。儒家强调的是以自然山水之性来寄托或观照人格之本，如观山赏水，总是想到其间所蕴含的人格意味，高山体现一种人格的崇高，大水体现一种胸襟的坦荡，而青松翠柏则体现一种高风亮节的品格；而道家则强调自然山水之性与自我之性的完全融合，在大自然里安顿自己的精神。这两种不同的自然山水审美与理想，实际上源于两种根源深厚的不同思想意识，前者浸染于以孔子为代表的儒家精神的影响，后者则熏陶于以庄子为代表的道家精神的影响。

同是肯定人与大自然的和谐相生，儒家强调"万物皆备与我"，强调"与天地参"，也就是强调以人格之本来印证自然之性。孔子的"智者乐水，仁者乐山"，实际上就是强调这种以自然山水审美作为人生修养之资，并作为完整人格形象的境界；道家则强调"天地与我并生，万物与我为一"，强调人与自然的融合，也就是强调以自然之性来融化主体之心。庄子所描述的庄周梦蝶时所出现的"栩栩然蝴蝶也，自喻适志与，不知周也"的状态，以及在《天下篇》中所说的"独与天地精神往来"，在《田子方》中所说的"吾游心与物之初"等，实际上是在追求以自己的虚静之心来契合自然的虚静之心。这两种审美精神，对于中国自然山水审美的影响是重大的，它们形成了中国自然山水审美中的不同价值取向、精神享受和审美心态。

历代不少文人"回归大自然"的精神走向，其实是想摆脱现实的压抑，回到离群索居的个人生活和内心索求中陶然自得，最后在独来独往的自然山水之间，沉醉于"天地与我并生，万物与我为一"的自由境界。他们以一种隐逸和逍遥来摆脱而不是打碎客观现实的束缚，追求主观精神的自由。他们把"回归大自然"的呼唤，实实在在地转化为一种归隐的人生方式，并把它视为高尚人品和自由人格的化身。这就演化为一种特殊的人生价值观，进而泛化为一种特殊的精神取向：以逃离现实为出发点，到追求与山水同乐而忘却现实尘嚣的主观精神自由为归宿。这种精神现象，就其人生态度而言，无疑带有明显的消极色彩，但当这种精神现象进入了自然审美领域，那种"坐忘"的精神状态，就产生了积极的意味，它使人们以一种较为纯净的心灵来感应自然美，让心绪在无拘无束的情境中自由舒展。

## 二、山水审美意识的发展

魏晋南北朝时期，是中国山水文化的新纪元。山水审美从比德过渡到畅神阶段，进入到真正审美意义上的山水审美阶段。这时的人们开始以一种"林泉之心"接近山水，感触自然，不再增添道德或想象的内容，不再作为生活的图景和背景，也不再作为寓意或象征。所谓"林泉之心"就是摆脱世俗功利观念，以纯粹恬淡的心境看待山水，以超凡脱俗的虚静的心胸面对山山水水，欣赏山水本身千姿百态的自然美。当人们去掉"尘埃之心""世俗心机"，用纯粹审美的态度，将山水作为独立的审美客体来欣赏，这样才能进入体验山水自然美的境界，进入一种净化心灵、荡涤性情的审美心境。反之，体验到的只是山水蕴含的现实意义和道德意义。

自魏晋始，爱好林薮、纵情山水已经成为诗人文士们的风尚。尽管世局动荡，但文人士大夫对现实不断探索，他们的人格和文风都呈现出解放的趋势，追求人的觉醒、文的觉醒，因而把自己的真实性情投向山水自然，留下大量谈山水审美的诗文，真正使山水成为独立的审美观照对象。在审美理论方面，左思在《招隐诗》中第一次指出了自然山水的审美价值："非必丝与竹，山水有清音。"大诗人谢灵运无论在朝在野，都肆意遨游。他专意描摹山川景物，工于饰绘，传神入微，如"白云抱幽石，绿筱媚清涟"，"密林含余清，远峰隐半规"等都境界独辟，从此奠定了山水诗的文学地位。陶渊明则以寂静清澈的心境，无为自得地欣赏自然山水："结庐在人境，而无车马喧……采菊东篱下，悠然见南山。"陶弘景《答谢中书书》是描写山水自然美的佳作，其中写道："山川之美，古来共谈。高峰入云，清流见底。两岸石壁，五色交辉；青林翠竹，四时俱备。晓雾将歇，猿鸟乱鸣；夕日欲颓，沉鳞竞跃……"四字一句的骈文文体给人一种强烈的节奏感，其中有意识地将"高峰"与"清流"相对，将五色的石壁与四时的林竹相对，将"晓雾"与"夕日"、"猿鸟"与"沉鳞"相对，使山水之间的一股清俊灵秀之气跳脱而出，扑面而来。

唐代中国的山水审美活动达到高峰，其主要表现就是山水诗的发展。山水诗是以自然山水为主要审美对象与表现对象的诗歌。唐代山水诗的发展分为四个阶段。

第一阶段：初唐山水诗——从宫廷到林野的吟诵营造工丽而又质朴的山水意象。

初唐，从高祖武德元年（618 年）到玄宗开元初年（713 年），约 100 年。这一时期的诗人，大多跨越了隋唐两代。虽然朝代有变，但文学是一脉相承的，初唐诗坛沿袭隋代的文风，以唐太宗喜欢的宫体诗及上官仪的"上官体"为主。诗歌创造的主要内容仍然以宫廷为中心，大多为歌功颂德的作品，追求浮艳。唐玄宗至武后时期，初唐四杰的创作力求摆脱齐梁诗风及宫体诗的狭小范围，把诗歌从狭隘的宫廷转到了广大的市井，从亭台楼阁移向了广阔的江山。这不仅扩大了诗歌的题材，突出了抒情性，还丰富了诗歌的内容，推动了初唐诗歌的发展。在山水诗创作方面，局势虽未打开，但六朝细微描摹的特点使山水诗显得工丽齐整，诗人的目光也逐渐从都城向林野转移，吟诵出质朴自然的园林、山水。王勃为此时的代表人物。

王勃（650—676）是初唐四杰之一，也是勇于改革齐梁浮艳诗风的代表。他14岁时便开始出游，而在20岁游历巴蜀时写下的诗作更能体现其在山水诗上的成就。王勃的诗中，有表现羁旅情思的作品，如《深湾夜宿》："津涂临巨壑，村宇架危岑。堰绝滩声隐，风交树影深。江童暮理楫，山女夜调砧。此时故乡远，宁知游子心。"对山水的刻画，引出作者"此时故乡远，宁知游子心"的思乡之情。而另外一些诗作，则将个人的经验与感受融入对山水景物的塑造中。在描写景色的过程中也实现了对自我形象的塑造。代表作品有《泥溪》："弭棹凌奔壑，低鞭蹑峻岐。江涛出岸险，峰磴入云危。溜急船文乱，岩斜骑影移。水烟笼翠渚，山照落丹崖。风生苹浦叶，露泣竹潭枝。泛水虽云美，劳歌谁复知。"还有以写心的形式来绘景，表达作者情致的《滕王阁》："滕王高阁临江渚，佩玉鸣鸾罢歌舞。画栋朝飞南浦云，珠帘暮卷西山雨。闲云潭影日悠悠，物换星移几度秋。阁中帝子今何在，槛外长江空自流。"王勃的诗，在写景中加入了抒情色彩，表达出作者内心的情怀。

第二阶段：盛唐山水诗——以行云流水般的语气描写自然朴实而又清远深邃的山水境界。

盛唐，从玄宗开元元年（713年）到代宗大历初年（766年），约50年。在此期间，国家强盛，社会安定，百姓殷富，倾心于诗文成为一种时尚，盛唐气象也在此时产生，诗歌繁荣达到了顶峰。诗坛上有山水田园诗人，也有边塞诗人，还有唐代最伟大的诗人李白和杜甫。其中以王维和孟浩然为代表的山水田园诗人，钟情山水，用手中的笔表现眼前的景物和自我情怀，以景状物，达到了融情于景、融情于物的境界。诗人们以流畅的诗文描绘出宁静的山水田园生活，朴实而又深远，让人心旷神怡。这一时期山水诗的共同特征是自然、平淡、亲切而悠然神远。自然山水作为具有情感、品格的一种存在，与诗人的生活情感融为一体。他们的诗表现出热爱自然、热爱生活的感情及积极高昂的生活情趣。孟浩然是盛唐山水诗人的代表。

孟浩然（689—740）是第一个大力写山水田园诗的盛唐诗人。他的一生虽有求官的举动，但主要过着隐居生活。他的创作题材主要写家乡的隐居生活或漫游时所见的山水。其山水诗的特点可以用清淡两个字来概括。闻一多先生曾说："孟浩然不是将诗紧紧地筑在一联或一句里，而是将它冲淡了，平均地分散在全篇中，淡到看不见诗了，才是真正孟浩然的诗"。孟浩然的名诗《秋登兰山寄张五》："北山白云里，隐者自怡悦。相望试登高，心随雁飞天。愁因薄暮起，兴是清秋发。时见归村人，平沙渡头歇。天边树若荠，江畔舟如月。何当载酒来，共醉重阳节。"落暮之愁与清秋之兴是诗的中心，而清愁也为全诗定下了基调，在田园恬静的风光下，更进一步传达了清新淡雅的意境美及作者高远的情趣。又如《宿建德江》，作者以素淡的语言，表现出自己的直观感受：

"移舟泊江渚，日暮客愁新。野旷天低树，江清月近人。"在白描手法下，日暮、旷野、清江、烟渚展现出秋江夜泊、乡情缭绕的情景，带有一种淡淡的愁绪。孟浩然的诗作中也不乏具有豪气的佳作，如"气蒸云梦泽，波撼岳阳城"，作者以浓笔泼墨的气魄绘出极具生命力的江山。这也是盛唐气象的透露。孟浩然的诗歌成就独树一帜，自成境界。他的山水田园诗，在清淡自然的意境中，表现出淡淡的思绪。这种描写山水隐逸的特点对唐宋以后的诗歌创作产生了深远的影响。

第三阶段：中唐山水诗——以清淡高远的艺术风格传达幽独而又淡远的人生意趣。

中唐，从代宗大历元年（766年）到文宗太和九年（835年），约70年。安史之乱使唐王朝摇摇欲坠，进入中唐时期。历时8年的"安史之乱"虽然在763年得到平息，但藩镇割据、动荡不安的现实使这一时期的诗人蒙受着身心的痛苦，文人蓬勃向上的豪情也不再有，取而代之的是麻木和消沉。严峻冷酷的现实使他们陷入苦闷与彷徨，反映到诗作上，也是以这种心态为主调。诗歌风格有三大走向，即大历诗风、韩孟诗风和元白诗风。在山水诗上，也由对大自然的热爱赞美，转为带着沉重的心思来山水中排解抑郁，使山水也沾染上诗人的失意与无奈。诗作也更多表现出诗人冷清孤寂、清淡高远的意趣。这一时期的代表人物是白居易。

白居易（772—846）字乐天。在被贬江州司马后，他的心态发生了变化，开始追求"闲适"情调。在东都洛阳和杭州等处，留下了不少山水风景诗作，如《钱塘湖春行》："孤山寺北贾亭西，水面初平云脚低。几处早莺争暖树，谁家新燕啄春泥。乱花渐欲迷人眼，浅草才能没马蹄。最爱湖东行不足，绿杨阴里白沙堤。"《江楼夕望招客》："海天东望夕茫茫，山势川形阔复长。灯火万家城四畔，星河一道水中央。风吹古木晴天雨，月照平沙夏夜霜。能就江楼消暑否，比君茅舍较清凉。"这两首白居易在杭州时写下的作品清新平淡，用律体来写景，流丽工巧而又大度从容。给人的感觉是鲜明清素，也表现出诗人在风景胜地闲适处之的心境。

第四阶段：晚唐山水诗——以追思和感叹为依托表现清苦与荒寒的山水意境。

晚唐从文宗开成元年（836年）到昭宣帝天祐四年（907年），大约70年。这一时期，社会矛盾尖锐复杂，国势衰落，前景暗淡。社会危机和阶级矛盾终于使唐王朝走向覆灭。外部的民族矛盾，内部的藩镇割据和牛李党争，加剧了政局的动荡和社会痛苦，这使得晚唐诗人的心灵蒙上了浓厚的阴影。晚唐诗人面对社会的昏暗和衰退，提不起精神，只能伤时悯事。杜牧、李商隐等有着深沉忧患意识的诗人在现实面前不能有所作为，只能反复咏叹时代的悲哀与绝望。这是这一时期诗歌的情感基调。表现在山水诗方面，诗人在对山水荒寒意境的吟咏下，将写景与抒情融入一体，蕴含深刻，并在对山水的描绘中加入对历史的反思和感叹。李商隐是这一阶段的代表。

李商隐（约811—859）早年清贫，作诗醉心于李贺诗歌的奇峭艳丽。中期陷入牛李党争之中，生活潦倒，终生都不得意。在晚唐诗坛上，李商隐是以政治讽刺诗和缠绵隐约的无题诗见长的。但是在他极少的写景诗中，往往能在描写诗意风景的同时，以细微的笔触，将情理依托其中，达到表情达意、融思见理之目的，如《桂林》："城窄山将压，江宽地共浮。东南通绝域，西北有高楼。神护青枫岸，龙移白石湫。殊乡竟何祷，箫鼓不曾休。"

山水诗在唐朝时达到艺术高峰，而山水诗风格的变迁有因唐代社会时局的起伏变化引起的，也有因政治文化的发展而引起的，还有因诗人生活环境有所改变而引起的。初唐山水诗从宫廷及都城风光逐渐转向山林，诗人文笔由华丽转向质朴，并开始将个人情感融入自然景色中。而随着国运的昌盛，盛唐山水诗充分融入了诗人的情感和生活情趣。诗人风格各异，尽显盛唐山水诗气象。至中唐，政局的变化，对现实的不满，山水诗人以山水来排解内心的沉闷。这一时期诗作风格虽少了盛唐的鲜明特色，却充分体现了诗人在大自然中寻求宁静闲适，借山水抒发情感的特点。晚唐国势衰落，山水诗人在对山水景物的描写中，更多地加入了说理和反思。

宋元时期，经济发达，文化繁荣，宗教隆盛，文人学士游览名山大川、群众性的朝山进香和游览活动相当盛行，这就大大促进了名山胜水的建设，不仅有寺庙、宫观等宗教建筑，而且有许多驿馆、书院、亭阁、路桥及摩崖石刻等文化景观点缀于自然山水之间。即使是寺庙、宫观，也无不渗透着山水审美意识。大批山水诗人、画家、文学家和旅行家，为追求自然风景之美，而踏遍天下名山大川。他们寄情山水，触景生情，著之于文字，再现于书画，将山水文化推上了历史高峰，在整个社会文化中所产生的巨大影响，已不在宗教文化之下了。这一时期出现了大批闻名全国的名山大川和游览胜地，不仅有传统的五岳、五镇、四渎及省、府、县的十景八景系统，而且形成了道教的"三十六洞天""七十二福地"和佛教的"四大名山"等诸多名山胜景系统。此外，还出现了许多著名的风景游览城市，如杭州、苏州、扬州、桂林等。

明清时代，反映人与自然精神关系的山水文化虽无重大突破，但也在继续发展，尤其是风景区的建设实践和理论方面皆有重大贡献，如明代武当山的规划、设计和建设实践，计成关于园林建设理论专著《园冶》，都显示了中国在风景建设和造园艺术方面的特色和成就。现存于风景名胜区的人文景观，大多是明清时代的作品。

清末以后，帝国主义入侵，社会动荡，战争频繁，风景文化趋于衰微。然而，现代自然科学的传入，却给风景文化增添了新的内容。对于自然山水成因规律的科学探索，虽然早有不少科学家做出过卓越的贡献，如宋代沈括，考察雁荡山风景地貌的成因，认为雁荡山是因流水对地形的侵蚀作用形成的。明代地理学家徐霞客，前后用 30 年时间，遍历中国名山大川，不仅洞察山川的美学特征，而且探索其成因，尤其对岩溶地貌的考察研究，走在世界前列。但是用现代自然科学来研究名山大川的自然景观，还是开创于20 世纪之初，而全面广泛地研究风景区的自然科学，如地质、地貌、植被、野生生物、水文气候、生态等科学，则是二三十年代以后，尤其是中华人民共和国成立后的事。全国传统风景区多具有很高的科学价值，也就是说中国传统山水观认为具有美学价值的自然景观，今天从自然科学观点来看，也往往具有其科学价值。所以这些风景区，不仅是审美对象，而且是科学研究对象，也是了解地球演变的天然博物馆，进行自然科学普及教育的课堂。这使人与自然的精神关系进入新的美学和科学时代。

### 三、山水审美形态

山水风景蕴含着各种各样的美，有着丰富多彩的形态。

### （一）雄伟

这是最能激励人心的一种风景美。山的雄伟与山的高度有一定的关系，但主要取决于山水的总的气势。如三峡的雄伟就在于两岸的千仞绝壁，黄河的雄伟在于"奔流到海不复回"的汹涌江涛。又如五岳独尊的泰山，并不很高，但它以磅礴的气势雄踞于齐鲁平原上。

### （二）奇特

奇，是相对于普遍常见的地理地貌现象而言的。如冰川碾压而形成的U形山谷，一些风化剥蚀严重而呈奇形怪状的山峰、巨石，都是奇特的景观资源。再如我国云南石林，被誉为"天下奇观"；奇松怪石的黄山风景，以奇制胜。还有一些奇景并不在于它的表面形象，而在于它的奇特的现象。安徽无为县轩车山听到人声喧哗便有滚沸如笑的笑泉，浙江金华原有的随月亮之盈亏而涨落的月泉，均属于这一类。

### （三）险峻

在自然风景中，险和奇一样，能以特殊的夸张形式引起人们强烈的兴趣。山的险常和峻共生，如华山的三大险千尺幢、百尺峡和老君犁沟。

### （四）开阔

这是指欣赏风景时无遮挡的视野空间阔大。它与平坦无垠的地形条件和较高的欣赏点有关。"风吹草低见牛羊"的大草原，碧波万顷的大海，"秋水共长天一色"的大江大湖，都是旷野之景的代表。提高看风景的视点高度，所看到的旷野之景才更有气派。观赏"孤帆远影碧空尽，唯见长江天际流"的黄鹤楼，看"衔远山，吞长江，浩浩荡荡，横无际涯"的岳阳楼，看"五百里滇池，奔来眼底，喜茫茫空阔无边"的昆明大观楼等，都是为了观赏大江、大海的浩渺连绵的水势而设置的提高游客视点的观赏点。

### （五）秀丽

秀丽包括有雅致、精巧和清秀等内容。对于山形，秀丽是指山的姿态苗条清秀，外形轮廓飞舞多变，开合转曲分明，这和风化剥蚀、雪雨切割有一定关系。像黄山的山峰，姿态、形状都很秀，人称"天下奇秀"。秀丽的自然景色离不开"水"，有水，山才秀，才现出生气。因此秀丽的风景往往是山水结合，山转水绕的。秀丽的另一层含义是指茂密的植被覆盖，使风景色彩郁郁葱葱，线条柔和，呈现出一种富有生机的美。在宋代，人们就作出了"西北之山多浑厚，东南之山多奇秀"的评价。东南山水，像黄山的奇秀、庐山的清秀、雁荡山的灵秀、武夷山的神秀，以及西湖的媚秀，都带有着秀丽的特点。

### （六）幽深

幽深景色的特点是一个欣赏空间套着另一个欣赏空间，环环相扣，需要循小径，作序列式的游赏。这种风景一般以丛山深谷和伸展的山麓为地形条件，并辅以繁茂的乔木灌林，随着山谷的自然转曲，形成明暗阴影变化无常的景色。"山重水复疑无路，柳暗花明又一村"就是这种景色最好的写照。幽既可指深邃有味的视觉欣赏空间，又可指恬静无喧的听觉环境。"蝉噪林逾静，鸟鸣山更幽"是幽深风景听觉特征的描写，所以，视听相互协同的欣赏是游赏幽深风景的一大特点。钱塘山水风景中的"云栖""九溪十八涧"，是很有代表性的幽深景致。

上述6种形态特征在自然界又往往是共生交错的，但是每一个风景区，或者风景点，总是有一两个主要的特征。如"九溪十八涧"是幽和秀的结合；四川峨眉山被誉为"峨眉天下秀"，却又表现出"峨眉一派出昆仑，平畴突起三千米"的雄伟美。壮阔无边的旷野之景也常使人感到一种雄伟的崇高美感，而王安石说"世之奇伟，常在于险远"，又谈到了奇险和雄伟之间的联系。

## 四、山水欣赏角度

如何欣赏旅游景观才能获得更多的美感，才能达到赏心悦目？简而言之，离不开方法、距离、角度和时间等条件。

### （一）观赏的方法

#### 1. 动态观赏

动态观赏实际上是指游人在游览中，沿着一定的风景线，或步行、或乘车、或乘船观赏风景的一种方法。观赏者要身临其境，全部身心都要置于风景之中，使人感到美就在你周围，美包围着你，拥抱着你。因为这种身临其境，目睹实物的观赏所产生的美感是一种立体的感受，是非常强烈的。所以，动态观赏本身就富有极大的魅力。

从桂林到阳朔有80千米的水程，乘游船从桂林到阳朔旅游，可以欣赏两岸变幻无穷、奇异优美的自然景色。"江到兴安水最清，青山簇簇水中生。分明看见青山顶，船在青山顶上行。"这是清代袁枚描写漓江两岸风景的一首诗。从这首诗中我们可以看到漓江的山水与倒影形成何等迷人的景色。

目前，我国风景区普遍建造索道，游人乘缆车观赏风景更富独特的情趣。在缆车上视点较高，对周围的风景一览无余，更感到心旷神怡。

### 2. 静态观赏

静态观赏是旅游者在一定的位置上，面对风景的一种欣赏活动：缓慢地移动视线，仔细地玩味其中的奥妙。像颐和园中的谐趣园（园中园）、北海中的静心斋、苏州的网师园，其特点是小巧精美，以小观大，以少胜多，都适合静态观赏，仔细玩味。

静态观赏是与动态观赏相对而言的。有时需要动中求静、静中求动、动静结合的观赏方法。这要以风景的特征和旅游者审美活动的需要而定。风景区和园林，在设计上也充分考虑到这种审美活动的特点，于是在主要风景点上建造亭、台、楼、阁、榭、廊等，一方面供游人憩息，一方面游人在停留休息时可以仔细玩味风景的美。在烟台小蓬莱的一座石砌的门楣上。有"观海听涛"4个醒目的大字。这里"观"与"听"二字都含有"静"的意境，就是说，欣赏大海，只有静下来细听大海波涛的喧嚣，领略大海喧嚣的韵味，进入"静"的审美状态，才能真正感受到大海的美。需要强调的是动与静是相辅相成、互为补充的。前者是寻求天趣与动美，后者是注重情趣与静美。动与静相互结合，才能感受风景美的全貌，获得整体的美感。

### （二）观赏的距离

观赏风景，观赏者需要与风景保持一定的距离，才能欣赏到美。"不识庐山真面目，只缘身在此山中""入芝兰之室，久而不闻其香"都是因为距离太近，习以为常，而不觉其美。黄山的"猴子观海"，近看只不过是一些普普通通的石头，但隔开一定的距离，就会看到这些顽石像是望海的猴子。

总之，观赏距离，不论是空间距离，还是心理距离，在旅游审美活动中，都具有十分重要的意义，对于提高旅游者的观赏水平或审美层次有着不可估量的作用。

### （三）观赏的角度

观赏风景的角度不同也会产生不同的审美效果，角度不对，有可能看不到美。苏轼《题西林壁》写"横看成岭侧成峰，远近高低各不同"，意思是说，从远处、近处、高处和低处等不同的位置看庐山，庐山的形象各放异彩，变幻莫测。所以，旅游者在观赏风景时，要选择角度。可正面观赏，也可侧面观赏；对观赏的对象也可以平视、仰视和俯视。

### （四）观赏的时间

观赏风景有一定的时间性，时间选择不当，会影响审美效果，甚至看不到风景的美。当游人置身于巍巍的泰山之顶，不同的时间会看到不同的美。从观日石望去，红日喷薄欲出，呈现绚丽神奇的晨曦之美；从观月峰上远眺，黄昏时夕阳余晖洒落在黄河上，呈现出"黄河金带"的线条美。

季节不同，景色也有变化。清代著名画家恽南田写道："春山如笑，夏山如怒，秋山如妆，冬山如睡。"作为一个旅游者应当了解自然风景这种季节性变化的特点。

# 第三节　山水景观的旅游价值

## 一、山地景观

我国是个多山的国家，广大的山地占国土总面积的 2/3 以上，而且构成山地的岩石种类齐全，在地球内外引力共同作用下，形成了各种类型的山地地貌，其景观千差万别，在旅游活动中发挥着各自的优势和作用。现在登山旅游一般分运动登山和观赏娱乐登山两大类。

### （一）登山体育探险

我国兰州—昆明一线以西，绝大部分山地为高山和极高山，特别是青藏高原周边的山地，很多高峰在 6000 米以上，珠穆朗玛峰、乔戈里峰、希夏邦马峰都是超过 8000 米的高峰。六七千米以上的高峰还很多，如贡嘎山、慕士塔格峰和四姑娘山等。这些山峰险峻峭拔，终年冰雪覆盖，山地气候多变，是开发体育登山旅游和探险的最佳场所。

### （二）山岳风景观赏

风景名山是指具有自然美的典型山岳和渗透着人文景观美的山地空间综合体。我国风景名山遍布各地，千姿百态，是我国壮美河山的代表。

#### 1. 花岗岩名山

花岗岩高山景观的特点是"主峰明显，群峰簇拥，峭拔危立，雄伟险峻"。我国的泰山、黄山、华山、衡山、九华山、崂山等，大部分是由花岗岩组成的。此外，厦门鼓浪屿、浙江普陀山、海南岛天涯海角等景区均属花岗岩名山。其特点是高度小，起伏和缓，岩石表面受到球状风化作用，浑圆多姿，或具一定造型。

（1）泰山。位于山东省泰安市。主峰玉皇顶海拔 1532.7 米，突起于群峰之上，巍峨挺拔，以雄著称。登顶眺望有"登泰山而小天下"之感，被视为五岳之首。历史上因历代君王登泰山封禅朝拜，致使泰山殿宇众多，碑刻林立，文化景观十分丰富。因此，泰山是优美的自然风光和人文景观巧妙融合的典型山地风景名胜区，被联合国选为世界自然与文化双重遗产。泰山崛起于华北平原之东，凌驾于齐鲁平原之上，东临烟波浩渺的大海，西靠源远流长的黄河，南有汶、泗、淮之水，与平原、丘陵相对高差 1300 米，形成强烈的对比，因而在视觉上显得格外高大，具有节奏感和"一览众山小"的高旷气势；山脉绵亘 100 余千米，盘卧 426 平方千米，其基础宽大产生安稳感，形体庞大而集中则产生厚重感，大有"镇坤维而不摇"之威仪。所谓"稳如泰山""重如泰山"，正是其自然特征在人们生理、心理上的反映。

（2）华山。屹立在陕西省华阴市，南依秦岭，北环渭水，五峰环峙，最高峰南峰海拔 2154.9 米，扼守着大西北进出中原的门户。华山是由一块完整硕大的花岗岩体构成的，华山有东、西、南、北、中五峰。主峰有南峰"落雁"、东峰"朝阳"、西峰"莲花"，三峰鼎峙，"势飞白云外，影倒黄河里"，人称"天外三峰"。还有云台、玉女二峰相辅于侧，36 小峰罗列于前，虎踞龙盘，气象森森。因山上气候多变，形成"云华山""雨华山""雾华山""雪华山"，给人以仙境美感。华山的著名景区多达 210 余处，有凌空架设的长空栈道，三面临空的鹞子翻身，以及在峭壁绝崖上凿出的千尺幢、百尺峡、老君犁沟等，其中华岳仙掌被列为关中八景之首。在全国乃至世界享有很高的声誉，素有奇险天下第一山之称。此外，华山还是神州九大观日处之一。华山观日处位于华山东峰（又称朝阳峰），朝阳台为最佳地点。华山还是道教圣地，为"第四洞天"，有陈抟、郝大通、贺元希等著名的道教高人在此修道。华山是由花岗岩出露地表而成。山体倚天拔起，四面如削，故华山自古以险闻名遐迩。

（3）黄山。位于黄山市，是一座花岗岩断块山，三大主峰为莲花峰、天都峰、光明顶，均超过 1800 米，是我国东部少有的高峰。747 年，唐朝朝廷据黄帝曾在此炼丹之说，易其名为黄山。两亿年前，黄山一带为汪洋大海。1 亿年前，因地壳运动，海水退去，黄山地貌兀现。第三纪至第四纪，受"喜马拉雅造山运动"和冰川侵蚀的影响，奇峰怪石的面目显露出来，最终形成以"奇松、怪石、云海、温泉"四大奇观为主、方圆五百里的花岗岩风景地貌。黄山群峰，天然去雕饰，72 峰、16 洞泉石、24 溪流、2 个湖泊、3 个瀑布，兼雄伟、险峻、奇秀于一身，雄壮巍峨，俊逸飘洒。其阔博富丽的景观，令人狂叫欲舞，故有"震旦国中第一奇山"的美称。

云海是黄山的第一奇观。其景在黄山无处不在，千变万化，令人叹为观止。雨后天晴是观云海的最佳时机，云和山融为一体，整个天地白茫茫似波涛翻涌的大海，人置于其中，可谓"仙境"。故黄山人说，云海是黄山的外衣。没有这层外衣，黄山将大失其色。黄山云海以"云瀑布"最佳。它在静静流淌时轻盈飘逸，汹涌时似银河泻地，气吞山河。站在山口或悬崖上，即可看到这壮观的美景。

山因水活。如果说云海是黄山的外衣，那么，清冽的溪流，久旱不涸的温泉，便是黄山的血脉。黄山民谚云："乌云盖黄山，细雨洒游人。"雨多，故而黄山溪流、飞瀑、湖泊颇多。黄山翡翠谷的潭水，不仅清澈甘甜，而且还散发奇丽幻彩的光泽，有"彩池"之誉，特别是阳光下，池水莹绿，伴着青、橙等色闪烁摇动，炫人眼目。黄山的九龙瀑，飞驰于香炉峰和罗汉峰之间，跌冲而下，如天龙飞腾，势如千钧，古人赞："飞泉不让匡庐瀑，峭壁撑天挂九龙。"其与匡庐三叠泉、雁荡龙湫，并称"三奇"。

黄山温泉，位于紫云峰下，古名朱砂泉，水温平均 42℃，每小时流量 48 吨。水质以重碳为主，无色无臭，可浴可饮；常浴常饮，白发可变黑，故有"灵泉"之誉。黄山温泉的奇特之处在于久旱不涸，久雨不溢。登临黄山，不去泡温泉，将是非常遗憾的。宋人曹泾到此，感慨"振衣新浴罢，彻底自风流"。可见，黄山温泉在世人心目中的地位。

"不到文殊院，不见黄山面。"黄山文殊院的迎客松，是黄山的一张名片。这迎客松，枝干苍劲，一枝长丫低垂文殊洞口，似好客的主人伸手迎接四方来宾。迎客松仅仅是黄山群松中的一棵。黄山的松，可谓"无松不奇"，皆似猿猴从石缝间钻出，以雨、雾为养分，株株仙风道骨，棵棵刚劲特异。黄山的松，没有一般树木那样的优雅生存环境，它所处的是怪石嶙峋的悬崖，却百折不挠。如果说，奇峰怪石是黄山的风骨，那么这昂首挺立、充满生机的奇松就是黄山的灵魂。

黄山石怪，可谓自然的鬼斧神工与人类智慧的完美结合。黄山石奇，无石不名，在人类的精心点化下，"猴子观海""仙人踩高跷""仙人飘海""姊妹牧羊""仙女绣花""金龟探海"等，仿佛让人有种遨游天宫仙境的幻觉，与天国仙友相约梦幻般的世界之中。

### 2. 岩溶山水风景

岩溶地貌主要发育在碳酸岩类岩石地区，主要岩石有石灰岩、白云岩等。该类岩石极易为水溶蚀，而形成特有的岩溶景观。基本特征：山地高度不大，石峰林立或孤峰突出，而且造型丰富。景区内溶洞遍布，洞内常有地下湖或地下暗河，以及由石灰岩溶解沉淀而形成的石钟乳、石笋、石柱和石花等千姿百态的洞穴景观。

（1）漓江山水。广西桂林到阳朔的漓江两岸是世界上规模最大、风景最优美的岩溶风景区，一向有"甲天下"和"碧莲玉笋世界"之美誉。漓江两岸几百座石峰，呈现出四野皆平地、千峰直上天的气势。象鼻山、骆驼山、老人山等造型逼真。漓江水清澈碧透，逶迤流转于千峰万壑之间，映得群山翠碧，倒影清明。洞穴300余处，深邃幽奇。石灰岩沉淀物琳琅满目。景区有"阳川百里尽是画，碧莲笋里住人家"的诗情画意。

（2）云南石林。云南石林位于云南石林彝族自治县，是一处典型的岩溶峰林景区。景区内怪石嶙峋，奇峰危岩，造型生动，移步换景。

（3）织金洞。织金洞位于贵州织金县东北，洞长11千米，由47个洞厅，150个景点组成。其间石笋、石钟乳、石帷幕等姿态万千，是我国目前发现的岩溶洞穴的魁首。

此外，广东肇庆星湖也是一处精巧玲珑的岩溶峰林景区。四川兴文县南石林成荫似海，素有"石海洞乡"之称。江苏宜兴的张公洞、善卷洞、灵谷洞，浙江桐庐瑶琳仙境，金华双龙洞，贵州安顺龙宫，福建永安市的桃源洞及鳞隐石林等，都是著名的岩溶景区。

### 3. 丹霞地貌景观

丹霞地貌具有整体感强，线条明快质朴，体态浑厚稳重，丹山碧水、引人入胜的特点，因而有很高的游览和观赏价值，是我国重要的地质地貌旅游资源。已列入国家级风景名胜区的丹霞地貌有：广东丹霞山，江西龙虎山，四川青城山，安徽齐云山，福建武夷山，甘肃麦积山、崆峒山。

最著名的当数福建武夷山。武夷山位于福建省武夷山市南部（原崇安县），碧水丹山，奇秀甲东南。由于历史悠久、人文荟萃，又有"闽邦邹鲁""道南理窟"的美誉。联合国将其纳入世界自然保护圈，它也是我国九个世界永久保护地之一。武夷之名，始于唐尧时代。传唐尧时，彭祖的两个儿子彭武、彭夷隐居于此，并带领百姓开山挖河、疏通洪水，老百姓为纪念他们，将山命名为"武夷山"。

武夷山是典型的丹霞地貌。这种地貌为我国独有，岩层红色，易于形成美景。加上含钙成分较多，奇峰怪石、幽谷茂林、瀑多水丰便构成武夷山独有的风光。

武夷风光，常以"三三六六"概括。"三三"指九曲溪，发源于三保山，经星村入武夷山，折为九曲，汇入崇溪，全长 7.5 千米。古人常以"曲曲山回转，峰峰水抱流"赞美此处美景，所谓"碧水丹山"亦指九曲溪。九曲溪的形成与所处的地形有关，此处岩石交错，形成"九宫格"的棋盘构造，使得水流方向忽东忽西、忽南忽北、曲折回流，年长日久，便成今日景观。宋人李纲写诗题赞："一溪贯群山，清浅萦九曲；溪边列岩岫，倒影浸寒绿。""六六"指武夷山的 36 座著名的峰岩，峰峰奇伟，姿容秀美。大王峰是进入武夷山的第一峰，有"仙王"之称。该峰远望之顶大腰小，如君王端庄雄伟。有趣的是，放眼四望，武夷山其他山峰均向它朝拱，其王者风范更加显著。当地人说："不登大王峰者，有负武夷之游。"玉女峰是武夷山最迷人的峰，也是武夷山的象征。此峰岩壁秀润光洁，草木葱茏，宛似玉雕的美女，故名。有诗赞："插花临水一奇峰，玉骨冰肌处女容。"玉女峰与大王峰隔铁板嶂，分列九曲两岸，宛如一对恋人，近在咫尺，却难以相见，令人潸然泪下。

武夷山人文景观以架船棺、紫阳书院最有名。特别是船棺之谜，乃中华文化的热点。

武夷山小藏峰的岩壁石缝间，架着一些木船（又称架船或虹桥板），民间称之为仙船、仙艇。木船千年不朽。1978 年，福建考古学者发现木船实为木棺，是 3000 年前古越族人的埋葬工具。棺木重约 500 千克。木棺是如何安置到离地面几十米高的峭壁的，仍是难解之谜。

### 4. 其他自然因素形成的名山

（1）武陵源风景区。属湘西北张家界市武陵山地。山地 80% 以上是砂岩，形成独特的砂岩峰林峡谷地貌。景观特点：奇峰林立，造型生动，沟谷纵横，植被茂密。植被覆盖率达 94% 以上，其中有珙桐、银杏等珍稀树种，林中生活着猕猴、背水鸡、大鲵等，是一个生机勃勃的风景世界。

（2）五大连池火山地貌景区。五大连池，位于黑龙江省西北部的五大连池市，是我国著名的火山游览胜地。1719—1721 年，火山爆发堵塞了当年的河道，形成了五个互相连通的熔岩堰塞湖。这里有景色奇特的火山风光、丰富完整的火山地貌和疗效显著的矿泉"圣水"，是一个集游览观光、疗养休息、科学考察多种功能的综合性天然风景名胜区。每年6—9月为旅游最佳季节。五大连池除五个堰塞湖外，还有许多古代和近代的火山。中、近期形成的火山共14座，其中老黑山和火烧山年龄最小，但体态庞大，景色尤佳，是五大连池中最佳景区。

五大连池火山群有14个独立的火山锥和一系列盾状火山。火山锥和盾状火山形成于第四纪，最近的火山喷发于1719—1721年，发生在老黑山和火烧山。此次喷发溢流的熔岩在四个地方阻塞了区内的石龙江，形成了五个火山堰塞湖，故名"五大连池"。

石海老黑山和火烧山的四周为熔岩台地，总面积达65平方千米。当年喷出的熔岩沿白河向南流去，形成了蜿蜒10千米长的"石龙"。石龙景象举世罕见，远看像大海汹涌的波涛，近视则怪石嶙峋，千姿百态，生动奇特，如熊如虎如蛇如巨蟒。奇特的熔岩暗道、熔岩空洞中，更有奇特的熔岩钟乳，如角锥如棘刺如刀刃如薄板，贴附在洞穴的四壁一般，蔚为奇观。

五大连池火山群是我国第一个火山群自然保护区。这里将建成一座面积广阔、山水相映、风光奇异的火山公园和疗养胜地。药泉山、焦得布山、火烧山和尾山附近都有矿泉。目前在药泉山下已兴建了多所疗养院，每年可接待数千人在此疗养。

（3）历史文化名山。因文化景观或历史遗迹众多形成的名山，有其特有的历史价值、文化价值和宗教价值等。如革命摇篮井冈山，名震寰宇的八达岭，因《黄鹤楼》一诗传名的武汉蛇山，凭借李白的诗歌而名闻天下的庐山。还有因为开凿石窟享誉世界的名山，如甘肃鸣沙山因莫高窟闻名，洛阳的龙门山因龙门石窟闻名，大同的武周山因云冈石窟闻名，此外，以寺观为中心形成的佛教、道教游览名山更是遍布大江南北。著名的佛教名山有五台山、九华山、普陀山、峨眉山。道教名山有武当山、青城山、崂山、三清山和齐云山等。这些山地自然风光优美，加之建筑景观宏伟，历史文物和宗教文物众多，组成了具有浓厚宗教文化氛围的游览山地。

庐山为地垒式断块山，位于江西九江市南郊，临长江、鄱阳湖，景区面积300平方千米，古称匡庐。匡庐之名，起于商周时代，传匡氏7兄弟，受道于仙人而共岭，结庐隐居于此，后成仙离去独留庐于此山，故名庐山。

庐山以其山南的秀峰、香炉、双剑、文殊诸峰，以及开先瀑布、马尾瀑布、青玉峡等几个风景群最能体现其"秀"的特点，可谓峰秀、峡秀、瀑秀、潭秀荟萃一处，争奇斗艳，各领风骚。故而白居易云："匡庐奇秀甲天下山。"

庐山瀑布可谓世间一绝。"日照香炉生紫烟，遥看瀑布挂前川。飞流直下三千尺，疑是银河落九天。"李白的这首《望庐山瀑布》生花妙笔，把大自然赋予庐山的美，描绘得出神入化，令人永生难忘。庐山地形奇特复杂，而且多雾，常常令人不知南北东西，不知景在何处。难怪苏东坡言"横看成岭侧成峰，远近高低各不同。不识庐山真面目，只缘身在此山中"。庐山年平均雾日190余天，云雾时间之长仅次于黄山。庐山云雾多变，亦真亦幻、变幻莫测，这就让人无法看清庐山的真面目。庐山云雾中以仙人洞的"乱云"最为有名。仙人洞，位于庐山牯岭西北侧的佛手岩下，海拔1000米左右，传吕洞宾在此修道成仙。洞外悬崖一石横空，即"蟾蜍石"。石上一株苍松夹于石缝之中，卓然挺立，游人至此，皆感慨"石松"坚忍不拔、傲骨迎风的从容气度，纷纷在此留念。"乱云飞渡"现已成为庐山云雾的象征。

庐山气候宜人，7月平均气温22℃左右，有"凉岛"之称；这种低温的山区气候，加上濒临江湖，雨量丰沛，使庐山植物特别丰富。庐山植物园内有各种植物标本10万余种，面积4400余亩，是个天然的高山植物王国。庐山的植物中，又以桃花、睡香花有名。唐人白居易在逛花径时突然发现一片桃花争相怒放，而此时山下桃花早已凋谢。诗人感慨自然界之万千变化，吟唱道："人间四月芳菲尽，山寺桃花始盛开。长恨春归无觅处，不知转入此中来。"

## 二、水体景观

水体是宝贵的旅游资源之一，对旅游者具有很强的吸引力。俗话说，山是水的筋骨，水是山的血脉，风景胜地大多数以有水为佳。溪流、瀑布使山地变得生动活泼，云雾使群山时隐时现、似有似无，产生缥缈朦胧之美。水滋润了花木，养育了动物，从而使景色秀丽，充满了生机。郭熙曾说："山无云则不秀，无水则不媚。"我国疆域辽阔，江河湖海众多，可观赏的难以计数。

### （一）水体景观的旅游价值

#### 1. 观赏、娱乐功能

"山峦构成骨架，河流构成静、动脉。"风景胜地大多以有水为佳。水滋润花木，养育动物，从而使景色秀丽、充满生机。水也是我国园林景观的重要构景因素。古典园林专著《园冶》就主张"约十亩之基，须开池者三"，即主张水面占园林面积的30%以上为佳。

#### 2. 疗养功能

我国早在3000年前的西周时代就已在陕西临潼开发了骊山温泉。汉代张衡《温泉赋》中就阐明温泉有治病、防病、延寿之功能。现在，我国温泉资源的开发经历了三代旅游产品的更新，很多地方都建立了温泉疗养院、温泉度假村等，温泉资源的开发受到了广泛的重视。

#### 3. 品茗功能

我国几千年的传统饮食习惯，使人们既重视茶叶的质量，又重视水的质量。杭州龙井茶、虎跑水并称"西湖双绝"。水质清醇的泉水既可供品茗，还可供酿造。中国的许多名酒佳酿使用的都是优质的水体。例如，我国名酒茅台酒就与贵州赤水河的优质水源有密切关系。

## （二）水体景观的基本类型

### 1. 江河溪涧

长江是我国的"黄金旅游线"，从河源至河口形成一条风光明媚的河川游览走廊。黄河旅游线的河源探险、高原风光、沙漠风情和草原旅行等地段的旅游资源也很有特色。广西桂林—阳朔间的漓江也是我国著名的江河风光旅游线。

长江，中华民族的第一大河，源于青海玉树藏族自治州境内的沱沱河，流过重庆万州区后两岸山势逐渐增高，到重庆奉节白帝城下的夔门，绝壁对峙，东至宜昌市的南津关，形成近 200 千米壮丽的山水风光画廊，这就是著名的长江三峡。游长江不到三峡，等于白跑一趟。

长江三峡由瞿塘峡、巫峡、西陵峡组成，西起重庆奉节县，东到湖北省宜昌市，全长 192 千米。雄伟、幽深、险峻，重岩叠嶂，隐天蔽日，进入三峡看到的是一幅幅用神笔绘成的天然艺术作品，听到的是一曲曲万籁交响的乐章。

长江三峡最大的特征就是峡谷、宽谷相间分布，大峡谷中套着小峡谷，比如大宁河上的小三峡。三峡气候独特，形成独特的"朝云暮雨"天气特征。古人所说的"曾经沧海难为水，除却巫山不是云"即三峡气候的生动写照。三峡多雨，春多为夜雨，夏为倾盆大雨，冬则细雨霏霏，独秋天天高云淡。

独特的环境，使三峡姿态千变万化、绚丽异常。进入瞿塘峡，给人感觉气势非凡。瞿塘峡全长 8 千米，由白帝城到黛溪，含风箱峡和错开峡两个小峡，峡谷两岸岩壁高出江面 500 米到 700 米，河底暗礁丛生，水流湍急，江面狭窄，船入峡内，仿佛进入了一条窄窄的巷道，所谓"峰与天关接，舟从地窟行"。夔门是瞿塘峡的象征，长江经此喧腾而下，浪涛飞卷，蔚为壮观，"崖似双屏合，天如匹练开"，故有"夔门天下雄"之誉。

雄伟险峻的瞿塘峡一过，便进入了宽阔的巫山河谷。这里幽深秀丽，行舟其间，大有"石出疑无路，云开别有天"之感，令人豁然开朗，真有点"两岸猿声啼不住，轻舟已过万重山"的轻松感受。巫峡长 45 千米，西起重庆巫山县大宁河口，东到湖北巴东县官渡口，包括金盔银甲峡和铁官峡。巫峡内还有一处"不是三峡，胜似三峡"的小三峡，即由大宁河（长江支流）上的龙门、巴雾、滴翠组成的约 50 千米的峡谷风光，世人称为"隐藏深山的神仙宝地"。巫峡还有一个特点，即"十二巫山见九峰"。巫山十二峰，分前六峰和后六峰。前六峰在江北，后六峰在江南。江南六峰中的净坛峰、起云峰、上升峰在江上看不见，要上溯青石溪 15 千米方可看到全貌。故宋代诗人陆游说："十二巫山见九峰，船头彩翠满秋空。朝云暮雨浑虚语，一夜猿啼明月中。"

巫峡一出，便闻到一股香味，芳香四溢，这就是香溪。从香溪谷起，便进入了西陵峡。西陵峡长 75 千米，由秭归香溪口到宜昌的南津关，滩多水急，并含有兵书宝剑峡和牛肝马肺峡两处小峡。西陵峡险滩，"滩滩都是鬼见愁"。其中以青滩和崆岭最为可怕。青滩，又名新滩，介于兵书宝剑峡和牛肝马肺峡之间，乱石如林，水流速达每秒 7 米，水位落差 2 米，人称川江铁门坎。崆岭，原名崆舱，意为空船。此处暗礁 24 处，夏时水涨，必空船方可上下。故当时称"青滩泄滩不算滩，崆岭才是鬼门关"。清以前冬春枯水期时，航道仅 30 米到 60 米，走上水的轮船、木船都得绞滩或拉滩，青滩北岸的"白骨塔"正是那些纤夫死后埋葬的地方。西陵峡险滩的形成与两岸经常发生山崩有关系。山崩时，山裂石飞，逆流回来，这种现象就称之为滩。

**2. 湖泊水库**

我国湖泊的数量很多，分类方法也很多。以湖泊（含水库）所在地形位置分类，我国著名的风景湖泊有以下几类：

一是高山峡谷风景湖。如广西澄碧河水库、新疆喀纳斯湖和赛里木湖、四川西昌邛海、西藏班公错等。这类风景湖泊自然环境优美，适宜高山水上运动、疗养度假、观光、科学考察。

二是天池风光。我国天池有十多个，如长白山天池、新疆天山天池和云南云龙天池等。这些湖泊处于山地顶峰，水深、质清、环境幽美。

其他类型的湖泊，如城市园林湖泊、平原风景湖泊、半山区风景湖泊和丘陵区风景湖泊等。

西湖是"天堂"杭州的一颗最亮的明珠，为我国十大风景名胜旅游区之一。因处杭州之西，故名西湖。西湖之名，始于唐代。唐时，钱塘县城迁到钱塘口，湖的位置在县城之西，因得此名，沿用至今。

西湖面积约 5.6 平方千米。自然风景人文景观丰富多彩，山环水抱，湖光山色，格外明媚、秀丽、幽雅、清新。诗人苏东坡赞道："水光潋滟晴方好，山色空蒙雨亦奇。欲把西湖比西子，淡妆浓抹总相宜。"

西湖美景可用一山二堤三岛、一寺两峰三泉、五山七洞九溪十八涧高度概括。围绕着它们，形成了十大景观，即苏堤春晓、曲院风荷、平湖秋月、断桥残雪、柳浪闻莺、三潭印月、双峰插云、花港观鱼、雷峰夕照、南屏晚钟。这些美景中，尤以苏堤春晓名气最大。

1089 年，苏东坡出任杭州知州。他发现西湖有一半被污泥阻塞，遂组织民工 20 万人，开掘葑滩，并用葑泥在湖上筑起一条横贯南北长 2.8 千米的大堤，后人取名"苏堤"。沿堤有 6 座风格迥异的石拱桥，堤上遍植桃柳。早春时节，清晨漫步西湖，可见西湖如梦初醒，晴日妖媚，雨天奇幻。六桥弥温柔于水云之间，春风怡荡，新柳如烟，格外动人。故"苏堤春晓"列为"西湖十景"之首。

"雷峰夕照"是西湖十景之一。1924 年 9 月 24 日上午，耸立在南山的雷峰塔突然倒塌，一股黄色的烟尘直冲天空，西湖因此失去了一只眼睛。雷峰塔，又称黄妃塔，是吴王钱俶为王妃黄氏建造。明代倭寇侵犯杭州，怀疑塔内有伏兵，纵火烧塔，仅剩赭色塔身。民间传说白娘子被法海镇在此塔下，所以雷峰塔名声大振。雷峰塔与北山的保俶塔，构成西湖的门户。远眺它们似锦绣上的鲜花，使西子湖更加俊秀。夕阳西下，落日余晖，雷峰塔分外迷人。雷峰塔于 2002 年重建。

当然，今日的西湖又添置了许多新景。黄龙吐翠，满陇桂雨尤为突出。黄龙洞位于西霞岭阴麓，以幽深、幽奇、幽静著称。宋淳祐年间，慧开和尚在吴兴黄龙山说法，后居杭州，忽有泉水从洞中涌出，传说"黄龙"随慧开来此，故名。黄龙洞后为道家占据，并进行了大规模的重建。重建后的整个道观掩映于茂松密竹之中。黄墙朱柱、青瓦，不施彩绘。园内种植大量的竹子。道家认为神仙之居松竹交翠，清风明月，故而选择竹子饰以居室。况且竹子刚劲、孤高，特别符合追求仙风道骨的道家弟子，深受道士们喜爱。黄龙洞竹林有毛竹、紫竹、凤尾竹、金玉竹、方竹、罗汉竹、菲白竹等，竹意盎然，清静幽深，给人以入山林如仙境之感。

满觉陇位于西湖南高峰东南麓，三秋季节桂花盛开，是赏桂的佳地。这里的沙质土壤含酸较多，加之为群山环抱，特别适合桂花生长。唐代，西湖即有种植桂花的记载。远看桂花，"叶密千层绿，花开万点黄"。故而，诗人白居易说："江南忆，最忆是杭州。山寺月中寻桂子，郡亭枕上看潮头，何日更重游？"

西湖风景还有"三怪"，即"孤山不孤""断桥不断""长桥不长"。孤山，原是西湖仅有的一座孤岛，高 38 米，面积 20 公顷。唐宋以来，白居易和苏轼疏浚西湖，修建了白堤和苏堤，并筑了湖中三岛——阮公墩、湖心亭、小瀛洲（即三潭印月）。从此，它们和孤山相伴成趣，形成"孤山不孤"的趣谈。断桥，是许仙和白娘子相会之处。该桥原有一木质跨桥亭，冬季下雪后，白雪积压在亭上，而桥顶上没有雪，像断掉似的，故名断桥。长桥，位于西湖南侧，梁山伯和祝英台十八里相送于此。长桥原有 1000 米左右，随着西湖水面积不断缩小，现仅有 5 米左右，故引出"长桥不长"的趣闻。

### 3. 瀑布泉点

瀑布以形、声、色三态之美先声夺人，如果再与山石峰洞、林木花草及白云蓝天等环境要素协调结合，就会形成效益很好的旅游功能。

我国的瀑布主要集中在两个地区：一是云贵高原地区和喜马拉雅山一带，二是江南丘陵。贵州省镇宁布依族苗族自治县内的黄果树瀑布，其规模、景观都居全国之首。其他著名瀑布还有长白山天池瀑布、黄河壶口瀑布等。

泉水也是一项引人注目的旅游资源。我国主要的泉水旅游资源有：广西桂平西山的乳泉（泉水呈白色，像煮沸的牛奶），云南安宁、龙陵、茶洛，西藏塔各架、查布、谷露、羊八井、古堆等的间歇泉；贵州茅台镇附近赤水河两岸的酿酒佳泉。西藏、云南的温泉数量之多分别居全国第一、二位。其他还有内蒙古阿尔山的矿泉也很有名。我国主要名泉有趵突泉、华清池、官塘温泉、五大连池药泉。

壶口瀑布是黄河流域的一大奇观，是我国第二大瀑布。它位于山西省吉县城西南25 千米的黄河壶口处。此地两岸夹山，河底石岩上冲刷成一巨沟，宽达 30 米，深约 50米，滚滚黄水奔流至此，倒悬倾注，若奔马直入河沟，波浪翻滚，惊涛怒吼，震声数里可闻。其形如巨壶沸腾，故名。春秋季节水清之时，阳光直射，彩虹随波涛飞舞，景色奇丽，明陈维藩《壶口秋风》诗中即赞道："秋风卷起千层浪，晚日迎来万丈红。"

要说壶口瀑布的宽度和高度都不算大，值得人们惊讶的是其流量却相当可观。在冬季枯水期，每秒流量最少时仅 150~300 立方米，这时河面冰封，细流涓涓，给人以俊美之感。4 月初，一旦冰河解冻，秒流量骤增至 1000 立方米以上，最高时达 8000 立方米。这时，巨流夹着大量冰块冲击而下，如狮吼虎啸，震天动地。到夏季，秒流量增至 1000~2000 立方米。这时，由于下游水位下降，落差加大，巨瀑破空而下，激起的水柱像箭一样直射苍穹。刹那间，一支支水柱又化作细小的水珠，遂又形成迷蒙的白雾，偶又显七色彩虹。金秋雨季，千溪万壑之水汇聚，河水流量剧增到秒流量 3000 立方米以上，全部瀑布连成一片，这时洪波怒号，激湍翻腾，声如奔雷，景象极为壮观。

古时这里有"旱地行舟""飞鸟难渡关"之说。原来，过去来往的船只，每逢行到壶口，人们都得在岸畔拉纤绕行；至于迎风展翅的飞鸟，因为瀑布呼啸四震，云烟弥漫，惊吓得也不敢飘然而过。由此可见瀑布之惊险、磅礴。在壶口黄河水跌落的地方，也即壶嘴的正当中，有一块油光闪亮的奇石，人称"龟石，"它能随着水位的涨落而起伏，不论水大水小，总是露着那么一点点，这又给壶口瀑布增添了几分神秘色彩。

在壶口瀑布往下 3000 米的河道中还有一块巨大的奇石，人们称它为"孟门山"。巨石上镌刻着"卧镇狂流"四个大字。河水至此，就乖乖地分成两路，从巨石两侧飞泻而过，然后又合流为一。

### 4. 滨海景观

我国广西和海南等地有丰富的滨海旅游资源。广西北海、钦州、防城地区面临北部湾，宜于开辟终年可用的海滨休养地。海南岛南部的三亚一带，更具有建设世界第一流的海滨休养地的优越自然条件。现在我国著名滨海景观有北戴河、亚龙湾、钱塘海潮等。

钱塘江大潮是世界三大涌潮之一，是天体引力和地球自转的离心作用，加上杭州湾喇叭口的特殊地形所造成的特大涌潮。"钱塘一望浪波连，顷刻狂澜横眼前；看似平常江水里，蕴藏能量可惊天。"潮头初临时，江面闪现出一条白练，伴之以隆隆的声响，潮头由远而近，飞驰而来，潮头推拥，鸣声如雷，顷刻间，潮峰耸起一面三四米高的水墙直立于江面，喷珠溅玉，势如万马奔腾。观潮始于汉魏，盛于唐宋，历经 2000 余年，已成为当地的习俗。

### 5. 现代冰川

冰川不仅具有观赏价值，而且具有科考价值和运动探险价值。根据冰川所处位置、形状和规模分为大陆冰川、山岳冰川。按冰川形态分为悬冰川、山谷冰川、平顶冰川、过渡型冰川。我国著名的现代冰川有天山一号冰川、海螺沟冰川、七一冰川、绒布冰川、透明梦柯冰川等。

地球上的冰川，几乎全部存在于远离人类聚居的南极地区。其余极少部分，虽分布于各个纬度，但又大多处于高寒、高海拔地区，一般人难以到达。中国四川的海螺沟冰川，其最下端的海拔仅为 2850 米，低于贡嘎山雪线 1850 米，使具有一般体力的旅游者都可以亲身登上宽达 2 千米、冰体厚度达 100 ~ 300 米的冰川。海螺沟冰川生成于大约 1600 年前，地质学称其为现代冰川。它是贡嘎山最大的一条冰川，长 14.2 千米，末端落入森林带内 6 千米，又形成冰川与原始森林共生的绝景。冰面河、冰面湖、冰下河、冰川城门洞、冰裂隙、冰阶梯、冰石蘑菇、巨大的冰川漂砾、冰川弧拱和极其宽阔的 U 形冰川峡谷，两侧高逾数百米的留有冰川擦痕的绝壁，和黛绿色的原始森林等，形成唯冰川所有的独特景观。由于海螺沟冰川的特殊地理条件，除了冬季外，其他季节均可着单衣或夹衣游览冰川。

## 三、森林景观

森林作为旅游景观，是 20 世纪 60 年代以来，世界各国为有效保持森林，改善人类生活环境而兴起的。森林旅游是世界旅游发展的一个热点，是生态旅游的主要形式，其发展前景广阔，具有强大的生命力。

### （一）森林景观的旅游价值

#### 1. 森林的生态性功能

森林是大自然的组成部分，森林内外景观都可以作为欣赏对象，内部是遮天蔽日的绿荫和各种鸟兽、地下植被，林外大面积的土地被绿色覆盖，给人心旷神怡的感觉。森林内外景观不同，给人的美学感觉也就有着很大的差别，森林既是欣赏对象又是欣赏环境。森林为旅游环境带来了清新、宁静、安详、舒适的自然体验，镶嵌于森林中的湖泊、瀑布、溪流、堤坝和小径更造就了森林的独特景观，是森林美的源泉。人们在森林中观赏自然风光景色、开展娱乐活动、享用林木产品等，达到旅游休闲目的。

#### 2. 森林旅游的环保宣传功能

森林旅游除了给人们提供观光、度假的空间外，其实也是环保教育的"大课堂"。旅游者通过观赏森林生态系统奇特的物种形态、群落结构，呼吸清新空气、饮用洁净的泉水，从而了解森林生态系统内部的物质、能量和信息流程与循环，认识森林具有保护物种、涵养水源、净化空气、美化和改良区域环境等多种功能。森林中的每棵树、每只动物、每条小溪，都是极具雄辩力的环保"活"教材。

### （二）我国的森林景观

截至 2013 年，我国森林公园达 1540 处（其中国家级森林公园 503 处），各种森林和野生动植物类型的自然保护区 1757 处（其中国家级自然保护区 188 处），张家界、九寨沟、黄龙、泰山、庐山和峨眉山等 8 处国家森林公园和自然保护区被列为世界自然遗产和世界文化遗产。

## 四、大漠景观

大漠作为旅游景观，有其得天独厚的优势。

### （一）大漠旅游景观的旅游价值

#### 1. 大漠探险

探险旅游应该说是旅游的最高级形式，沙漠历来被视为生命的禁区，博大而神秘。除登山以外，沙漠是探险旅游的最佳资源。我国沙漠探险的资源主要有以下两个。

（1）罗布泊。余纯顺献身罗布泊以后，罗布泊出现了探险旅游热，罗布泊的景观特色是雅丹地貌与楼兰故城。

（2）塔克拉玛干。塔克拉玛干最初的探险旅游项目是沿和田河乘吉普车穿越，这条线路20世纪90年代初首推，尤其受到德国游客的欢迎，至今仍是一条沙漠经典线路。

#### 2. 大漠观光

大漠把"广"字发挥到了极致。游客亲临其境，骑驼踏沙，体验沙海轻舟之浩渺，观大漠日落日出之壮美，"大漠孤烟直，长河落日圆"的古诗意境得到最完美的体现。大漠把"奇"字发挥到了极致。大漠中生活着大量的沙生植物，让人感叹生命的神奇。例如，胡杨是世界珍奇树种之一，被列为国家二类二级保护植物。胡杨上中下各部分树叶各异，有杨、柳、榆、枫、杏、桃多种叶型，给人以妙趣天成之感。人们这样形容胡杨树顽强的生命力："一千年生而不死，一千年死而不倒，一千年倒而不朽。"它被称为"活着的植物化石"，具有很高的研究、保存和观赏价值。其他沙生植物，如四合木，被学术界称为珍贵的"活化石"，被誉为"植物大熊猫"。

除了美丽壮观的自然旅游景观，大漠中更有引人注目的奇特的人文景观。楼兰故城遗址位于若羌县罗布泊西岸距孔雀河南7千米，整个遗址散布在罗布泊西岸的雅丹地形之中。楼兰故城是昔日楼兰王国的国都所在地。

在人类历史上，楼兰是一个充满神秘色彩的名字，它曾有过的辉煌，形成了它在世界文化史上的特殊地位。尽管中外学者为它付出巨大心血，但楼兰故城的兴衰与消失，至今还是个谜，因而也使它成为世界瞩目的焦点。

### （二）我国的大漠景观

我国的大漠景观主要是风沙地貌，包括风蚀地貌和风积地貌。前者包括风蚀柱、风蚀蘑菇、风蚀垄槽、风蚀城堡等，如新疆乌尔禾风蚀"魔鬼城"，罗布泊的雅丹地貌；后者指风沙堆积作用形成的沙丘和戈壁，如中国敦煌月牙泉的鸣沙山、宁夏中卫的沙坡头都有鸣沙现象。还有一些"新月形"沙丘、"金字塔形"沙丘等景色也很壮观，如我国塔克拉玛干沙漠和巴丹吉林沙漠均有大量"新月形"沙丘、"金字塔形"沙丘分布。

目前，我国沙漠景区开发逐年增多，其中开发得较好的是宁夏沙坡头，2000年被评定为国家 4A 级旅游景区。经营项目较多，包括沙雕、沙疗、沙浴和沙漠球类、沙漠田径等形式多样的"沙"字号体育健身竞技项目，融智慧、趣味、知识、健身于一体。此外，还有民族风情演出、黄河梨花节、大漠黄河国际旅游节等形式新颖、内容独特的节庆活动，成为驰名中外的旅游胜地。

# 第四节　中西山水旅游比较

山水美是一种较为客观的，未经人为加工过的美。然而面对这一自然而客观的对象，中国和西方人对它的审美视角、深度和内在意蕴等并不完全相同，仍有着各自不同的特点。

## 一、山水审美的出发点不同

中国人对自然山水的欣赏，往往寄托很多的道德伦理内容。中国古代作家的大部分游记、山水诗，都有丰富的寓意，这种寓意就是中国的那种忧国忧民、养精育德以及个人境遇与自然生命的密切关联等内容。

西方人对山水自然景物的欣赏，不会寄托这么多的道德伦理内容。他们对山水的欣赏，主要出于两点：一是纯粹欣赏自然的形态美；二是感受与人的心情的契合。

## 二、山水游的范围不同

一般而言，山岩险峰、瀑布溪流、奇树异花、江湖河海，中国人和西方人都是喜欢的。但如果从广义范围理解山水的概念，仍会看到一些或大或小的区别。

### （一）河流、湖泊与海湾、海岛

在中国的旅游胜地中，以水著称的不计其数，如江南水乡、桂林山水、钱塘江潮、龙水潭、九溪十八涧、贵妃池、庐山瀑布、大滇河湖水、哈尔滨的冰雪等都离不开水，泛舟、观潮、濯足、掬水、钓鱼等旅游活动也都与水有关。

西方人当然对这些也是感兴趣的，但相对而言，审美着眼点是不同的。中国人爱水，主要爱它的柔顺、润滑、洁净等形态，因此，就有歌唱道："阿里山的姑娘，美如水。"西方人的性格、心理、人格与中国人不一样，同样是爱水，除了它的柔顺、润滑、洁净外，还特别对它的辽阔、汹涌、澎湃的姿态和形状感兴趣。因此，他们更喜欢海洋以及与此有关的海湾、海岛、海滩等。

有则关于这方面的材料能说明一定问题：1989 年，国际旅游界人士（主要是西方人）选出的当今人间十大天堂（即最佳旅游胜地）中，海湾和海岛是其中的两项。一是墨西哥的瓦里亚塔湾，这里有一片长达 40 千米的纯白海滩，还有由海浪冲击而成的奇形怪状的悬崖峭壁。有些海滩还保持着原始的风貌，海水也清澈见底，15 米以下的鱼及海底生物也能看得见。离海滩不远，则满地铺着巨型的石块并矗立着柳树。这是一种宁静夹杂着奇崛的景观。另一处是厄瓜多尔的加拉帕戈斯群岛，它全部由火山锥和火山熔岩组成。已熄灭的火山口成了天然的湖泊，群岛荒凉原始，地势崎岖，树木较少，仙人掌到处耸立，而拥有的稀有动植物却很多，有"活的生物进化博物馆"之称。

这种以粗犷、原始、崎岖、怪异的海湾、海岛为"天堂"的观念，在西方古已有之，在中国的传统观念里则是不可想象的，因为我们的"天堂"是苏杭，苏杭的特点是秀丽、隽永和优雅。但近几年来，人们的审美观念有所改变，也逐渐将旅游天地和审美视野扩展到了海洋和海岛。东海仙境（南麂）、黄海鸟岛、北部湾明珠（涠洲岛）、菊花岛等开始吸引大量的游客，青岛、上海的一些海滩、海滨游泳池、浴场到了夏天也人山人海。首批 5 个海洋自然保护区的建立（河北昌黎黄金海岸、浙江南麂列岛、广西山口红树林生态区、海南大洲岛海洋生态区、海南岛三亚珊瑚礁区），开辟了新的旅游区域，人们的审美观念也会随着变化。

## （二）四君子与气、光

中国人对自然抱有一种人格化的审美倾向，故而大至山水，小至盆景花草（狭义的山水），都将理想人格投射进去，"四君子"的形成，便基于此。"四君子"指松、梅、竹、兰，取其挺拔坚强、不畏严寒、虚心有节、含蓄蕴藉等自然形态与人的性格、品质、人格等相对应。所以，中国人在山水游中将更多目光投在诸如这种"四君子"式的自然生物上。例如，黄山、泰山的迎客松，南山不老松，井冈翠竹，蠡园梅花等都使人在观赏时顿生崇敬心情；小盆景的设计更是有意突出"四君子"，让其在山石水池中葱绿挺秀，显示内在的风骨。

西方人当然也爱好各种自然植物花卉，不少国家都有自己的国花，如智利的野百合花、阿根廷的赛波花、英国的蔷薇、荷兰的郁金香等。不同的是，西方人除了爱好这些直接生长在山水中的植物外，还喜欢弥漫在山水上空时而看得见时而看不见的空气和阳光。这两者对中国人来说实在算不得什么，一方面因为中国自然环境的优越，上天给予中国的恩泽——阳光充足、空气新鲜；另一方面中国人在观念上对这两者总认为不用花力气、不用掏钱就可得到，因而觉得没什么物质价值。而在西方人的科学思维中，人的自身成长发育和健康壮实，是比自然植物更为要紧的事。有了这一观念，西方人就对空气和阳光，特别是对阳光格外宠爱。在阳光下晒黑皮肤，是许多西方人的一大乐趣和一大炫耀。在西方的一些旅游胜地——海滩上，许多人几乎是全身赤裸地进行着日光浴。有的国家还要举行一定的仪式，例如，在瑞典，就有所谓的阳光祭，喜欢阳光的人都选择这个时候来到斯堪的纳维亚。这里，即使是夏天，太阳也不轻易露面，因此每年 6 月21 日或 22 日的"夏至"这一天，瑞典人便选择了最靠近夏至的周末，热烈庆祝太阳神阿波罗的到来，用各种形式（跳舞、彩装、宴会）来祭典太阳神，享受太阳的恩泽。

### （三）虚幻景与险峻地

四川乐山大佛附近的 4000 米卧形"隐佛"的发现与观赏就是中国人旅游虚幻审美的典型。最初是由广东游客的一张照片发现的，照片拍摄的是岷江与大渡河汇流处连着的三座山的景色，老人"突感山形如健男仰卧"，他是从其中直指苍天的塔联想到"雄器"而发现"健男"，进而"细审头部"，发现了"巨佛"形象，一尊头南足北，逆江而卧的巨佛。"那头部浓密卷曲的发髻，宽阔饱满的前额，眼睑上长长的睫毛，高高隆起的鼻梁，还有双唇、下颌，无不历历在目，细微可辨，令人不能不为之动容。通观全佛，体态匀称，妙相庄严，气势雄伟。"而实际上，那三座山是普通的山脉，并非人的特意安排与雕塑而成，细腻美妙的肖像只是因形似而引起人们的想象。

在西方，人们不会抱着那位广东游客的心理去观赏自然景物，去发现心目中的神像，他们喜欢的是实打实的美丽山水，崇拜和敬仰的神与人就用雕塑将它们的形象再现出来（如美国某峡谷中的几位总统头像等）。

另外，由于西方人易激动和兴奋、敢于冒险的性格和心理，他们更喜欢险峻壮丽的景观。除前面说过的海湾、海岛外，在陆地上，便是爱好游览和观赏峡谷、瀑布、峭壁、险峰、雪山等。他们欣赏这些景观本身的魅力，并不作更多的相似联想与人格投射。例如，美国与加拿大之间的尼亚加拉瀑布，每分钟有 50 万吨水倾泻而下，声势非常壮大。然而，美国人却称其为"度蜜月者的天堂"。"度蜜月"到这么喧哗、壮丽的地方进行，中国人会觉得不和谐。难怪著名文人梁实秋也想不通，他说，度蜜月者最理想的地方应该是一个山明水秀而又远离尘嚣的地方，像尼亚加拉瀑布游人如织、昼夜喧闹不已，如何能让一对度蜜月者全神贯注地彼此互相享受呢？这真有点以"中国人"之心度"西方人"之腹了，恐怕难以取得一致。

总之，西方人是乐意去探索的，他们往往会冒风险、豁性命般地去寻找这样的景点。当然，这是就整体而言。中国古代如徐霞客、李白那样不畏"险远"的旅游者也不在个别。特别是近几年来，中国也涌现出一些类似的探险者与勇士，单车周游全国、孤身驾车环球旅行、长江源头漂流探险、步行走遍中国等，也经常见之于报端。这种精神在中国是需要大大发扬的，因为旅游既是陶冶性情，也是"劳其筋骨、饿其体肤"地对意志和身体的锻炼，需要如民歌所唱"阿里山的小伙壮如山"那般的体魄，走向自然，融于山水之中。

### 【本章小结】

本章从山水文化概述讲起，进一步介绍了中国山水文化的审美、山水景观的旅游价值、中西山水旅游比较等知识。

**【复习思考题】**

1. 为什么角度不同观赏山水的美也不同？用实例说明。
2. 中国山岳文化的构成是什么？
3. 简述中国人山水审美意识的发展。

# 第五章

## 旅游建筑文化

🔍 【教学目标】

　　了解中国古建筑的发展历程及不同时期的特点。掌握中国古代建筑的审美特征。掌握中国古代建筑单体结构的组成、类型和装饰艺术。掌握长城、宫殿、坛庙、陵墓等建筑的文化内涵。理解中西传统建筑文化的差异。能应用建筑文化知识,理解和解释各主要建筑形式的特点、功能及其旅游价值。能够运用中国古建筑的相关知识和理论对中国古代建筑进行审美鉴赏。能运用相关知识进行实践讲解和一定程度的资源开发工作。

🔍 【导入案例】

### 北京四合院

　　北京四合院是由东、西、南、北四面房子围合起来形成的内院式住宅。作为北京传统民居的主要建筑形式,北京四合院驰名中外,世人皆知。

　　四合院的大门一般开在东南角或西北角,院中的北房是正房,正房建在砖石砌成的台基上,比其他房屋的规模大,是院主人的住室。院子的两边建有东西厢房,是晚辈们居住的地方。正房和厢房之间建有走廊,供人行走和休息。四合院的围墙和临街的房屋一般不对外开窗,院中的环境封闭而幽静。

　　北京有各种规模的四合院,但不论大小,都由一个个四面房屋围合的庭院组成。最简单的四合院只有一个院子,比较复杂的有两三个院子,富贵人家居住的深宅大院通常由好几座四合院并列组成,中间还有一道隔墙。

　　四合院的典型特征是外观规矩,中线对称,而且用法极为灵活,往大了扩展,就是皇宫、王府,往小了缩,就是平民百姓的住宅,辉煌的紫禁城与郊外的普通农民家都是四合院。

四合院的大体分布为大门、第一进院、大堂、第二进院、书屋、住宅等，两侧有厢房，各房有走廊，隔扇门相连接。北京四合院具有如下特征：

首先，它的历史十分悠久。自元代正式建都北京，大规模规划建设都城时起，四合院就与北京的宫殿、衙署、街区、坊巷和胡同同时出现了。

其次，四合院的构成有它的独特之处。它的院落宽绰疏朗，四面房屋各自独立，又有游廊连接彼此，起居十分方便；封闭式的住宅使四合院具有很强的私密性，关起门来自成天地；院内，四面房门都开向院落，一家人和美相亲，其乐融融；宽敞的院落中还可植树栽花、饲鸟养鱼、叠石迭景，居住者尽享大自然的美好。

最后，四合院虽为居住建筑，却蕴含着深刻的文化内涵，是中华传统文化的载体。四合院的营建极讲究风水。风水学说实际是中国古代的建筑环境学，是中国传统建筑理论的重要组成部分；四合院的装修、雕饰、彩绘也处处体现着民俗民风和传统文化，表现出人们对幸福、美好、富裕、吉祥的追求，如以蝙蝠、寿字组成的图案，寓意"福寿双全"；以花瓶内安插月季花的图案寓意"四季平安"；而嵌于门簪、门头上的吉辞祥语，附在抱柱上的楹联，以及悬挂在室内的书画佳作，更是集贤哲之古训，采古今之名句，或颂山川之美，或铭处世之学，或咏鸿鹄之志，风雅备至，充满浓郁的文化气息。

**请思考：** 你还知道哪些民居及其文化内涵？

建筑是人类文化的重要组成部分，一座有代表性的建筑往往集中了当时的文化、制度和艺术的精华。中国古代建筑在某种程度上说是古代一定社会历史的缩影。中国古代建筑历史悠久，种类繁多，经过历代劳动人民和匠师们的不断积累和创新，形成了独具民族特色的建筑风格。

# 第一节　中国古代建筑发展简史

建筑的发展，实际上是一种文化的发展。我国著名的建筑史学前辈梁思成先生在《我国伟大的传统与遗产》一文中，这样热情洋溢地赞美道，历史上每一个民族的文化都产生了它自己的建筑，建筑随着文化而兴盛衰亡。世界上现存的文化中，除去我们的邻邦印度的文化可算是约略同时诞生的以外，中华民族的文化是最古老、最长寿的。我们的建筑也同样是最古老、最长寿的。在历史上，其他与中华文化约略同时，或先或后形成的文化，如古埃及、古巴比伦，稍后一点的古波斯、古希腊及更晚的古罗马都已成为历史陈迹。而我们的中华文化则血脉相承，蓬勃地滋长发展，4000 余年，一气呵成。

中国是一个土地辽阔、人口众多的国家，也是一个由多民族组成，具有悠久的历史而又富于革命传统的伟大国家。中国建筑是古代各族劳动人民在广阔的土地上，在自然条件下，使用木构件与砖、石等材料相结合的结构方法，建造了大量的房屋，积累了丰富的实践经验，逐步形成一个独特的建筑体系。纵观历史，各个不同的时期表现出各自的特点。

## 一、原始住居与建筑雏形的形成

早在 50 万年前的旧石器时代，中国原始人就已经知道利用天然的洞穴作为栖身之所，北京、辽宁、贵州、广东、湖北、浙江等地均发现有原始人居住过的崖洞。到了新石器时代，黄河中游的氏族部落，利用黄土层为墙壁，用木构架、草泥建造半穴居住所，进而发展为地面上的建筑，并形成聚落。长江流域，因潮湿多雨，常有水患兽害，因而发展为干栏式建筑。对此，古代文献中也多有"构木为巢，以避群害""上者为巢，下者营窟"的记载。据考古发掘，在距今六七千年前，中国古代人已知使用榫卯构筑木架房屋（如浙江余姚河姆渡遗址），黄河流域也发现有不少原始聚落（如西安半坡遗址、临潼姜寨遗址）。这些聚落，居住区、墓葬区、制陶场，分区明确，布局有致。木构架的形制已经出现，房屋平面形式也因功用不同而有圆形、方形、吕字形等。这是中国古建筑的草创阶段。

公元前 21 世纪夏朝建立，标志着原始社会结束，经过夏、商、周三代，在中国的大地上先后营建了许多都邑，夯土技术已广泛使用于筑墙造台。如河南偃师二里头早商都城遗址，有长、宽均为百米的夯土台，台上建有八开间的殿堂，周围以廊。此时木构技术较之原始社会已有很大提高，已有斧、刀、锯、凿、钻、铲等加工木构件的专用工具。木构架和夯土技术均已经形成，并取得了一定的进步。西周兴建了丰京、镐京和洛阳的王城、成周；春秋、战国的各诸侯国均各自营造了以宫室为中心的都城。这些都城均为夯土版筑，墙外周以城濠，辟有高大的城门。宫殿布置在城内，建在夯土台之上，木构架已成为主要的结构方式，屋顶已开始使用陶瓦，而且木构架上饰用彩绘。这标志着中国古代建筑已经具备了雏形，不论夯土技术、木构技术还是建筑的立面造型、平面布局，以及建筑材料的制造与运用，色彩、装饰的使用，都达到了雏形阶段。这是中国古代建筑以后历代发展的基础。

## 二、中国古代建筑发展史上的第一个高潮

公元前 221 年，秦始皇吞并了韩、赵、魏、楚、燕、齐六国之后，建立起中央集权的大帝国，并且动用全国的人力、物力在咸阳修筑都城、宫殿、陵墓。今人从阿房宫遗址和始皇陵东侧大规模的兵马俑列队埋坑，可以想见当时建筑之宏大雄伟。此外，又修筑通达全国的驰道，筑长城以防匈奴南下，凿灵渠以通水运。这些巨大工程，动辄调用民力几十万，几乎都是同时并进，秦帝国终以奢欲过甚，穷用民力，二世而亡。

汉代继秦，经过约半个世纪的休养生息之后，又进入大规模营造建筑时期。汉武帝刘彻先后五次大规模修筑长城，开拓通往西亚的丝绸之路，又兴建长安城内的桂宫、光

明宫和西南郊的建章宫、上林苑。西汉末年还在长安南郊建造明堂、辟雍。东汉光武帝刘秀依东周都城故址营建了洛阳城及其宫殿。

总之，秦、汉 400 多年间，由于国家统一，国力富强，中国古建筑在自己的历史上出现了第一次发展高潮。其结构主体的木构架已趋于成熟，重要建筑物上普遍使用斗拱。屋顶形式多样化，庑殿、歇山、悬山、攒尖均已出现，有的被广泛采用。制砖及砖石结构和拱券结构也有了新的发展。

## 三、传统建筑持续发展和佛教建筑传入

北朝营建了都城洛阳，南朝营建了建康城。这些都城、宫殿均系在前代基础上持续营造，规模气势远逊于秦、汉。

在建筑材料方面，砖瓦的产量和质量有所提高，金属材料被用作装饰。在技术方面，大量木塔的建造，显示了木结构技术的提高；砖结构被大规模地应用到地面建筑，河南登封嵩岳寺塔的建造标志着石结构技术的巨大进步；石工的雕琢技术也达到了很高的水平。

东汉时传入中国的佛教此时发展起来，南北政权广建佛寺，一时间佛教寺塔盛行。不少地区还开凿石窟寺，雕造佛像。重要石窟寺有大同云冈石窟、敦煌莫高窟、天水麦积山石窟、洛阳龙门石窟、太原天龙山石窟、峰峰南响堂山和北响堂山石窟等。这就使这一时期的中国建筑，融进了许多传自印度（天竺）、西亚的建筑形制与风格。

## 四、中国古代建筑发展史上的第二个高潮

隋、唐时期的建筑，既继承了前代成就，又融合了外来影响，形成一个独立而完整的建筑体系，把中国古代建筑推到了成熟阶段，并远播影响于朝鲜、日本。

隋朝建造了规划严整的大兴城，开凿了南北大运河，修建了世界上现存最早的敞肩拱桥——安济桥。唐朝的城市布局和建筑风格规模宏大，气魄雄浑。其长安城在隋大兴城的基础上继续经营，成为当时世界上最大的城市。

在建筑材料方面，砖的应用逐步增多，砖墓、砖塔的数量增加；琉璃的烧制比南北朝进步，使用范围也更为广泛。建筑技术方面，也取得很大进展，木构架的做法已经相当正确地运用了材料性能，出现了以"材"为木构架设计的标准，从而使构件的比例形式逐步趋向定型化，并出现了专门掌握绳墨绘制图样和施工的都料匠。建筑与雕刻装饰进一步融化、提高，创造出了统一和谐的风格。唐朝的住宅，根据主人的等级不同，其门厅的大小、间数、架数以及装饰、色彩等都有严格的规定，体现了中国封建社会严格的等级制度。这一时期遗存下来的殿堂、陵墓、石窟、塔、桥及城市宫殿的遗址，无论布局或造型都具有较高的艺术和技术水平，雕塑和壁画尤为精美，是中国封建社会前期建筑的高峰。我国现存最早的木结构建筑的实物仅有唐代的五台山南禅寺和佛光寺部分建筑。其建筑特点是：单体建筑的屋顶坡度平缓，出檐深远，斗拱比例较大，柱子较粗

壮，多用板门和直枢窗，风格庄重朴实。

## 五、宋、辽、金时期建筑的发展

从晚唐开始，中国又进入 300 多年分裂战乱时期，先是梁、唐、晋、汉、周五个朝代的更替和十个地方政权的割据，接着又是宋与辽、金南北对峙，使得中国社会经济遭到巨大的破坏，建筑也从唐代的高峰上跌落下来，再没有长安那么大规模的都城与宫殿了。由于商业、手工业的发展，城市布局、建筑技术与艺术，都有不少提高与突破。譬如城市渐由前代的里坊制演变为临街设店、按行成街的布局。在建筑技术方面，前期的辽代较多继承了唐代的特点，后期的金代继承辽、宋两朝的特点而有所发展。在建筑艺术方面，自北宋起，就一变唐代宏大雄浑的气势，而向细腻、纤巧方面发展，建筑装饰也更加讲究。宋朝建筑的规模一般比唐朝小，但比唐朝建筑更为秀丽、绚烂而富于变化，出现了各种复杂形式的殿阁楼台。建筑装饰绚丽而多彩。流行仿木构建筑形式的砖石塔和墓葬，创造了很多华丽精美的作品。建筑构件的标准化在唐代的基础上不断发展，各工种的操作方法和工料的估算都有了较严格的规定，并且出现了总结这些经验的建筑文献《营造法式》。

北宋崇宁二年（1103 年），朝廷颁布并刊行了由李诫编纂的《营造法式》。这是一部有关建筑设计和施工的规范书，是一部完善的建筑技术专书。颁刊的目的是加强对宫殿、寺庙、官署、府第等官式建筑的管理。书中总结历代以来建筑技术的经验，制定了"以材为祖"的建筑模数制。对建筑的功效、料例作了严密的限定，以作为编制预算和施工组织的准绳。这部书的颁行，反映出中国古代建筑到了宋代，在工程技术与施工管理方面已达到了一个新的历史水平。

现存宋代的建筑有山西太原晋祠圣母殿、福建泉州清净寺、河北正定隆兴寺和浙江宁波保国寺等。其建筑特征是，屋顶的坡度增大，出檐不如前代深远，重要建筑门窗多采用菱花隔扇，建筑风格渐趋柔和。

## 六、中国古代建筑发展史上的最后一个发展高潮

元、明、清三朝统治中国达 600 多年，其间除了元末、明末短时割据战乱外，大体上保持着中国统一的局面。中国古代社会的发展已届尾声，社会经济、文化发展缓慢，因此建筑的历史也只能是最后的发展高潮了。

元大都按照汉族传统都城的布局建造，是自唐长安城以来又一个规模巨大、规划完整的都城。元代城市进一步发展了各行各业的作坊、店铺和戏台、酒楼等娱乐性建筑。从西藏到大都建造了很多藏传佛教寺院和塔，大都、新疆、云南及东南地区的一些城市陆续兴建伊斯兰教礼拜寺。藏传佛教和伊斯兰教的建筑艺术逐渐影响到全国各地。中亚各族的工匠也为工艺美术带来了许多外来因素，使汉族工匠在宋、金传统上创造的宫殿、寺、塔和雕塑等表现出若干新的趋势。现存元代的建筑有山西芮城永乐宫、洪洞广

胜寺等。使用辽代所创的"减柱法"已成为大小建筑的共同特点，梁架结构又有了新的创造，许多大构件多用自然弯材稍加砍削而成，形成当时建筑结构的主要特征。

明朝由于制砖手工业的发展，砖的生产大量增长，明代大部分城墙和一部分规模巨大的长城都用砖包砌，地方建筑也大量使用砖瓦。琉璃瓦的生产，无论数量或质量都超过以往任何朝代。官式建筑已经高度标准化、定型化。

清朝颁布了《工部工程做法则例》，统一了官式建筑的模数和用料标准，简化了构造方法。民间建筑的类型与数量增多，质量也有所提高。各民族的建筑也有了发展，地方特色更加显著。皇家和私人的园林在传统基础上有了很大的发展，在明末出现了一部总结造园经验的著作——《园冶》，并留下了许多优秀作品。北京明清故宫和沈阳清故宫是明清宫殿建筑群的实例，与前代相比变化较大：明清建筑出檐较浅，斗拱比例缩小，"减柱法"除小型建筑外重要建筑中已不采用。

# 第二节　中国古代建筑的审美特征

中国古代建筑在世界建筑中自成体系，形成了固有的艺术风格与构造特征，包括完整的木架构体系，三段式的外观特征，群体组合的配置形式，均衡对称的布局原则，美丽动人的构件造型，装饰色彩与等级的紧密结合等。

中国古建筑具有很高的审美价值，它给人的美感是：或雄伟宏大，或浑厚质朴，或挺拔刚健，或雍容华贵，或柔和纤秀，或端庄大方……这些形式美主要表现在序列组合、空间布局、比例尺度、造型式样、色彩装饰等方面，这些形式美的因素决定了中国古建筑的审美特征。此外，对于我国古建筑的欣赏，还取决于欣赏者的文化素养、审美修养及民族的审美习惯等。一般来讲，对我国古建筑的审美与欣赏，可从以下几个方面去认识和把握。

## 一、以木材、砖瓦为主要建筑材料，拥有完整的木构架系统

中国古代建筑从原始社会起，一脉相承，以木构架为其主要结构方式，并创造与这种结构相适应的各种平面和外观，形成了一种独特的风格。此结构方式，由立柱、横梁、顺檩等主要构件建造而成，各个构件之间的结点以榫卯相吻合，构成富有弹性的框架，主要有抬梁、穿斗、井干三种不同的结构方式。

抬梁式木构架至迟在春秋时代已初步完备，后来经过不断提高，产生了一套完整的比例和做法。这种木构架是沿着房屋的进深方向在石础上立柱，柱上架梁，再在梁上重叠数层瓜柱和梁，自下而上，逐层缩短，至最上层梁上立脊瓜柱，构成一组木构架。抬梁式建筑使用范围较广，在三种类型中居于首要地位。中国古代建筑中的宫殿、坛庙、寺院等大型建筑物中常采用这种结构方式。

穿斗式木构架是沿着房屋进深方向立柱，但柱的间距较密，柱直接承受檩的重量，不用架空的抬梁，而以数层"穿"贯通各柱，组成一组组的构架，也就是用较小的柱与数根木拼合的"穿"，做成相当大的构架。用料经济，施工简易，是它的主要特点。这种木构架至迟在汉朝已经相当成熟，流传到现在，为中国南方诸省所普遍采用，但也有在房屋两端的山面用穿斗式而中央诸间用抬梁式的混合结构法。

井干式是用木材交叉堆叠而成的，因其所围成的空间似井而得名。这种结构比较原始简单，现在除少数森林地区外已很少使用。

除上述三种结构形式以外，西藏、新疆等地区还使用密梁平顶、承重墙结构，因此，当地建造楼房已有悠久的技术传统。

木构架结构有很多优点：

首先，承重与围护结构分工明确，屋顶重量由木构架来承担，外墙起遮挡阳光、隔热防寒的作用，内墙起分割室内空间的作用。由于墙壁不承重，这种结构赋予建筑物以极大的灵活性。

其次，有利于防震、抗震，木构架结构类似今天的框架结构，由于木材具有的特性，而构架的结构所用斗拱和榫卯又都有若干伸缩余地，因此在一定限度内可减少由地震对这种构架所引起的危害。"墙倒屋不塌"形象地表达了这种结构的特点。

再次，适应中国不同地区的气候条件。无论抬梁式或穿斗式木构架的房屋，只要在房屋高度、墙壁与屋面的材料和厚薄、窗的位置和大小等方面加以变化，就能广泛地适应各地区寒暖不同的气候。

最后，取材方便。在古代中国大部分地区，木料比砖石更容易就地取材，而且加工比较容易，可迅速而经济地解决材料供应问题。因此，木结构不但广泛用于一般房屋建筑，还用于各种梁式、悬臂式和拱式桥梁。

## 二、平面布局具有一种简明的组织规律

总体组织原则是以"间"为单位构成单座建筑，再以单座建筑组成庭院，进而以庭院为单元，组成各种形式的组群。就单体建筑而言，以长方形平面最为普遍。重要建筑大都采用均衡对称的方式，以庭院为单元，沿着纵轴线与横轴线进行设计，借助于建筑群体的有机组合和烘托，使主体建筑显得格外宏伟壮丽。民居及风景园林则采用了"因天时，就地利"的灵活布局方式。

凡有地理条件的，主要建筑物一般都是沿着中轴线布局，使建筑物组成有层次、有深度的空间，追求布局的纵深效果和含蓄美（这一点与西方有很大的不同，西方古建筑的布局具有独体性，着重追求立面与个体的艺术风格，主体建筑物较集中，一目了然，而中国古建筑只能一点一点地细细观看），中轴线两侧的建筑物保持严格对称和均衡，显示出整齐和对称的美（如宫殿、寺院、庭院建筑等），这种依附地面以主要建筑为中心的向四面扩散、中轴对称式的群体布局，与我国古代封建思想意识中的皇权观念、儒

家伦理、宗法礼教、以土为本等传统文化有关（"普天之下，莫非王土"，所以君王的建筑居于中央；而儒家"君君臣臣父父子子"的社会伦理观，也使中华礼教在主次、内外方面甚为讲究，比如四合院中享有绝对权利的长辈居中，晚辈只能分居两侧）。中国建筑布局在整体上是内向的、收敛的、封闭的（如四合院、皇宫、围合的城墙、长城等），追求内在的含蓄和私密性；西方建筑布局在整体上是外向的、放射的、开放的，追求外在的进取和民主性。可见东西方的建筑和各自的民族性格基本上是统一的。

建筑之所以被称为"凝固的音乐"，除了形容建筑和音乐一样有明显的节奏、韵律以外，也说明完美的建筑序列（群体组合）犹如一曲完美的乐章，有主有从，有始有终，有和谐的旋律，中国古建筑可谓典范。中国古建筑的美，不仅在于单体的造型比例，而且在于群体的序列组合；不仅在于布局的雕琢趣味，而且在于整体的神韵气度；不仅在于突兀惊异，而且在于节奏明晰；不仅在于可看，而且更在于可游。我们在游览群体建筑时（如北京故宫、曲阜孔府孔庙等），首先要强化自己的空间概念，从群体组合或布局特征上去体味美感。

**1. 单座建筑的柱网布置**

单座建筑的平面布置，在很大程度上取决于使用者的政治地位、经济状况和功能方面的要求，从而殿堂、厅堂、亭榭与一般房屋的柱网有很大的区别。单座建筑的平面布置，殿堂比较严谨，殿堂与厅堂的混合体较为灵活自由，厅堂以至于一般房屋则变化更多。

**2. 庭院与组群的布局原则**

中国古代建筑的庭院与组群的布局原则，由于受阶级社会制度及其意识形态所支配，大都采用均衡对称的方式，沿着纵轴线与横轴线进行设计，其中多数以纵轴线为主，横轴线为辅，但也有纵横二轴线都是主要，以及一部分有轴线或完全没有轴线的例子。

三合院与四合院的布局方式。一般庭院布局大体可分为两种：一种在纵轴线上先安置主要建筑，再在院子的左右两侧，依着横轴线以两座体形较小的次要建筑相对峙，构成三合院；或在主要建筑的对面，再建一座次要建筑，构成正方形或长方形的庭院，称为四合院。四合院的四角通常用走廊、围墙等将四座建筑连接起来，成为封闭性较强的整体。这种布局方式在中国古代社会的宗法和礼教制度下，便于安排家庭成员的住所，使尊卑、长幼、男女、主仆之间有明显的区别；同时，也为了保证安全、防风、防沙，或在庭院内种植花木，营造安静舒适的生活环境。

多样化的群体组合形式。汉代以来有很多建筑在纵横二轴线上都采取对称方式的组群。它和四合院建筑相反，以体形巨大的建筑为中心，周围以庭院环绕，再外用矮小的附属建筑、走廊或围墙构成方形或圆形外廓。此外，对于不位于同一轴线上的组群，往往以弯曲的道路、走廊、桥梁作为联系的工具。

## 三、造型优美

中国古代建筑的艺术处理，经历代劳动人民长期努力和经验的累积，创造了丰富多彩的艺术形象。

### 1. 单座建筑的艺术处理

单座建筑从整个形体到各部分构件，利用木构架的组合、各构件的形状及材料本身的质感等进行艺术加工，达到建筑的功能、结构和艺术的统一，是中国古代建筑的卓越成就之一。房屋下部的台基除发挥它本身的结构功能以外，又与柱的侧脚、墙的收分等相配合，增加房屋外观的稳定感。各间面阔采取明间略大的方式，既满足了功能需要，又使外观收到主次分明的艺术效果。殿堂与厅堂中，梁架、斗拱、攀间等也都以其结构与装饰的双重作用，成为室内艺术形式的重要组成部分。

### 2. 组群建筑的艺术处理

中国古代建筑的基本布局形式是若干单个建筑物的群体组合。通常，一座住宅、一座庙宇或一座宫殿，指的都是整组建筑群。古代最早的建筑仅是简单的单座房屋，以后随着功能要求和经济技术水平的提高，各种用途需要的空间已不能由单座房屋来满足，而需要扩大建筑物的平面和空间。但木结构建筑扩大平面和空间的主要方法是加大构架尺度、增加梁架数目、增加层数，而这些都受到材料、结构技术和使用要求的限制，因此，自然地发展了单个建筑物的群体组合的形式。

中国古代建筑群体的平面布局，除了受地形条件的限制以外，一般都具有一些共同的规律性，即当建筑的规模需要扩大时，往往采取纵向扩展、横向扩展或纵横双方都扩展的方式以重重院落相套而构成各种组群建筑。中国古代大组群的建筑形象，恰如一幅中国的手卷画，只有自外而内，从逐渐展开的空间变化中，才能了解它的全貌所在。

## 四、装饰丰富多彩

使用色彩是中国古代建筑装饰最突出的特点之一，但由于民族和地区的不同，也有若干差别，它的卓越成就是建筑的艺术要求与保护木材相结合而发展形成的。就宫殿建筑而言，从春秋时代起，主要使用强烈的原色，经过长期的发展，在鲜明的色彩对比与调和方面，创造了不少优秀手法。南北朝、隋、唐间的宫殿、庙宇、府第，多用白墙、红柱，或柱、枋、斗拱绘有华丽的彩画，屋顶覆以灰瓦、黑瓦及少数琉璃瓦，而脊与瓦往往采用不同颜色，已开后代"剪边"屋顶的先例。宋、金宫殿逐步使用白石台基，红色的墙、柱、门、窗及黄绿各色的琉璃屋顶，而在檐下用金碧交辉的彩画，加强了阴影部分的对比，创造出一种堂皇富丽和绚烂夺目的艺术效果。这种方法在元朝基本形成，到明朝成为制度化。

古代封建社会由于等级制度，色彩的使用也有着严格的限制。只有宫殿、坛庙和府第建筑才能施用这种金碧辉煌的色彩。而一般民居住宅多用白墙、灰瓦和栗、黑、墨绿等色的梁、柱装修，形成秀丽雅淡的格调，与居住环境所要求的气氛相协调，在色调的处理上取得了很好的艺术效果。

彩绘具有装饰、标志、保护、象征等多方面的作用。明清的梁枋彩画最为瞩目。清代彩画可分为三类，即和玺彩画、旋子彩画和苏式彩画。

雕饰是中国古建筑艺术的重要组成部分，包括墙壁上的砖雕、台基石栏杆上的石雕、金银钢铁等建筑饰物。雕饰的题材内容十分丰富，有动植物花纹、人物形象、戏剧场面及历史传说故事等。此外，中国古代建筑特别注意跟周围自然环境的协调。

## 五、艺术性与功能性、技术性密切结合

我国古建筑具有艺术性与功能性、技术性密切结合的审美特征，若能在观赏中体味出它们之间的关系，将得到无穷的妙趣。如台基既能满足木构件防水、防腐的需要，又使整座建筑显出稳定和统一形象的特征；柱子既是主要传力构件，又是划分开间的标志，有时还施以精美的雕刻；大屋顶之所以有较大的出檐，是为了保护周边的木构件及墙面，但出檐大了，净空就低，室内的光线就暗，于是就设计了一种屋面檐口部分向上反翘、使阳光易射入、空气易流通的反曲屋面（地域上南长北短）；油漆彩画是保护木材的必要措施；屋顶上的仙人走兽是固定屋瓦的铁钉套子。

## 六、建筑美与自然美的和谐统一

我国古建筑的设计和布局非常注意与周围的自然风景的结合，使建筑美（人工美）同自然美和谐地融为一体。

把建筑的美，即人工的美（其中包括人的智慧、创造、志向）与自然美关联起来，将人的情感融入自然中，再以自然美与艺术美来陶冶人的精神，以满足精神的审美，这是我国古建筑布局造景的重要审美特征。建筑与风景是相得益彰、相映生辉的。建筑得自然风景而立，而自然风景得建筑更富神趣。建筑若缺少林木荫盖之润饰，便显得孤立而单调；自然风景中若无建筑的装点，就没有神韵。另外，建筑周围若山水秀丽，林木茂密，就会造成禽兽出没、鸟语花香的世界，增加生趣之美。

我国古建筑十分注意同自然美的融合。像颐和园、避暑山庄的建筑，皇帝陵园的建筑，孔庙的建筑，以及寺院、庙宇的建筑都是与自然风景结合的典范。有些寺院沿山势而筑，层层殿堂，倚山迭起，颇具特色。像五台山的佛光寺、北京的碧云寺、地处"山最幽胜处"的泰山灵岩寺，以及在武林闻名的少林寺……这些宏伟的古建筑群都是同自然景色融会在一起的。避暑山庄的"外八庙"、青海的塔尔寺、浙江省天台县的国清寺都坐落在绿荫叠翠的山坡上，依托山势，高低错落，这大大增加了旅游者的审美层次。

我国寺院、庙宇建筑借取优美的自然风景创造宗教的理想世界，既满足了宗教的审美要求，又促进了宗教文化的交往和宗教的旅游活动。

我国古建筑的主要审美特征，集中表现在独特的民族结构形式完整、统一、和谐及

园林式的组群布局等。正是这些形式美的因素引起中外旅游者的极大兴趣，成为游览、观赏的重要对象。同时，我们从这些优美的形式中，还能看到我国古建筑艺术已发展到相当高的水平，看到我国劳动人民的丰富智慧和创造才能。

# 第三节　中国古代建筑的单体结构

## 一、中国古代建筑单体结构的组成

中国古典建筑的外观特征极为明显，都由屋顶、屋身、台基三部分组成，史称"三段式"。

### （一）台基

台基又叫建筑基座，是我国古建筑不可缺少的部分，是高出地面的建筑物底座。台基除了拥有通风、防潮、防腐、稳定立柱、防震等功能之外，还弥补了中国古建筑单体建筑不甚高大雄伟的欠缺。台基按等级可以划分为四种：

**1. 普通台基**

多用灰土、三合土夯筑而成，高有尺余，用于普通建筑。

**2. 较高级台基**

较普通台基高，可用砖石，常在台基上边建栏杆，多用于府宅建筑等大式建筑或宫殿建筑中的次要建筑。

**3. 更高级台基**

即须弥座，又名金刚座。须弥座用作佛像或神龛的台基，用以显示佛的崇高伟大。中国古建筑采用须弥座表示建筑的级别。一般用砖或石砌成，上有凹凸线脚和纹饰，台上建有汉白玉栏杆，常用于宫殿和著名寺院中的主要殿堂建筑。

**4. 最高级台基**

由几个须弥座相叠而成，多重汉白玉栏杆，从而使建筑物显得更为宏伟高大，常用于最高级建筑，如故宫三大殿和山东曲阜孔庙大成殿，即耸立在最高级台基上。

### （二）屋身

屋身是中国古建筑的主体部分，由柱梁结构、墙壁、门、窗组成。

由于屋顶的重量更多地落在柱子上，大大减轻了墙壁的负担，因此中国古建筑的屋身都较为轻便、灵活，墙壁更多地被考究的门、窗所替代。比如廊柱内柱与柱之间一般安装格门或格扇代替墙面，多为六扇或八扇，既通风、采光、装饰，又与外界隔断。

### （三）屋顶

中国古代建筑造型优美，尤其以屋顶造型最为突出，主要有庑殿、歇山、悬山、硬山、攒尖、卷棚等形式。但是无论庑殿顶也好，歇山顶也好，都是大屋顶，显得稳重协调。屋顶中直线和曲线巧妙地组合，形成向上微翘的飞檐，不但扩大了采光面、有利于排泄雨水，而且还增添了建筑物飞动轻快的美感。

#### 1. 庑殿顶

庑殿顶有正脊和四条垂脊，故又称五脊顶，屋顶前后左右四面都有斜坡，所以又叫四阿顶。屋檐向上微翘，四面坡略有凹形弧度。唐代以前，正脊短小，四面坡深，明代以后正脊加长。

庑殿顶是各屋顶样式中等级最高的，只有皇家和孔子殿堂才可以使用。

庑殿顶又分为单檐和重檐两种，故宫的太和殿就是重檐庑殿顶，故宫的武英殿和文华殿则为单檐庑殿顶。

#### 2. 歇山顶

屋面是悬山顶与庑殿顶的组合，上三分之二为悬山顶，下三分之一是庑殿顶，因而形成四坡九脊的造型，九脊分别是一条正脊，上部四条垂脊，四角与垂脊间有四条戗脊。所以又称九脊顶。

有单檐、重檐两种形式，其等级仅次于庑殿顶。常见于宫殿、园林、坛庙式建筑。

#### 3. 悬山顶

只有前后两坡，左右两端是两面立墙，屋檐悬伸在山墙以外，一般有正脊和垂脊，也有无正脊的卷棚，山墙的山尖部分常做成五花山墙，是最常见的形式。

#### 4. 硬山顶

结构上大致与悬山相同，也是两面坡的一种，区别在于屋檐在山墙内封住，不悬出山墙之外，在居住建筑中常见。

高出的山墙称风火山墙，其主要作用是防止火灾发生时，火势顺房蔓延。

#### 5. 攒尖顶

是圆形和正多边形建筑的屋顶造型。屋面较陡，没有正脊，除圆形攒尖顶无脊外，数条垂脊交合于顶部，脊间坡面略呈弧形，上面再覆以宝顶。

多用于面积不大的建筑屋顶，如塔、亭、阁等。

#### 6. 卷棚顶

整体外貌与硬山、悬山一样，唯一的区别是没有明显的正脊，屋面前坡于脊部呈弧形滚向后坡。如果说上述几种屋面棱角分明，显出一种阳刚之气，那么卷棚顶就颇具一种曲线所独有的阴柔之美。

### （四）重要构件及概念

**1. 斗拱**

是中国古代建筑独特的构件。方形木块叫斗，弓形短木叫拱，斜置长木叫昂，总称斗拱。一般置于柱头和额枋、屋面之间，用来支撑荷载梁架、挑出屋檐，兼具装饰作用。

**2. 开间与进深**

四根木头圆柱围成的空间称为"间"。建筑的迎面间数称为"开间"，或称"面阔"。建筑的纵深间数称"进深"。中国古代以奇数为吉祥数字，所以平面组合中绝大多数的开间为单数；而且开间越多，等级越高。北京故宫太和殿、太庙正殿开间为11间。

**3. 古建筑数字**

9是古代阳数之极，清代乾隆以前，以面阔9间，进深5间为最高级，除皇帝大殿之外，其他建筑皆不得如此，皇帝也就成为九五之尊。

**4. 藻井**

中国传统建筑中天花板上的一种装饰。名为"藻井"，含有五行以水克火，预防火灾之意。一般都在寺庙佛座上或宫殿的宝座上方，是平顶的凹进部分，有方格形、六角形、八角形或圆形，上有雕刻或彩绘，常见的有"双龙戏珠"。

## 二、中国古代建筑单体结构类型

### （一）宫殿建筑

宫在秦以前是中国居住建筑的通用名，从王侯到平民居所都可以称为宫，秦汉以后成为皇帝居所的专用名。殿原指大房子，汉代以后也成为帝王居所中重要建筑的专用名。宫殿一词习惯上指秦代以前王侯居所和秦以后皇帝的居所。

宫殿建筑是国内单体结构建筑中最为宏大、最为豪华的一类，它以建筑艺术手段烘托出皇权的至高无上。

### （二）楼阁

楼阁是中国古建筑当中的多层建筑物。楼与阁在早期是有区别的，楼是重屋，阁指的是下部架空、底层高悬的建筑。后世楼阁二字互通，无严格区分。

楼阁从外形来看，有正方形、长方形、圆形、六角形、八角形等；从功能来看，有军事防御性楼阁（城门楼）、报时性楼阁、观景性楼阁、藏书楼、戏楼等。

楼阁的代表性建筑有天一阁和岳阳楼等。

天一阁位于浙江宁波，明代兵部右侍郎范钦的私家藏书楼，是我国现存建筑时间最早、保存较为完好的藏书楼和金石博物馆。

岳阳楼位于湖南岳阳市，最早由唐代中书令张说贬官岳州时修建，后多次重修，北宋范仲淹《岳阳楼记》使其名垂千古。

### （三）亭

亭是一种开敞的小型建筑物，体积小巧，结构简单，造型别致，且选址灵活。多用竹、木、石等材料建成，顶的造型极为丰富，但以攒尖顶为多。

亭的类型从亭子的平面形式来看，有正多边形亭（正三角亭、正方形亭、正六角形亭）、长方形亭、组合型亭（双方形、双圆顶、双三角）；从亭的立面来看，又有单檐、重檐和三重檐之分；从亭的屋面形式来看，有攒尖顶和歇山顶等。

### （四）榭

在古建筑当中，台上的木结构建筑叫榭，它的特点是只有楹柱及花窗，而没有四周的墙壁。

榭是凭借周围的景色而构成景观的，现在常见的多是临水而建的水榭。

### （五）廊

它是一种线形建筑，"宜曲宜长为胜"。它用列柱顶一个不太厚实的屋顶，造成一种通透、空虚的空间形式。

园林当中常常用廊的迂回曲折、高低错落，增加景观的层次，丰富游园的乐趣，并引导人们观赏景色，它是园林的纽带。

### （六）舫

又名不系舟，实际上就是一种不能划动的、像船形的建筑，主要供人游赏、观景之用。一般船头设眺台，作观赏之用；中舱供休息和宴客之用；尾舱多为两层，上层作休息、眺望之用。舫的下部通常用石头砌成，上部船舱为木结构，屋顶多为船篷式样，轻盈舒展，造型生动。

## 三、中国古代建筑的装饰艺术

### （一）色彩

中国原始社会建筑为"茅茨土阶"，很少有人工装饰，色彩多为草木土等材料的本色，原始而质朴。殷商时期，宫殿的柱子多用红色，墙为白色。周代规定清红黄白黑为正色，宫殿、柱墙、台基多涂红色。这种以红色为高贵色彩的传统一直延续下来。战国时期，青龙、白虎、朱雀、玄武分别代表东西南北四方，建筑上的不同颜色的瓦当代表不同的方位。汉代宫殿和官署的建筑也多用红色，汉以后红色在等级上退居黄色之后。魏晋南北朝以后，屋顶琉璃瓦的出现和使用，使黄色成为至高无上的色彩。隋唐时期的宫殿、庙宇和官邸，多用红柱、白墙，梁架施以彩画，屋顶为灰瓦、黑瓦和彩色琉璃瓦。宋元时期的宫殿使用白色石基，红墙、红柱、红门窗，黄绿色琉璃瓦屋顶。屋檐下施以冷色调彩画，加强了冷暖色调的对比，对后世影响很大。明清时代建筑色彩等级更加严格、分明，琉璃瓦以黄色最高，绿色次之，还有蓝、紫、黑、白各色，用途各异。这些多彩的琉璃瓦构成中国古代建筑屋顶的柔美曲线，与丰富多彩的屋脊、兽吻，构成中国古建筑最突出最优美的特点。中国古代皇家建筑白色台基，红墙黄瓦与蓝天、绿树交相辉映，形成强烈的色彩对比。暖色的建筑与檐下冷色的彩画组成色彩冷暖的对比，构成富丽堂皇的色彩格调。中国古代民居白墙、灰瓦、绿色和栗色的梁架与自然环境形成鲜明的色彩对比，这种对比更显民居的自然、质朴、秀丽、雅淡的格调。

## （二）雕刻

雕刻在古代建筑当中无处不在。中国古建筑雕塑根据不同材质的运用，可以概括分成以下几种。

### 1. 木雕

大量运用于门窗、梁柱、额枋、廊栏等建筑中。

### 2. 砖雕

砖雕艺术可以分为烧前雕刻和烧后雕刻。一般地说烧前雕刻，艺术气质细腻精致，易于表现柔和的装饰意味；烧后雕刻，艺术性格粗犷宏阔，易于体现建筑装饰的大气风格。

### 3. 石雕

一般运用于门口的镇宅石兽、门墩，建筑内的殿、堂、廊、桥、栏等，各建筑体中石质的柱头、柱础以及柱身，屋顶、屋脊的镇脊吻兽等。

### 4. 瓦雕

主要体现在瓦当雕刻艺术中，表现的雕刻内容有篆体的汉字，一般为"福、禄、寿、喜"等字，或以谐音方式、寓意方式表达的动物图案和植物花卉等。

"雕梁"就是将梁头或重点部位施以雕刻，雕琢出各种花纹供人们欣赏。无论南方北方，各式的建筑都或多或少地采用雕刻与彩画。南方的建筑对雕刻更为盛行，福州、潮州等地连同整个木梁架全部成为雕刻品。有的人家大门口的结构不论什么材质，全部予以雕刻，把外檐的斗拱及梁柱端部雕琢成极其俊美的纹样。大体上，南方建筑雕刻玲珑、精细，风格柔而软、细而腻。北方以山西为代表，建筑雕刻粗犷、豪放。

## （三）彩绘

彩绘具有装饰、标志、保护、象征等多方面的作用。油漆颜料中含有铜，不仅可以防潮、防风化剥蚀，而且还可以防虫蚁。色彩的使用是有限制的，明清时期规定朱、黄为至尊至贵之色。彩画多出现于内外檐的梁枋、斗拱及室内天花、藻井和柱头上，构图与构件形状密切结合，绘制精巧，色彩丰富。清代彩画可分为三类，即和玺彩画、旋子彩画和苏式彩画。

### 1. 和玺彩画

用于宫殿建筑装饰中规格最高的一种彩画。中间的画面由各种不同的龙或凤的图案组成，间补以花卉图案；画面两边用"《 》"框住，并且沥粉贴金，金碧辉煌，十分壮丽。

### 2. 旋子彩画

等级次于和玺彩画。画面用简化形式的涡卷瓣旋花，有时也可画龙凤，两边用"《 》"框起，可以贴金粉，也可以不贴金粉。一般用于次要宫殿或寺庙中。

### 3. 苏式彩画

等级低于前两种。画面为山水、人物故事、花鸟鱼虫等，两边用"《 》"或"（ ）"框起。"（ ）"被建筑家们称作"包袱"，苏式彩画，便是从江南的包袱彩画演变而来的。

自古以来，"雕梁画栋"也有地域之分。"雕梁"在南方流行，因为彩画怕湿，阴雨连绵对彩画不利。彩画的色与粉受潮，易于变色、褪色，甚至使彩画脱落，所以南方普遍采用雕刻。北方干燥，"画栋"很少受气候的影响，所以彩画绘制比较多，因此有"南雕北画"之说。

# 第四节　中国建筑文化的旅游价值

## 一、宫殿建筑

宫殿建筑又称宫廷建筑，是皇帝为了巩固自己的统治，突出皇权的威严，满足精神生活和物质生活的享受而建造的规模巨大、气势雄伟的建筑物。这些建筑大都金碧辉煌、巍峨壮观。

作为人类文明发展的重要标志，宫殿名称的内涵有一个演变过程。上古时期，穴居是原始初民常见的居住方式。古语道："古之民未知为宫室时，就陵阜而居，穴而处，下润湿伤民，故圣王作为宫室。"在先秦以前，人们经常将"宫""室"连起来使用，而且，"宫""室"可以通用，均指人们居住的场所，没有高低贵贱之分。秦汉以后，"宫"和"殿"开始连在一起使用，并且具有了等级的差别，专指皇帝行使权力和日常生活的场所。

根据文献记载和考古发掘，早在公元前 16 世纪的商代，就出现了宫殿建筑。商朝末年，纣王大修宫殿，离宫别馆绵延数百里。宫殿建在高高的夯土台基之上，基础高出地面 5 尺，已经具有高台基的特点；屋顶四面呈斜坡形，重檐；横跨度为 12.88 米，可以看出当时殷人的宫殿建筑非常宏伟。秦始皇统一六国之后，大修宫殿，建造了气势磅礴的朝宫，它与汉三宫（长乐宫、未央宫、建章宫）共同形成了中国宫殿建筑发展史上的第一次高潮。此后，伴随着江山易主与王朝更替，华夏大地上掀起了建造宫殿的热潮。隋朝有仁寿宫、大兴宫，唐朝有太极宫、大明宫和兴庆宫，以及随后辽宋金元明清的宫殿，无不气势雄伟，规模庞大。然而，令人扼腕叹息的是，这些人类建筑史上的杰作大多在王朝杀戮的战争中灰飞烟灭，成为断壁残垣，能够传世的仅仅是北京明清故宫和沈阳清故宫。其中北京故宫是现存最大最完整的古代宫殿建筑群，也是我国古代宫殿建筑艺术的顶峰；而沈阳故宫从它的规划布局、建筑形式以及建筑装饰等方面又充分展现了清朝早期建筑的特点，尤其是清朝建立者满族的政治文化与民风民俗，使其成为中国现存皇室建筑群中地位仅次于北京故宫的重要建筑。

在我国古代社会，朝代名称虽然不同，宫殿布局却大同小异。《周礼·考工记》是我国最早的一部技术书籍，书中记载都城的规划时写道："匠人营国，方九里，旁三门。国中九经九纬，经涂九轨。左祖右社，面朝后市。"可以看出，都城布局以王宫为中心，象征着紫微帝宫，作为四方之极，统治天下。以王宫为中心的这种布局思想一直持续了5000 多年，唐朝时期的长安城、元朝的大都和明清时期的北京城都按照这种布局思想而建。

为了体现皇权的至高无上，表现以皇权为核心的等级观念，中国古代宫殿建筑采取严格的中轴对称的布局方式：中轴线上的建筑高大华丽，轴线两侧的建筑相对低小简单。由于中国的礼制思想里包含着崇敬祖先、提倡孝道和重五谷、祭土地神的内容，中国宫殿的左前方通常设祖庙（也称太庙）供帝王祭拜祖先，右前方则设社稷坛供帝王祭祀土地神和粮食神（社为土地，稷为粮食），这种格局被称为"左祖右社"。古代宫殿建筑物自身也被分为两部分，即"前朝后寝"："前朝"是帝王上朝治政、举行大典之处，"后寝"是皇帝与后妃们居住生活的所在。

中国宫殿建筑以北京的故宫为代表。故宫又名紫禁城，是明清两朝皇帝的宫廷，先后有 24 位皇帝在此居住过。故宫占地面积 724250 平方米，还没把护城河与城墙的绿化带计算在内。由大约 900 座建筑和 9000 个房间组成，故宫南北长 961 米，东西宽 753 米。故宫规模之大、风格之独特、陈设之华丽、建筑之辉煌，在世界宫殿建筑中极为罕见。

故宫分前后两部分，前一部分是皇帝举行重大典礼、发布命令的地方，主要建筑有太和殿、中和殿、保和殿。这些建筑都建在汉白玉砌成的 8 米高的台基上，远望犹如神话中的琼宫仙阙，建筑形象严肃、庄严、壮丽、雄伟，三个大殿的内部均装饰得金碧辉煌。故宫的后一部分——"内廷"是皇帝处理政务和后妃们居住的地方，这一部分的主要建筑乾清宫、坤宁宫、交泰殿和御花园等都富有浓郁的生活气息，建筑多包括花园、书斋、馆榭、山石等，它们均自成院落。

由于朝代更迭及战乱，中国古代宫殿建筑留存下来的并不多，现存除北京故宫和沈阳故宫外，西安尚存几处汉唐两代宫殿遗址。

## 二、陵墓建筑

中国古代建筑尤其是年代久远的实物，目前保存下来的很少。曾经显赫一时的宫殿建筑如今大都荡然无存。相比之下，古代的陵墓建筑因为多为砖石结构，且埋藏于地下，反倒基本保留下来。据统计，至今地面有迹可循，年代可以确认的帝王陵墓有 100 多座，其数量之多，技艺之高，享誉中外。在这类建筑中，除了陵寝本身外，还有为数众多的雕刻、绘画和碑帖文字，它们与建筑融合在一起，不仅成为中国古代建筑中一份丰富的遗产，也成为我国独具特色的文化旅游资源。

根据考古学家的发掘，早在夏商时期我国就出现了具有一定规模的君王陵墓区。这时帝王陵寝的陵区规划、陵园建筑、陵墓形制以及随葬制度已经初具雏形，经过 2000 余年的发展，到秦汉时期基本定型。秦始皇统一中国之后，动用 70 多万苦力，前后耗时 58 年，斥巨资修建了始皇陵。皇陵位于陕西省西安市临潼区境内，北边是渭水，西边是著名的游览胜地华清池。秦始皇陵封土采用覆斗方上形制，顶部平坦，原高约 115 米，现存高 76 米，东西长 545 米，南北宽 550 米；陵体四周筑有两层城垣，内城四周共长 2525 米，外城周长 6294 米。始皇陵是目前已知的中国封建社会规模最大的一座帝王陵墓，也是我国古代陵寝发展史上的里程碑。根据《史记·秦始皇本纪》记载，这座陵墓"穿三泉，下铜而致椁，宫观百官奇器珍怪徙臧满之。令匠作机弩矢，有所穿近者辄射之。以水银为百川江河大海，机相灌输，上具天文，下具地理。以人鱼膏为烛，度不灭者久之"。目前，秦始皇陵尚未开掘，文献记载始终是一个谜。20 世纪 70 年代，考古学家发掘了始皇陵兵马俑坑。这些威武雄壮的"御林军"气魄宏大，阵势宏伟，被誉为"世界第八大奇迹"。它不仅是震惊中外的地下军事博物馆，同时也是驰名中外的古代文化遗产。

汉承秦制，墓室深埋地下，累土为方锥形去其上部，作为陵体，形状酷似覆斗。陵园前开始出现神道，两侧建有石雕刻和石建筑。汉代帝王陵墓以武帝茂陵规模最大，冢高 46.5 米，单边长 240 米。在陪葬墓中，最著名的是骠骑将军霍去病墓。墓前马踏匈奴的石雕展现了早期粗犷而写意的雕刻风格，也让今天的游客领略了这位西汉名将"匈奴未灭，何以为家"的豪情壮志。汉代陵墓是保留至今的唯一一种汉代建筑类型，出土的画像砖、画像石以及明器，为今人了解那个时代的社会生活提供了大量形象资料。

唐朝是中国封建社会的高峰时期，在陵墓建造上比前代更加追求陵冢的高大。为了显示雄伟壮观，防止盗墓和水土流失，唐太宗开创了以山为陵的先河，选择有气势的山脉为陵体，开凿墓室。平面布局是在山陵四周建筑方形陵墙围绕，四面建门，门外立石狮，四角建角楼，神道顺地势向南延伸，两侧的石人石狮比前代增多。这种利用天然山势环境，加以人工规划而建成的庞大陵区，确实更能体现出封建帝王唯我独尊的心理取向和一统华夏的强大意志。

宋朝积贫积弱，又与辽、金、夏等政权对峙，在政治和军事上一直没有达到唐朝盛期那样的安宁与强大。这种情况表现在陵墓建造上，最显著的变化就是陵寝的规模变小。而且与从前帝王生前建陵不同，宋朝规定，皇帝、皇后生前不许营造自己的陵墓，必须死后选址，而且7个月内完工。这些因素都制约了这一时期皇陵的规模。然而，宋陵的规模虽小，但是规制成熟，前有墓道，后有寝殿，陵台在后，台下为墓穴，这种地下地上相结合的形式已经成为中国古代皇家陵墓的固定布局。

明十三陵是一个庞大的皇陵区，位于北京昌平以北的天寿山南麓。除朱元璋的孝陵和代宗景泰陵以外（葬于北京西的金山口诸王墓地），明朝13位皇帝的陵墓都在这里。朱元璋开启了有明一代的统治，其孝陵的布局也成了明清两朝皇陵的标准格式。陵墓前有长长的神道，神道上依次排列着大金门、石碑、石柱、文臣及武将，直到棂星门。进门过金水桥到达陵墓中心区，在由南至北的中轴线上分布着大红门、祾恩门、祾恩殿、方城明楼、宝城。孝陵没有模仿唐代的以山为陵，而是采取"宝城宝顶"的建制，既威严肃穆，又防止雨水冲刷，起到良好的保护作用。十三陵延续这种建制，集中建造在一起，各陵既独立，又有共同的入口和共同的神道，组成一个统一的既完整又有气势的皇陵区。目前，除万历皇帝的定陵于1956年发掘以外，明朝皇陵都没有发掘。

清朝皇陵主要分布在三个地区。入关前，努尔哈赤和皇太极在沈阳建造了福陵和昭陵。入关后，在河北遵化建造了清东陵，葬顺治、康熙、乾隆、咸丰、同治等五帝及其后妃。在河北易县建造了清西陵，葬雍正、嘉庆、道光、光绪四帝及其后妃。这两座陵区承袭明制，各陵既独立又相互联系，陵区拥有共同的神道，有隆恩门、隆恩殿、明楼、宝顶等一系列地面建筑，地宫深埋宝顶之下。清代陵墓与前代不同之处是开始为皇后另建陵墓，慈禧太后的定东陵，无论在建筑材料的选用上，装饰的精美程度上，还是装饰主题的寓意上，既超过了作为皇后应该享用的标准，也超过了一般的皇帝陵墓，确实是她生前穷奢极欲和权倾朝野的真实人生写照。

走入帝王陵墓的地宫，仿佛就置身于帝王的宫殿。地宫虽然深埋地下，是帝王以及后妃百年之后的居住场所，然而受"事死如事生"文化传统的影响，生者要按照死者生前的生活居住情形为死者安排冥间的一切。地宫的建制模仿宫殿，大部分墓室明显分为前后两部分，前边相当于堂，后边相当于室，用来放置棺木。如明神宗定陵地宫的墓室由5个高大的拱券石室组成，分为前殿、中殿、后殿和东西配殿。后殿相当于室，中殿相当于堂，前殿相当于庭，两个配殿相当于房和厢。帝陵神道两侧的石像生象征着朝中位列两侧的文武大臣。普天之下，莫非王土，率土之滨，莫非王臣，宝座上的古代帝王憧憬着自己的政权统治与日月同辉，希望在冥间继续生前豪华的生活，威严浩大的地宫及其内部种类繁多的明器和价值连城的随葬品都是这种思想的见证。

古代中国是一个礼制盛行的国家。守孝、祭祖是中国儒家礼俗中的头等大事。何谓孝？"生，事之以礼；死，葬之以礼，祭之以礼。"厚葬是表示生者对死者忠孝的一种重要方式。厚葬以明孝，通过埋葬死者来规范生者的行为举止，强化忠孝等级和伦理观念。历史上很多明君如光武帝刘秀、唐太宗李世民、宋太祖赵匡胤等都提倡薄葬，但在整个古代社会厚葬的风气始终都很浓厚。这种传统甚至延续到当今社会，这与中国几千年的礼制传统不无关系。这种风气为我国留下了大量宝贵的建筑遗产与丰富的文化旅游资源，同时也引来了持续不断的盗墓之风。众多陵墓在不同时期遭到程度不同的破坏，有的甚至遭到致命的洗劫，带来无法估计的损失，为后人了解消逝的历史建筑文化与工艺艺术设置了障碍。

中国古代社会，帝王非常重视自己的陵墓选址。堪舆学说民间称为风水学说，对陵墓地址的选择影响重大。这种学说认为，选择好地，则子孙荫福，选择坏地，则祸患无穷。《葬书》中提出，风水之法，得水为上，藏风次之。选择阴宅最理想的环境是背靠祖山，前景开阔，有流水自山间流来，呈曲折绕前方而去，朝向是坐北向南，形成一个四周有山环抱、负阴抱阳、背山面水的良好环境。

同宫殿一样，古代陵墓建筑也是重要的政治性建筑，具有鲜明的等级性。陵墓的方方面面都印上了等级制的痕迹。社会等级不同，死后使用葬具的规格差别很大。根据《礼记》记载，天子之棺四重，诸公三重，诸侯再重，大夫一重，士不重，不得僭越。陵丘形状也有具体规定，比如秦汉时期，只有帝王才能用方形坟丘，一般贵族官员只能用圆锥形坟丘。石像生的数量也有规定。三品以上的官员可制石人、石羊、石虎各两件，四五品官员只能制石人、石羊各两件，六品以下则不得制。相比之下，皇帝陵墓的石像生一般都在 10 对以上。唐朝帝王陵园中的石像生初具规模，如唐高宗和武则天的乾陵中，神道长 5 千米，两侧整齐排列的石像生有朱雀 1 对，石马及牵马人 5 对，石人 10 对，石狮 1 对，充分显示了帝王的威严与权势。

## 三、坛庙建筑

坛庙建筑显然是一种礼制建筑，是因古代中国社会严格的宗法礼制而生的建筑。远古时期，生产力水平低下，人们的生产和生活经常遭受灾害和野兽的侵袭，受到认识水平的限制，人们对此难以做出科学的解释，而将希望寄托于神灵的保护。在漫长的历史时期，形成了自然崇拜和祖先崇拜。为了供奉祭祀这些神灵，建立了大量坛、庙、祠堂等形式的建筑。

祭祀天地等自然神灵是古人生活中一项至关重要的活动。人类早期生存的威胁大多来自狂风暴雨、闪电雷击等自然灾害。人们相信"天"是至高无上、操纵一切、无所不能的主宰，日、月、星、辰、风、雨、雷、电各有其神，支配着作物的生长和人间的祸福。因此，祭祀天地山川等自然神灵很早就成为人们日常生活的一部分。国家形成之后，君王或帝王宣扬君权神授思想，将自己比作天地之子，受命于天统治百姓，增强政权的合理性，强化自己的政权统治。祭祀天地因而成了中国历史上所有王朝重要的政治活动，并且发展到后来，成为统治阶级的专门权利。《礼记》中规定，"天子祭天地，祭四方，祭山川，祭五祀"，诸侯只能"祭山川，祭五祀"，平民百姓祭祀天地的活动则是越轨的非礼行为。

为了表达对天地诸神的崇敬与膜拜，历朝统治者在都城中都建造了相应的建筑，定期举行祭祀活动。根据礼制关于郊祭的原则，以及古代中国的阴阳哲学，形成了祭天于南、祭地于北、祭日于东、祭月于西的格局。郊外远离城市的喧嚣，增加了祭者的肃穆崇敬之情。流传至今的祭祀天地山川的建筑有北京的天坛、社稷坛，山东泰山的岱庙，湖南衡山的南岳庙，陕西华阴的西岳庙，河南登封的中岳庙以及山西浑源的北岳庙等。

北京天坛在各种祭坛中规模最大，建筑规制也最高。祭祀性建筑主要包括斋宫、圜丘、祈年殿、神乐署、牺牲所等。古代的能工巧匠使用形象、数字以及色彩等手段确保天坛不仅在物质上满足祭祀的要求，还在精神上实现帝王的祭祀需求。古代中国人相信天圆地方之说，因此，在天坛建筑中，圆与方的形象被大量运用。圜丘坛中的"九"文化体现了阴阳学说，反复使用九和九的倍数，与《周易》中"九五：飞龙在天，利见大人"的说法相合，暗示皇帝乃"九五之尊"。天坛的多数建筑都使用了黄色和蓝色，象征土地和苍天。这些象征元素的使用，再加上坛庙中栽种的大量青松翠柏，共同营造了一种肃穆、崇高和神圣的意境，表达了后人崇敬和怀念的情怀。古代匠师高超的建筑艺术，为中国乃至世界建筑史上留下了一颗璀璨的明珠。

在中国漫长的封建社会中，宗法制度始终是国家统治的基础，自上至下重视血统、尊敬祖先。这种依靠血缘维系人际关系、家族利益乃至国家统一的宗法观念渗透到古人的思想意识中，从帝王的祖庙到庶民的祠堂无一不是宗法制度的物质象征与必然产物。皇帝祭祀祖先的场所是祖庙或称太庙。按照"左祖右社"的营国规定，历朝历代都将太庙建在宫城的左方，在王城中占据重要位置。而且《周礼》中还规定，"君子将营宫室，宗庙为先，厩库为次，屋室为后"。说明了宗庙在国家社稷中的重要地位。明清皇室祭祀祖先的正殿位于太庙的中轴线上，面阔 11 间，重檐庑殿屋顶，坐落在 5 层石台基上，这与紫禁城前朝三大殿、长陵的祾恩殿、天坛的祈年殿规格相同，说明祭祀祖先是封建国家政治生活中的一件大事。

《周礼》规定，古者天子 7 庙，诸侯 5 庙，大夫 2 庙，士 1 庙，庶人祭于寝。明朝以后，普通百姓有了专门祭祀祖先的场所，称为祠堂或家庙。祠堂是祭祖的圣地，祖先的象征。朱熹《家礼》中规定，君子将营宫室，先立祠堂于正寝之东。如果遇上灾害或者外人盗窃时，"先救祠堂，后及家财"。显然，祠堂具有关乎宗族命运的神圣地位。在中国南方地区，诸如浙江、安徽、江西等地，祠堂大多是传统的四合院式建筑。主要建筑分布在中轴线上，前为大门，中卫享堂，后为寝室，加上左右廊庑，组成前后两进两天井的组群建筑。祠堂的功能首先是供奉和祭祀祖先，达到敬宗收族的目的。随着社会的发展变迁，其功能得到不断扩大和延伸，成为族人举办婚丧嫁娶、娱乐庆典以及宗教活动的场所，是当地居民的社交场所和社会活动中心。

祠堂在中国古代封建社会中，是维护礼法的一种制度，是家族光宗耀祖的一种精神象征。祠堂的建造规模、建筑形象以及装修装饰，能够显示宗族在当地的社会地位与权势。目前，规模宏大装饰华丽的祠堂主要有广东陈家祠堂、安徽的胡氏宗祠以及江苏的瞿氏宗祠，游客在这里可以欣赏到祠堂古老的建筑风格和卓越的营造技艺。

漫长的中国古代社会诞生了很多圣哲先贤，人们为他们建庙立祠，表达钦佩崇敬之情。这类纪念性建筑种类繁多，包括儒家贤哲庙、将相良臣庙、文人学士庙等。它们分布的范围最广，涉及的对象最宽泛。除了帝王或政府下令修建之外，很大一部分都是民众自愿所建。这类礼制建筑较为重要的有山东曲阜孔庙，山西解州的关帝庙，四川成都的武侯祠、杜甫草堂以及杭州的岳王庙等。这些对大众开放的祠庙，保存了许多达官显贵、文人墨客的诗词歌赋以及绘画碑刻，不仅成为当地文物的集中地，还是游客了解某一地方历史沿革、风土民情的最好去处之一。

## 四、建筑小品

建筑的群体性是中国古代建筑的重要特点，一种建筑群除了有殿堂、门楼、廊屋以外，还有很多体量相对小巧的建筑与之相配，称为建筑小品。如宫殿最外面常看到的牌楼，建筑群大门口的华表、影壁，坛庙前面的香炉、日晷、铜龟等。在整座建筑中，这些建筑小品虽然不是主题与中心，但无论在物质功能还是环境艺术方面都起着不可或缺的作用。不同的建筑小品具有不同的文化内涵和象征意义，而且又因为各自独特的形态成为游客观赏的对象。

牌楼的位置一般都很显著。它经常建在建筑群的最前面，或者立在城市的市中心和通衢大路的两侧。牌楼是一种标志性建筑，不仅起到划分空间的作用，还增添了建筑群体的表现力和艺术魅力。它起源于古代中国社会的"衡门"，在很多地方与牌坊没有严格的区分。从建造材料上看，牌楼大体可以分为木牌楼、石牌楼和琉璃牌楼。不论哪种牌楼，其规模大小都是以牌楼的间数、柱数以及屋顶的多少作为标志。最简单的是两柱一间的牌楼，四柱三间是最普遍的牌楼形制。根据功能的不同，牌楼又可以划分为不同的种类。标志性牌楼是较为常见的一种形式，它们一般立在宫殿、陵墓、寺庙等建筑群的前面，作为这组建筑群范围的标志。这种牌楼大多独立存在，牌楼的柱子间不安门扇，从此直接进入或者绕行都可以。大门式牌楼则不同，它是建筑群真正的大门，不可绕行。比如颐和园宫廷区的仁寿门，门两边有影壁与院墙相连，大门采取牌楼形式，柱子间安有门框和门扇。为了表彰纪念某人或某事而专门修建的纪念性牌坊，在各类牌楼中数量最多。它由皇帝敕建或自己修建，一部分为了光宗耀祖，还有一部分是歌颂封建社会守节尽孝的贞节烈女。安徽歙县唐樾村一连7座这样的牌坊立在乡村大道上，成为独具中国特色的古代文化遗产，为后人了解忠、孝传统文化以及古代中国女性生活经历、思想意识提供了实物见证。还有一种是装饰性牌楼，常用在古代店铺的门面上，或者寺庙、祠堂等一些重要建筑的大门上。分布在全国各地的众多牌楼历经王朝更迭与社会变迁，虽然面目斑驳陈旧，却仍然以自己独特的形象点缀着周围的建筑物，增加了建筑的意境与表现力。

影壁是建筑小品家族中一个重要成员。它是设立在建筑群大门里面或者外面的一堵墙壁，又称照壁。根据使用建筑材料的不同，可以分为砖影壁、石影壁、琉璃影壁和木影壁，其中砖影壁最普遍。根据影壁所处的位置不同，可以分为立在门外、立在门内以及立在大门两侧三种类型。立在门外的影壁是指正对建筑群大门并且和大门有一定距离的一堵墙壁，它一般存在于较大规模建筑群大门前，既起到屏障作用，又增加了建筑的气势。著名的有北京北海九龙壁、山西大同九龙壁等。立在门内的影壁正对着入口，与大门也有一定距离，主要起屏障作用，避免人进门后将院内一览无余。在帝王寝宫与百姓四合院中，这类影壁得到广泛应用。设在门两边的影壁主要是起装饰作用，以增添大门的气势，不过它已经失去独立存在的价值而成为大门重要的一个组成部分。影壁因为所处位置显要，因而，其造型与装饰很受重视。影壁大体分为上面的壁顶、中间的壁身和下面的壁座。根据建筑的级别，壁顶可以做成庑殿、歇山、悬山和硬山等各种形式。壁身是影壁的主要部分，也是重点进行装饰的地方。壁座大多采用须弥座的形式。影壁装饰取材广泛，有各种兽纹和植物花卉，所用题材多与建筑的内容相关，对主体建筑起到很好的突出与烘托作用。从影壁的装饰上看，紫禁城宁寿宫前的九龙壁装饰最华丽、最隆重。

漫步天安门前，人们会看到金水桥的前面矗立着两根高高的称为华表的石头柱子。根据传说，华表起源于尧舜时期的"谏鼓"和"谤木"。君王通过这些设施体察民意，关爱百姓。随着社会的演变，"谤木"失去了听取民意的原有功能，成为交通路口的一种标志，名称也变成"表木"。遗憾的是，古代社会遗留下来的华表很少，目前所能见到的多是明清时期的华表。这一时期华表的结构分为三部分，即柱头、柱身和基座。柱头上平置的圆形石板称为"承盘露"，由上下两层仰俯莲瓣组成，盘上所立小兽称为"朝天犼"。华表柱身多呈八角形，宫殿、陵墓前的华表柱身大多用盘龙进行装饰，龙身四周还雕有云纹。华表的基座一般都做成须弥座的样式，座上雕刻龙纹和莲花纹。作为一种标志性建筑，华表不仅立在建筑群的门外，有时也立在建筑物的四周和交通要道的桥头。它们不仅是建筑物的一个构成部分，还对主体建筑起到点缀烘托作用，甚至成为游人驻足观赏的重要审美客体。

## 五、军事工程——长城

### （一）长城来历

长城是一种特殊的军事防御工程。早在春秋战国时期，各诸侯国为互相防御，各自于形势险要地带修筑长城。楚国是最早修筑长城的国家，其长城被称为"方城"。

其中万里长城是我国古代军事防御体系中最大的工程建筑，也是堪称世界奇迹的伟大工程之一。古代国外虽然也有长城建筑（如朝鲜、印度、英国、德国都有长城），但其长度、规模都难以与中国万里长城媲美。

长城是古代中原政权为防御北方游牧部落向南侵扰而采取的军事防御措施之一。秦始皇以过去秦、赵、燕三国的北方长城作为基础，修缮增筑，西起临洮，东至辽东，北傍阴山，全长 10000 余里，俗称万里长城。此后，西汉、北魏、北齐、隋都曾在北边与游牧民族接境地带筑过长城。汉代不仅对秦长城进行大规模修缮，而且在阴山以北又修了两道平行的外城，东起辽东，向西延伸到新疆，长度达 1 万多千米，是我国历史上修筑长城最长的一个朝代。不仅抵御了匈奴的南侵，而且保证了通往中亚的交通要道"丝绸之路"的畅通无阻。

我们今天看到的长城是明代修建的。明王朝建立后，为抵御鞑靼、瓦剌蒙古的侵扰，明太祖朱元璋就派大将军徐达和燕王朱棣修筑居庸关等处长城，从洪武至崇祯，不断修缮。它西起嘉峪关，东达鸭绿江，依山建筑，居高临下，蜿蜒起伏，气势磅礴，全长 7300 多千米。有些地段，还修了复线，至于北京北部的居庸关、山海关与雁门关一带的城墙有好几重，有的竟多达 20 多重。明长城除了城墙，还有敌台、烽火台、堡、障、堠和关等，是一系列配套的建筑设施。古老的万里长城以其逶迤浩大的建筑成就，及其系统完美的工程艺术形象，被列为伟大的世界文化遗产。

### （二）典型地段

国务院 1961 年公布的全国第一批全国重点文物保护单位名录中列出的山海关、八达岭和嘉峪关 3 处长城段，是长城遗址中具有代表性的。

明长城全线设置了许多"关"，如嘉峪关、雁门关、居庸关、黄崖关、宁武关、偏关与山海关等，其中位于河北秦皇岛的山海关有"天下第一关"的美誉，与居庸关、嘉峪关并称为长城三大关。

长城的主体是连绵无尽的高大城墙，其中北京居庸关八达岭长城的城墙是至今保存最完好、最雄奇的一段。这里的城墙，一般高七八米，城墙的断面为梯形，其下部墙基宽度平均约为 6.5 米，顶部可有 5.8 米。城墙一般设有内部空间，而在墙体内侧则设券门（以砖、石块砌成圆形拱门），券门内有砖阶或石阶，拾级而上可直达城墙顶部。城墙顶部靠外一侧，有雉堞，即垛口，高约 2 米。每个垛口上部设瞭望口与射孔，另外，城墙上还设有排水沟，并有"吐水嘴"伸出墙外。

## 六、古都名城

### （一）著名古都

在数千年的历史上，有过许多都城。仅据 6 世纪初的《水经注》载，上起上古、下迄北魏，中国古都约有 180 处。自北魏到清止，其间又经历了数代王朝的更替，列国的消长，又增加了许多古都。目前我国评选出的八大古都分别是北京、西安、南京、开封、洛阳、杭州、安阳、郑州八座城市。

### 1. 北京

30万年前的"北京人"、1.7万年前的"山顶洞人"就在这里繁衍生息。从金朝开始，元、明、清皆建都于此，长达660年，加上新中国亦定都于此，总计建都达700多年。北京拥有世界文化遗产5处，全国重点文物保护单位35处。其中，故宫、颐和园、天安门、十三陵、长城、天坛、北海、雍和宫、周口店遗址等最为著名。

### 2. 西安

从西周到唐，先后有十几个政权建都于此。文物古迹有蓝田猿人遗址、半坡遗址、丰镐遗址、阿房宫遗址、汉长安遗址、唐长安遗址、唐建大雁塔和小雁塔、明建钟鼓楼、明城墙、秦始皇陵及汉、唐皇陵，以及西安碑林、陕西省历史博物馆、秦兵马俑博物馆等，此外还有骊山国家级风景名胜区。

### 3. 洛阳

有东周、东汉、曹魏、西晋、北魏、隋、后梁、后唐、后晋九个朝代在这里建都，作为全国政治、文化中心的时间长达1400多年。著名古迹有龙门石窟、白马寺等。洛阳古墓博物馆是世界上最大的古墓群。洛阳唐三彩为著名传统特产。市花牡丹花素有"甲天下"之誉。洛阳的自然风光同样引人入胜，"天津晓月""龙门山色""洛浦秋风""马寺钟声"等洛阳八景风格不同，使人流连忘返。

## （二）著名古城

### 1. 丽江古城

丽江古城位于云南省丽江市，始建于宋末元初（15世纪后期）。丽江还拥有古老的供水系统。1997年被列入《世界遗产名录》。

### 2. 平遥古城

平遥古城位于山西平遥县，建于明洪武三年（1370年），城墙、街道、民居、店铺、庙宇等建筑，仍然基本完好，是我国现存最完好的四座古城之一。

# 七、中国特色古镇、古村落宅院

## （一）江南古镇

### 1. 中国第一水乡——周庄

周庄位于江苏昆山市，自南宋建镇以来已有900余年的历史。镇内60%以上的民居仍为明清建筑。四面环水，湖河联络，咫尺往来，皆须舟楫。全镇依河筑屋，深宅大院重脊高檐，河街上古桥卧波，廊坊迂回，随处可见过街骑楼、穿竹石栏和临水楼阁，满眼古色古香，明洁幽静，呈现一派"小桥、流水、人家"的江南风情。

### 2. 千年文化古镇——同里

同里位于苏州，同里有三多：明清建筑多，水乡小桥多，名人雅士多。

### 3. 乌镇

乌镇位于浙江省桐乡市，是江南水乡三大古镇之一。镇上的西栅老街是我国保存最完好的明清建筑群之一。

### 4. 角直镇

角直镇位于苏州，镇内河网交错，碧水环绕，桥桥相望，景色美好，历来有"桥梁之乡"的美称。

## （二）著名村落宅院

### 1. 安徽西递村

明清时期出现许多高官和富商，他们修祠堂、建宅院，形成庞大建筑群，保存相当完好，被中外建筑专家誉为"明清民居博物馆"，被联合国教科文组织列入了《世界遗产名录》。

### 2. 安徽宏村

保存完好的明清古民居有 140 余幢，依山面水，景色优美，被誉为"中国画里的乡村"，被联合国教科文组织列入《世界遗产名录》。

世界文化遗产委员会评价：西递、宏村这两个传统的古村落在很大程度上仍然保持着那些在 20 世纪已经消失或改变了的乡村的面貌。其街道的风格，古建筑和装饰物，以及供水系统完备的民居都是非常独特的文化遗存。

### 3. 乔家大院

乔家大院位于山西祁县，始建于清乾隆年间，从高处俯瞰，整体为双喜字形布局，城堡式建筑。四周高达 10 余米的全封闭砖墙内，院与院相衔，屋与屋相接，鳞次栉比的悬山顶、歇山顶、硬山顶、卷棚顶及平面顶上，都有通道与堞墙相连。全院以一条平直甬道将 6 幢大院分隔两旁，院中有院，院内有园。四合院、穿心院、偏心院、角道院、套院，其门窗、椽檐、阶石、栏杆等，无不造型精巧，匠心独具。院内砖雕，俯仰可观，脊雕、壁雕、屏雕、栏雕……以人物典故、花卉鸟兽、琴棋书画为题材，各具风采。

# 第五节　中西传统建筑文化比较

中西建筑形式上的差别，是文化差别的表现，它反映了物质和自然环境的差别、社会结构形态的差别、人的思维方法的差别以及审美境界的差别。

## 一、建筑材料的差异

建筑材料的不同，体现了中西方物质文化、哲学理念的差异。在现代建筑未产生之前，世界上所有已经发展成熟的建筑体系，包括属于东方建筑的印度建筑在内，基本上都是以砖石为主要建筑材料来营造的，属于砖石结构系统。诸如埃及的金字塔，古希腊的神庙，古罗马的斗兽场、输水道，中世纪欧洲的教堂……无一不是用石材筑成，无一不是这部"石头史书"中留下的历史见证。唯有我国古典建筑（包括邻近的日本、朝鲜等地区）是以木材来做房屋的主要构架，属于木结构系统，因而被誉为"木头的史书"。

中西方的建筑对于材料的选择，除由于自然因素不同外，更重要的是由不同文化，不同理念导致的结果，是不同心性在建筑中的普遍反映。西方以狩猎方式为主的原始经济，造就出重物的原始心态。从西方人对石材的肯定，可以看出西方人求智求真的理性精神，在人与自然的关系中强调人是世界的主人，人的力量和智慧能够战胜一切。中国以原始农业为主的经济方式，造就了原始文明中重选择、重采集、重储存的活动方式。由此衍生发展起来的中国传统哲学，所宣扬的是"天人合一"的宇宙观。"天人合一"是对人与自然关系的揭示，自然与人乃息息相通的整体，人是自然界的一个环节，中国人将木材选作基本建材，正是重视了它与生命之亲和关系，重视了它的性状与人生关系的结果。

## 二、建筑空间的布局差异

建筑空间的布局不同，反映了中西方制度文化、性格特征的区别。从建筑的空间布局来看，中国建筑是封闭的群体的空间格局，在地面平面铺开。中国无论何种建筑，从住宅到宫殿，几乎都是一个格局，类似于"四合院"模式。中国建筑的美又是一种"集体"的美。例如，北京明清宫殿、明十三陵、曲阜孔庙即是以重重院落相套而构成规模巨大的建筑群，各种建筑前后左右有主有宾合乎规律地排列着，体现了中国古代社会结构形态的内向性特征、宗法思想和礼教制度。与中国相反，西方建筑是开放的单体的空间格局向高空发展。以相近年代建造、扩建的北京故宫和巴黎卢浮宫比较，前者是由数以千计的单个房屋组成的波澜壮阔、气势恢宏的建筑群体，围绕轴线形成一系列院落，平面铺展异常庞大；后者则采用"体量"的向上扩展和垂直叠加，由巨大而富于变化的形体，形成巍然耸立、雄伟壮观的整体。而且，从古希腊古罗马的城邦开始，就广泛地使用柱廊、门窗，增加信息交流及透明度，以外部空间来包围建筑，以突出建筑的实体形象。这与西方人很早就经常通过海上往来互相交往及社会内部实行奴隶民主制有关。古希腊的外向型性格和科学民主的精神不仅影响了古罗马，还影响了整个西方世界。同时，如果说中国建筑占据着地面，那么西方建筑就占领着空间，譬如罗马可里西姆大斗兽场高为48米，"万神殿"高45.5米，中世纪的圣索菲亚大教堂中央大厅穹隆顶离地达60米。文艺复兴建筑中最辉煌的作品圣彼得大教堂，高157米。这庄严雄伟的建筑物固然反映出西方人崇拜神灵的狂热，更多是利用先进的科学技术成就给人一种奋发向上的精神力量。

### 三、建筑发展过程的差异

建筑的发展不同，表现了中西方对革新态度的差别。从建筑发展过程看，中国建筑是保守的。据文献资料可知，中国的建筑形式和所用的材料 5000 年不变。与中国不同，西方建筑经常求变，从希腊雅典卫城上出现的第一批神庙起到今天已经 2500 余年了，整个欧洲古代的建筑形态不断演进、跃变着。从古希腊古典柱式到古罗马的拱券、穹隆顶技术，从哥特建筑的尖券、十字拱和飞扶壁技术到欧洲文艺复兴时代的罗马圣彼得大教堂，无论从形象、比例、装饰和空间布局，都发生了很大变化。这反映了西方人独辟蹊径、勇于创新的精神。

### 四、建筑价值的差异

建筑价值的不同，显现中西方审美观念的差异。从建筑的价值来看，中国的建筑着眼于信息，西方的建筑着眼于实物体。

中国古代建筑的结构，不靠计算，不靠定量分析，不用形式逻辑的方法构思，而是靠师父带徒弟方式，言传身教，靠实践，靠经验。我们对于古代建筑，尤其是唐以前的建筑的认识，多从文献资料上得到信息。历代帝王陵寝和民居皆按风水之说和五行相生相克原理经营。为求得与天地和自然万物和谐，以趋吉避凶，招财纳福，在借山水之势力，聚落建筑背靠大山，面对平川。这种"仰观天文，俯察地理"是中国特有的一种文化。

古代希腊的毕达哥拉斯、欧几里得首创的几何美学和数学逻辑，亚里士多德奠基的"整一"和"秩序"的理性主义和"谐美论"，对整个西方文明的结构带来了决定性的影响，一切科学和艺术，它们的道路都被这种理念确定了命运。翻开西方的建筑史，不难发现，西方建筑美的构形意识其实就是几何形体；雅典帕提侬神庙的外形"控制线"为两个正方形；从罗马万神庙的穹顶到地面，恰好可以嵌进一个直径 45.5 米的圆球；米兰大教堂的"控制线"是一个正三角形，巴黎凯旋门的立面是一个正方形，其中央拱门和"控制线"则是两个整圆。甚至于像园林绿化、花草树木之类的自然物，经过人工修剪，刻意雕饰，也都呈现出整齐有序的几何图案，它以其超脱自然、驾驭自然的"人工美"，同中国园林那种"虽由人作，宛自天开"的自然情调，形成鲜明的对照。早在 2000 年前古罗马奥古斯都时期的建筑理论家维特鲁威就在他的著名《建筑十书》中提出了"适用、坚固、美观"这一经典的建筑三要素观点，被后人奉为圭臬，世代相传。17 世纪初建筑师亨利·伍登提出优秀建筑物必须具备三个条件：坚固、实用和欢愉。西方人把"坚固"和"实用"作为评价优秀建筑物的第一和第二原则。因而当中国古老的建筑物随着时间的流逝而被毁坏或"烟消云散"的时候，西方古希腊、古罗马、古埃及的建筑依然完好地保存着，用实物形象演绎着自己的文化。通过对中西方建筑的比较，我们可以看出中西方在观念文化上、制度文化、物质文化上的不同。

## 【本章小结】

本章主要介绍了中国古代建筑发展简史、中国古代建筑的审美特征、中国古代建筑的单体结构、中国建筑文化的旅游价值、中西传统建筑文化比较等内容。

## 【复习思考题】

1. 简述中国古代建筑的历史沿革。
2. 简述中国古代建筑的审美特征。
3. 简述中国古代建筑的结构。
4. 简述中国建筑文化的旅游价值。

# 第 六 章

## 旅游园林文化

**【教学目标】**

了解中国园林文化的起源与发展，明确中国古典园林的主要特征，掌握中国各种类型的古典园林及其文化内涵，真正领悟中国园林文化的价值和魅力，提高在中国园林文化方面的文化修养、专业知识和鉴赏识别能力。

**【导入案例】**

### 狮子林

狮子林为苏州四大名园之一，至今已有650多年的历史，为元代园林的代表。位于江苏省苏州市城区东北角的园林路23号，平面成东西稍宽的长方形，占地1.1公顷，开放面积0.88公顷。园内假山遍布，长廊环绕，楼台隐现，曲径通幽，有迷阵一般的感觉。长廊的墙壁中嵌有宋代四大名家苏轼、米芾、黄庭坚、蔡襄的书法碑及南宋文天祥《梅花诗》的碑刻作品。

狮子林虽缀山不高，但洞壑盘旋，嵌空奇绝；虽凿池不深，但回环曲折，层次深奥，飞瀑流泉隐没于花木扶疏之中，古树名木令人叫绝，厅堂楼阁更是精巧细致，无愧为吴中名园。狮子林的古建筑大都保留了元代风格，为元代园林代表作。园以叠石取胜，洞壑宛转，怪石林立，水池萦绕。依山傍水有指柏轩、真趣亭、问梅阁、石舫、卧云室诸构。主厅燕誉堂，结构精美，陈设华丽，是典型的鸳鸯厅形式；指柏轩，南对假山，下临小池，古柏苍劲，如置画中；见山楼，可览群峰，山峦如云似海；荷花厅雕镂精工；五松园庭院幽雅；湖心亭、暗香疏影楼、扇亭等均各有特色，耐人观赏。

犹如无言小诗，点活了小小方厅。狮子林的漏花窗形式多样，做工精巧，尤以九狮峰后"琴""棋""书""画"四樘和指柏轩周围墙上以自然花卉为题材的泥塑式漏花窗为上品。而空窗和门洞的巧妙运用，则以小方厅中这两幅框景和九狮峰院的海棠花形门洞为典型，九狮峰院以九狮峰为主景，东西各设开敞与封闭的两个半亭，互相对比，交错而出，突出石峰。再往北又得一小院，黄杨花台一座，曲廊一段，幽静淡雅。这种通过院落层层引入、步步展开的手法，使空间变化丰富，景深扩大，为主花园起到绝好的铺垫作用。主花园内荷花厅、真趣亭傍水而筑，木装修雕刻精美。石舫是混凝土结构，但形态小巧，体量适宜。暗香疏影楼是楼非楼，楼上走廊可达假山，设计颇具匠心。飞瀑亭、问梅阁、立雪堂，则与瀑布、寒梅、修竹相互呼应，点题寓意，回味无穷。扇亭、文天祥碑亭、御碑亭由一长廊贯穿，打破了南墙的平直、高峻感。主花园的建筑主要分布在北部，前后错落，形式多变，但由于建造年代的不同和贝氏在重建时对园林的理解不同，在建筑材料的运用和体量比例上看，旱船过于写实，问梅阁体量过大，见山楼外形中西结合，甚至有混凝土六角亭，建筑风格不够统一。

入园，便见玲珑石笋、石峰、丛植牡丹及白玉兰，与"立雪堂"背面侧窗和谐统一，使框景更趋完整，形成进入庭院前视觉上的美感，同时喻"玉堂富贵"之意，并有蔽外隐内之含义而景深意远。庭院北是主体建筑高敞宏丽的鸳鸯厅。南厅名"燕誉堂"，出自《诗经》，意为名高禄重安闲快乐。燕誉堂为全园主厅，高敞宏丽。堂屋门上有"入胜""通幽""听香""读画""幽观""胜赏"砖刻匾额。北厅称"绿玉青瑶之馆"，出自元画家倪云林诗中，"绿水"指水，"青瑶"指假山。中堂屏风南面刻《重修狮子林记》，记述贝氏1917—1926年间重修"狮子林"的经过。北面刻《狮子林图》，寺峰古柏，飞瀑层楼。厅内陈设精致华贵。厅的前廊西侧可通"立雪堂"，后廊西侧门宕通假山洞穴而进入"卧云厅"，在后为小方厅，厅名"园涉成趣"，其西侧辟门，可登假山。以鸳鸯厅为中心，面向四方的布局，颇为巧妙。厅前有"息庐""安隐"砖刻。院内湖石、花台、小树组成一景。穿越小方厅，可见院中花台上的巨峰气势雄伟，由九头不同姿态的狮子组成。峰北院墙漏窗的框形各异，并分别套入琴棋书画图案，流畅明快。向西可到指柏轩，为二层阁楼，四周有庑，高爽玲珑。古五松园在指柏轩之西，中间隔一竹园。园里旧有五棵大古松，霜干虬枝，亭亭似盖，所以狮子林从前曾名五松园。转弯向南到飞瀑亭。这里为全园最高处，用湖石叠成三迭，下临深渊，上有水源，开动机钮，即成人工瀑布。

**请思考**：狮子林主要运用了哪些构景手法？

在一定的地域运用工程技术和艺术手段，通过改造地形（或进一步筑山、叠石、理水）、种植树木花草、营造建筑和布置园路等途径创作而成的美的自然环境和游憩境域，就称为园林。在历史上，游憩境域因内容和形式的不同用过不同的名称。中国殷周时期和西亚的亚述，以畜养禽兽供狩猎和游赏的境域称为囿和猎苑。中国秦汉时期供帝王游憩的境域称为苑或宫苑，属官署或私人的称为园、园池、宅园、别业等。"园林"一词，见于西晋以后诗文中，如西晋张翰《杂诗》有"暮春和气应，白日照园林"句；北魏杨玄之《洛阳伽蓝记》评述司农张伦的住宅时说："园林山池之美，诸王莫及。"唐宋以后，"园林"一词的应用更加广泛，常用以泛指以上各种游憩境域。

# 第一节　中国古代园林的起源与发展

中国古代园林，或称中国传统园林或古典园林。它历史悠久，文化含量丰富，个性特征鲜明，而又多彩多姿，极具艺术魅力，为世界三大园林体系之最，在中国古代各建筑类型中可算得上是艺术的极品。在近五千年的历史长河里，中国古代园林留下了深深的印迹，也为世界文化遗产宝库增添了一颗璀璨夺目的东方文明之珠。

## 一、汉以前以帝王贵族狩猎苑囿为主体时期

据有关典籍记载，我国造园应始于商周，其时称之为囿。商纣王"好酒淫乐，益收狗马奇物，充牣宫室，益广沙丘苑台（注：河北邢台广宗一带），多取野兽（飞）鸟置其中……"。周文王建灵囿，"方七十里，其间草木茂盛，鸟兽繁衍"。最初的"囿"，就是把自然景色优美的地方圈起来，放养禽兽，供帝王狩猎，所以也叫游囿。天子、诸侯都有囿，只是范围和规格等级上的差别，"天子百里，诸侯四十"。

汉起称苑。汉朝在秦朝的基础上把早期的游囿，发展到以园林为主的帝王苑囿行宫，除布置园景供皇帝游憩之外，还举行朝贺，处理朝政。汉高祖的"未央宫"，汉文帝的"思贤园"，汉武帝的"上林苑"，梁孝王的"东苑"（又称梁园、菟园、睢园），宣帝的"乐游园"等，都是这一时期的著名苑囿。从敦煌莫高窟壁画中的苑囿亭阁，元人李容瑾的汉苑图轴中，可以看出汉时的造园已经有很高水平，而且规模很大。枚乘的《菟园赋》、司马相如的《上林赋》、班固的《西都赋》、司马迁的《史记》，以及《西京杂记》《三辅黄图》等史书和文献，对于上述的囿苑，都有比较详细的记载。

上林苑是汉武帝在秦时旧苑基础上扩建的，离宫别院数十所广布苑中，其中太液池运用山池结合手法，造蓬莱、方丈、瀛洲三岛，岛上建宫室亭台，植奇花异草，自然成趣。这种池中建岛、山石点缀手法，被后人称为秦汉典范。

## 二、魏晋南北朝山水园奠基时期

魏晋南北朝是我国社会发展史上一个重要时期，一度社会经济繁荣，文化昌盛，士大夫阶层追求自然环境美，游历名山大川成为社会上层普遍风尚。刘勰的《文心雕龙》、钟嵘的《诗品》、陶渊明的《桃花源记》等许多名篇，都是这一时期问世的。

文人、画家参与造园，进一步发展了"秦汉典范"。北魏张伦府苑，吴郡顾辟疆的辟疆园，司马炎的琼圃园、灵芝园，吴王在南京修建的宫苑华林园等，都是这一时期有

代表性的园苑。华林园（即芳林园），规模宏大，建筑华丽。时隔许久，晋简文帝游乐时还赞扬说：会心处不必在远，翳然林木，便有濠濮间想也。

真正大批文人、画家参与造园，还是在隋唐之后。造园家与文人、画家相结合，运用诗画传统表现手法，把诗画作品所描绘的意境情趣，引用到园景创作上，甚至直接用绘画作品为底稿，寓画意于景，寄山水为情，逐渐把我国造园艺术从自然山水园阶段，推进到写意山水园阶段。唐朝王维是当时备受推崇的一位，他辞官隐居到蓝田县辋川，相地造园，园内山风溪流、堂前小桥亭台，都依照他所绘的画图布局筑建，如诗如画的园景，正表达出他那诗作与画作的风格。苏轼称赞说："味摩诘之诗，诗中有画；观摩诘之画，画中有诗。"而他创作的园林艺术，也正是这样。苏州名园狮子林，是元朝天如和尚与大画家倪瓒合作建造的。倪瓒在我国绘画史上是有名的山水画大师，出于他手的造园艺术品自然不同凡响，清乾隆南巡到苏州时，看了也称赞不已。狮子林虽经多次修葺，迄今仍景象奇异。

## 三、隋唐风景园林全面发展时期

隋朝结束了魏晋南北朝后期的战乱状态，社会经济一度繁荣，加上当朝皇帝的荒淫奢靡，造园之风大兴。隋炀帝"亲自看天下山水图，求胜地造宫苑"。迁都洛阳之后，"征发大江以南、五岭以北的奇石怪木，以及嘉木异草、珍禽奇兽"，都运到洛阳去充实各园苑，一时间古都洛阳成了以园林著称的京都，"芳华神都苑""西苑"等宫苑都穷极豪华。在城市与乡村日益隔离的情况下，那些身居繁华都市的封建帝王和朝野达官贵人，为了逍遥玩赏大自然山水景色，便就近仿效自然山水建造园苑，不出家门，却能享"主人门外绿，小隐湖中花"的乐趣。因而作为政治、经济中心的都市，也就成了皇家宫苑和王府宅第花园聚集的地方。隋炀帝除了在首都兴建园苑外，还到处建筑行宫别院。他三下扬州看琼花，最后被缢死在江都宫的花园里。

唐太宗"励精图治，国运昌盛"，社会进入了盛唐时代，宫廷御苑设计也愈发精致，特别是由于石雕工艺已经娴熟，宫殿建筑雕栏玉砌，格外显得华丽。禁殿苑、东都苑、神都苑、翠微宫等，都旖旎空前。当年唐太宗在西安骊山所建的汤泉宫，后来被唐玄宗改作华清宫。这里的宫室殿宇楼阁，"连接成城"，唐王在里面"缓歌慢舞凝丝竹，尽日君王看不足"。杜甫曾有一首《自京赴奉先县咏怀五百字》的长诗，描述和痛斥了王侯权贵们的腐朽生活。

## 四、两宋造园更为普遍时期

宋朝造园兴盛，特别是在用石方面，有较大发展。宋徽宗在"丰亨豫大"的口号下大兴土木。他对绘画有些造诣，尤其喜欢把石头作为欣赏对象。先在苏州、杭州设置了造作局，后来又在苏州添设应奉局，专司搜集民间奇花异石，舟船相接地运往京都开封建造宫苑。"寿山艮岳"的万寿山是一座具有相当规模的御苑。此外，还有琼华苑、宜春苑、芳林苑等一些名园。现今开封相国寺里展出的几块湖石，形体确乎奇异不凡。苏州、扬州、北京等地也都有"花石纲"遗物，均甚奇观。这期间，大批文人、画家参与造园，进一步提升了写意山水园的创作意境。

## 五、明清古代园林发展高峰时期

明、清是中国园林创作的高峰期。皇家园林创建以清代康熙、乾隆时期最为活跃。当时社会稳定、经济繁荣给建造大规模写意自然园林提供了有利条件，如圆明园、避暑山庄、畅春园等。私家园林是以明代建造的江南园林为主要成就，如沧浪亭、休园、拙政园、寄畅园等。同时在明末还产生了园林艺术创作的理论书籍《园冶》。它们在创作思想上，仍然沿袭唐宋时期的创作源泉，从审美观到园林意境的创造都是以小中见大、须弥芥子、壶中天地等为创造手法。自然观、写意、诗情画意成为创作的主导，园林中的建筑起了最重要的作用，成为造景的主要手段。园林从游赏到可游可居方面逐渐发展。大型园林不但模仿自然山水，而且还集仿各地名胜于一园，形成园中有园、大园套小园的风格。

自然风景以山、水地貌为基础，植被做装点。中国古典园林绝非简单地模仿这些构景的要素，而是有意识地加以改造、调整、加工、提炼，从而表现一个精练概括浓缩的自然。它既有"静观"又有"动观"，从总体到局部包含着浓郁的诗情画意。这种空间组合形式多使用某些建筑如亭、榭等来配景，使风景与建筑巧妙地融糅到一起。优秀园林作品虽然处处有建筑，却处处洋溢着大自然的盎然生机。明、清时期正是因为园林有这一特点和丰富的创造手法而成为中国古典园林集大成时期。

到了清末，造园理论探索停滞不前，加之社会由于外来侵略，西方文化的冲击，国民经济的崩溃等，园林创作由全盛到衰落。但中国园林的成就却达到了它历史的巅峰，其造园手法已被西方国家所推崇和模仿，在西方国家掀起了一股"中国园林热"。中国园林艺术从东方到西方，成了被全世界所共认的园林之母，世界艺术之奇观。

中国造园艺术，以追求自然精神境界为最终和最高目的，从而达到"虽由人作，宛自天开"的目的。它深浸着中国文化的内蕴，是中国五千年文化史造就的艺术珍品，是一个民族内在精神品格的写照，是我们今天需要继承与发展的瑰丽事业。

# 第二节　中国古代园林的分类与特点

## 一、中国古代园林的分类

中国古代园林的分类，从不同角度看，可以有不同的分类方法。一般有两种分类法。

### （一）按占有者身份分

#### 1. 皇家园林

皇家园林在古籍里面称之为苑、囿、宫苑、园囿、御苑，为中国园林的四种基本类型（自然园林、寺庙园林、皇家园林、私家园林）之一。中国自奴隶社会到封建社会，连续几千年的漫长历史时期，帝王君临天下，至高无上，皇权是绝对的权威。像古代西方那样震慑一切的神权，在中国相对皇权而言始终是次要的，处于从属的地位。与此相适应的，一整套突出帝王至上、皇权至尊的礼法制度也必然渗透到与皇家有关的一切政治仪典、起居规则、生活环境之中，表现为所谓皇家气派。园林作为皇家生活环境的一个重要组成部分，当然也不能例外，从而形成了有别于其他园林类型的皇家园林。

可有以下几个特点：

（1）规模宏大。首先表现在占地多、规模大，常常包进了真山真水景观。西苑三海是我国最大的城市园林，避暑山庄、颐和园以及香山静宜园、玉泉山静明园等，能创造出宛自天开的景色。有些苑囿是平地造园，境内没有真山真水，但经过设计师的精心设计，同样能创造出宛自天开的山水风景。

（2）园中套园。这一布局方式来自皇帝的封建意识。他们要看尽人间美景，就将天下名景名园搬到苑囿中来，以便就近游赏。

（3）主题突出，重视多姿多彩的建筑点缀。皇帝造园时，往往招聘全国的高级匠师，修造造型优美的建筑来作为景区的主题。

#### 2. 文人园林

文人园林与皇家园林一样，是我国古典园林中的主要类别，它代表了民间住宅花园的精华，在园林史上做出了一定的贡献。文人园林一般面积均较小，容纳不了许多景点，不像皇家园林那样宏大壮丽、摄人心魄，但它却别有韵味，能令人流连忘返，其关键就是园景中融合了园主的文心和修养。

镇江焦山半山腰的别峰庵，娇小玲珑，四周绿树翠竹相映。庵中有两间书斋，曾是清代著名书画家"扬州八怪"之一郑板桥的读书处。门旁挂有画家手书的一副楹联："室雅无须大，花香不在多。"在郑板桥看来，好的居住环境并不在于大和多，而是要有诗意，唯其如此，才能做到以雅胜大，以少胜多。这"雅"和"小"，便是文人园林的主要特点。

文人园林的另一个特点是园林的游赏功能与居住功能的密切结合，即所谓"游"和"居"的统一。古人常将优游山水、耽乐林泉称之为"游"，而称在风景环境中读书、习艺、清谈和宴饮为"居"，唯有达此两个境界，艺术才算完善。留园，是苏州一座著名的文人私园，在不同程度上反映了"游"与"居"的结合。

#### 3. 寺庙园林

寺庙园林是我国古典园林中的又一大类。从园林学上讲，它并不是狭隘地仅指佛教寺院和道教宫观所附设的园林，而是泛指依属于为宗教信仰和意识崇拜服务的建筑群的园林。在我国古代，信仰和崇拜的对象较为复杂，出现了形形色色的建筑类型，这也形成了寺庙园林的多样化。

"南朝四百八十寺，多少楼台烟雨中。"杜牧的这一名句，不仅写出了南朝佛寺的繁盛，而且点出了寺院环境的优美。大江南北的山水名胜之地，几乎被佛堂伽蓝占尽。今天已经成为旅游胜地的全国各大小名山，几乎山山有古刹，有人曾有"园包寺，寺裹园"来形容这些寺园美丽的风景。

"园包寺"即寺庙融化在山水风景之中；"寺裹园"即寺内又建有若干小园林，供香客游人欣赏。著名的杭州灵隐寺就是如此。即便是处于繁华城市的寺院，僧人们也总是想方设法在空地上植树点石，建造小园小景，有时还买下附近荒废的园池，略加修复，成为附属于寺院的独立花园，如苏州的戒幢律寺、上海的龙华寺、广州的六榕寺等，无不如此。

祖宗崇拜是我国古代的又一普遍文化现象，在各地名山大川风景区，常常设有纪念古代名人贤士或者民族英雄的纪念性建筑，如杭州岳庙，成都、襄阳等地的武侯祠，成都杜甫草堂，陕西杜公祠，绍兴南郊的兰亭和王右军祠等，是为纪念岳飞、诸葛亮、杜甫、王羲之等历史名人而建的，实际上是另一种类型的宗庙建筑。

寺庙园林还有一个特点，就是带有某些综合性公共园林的性质。为了接待一些香客和游人的游览，一些寺庙常设有生活起居和娱乐的设施。有的庙园中设有客房，以便读书人攻读或来往过客借宿。

### 4. 邑郊风景园林

邑郊风景园林是泛指位于城邑郊外，利用原有的天然山水林泉，结合山水的治理建设，适当加工改造而成的园林风景区，是以自然风物为基本骨架，城邑居民共有的公共游览区。它们在使用性质上很接近现代公园，在规划布局上充分体现了古典园林顺应自然、美化自然的传统，是城市园林和名山胜水风景区中间的一个过渡。

邑郊风景园林的第一个特点是近城，一般都位于城郊附近二三公里之内。保存至今的这类园林，如苏州的石湖和虎丘，无锡的锡山和惠山，南京的钟山，镇江的南山，兰州的皋兰山，肇庆的鼎湖山和七星岩，广东惠州的西湖，安徽阜阳的西湖和杭州的西湖等。其中如杭州西湖，紧靠市区，一到湖滨便可看到水光潋滟的水面。无锡的惠山和锡山、南京钟山也迫近城根，甚至在城内也可观赏到它们的景色。我国造园名著《园冶》在谈到园林选址时说："去城不数里，而往来可以任意。"正是总结了这类园林方便游览的特点。

从历史上看，邑郊风景园林的发展要比其他园林慢。直到两宋，随着经济的发展，城市商业、手工业的繁荣，邑郊风景园林才兴盛起来。

确切地说，邑郊风景园林是一个由许多单个园林（如寺庙园林、私家园林和苑囿）加上山水间公共的游览地组成的一个集合体。构成它的主要因素是山、水、园、庙等。

那里既有青山绿水、洞壑溪泉、花草树木等自然景，又有亭台楼阁、危磴曲径、仙祠古刹、浮图精舍等人工创造的景致。它有比一般园林大得多的风景地域范围，又有众多的生活服务设施和商业网点，因而它的开发和建设也要复杂得多。

邑郊风景园林占地大，具有开阔的赏景视野，这就为远距离欣赏山林溪泉、亭塔楼阁的整体气势和阴晴雨雪的变化创造了条件。与城市园林相比，邑郊园林风景有着更多的层次，更丰富的变化。在这些山水园林中，山石、林木、泉池等最基本的、实的造园景物常常能和大自然中一些活的、虚的景观如日光阴影的转换、风起云涌的气候变化等融合在一起，形成动静结合、虚实相济的迷人景致。

历史和文化内涵较丰富是邑郊风景园林的又一个特点。多数园林特别是其中著名的风景点常常经过数百年甚至上千年的改造、经营和积累，经过好几代文人、画家的题咏和描绘，具有深远的人文意蕴。这也是某些著名风景园林经久不衰、游人拥集的重要原因。邑郊风景园林的历史文化因素还反映在园林景区的题名上。为了使园林美景代代相传，也为了与其他城市比美争胜，古代一些城邑往往邀请一些本乡知名文人画家和乡绅一起对邑郊园林的主要景色进行品评命名，最后以"八景""十景"的形式来概括出当地风景园林的主要美景。

## （二）按园林所处地理位置分

我国地域广大，东西南北的气候地理条件及物产各不相同，因而园林也常常表现出较明显的地方特性。归总起来，我国南方江南地区、广东沿海地区和四川一带的园林较富特色，于是便有了所谓江南园林、岭南园林和蜀中园林的称谓。而北京四周及山东、山西、陕西等地的园林风格较为相像，便统称之为北方园林。

### 1. 江南园林

江南园林常是住宅的延伸部分，基地范围较小，因而必须在有限空间内创造出较多的景色，于是"小中见大""一以当十""借景对景"等造园手法，得到了十分灵活的应用，因而留下了不少巧妙精致的佳作。如苏州小园网师园殿春簃北侧的小院落，十分狭窄地嵌在书斋建筑和界墙之间，而造园家别具匠心地在此栽植了青竹、芭蕉、蜡梅和南天竹，还点缀了几株松皮石笋，这些植物和石峰既姿态佳，又不占地，非常耐看。

### 2. 岭南园林

岭南园林主要指广东珠江三角洲一带的古园。现存著名园林有顺德清晖园、东莞可园、番禺余荫山房和佛山梁园，人称"岭南四大名园"。岭南气候炎热，日照充沛，降雨丰富，植物种类繁多。岭南花园的水池一般较为规正，临池向南每每建有长楼，出宽廊；其余各面又绕有游廊，跨水建廊桥，尽量减少游赏时的日晒时间。其余部分的建筑也相对比较集中，常常是庭园套庭园，以留出足够的地方种植花树。受当地绘画及工艺美术的影响，岭南园林建筑色彩较为浓丽，建筑雕刻图案丰富多样。

### 3. 蜀中园林

四川虽地处西南，但历史悠久，文化发达，那里的园林亦源远流长，富有自己的特色。蜀中园林较注重文化内涵的积淀，一些名园往往与历史上的名人逸事联系在一起。如邛崃城内的文君井，相传是在西汉司马相如与卓文君所开酒肆的遗址上修建的，井园占地 10 余亩，以琴台、月池、假山等为主景。再如成都杜甫草堂、武侯祠，眉州三苏祠，江油太白故里等园林，均是以纪念历史名人为主题的。其次，蜀中园林往往显现出古朴淳厚的风貌，常常将田园之景组入园内。另外，园中的建筑也较多地吸取了四川民居的雅朴风格，山墙纹饰、屋面起翘以及井台、灯座等小品，也是古风犹存。

### 4. 北方园林

北京是我国北方城市中园林最集中之处，其中很大部分是古代皇帝的花园。这些皇家花园在建造时集中了全国的人力、物力和财力，规模宏大，建造精良，是我国古典园林中的精华。

另外，北方还保留了一些历史较悠久的古园，如山西新绛原绛州太守衙署的花园（古称绛守居园池），建于隋开皇十六年（596年），至今丘壑残存，是我国留存最早的园林遗址。再如河南登封的嵩阳书院、山东曲阜孔府铁山园等，亦均是北方纪念性园林中的代表作。

## 二、中国古代园林的特点

### （一）造园艺术，"师法自然"

"师法自然"，在造园艺术上包含两层内容。一是总体布局、组合要合乎自然。山与水的关系以及假山中峰、涧、坡、洞各景象因素的组合，要符合自然界山水生成的客观规律。二是每个山水景象要素的形象组合要合乎自然规律。如假山峰峦由许多小的石料拼叠合成，叠砌时要仿天然岩石的纹脉，尽量减少人工拼叠的痕迹。水池常作自然曲折、高下起伏状。花木布置应疏密相间，形态天然。乔灌木应错杂相间，追求天然野趣。

### （二）分隔空间，融于自然

中国古代园林用种种办法来分隔空间，其中主要是用建筑来围蔽和分隔空间。分隔空间力求从视角上突破园林实体的有限空间的局限性，使之融于自然，表现自然。为此，必须处理好形与神、景与情、意与境、虚与实、动与静、因与借、真与假、有限与无限、有法与无法等种种关系。如此，则把园内空间与自然空间融合和扩展开来。比如漏窗的运用，使空间流通、视觉流畅，因而隔而不绝，在空间上起互相渗透的作用。在漏窗内看，玲珑剔透的花饰、丰富多彩的图案，有浓厚的民族风味和美学价值；透过漏窗，竹树迷离摇曳，亭台楼阁时隐时现，远空蓝天白云飞游，造成幽深宽广的空间境界和意趣。

## （三）园林建筑，顺应自然

中国古代园林中，有山有水，有堂、廊、亭、榭、楼、台、阁、馆、斋、舫、墙等建筑。人工的山，石纹、石洞、石阶、石峰等都显示自然的美。人工的水，岸边曲折自如，水中波纹层层递进，也都显示自然的风光。所有建筑，其形与神都与天空、地下自然环境吻合，同时又使园内各部分自然相接，以使园林体现自然、淡泊、恬静、含蓄的艺术特色，并收到移步换景、渐入佳境、小中见大等观赏效果。

## （四）树木花卉，表现自然

与西方系统园林不同，中国古代园林对树木花卉的处理与安设，讲究表现自然。松柏高耸入云，柳枝婀娜垂岸，桃花数里盛开，树枝弯曲自如，花朵迎面扑香……其形与神，其意与境都十分重在表现自然。

师法自然，融于自然，顺应自然，表现自然。这是中国古代园林体现"天人合一"民族文化所在，是其独立于世界之林的最大特色，也是其永具艺术生命力的根本原因。

# 第三节　中国园林造园要素

## 一、筑山

为表现自然，筑山是造园的最主要的要素之一。秦汉的上林苑，用太液池所挖土堆成岛，象征东海神山，开创了人为造山的先例。

东汉梁冀模仿伊洛二峡，有园中累土构石为山，从而开拓了从对神仙世界向往，转向对自然山水的模仿，标志着造园艺术以现实生活作为创作起点。

魏晋南北朝的文人雅士，采用概括、提炼手法，所造山的真实尺度大大缩小，力求体现自然山峦的形态和神韵。这种写意式的叠山，比自然主义模仿大大前进一步。

唐宋以后，由于山水诗、山水画以及玩赏艺术的发展，对叠山艺术更为讲究。最典型的例子便是爱石成癖的宋徽宗，他所筑的良岳是历史上规模最大、结构最奇巧、以石为主的假山。

明代造山艺术，更为成熟和普及。计成在《园冶》的"摄山"一节中，列举了园山、厅山、楼山、阁山、书房山、池山、内室山、峭壁山、山石池、金鱼缸、峰、峦、岩、洞、涧、曲水、瀑布等17种形式，总结了明代的造山技术。清代造山技术更为发展和普及。造园家创造了穹形洞壑的叠砌方法，用大小石钩带砌成拱形，顶壁一气，酷似天然峭壑，比明代以条石封合收顶的叠法合理得多、高明得多。现存的苏州拙政园、常熟的燕园、上海的豫园，都是明清时代园林造山的佳作。

## 二、理水

为表现自然，理水也是造园最主要的要素之一。不论哪一种类型的园林，水是最富有生气的要素，无水不活。自然式园林以表现静态的水景为主，以表现水面平静如镜或烟波浩渺的寂静深远的境界取胜。人们或观赏山水景物在水中的倒影，或观赏水中怡然自得的游鱼，或观赏水中芙蕖睡莲，或观赏水中皎洁的明月……自然式园林也表现水的动态美，但不是喷泉和规则式的台阶瀑布，而是自然式的瀑布。池中有自然的矶头、矶口，以表现经人工美化的自然。正因为如此，园林一定要整池引水。古代园林理水之法，一般有三掩、隔、破种：

"掩"指以建筑和绿化，将曲折的池岸加以掩映。临水建筑，除主要厅堂前的平台，为突出建筑的地位，不论亭、廊、阁、榭，皆前部架空挑出水上，水犹似自其下流出，用以打破岸边的视线局限；或临水布蒲苇岸、杂木迷离，造成池水无边的视角印象。

"隔"指或筑堤横断于水面，或隔水净廊可渡，或架曲折的石板小桥，或涉水点以步石，正如计成在《园冶》中所说，"疏水若为无尽，断处通桥"。如此则可增加景深和空间层次，使水面有幽深之感。

"破"指水面很小时，如曲溪绝涧、清泉小池，可用乱石为岸，怪石纵横、犬牙交齿，并配以细竹野藤、朱鱼翠藻，虽是一洼水池，也令人似有深邃山野风致的审美感觉。

## 三、建筑营造

古典园林都采用古典式建筑。古典建筑斗拱梭柱，飞檐起翘，具有庄严雄伟、舒展大方的特色。它不只以形体美为游人所欣赏，还与山水林木相配合，共同形成古典园林风格。

园林建筑物常作景点处理，既是景观，又可以用来观景。因此，除去使用功能，还有美学方面的要求。楼台亭阁，轩馆斋榭，经过建筑师的巧妙构思，运用设计手法和技术处理，把功能、结构、艺术统一于一体，成为古朴典雅的建筑艺术品。它的魅力，来自体量、外形、色彩、质感等因素，加之室内布置陈设的古色古香，外部环境的和谐统一，更加强了建筑美的艺术效果。美的建筑，美的陈设，美的环境，彼此依托而构成佳景。正如明人文震亨所说："要须门庭雅洁，室庐清靓，亭台具旷士之怀，斋阁有幽人之致，又当种佳木怪箨，陈金石图书，令居之者忘老，寓之者忘归，游之者忘倦。"

园林建筑不像宫殿庙宇那般庄严肃穆，而是采用小体量分散布景。特别是私家庭园林的建筑，更是形式活泼，装饰性强，因地而置，因景而成。在总体布局上，皇家园林为了体现封建帝王的威严，和美学上的对称、均衡等艺术效果，都是采用中轴线布局，主次分明，高低错落，疏朗有致。私家园林往往突破严格的中轴线格局，比较灵活，富于变化。通过对称、呼应、映衬、虚实等一系列艺术手法，造成充满节奏和韵律的园林空间，居中可观景，观之能入画。当然，所谓自由布局，并非不讲章法，只是与严谨的中轴线格局比较而言。主厅常是园主人宴聚宾客的地方，是全园的活动中心，也是全园的主要建筑，都是建在地位突出，景色秀丽，足以影响全园的紧要处所。厅前凿池，隔池堆山作为对观景，左右曲廊回环，大小院落穿插渗透，构成一个完整的艺术空间。苏州拙政园中园部分，就是这样一个格局，以远香堂为主体建筑，布置出了明媚、幽雅的江南水乡景色。

古典园林里通常都是一个主体建筑，附以一个或几个副体建筑，中间用廊连接，形成一个建筑组合体。这种手法，能够突出主体建筑，强化主建筑的艺术感染力，还有助于造成景观，其使用功能和欣赏价值兼而有之。

常见的建筑物有殿、阁、楼、厅、堂、馆、轩、斋，它们都可以作为主体建筑布置。宫殿建在皇家园林里，供帝王园居时使用。它气势巍峨，金碧辉煌，在古典建筑中最具有代表性。为了适应园苑的宁静、幽雅气氛，园苑里的建筑结构要比皇城宫廷简洁，平面布置也比较灵活。但仍不失其豪华气势。

## 四、动植物

中国古典园林重视饲养动物。最早的苑囿中，以动物作为观赏、娱乐对象。魏晋南北朝园林中有众多鸟禽，使之成为园林山水景观的天然点缀。唐代王维在园林中养鹿放鹤，以寄托"一生几许伤心事，不向空门何处销"的解脱情趣。宋徽宗所建艮岳，集天下珍禽异兽数以万计，经过训练的鸟兽，在徽宗驾到时，能乖巧地排立在仪仗队里。明清时园中有白鹤、鸳鸯、金鱼，还有天然乌蝉等。园中动物可以观赏娱乐，可以隐喻长寿，也可以借以扩大和涤化自然境界，令人通过视觉、听觉产生联想。

植物是造山理池不可缺少的因素。花木犹如山峦之发，水景如果离开花木也没有美感。自然式园林着意表现自然美，对花木的选择标准：一讲姿美，树冠的形态、树枝的疏密曲直、树皮的质感、树叶的形状，都追求自然优美；二讲色美，树叶、树干、花都要求有各种自然的色彩美，如红色的枫叶，青翠的竹叶、白皮松、白色的广玉兰，紫色的紫薇等；三讲味香，要求自然淡雅和清幽。最好四季常有绿，月月有花香，其中尤以蜡梅最为淡雅、兰花最为清幽。花木对园林山石景观起衬托作用，又往往和园主追求的精神境界有关。如竹子象征人品清逸和气节高尚，松柏象征坚强和长寿，莲花象征洁净无瑕，兰花象征幽居隐士，玉兰、牡丹、桂花象征荣华富贵，石榴象征多子多孙，紫薇象征高官厚禄等。

古树名木对创造园林气氛非常重要。古木繁花，可形成古朴幽深的意境。所以如果建筑物与古树名木矛盾时，宁可挪动建筑以保住大树。计成在《园冶》中说："多年树木，碍筑檐垣，让一步可以立根，研数桠不妨封顶。"构建房屋容易，百年成树艰难。除花木外，草皮也十分重要，或平坦或起伏或曲折的草皮，也令人陶醉。

### 五、书画墨迹

中国古典园林的特点，是在幽静典雅当中显出物华文茂。书画墨迹在造园中有润饰景色、揭示意境的作用。园中必须有书画墨迹并对书画墨迹运用得恰到好处，才能"寸山多致，片石生情"，从而把以山水、建筑、树木花草构成的景物形象，升华到更高的艺术境界。

墨迹在园中的主要表现形式有题景、匾额、楹联、题刻、碑记、字画。匾额是指悬置于门楣之上的题字牌，楹联是指门两侧柱上的竖牌，刻石指山石上的题诗刻字。园林中的匾额、楹联及刻石的内容，多数是直接引用前人已有的现成诗句，或略作变通。如苏州拙政园的浮翠阁引自苏东坡诗中的"三峰已过天浮翠"。还有一些是即兴创作的。另外还有一些园景题名出自名家之手。不论是匾额楹联还是刻石，不仅能够陶冶情操、抒发胸臆，也能够起到点景的作用，为园中景点增加诗意，拓宽意境。

书画，主要是用在厅馆布置。厅堂里张挂几张书画，自有一股清逸高雅、书郁墨香的气氛。而且笔情墨趣与园中景色浑然交融，使造园艺术更加典雅完美。

# 第四节 中国园林建筑形式与风格

## 一、中国园林建筑形式

### （一）亭

亭子是园林中最常见的建筑物，主要供人休息观景，兼作景点。亭子的形式千变万化，若按平面的形状分，常见的有三角亭、方亭、圆亭、矩形亭和八角亭；按屋顶的形式有揽尖亭、歇山亭；按所处位置有桥亭、路亭、井亭、廊亭。它可以任凭造园者的想象力和创造力，去丰富它的造型，同时为园林增添美景。

建亭地位，要从两方面考虑：一是由内向外好看，二是由外向内也好看。园亭要建在风景好的地方，使入内歇足休息的人有景可赏，同时更要考虑建亭后成为一处园林美景，园亭在这里往往可以起到画龙点睛的作用。

园亭虽小巧却必须深思才能出类拔萃。首先是选择所设计的园亭，是传统或是现代？是中式或是西洋？是自然野趣或是奢华富贵？款式不同，给人的感受不同。其次，同种款式中，平面、立面、装修的大小、式样、繁简也有很大的不同，需要斟酌。最后，所有的形式、功能、建材是在演变进步之中的，常常是相互交叉的，必须着重于创造。例如，在中国古典园亭的梁架上，以卡普隆阳光板作顶代替传统的瓦，古中有今，洋为我用，可以取得很好的效果。以四片实墙，边框采用中国古典园亭的外轮廓，组成虚拟的亭，也是一种创造。用悬索、布幕、玻璃、阳光板等，层出不穷。只有深入考虑这些关节，才能标新立异，不落俗套。

园亭体量小，平面严谨。自点状伞亭起，三角、正方、长方、六角、八角，以至圆形、海棠形、扇形，由简单而复杂，基本上都是规则几何形体，或再加以组合变形。根据这个道理，可构思其他形状，也可以和其他园林建筑如花架、长廊、水榭组合成一组建筑。

园亭的平面组成比较单纯，除柱子、座凳（椅）、栏杆，有时也有一段墙体、桌、碑、井、镜、匾等。园亭的平面布置，一种是一个出入口，终点式的。还有一种是两个出入口，穿过式的。

园亭的立面，因款式的不同有很大的差异。但有一点是共同的，就是内外空间相互渗透，立面显得开敞通透。个别有四面装门窗的，如苏州拙政园的塔影亭，这说明其功能已逐渐向实用方面转化。

平顶、斜坡、曲线各种新式样。要注意园亭平面和组成均甚简洁，观赏功能又强，因此屋面变化无妨多一些。如做成折板、弧形、波浪形，或者用新型建材、瓦、板材；或者强调某一部分构件和装修，来丰富园亭外立面。

仿自然、野趣的式样。目前用得多的是竹、松木、棕榈等植物外形或木结构，真实石材或仿石结构，用茅草作顶也特别有表现力。

帐幕等新式样，以其自然柔和的曲线，应用日渐增多。苏州沧浪亭以其亭名为园名。此亭其实很简单，是一座方形单檐歇山顶之亭，也可以说是标准的江南园林之亭。

此亭之艺术，不靠华丽取胜，不靠怪诞引人，而是靠朴实、文秀，靠刻意追求江南建筑形式之最高境界，以比例、尺度、韵致及色调等取胜，这也正是建筑艺术之根本。与此同时，它之得名，还在于建筑文化内涵。北宋诗人苏舜钦购得此园，修建之后取名"沧浪"，这是取《孟子》中之句："沧浪之水清兮，可以濯我缨；沧浪之水浊兮，可以濯我足。"可见其高洁之精神。后来欧阳修对此有题咏："清风明月本无价，可惜只卖四万钱。"这后一句似不雅，所以没有写到亭柱上，空着。据说后来还是一位渔夫接句"近水远山皆有情"，正中苏舜钦之意，于是完成此联。可见园中建筑，不但要有形式美，而且要有文化内涵。

园中设亭，关键在位置。如上所说，亭是园中"点睛"之物，所以多设在视线交接处。如苏州网师园，从射鸭廊入园，隔池就是"月到风来听"，形成构图中心。又如拙政园水池中的"荷风四面亭"，四周水面空阔，在此形成视觉焦点，加上两面有曲桥与之相接，形象自然显要。当然此亭之形象，也受得起如此待遇；如果这座亭子形象难以入目，这就叫"煞风景"。又如沧浪亭，位于假山之上，形成全园之中心，使"沧浪亭"（园名）名副其实；拙政园中的绣绮亭，留园中的舒啸亭，上海豫园中的望江亭等，都建于高显处，其背景为天空，形象显露，轮廓线完整，甚有可观性。

## （二）厅、堂、楼、阁

厅堂是私家园林中最主要的建筑物。它常为全园的布局中心，是全园精华之地，众景汇聚之所。厅堂依惯例总是坐南朝北。从堂向北望，是全山最主要的景观面，通常是水池和池北叠山所组成的山水景观。观赏面朝南，使主景处在阳光之下，光影多变，景色明朗。厅堂与叠山分居水池之南北，遥遥相对，一边人工，一边天然，绝妙对比。厅的功能多作聚会、宴请、赏景之用，其多种功能集于一体。因此厅的特点为造型高大、空间宽敞、装修精美、陈设富丽，一般前后或四周都开设门窗，可以在厅中静观园外美景。厅又有四面厅、鸳鸯厅之分，主要厅堂多采用四面厅，为了便于观景，四周往往不做封闭的墙体，而设大面积隔扇、落地长窗，并四周绕以回廊。鸳鸯厅是用屏风或罩将内部一分为二，分成前后两部分，前后的装修、陈设也各具特色。鸳鸯厅的优点是一厅可作两用，如前作庆典后作待客之用，或随季节变化，选择恰当位置待客、起坐。另外，赏荷的花厅和观鱼的厅堂多临水而建，一般前有平台，供观赏者在平台上自由选择目标，尽情游赏。

堂往往呈封闭院落布局，只是正面开设门窗，它是园主人起居之所。一般来说，不同的堂具有不同的功能，有用作会客之用，有用作宴请、观戏之用，有的则是书房。因此各堂的功能按具体情况而定，相互间不尽相同。

楼是两层以上的建筑。中国古代建楼的历史相当久远，战国以后，已出现了"重屋"楼，也即今天的楼房。建在园林里的楼一般用作观赏风景。建在住宅中的楼一般当作书房或卧室。中国古代的城镇一般都建有钟楼和鼓楼，采用琉璃瓦顶的重檐歇山形式，四周有回廊，外檐均饰有斗拱。钟鼓楼古代用于报时，所谓"晨钟暮鼓"即早晨打钟开城门，晚上击鼓关城门。北京在明、清时代，每个城门外都有一座箭楼（现存正阳门和德胜门两座）。另外还有角楼。北京内城东南角楼，是北京仅存的一座较完整的角楼，被列为第二批全国重点文物保护单位。中国古代建楼技术高超，很多结构复杂的多层楼全用木材作骨架，用斗拱连接，不用一根金属钉。湖南岳阳楼、武昌黄鹤楼都是中国古代高楼的杰作，历来为人们所神往。

阁的建筑形式与楼有些接近，其正面是门和窗，其余三面都为实墙，四周通常设隔扇或栏杆回廊。中国古代的阁是用来收藏贵重文物的。例如，北京故宫里的文渊阁是收藏国家图书的，山东曲阜孔庙里的奎文阁专门收藏历代帝王御赐孔庙的书籍、墨迹，浙江宁波的天一阁是中国古代私人书籍收藏的最大图书馆。较大寺院里一般建有藏经阁，那就是收藏佛经的图书馆。修建在园林中的阁，则是用来观赏风景的建筑。

中国有些宗教建筑群中，供奉高大佛像的多层建筑通常也称为阁。河北蓟州独乐寺内的观音阁，就是一座高达23米、供奉高大佛像的多层建筑，是中国现存最古老的一座高层楼阁。这座辽代建筑先后曾遭28次地震，其中3次是破坏性的地震，当时几乎所有的房屋都倒塌了，唯独这座木结构的观音阁未遭破坏，可见其结构之精当。除了独乐寺的观音阁之外，还有颐和园的佛香阁、承德普宁寺的大乘阁和广西容县的真武阁等，造型挺拔庄重，是中国多层木构建筑的代表作。

## （三）榭

榭是一种借助于周围景色而见长的园林休憩建筑，是中国园林建筑中依水架起的观景平台，平台一部分架在岸上，一部分伸入水中。榭四面敞开，平面形式比较自由，常与廊、台组合在一起。

中国古典园林中水榭的传统做法是：在水边架起一个平台，平台一半深入水中，一半架于岸边，平台四周以低平的栏杆围绕，然后在平台上建起一个木构的单体建筑物。建筑的平面形式通常为长方形，其临水一侧特别开敞，有时建筑物的四周都立着落地门窗，显得空透、畅达，屋顶常用卷棚歇山式样，檐角低平轻巧；檐下玲珑的挂落、柱间微曲的鹅项靠椅和各式门窗栏杆等，常为精美的木作工艺，既朴实自然，又简洁大方。

榭常在水面和花畔建造，借以成景。榭都是小巧玲珑、精致开敞的建筑，室内装饰简洁雅致，近可观鱼或品评花木，远可极目眺望，是游览线中最佳的景点，也是构成景点最动人的建筑形式之一。

## （四）舫

舫是仿照船的造型建在园林水面上的建筑物，供游玩宴饮、观赏水景之用。舫是中国人民从现实生活中模拟、提炼出来的建筑形象。处身其中宛如乘船荡漾于水泽。舫的前半部多三面临水，船首常设有平桥与岸相连，类似跳板。通常下部船体用石料，上部船舱则多用木构。舫像船而不能动，所以又名"不系舟"。中国江南水乡有一种画舫，专供游人在水面上荡漾游乐之用。江南修造园林多以水为中心，造园家创造出了一种类似画舫的建筑形象，游人身处其中，能取得仿佛置身舟楫的效果。这样就产生了"舫"这种园林建筑。

舫的基本形式同真船相似，一般分为船头、中舱、尾舱三部分。船头做成敞篷，供赏景用。中舱最矮，是主要的休息、宴饮的场所，舱的两侧开长窗，坐着观赏时可有宽广的视野。后部尾舱最高，一般为两层，下实上虚，上层状似楼阁，四面开窗以便远眺。舱顶一般做成船篷式样，首尾舱顶则为歇山式样，轻盈舒展，成为园林中的重要景观。

在中国江南园林中，苏州拙政园的"香洲"、怡园的"画舫斋"是比较典型的实例。北方园林中的舫是从南方引来的，著名的如北京颐和园石舫——"清宴舫"。它全长30米，上部的舱楼原是木结构，1860年被英法联军烧毁后，重建时改成现在的西洋楼建筑式样。它的位置选得很妙，从昆明湖上看过去，很像正从后湖开过来的一条大船，为后湖景区的展开起着启示作用。

舫这种建筑，在中国园林艺术的意境创造中具有特殊的意义，它常是园主人寄托情思的建筑，含遁世隐居之意。因为古代有相当部分的士人仕途失意，对现实生活不满，常想遁世隐逸，耽乐于山水之间，而他们的逍遥伏游，多半是买舟而往，一日千里，泛舟山水之间，岂不乐哉。但是舫在不同场合也有不同的含义，如苏州狮子林，本是佛寺的后花园，其中之舫含有普度众生之意。而颐和园之石舫，按唐魏徵之说"水可载舟，亦可覆舟"，由于石舫永覆不了，所以含有江山永固之意。

## （五）廊

我国建筑中的走廊，不但是厅厦内室、楼、亭台的延伸，也是由主体建筑通向各处的纽带，而园林中的廊子，既起到园林建筑的穿插、联系的作用，又是园林景色的导游线。如北京颐和园的长廊，它既是园林建筑之间的联系路线，或者说是园林中的脉络，又与各样建筑组成空间层次多变的园林艺术空间。

廊的形式有曲廊、直廊、波形廊、复廊。按所处的位置分，有沿墙走廊、爬山走廊、水廊、回廊、桥廊等。

曲廊多楹迤逦曲折，用一部分依墙而建，其他部分转折向外，组成墙与廊之间不同大小、不同形状的小院落，其中栽花木叠山石，为园林增添无数空间层次多变的优美景色。

复廊的两侧并为一体，中间隔有漏窗墙，或两廊并行，又有曲折变化，很好地起到分隔与组织园林空间的重要作用。爬山廊都建于山际，不仅可以使山坡上下的建筑之间有所联系，而且廊子随地形有高低起伏变化，使得园景丰富。水廊一般凌驾于水面之上，既可增加水面空间层次的变化，又使得水面倒映成趣。桥廊是在桥上布置亭子，既有桥梁的交通作用，又具有廊的休息功能。

我国明末的园林家计成在《园冶》中说："宜曲立长则胜……随形而弯，依势而曲。或蟠山腰、或穷水际，通花渡壑，蜿蜒无尽。"这是对园林中廊的精练概括。

廊的运用在江南园林中十分突出，它不仅是联系建筑的重要组成部分，而且是划分空间，组成一个个景区的重要手段，还是组成园林动与静观的重要手法。

廊的形式以玲珑轻巧为上，尺度不宜过大，一般净宽 1.2 米至 1.5 米，柱距 3 米以上，柱径 15 厘米左右，柱高 2.5 米左右。沿墙走廊的屋顶多采用单面坡式，其他廊子的屋面形式多采用两坡顶。

## （六）墙

粉墙漏窗，这已经成为人们形容我国古典园林建筑特点的口头语之一。在我国的古园林中，稍加留心，经常会看到精巧别致、形式多样的景墙。它既可以划分景区，又兼有造景的作用。在园林的平面布局和空间处理中，它能构成灵活多变的空间关系，能化大为小，能构成园中之园，也能以几个小园组合成大园，这也是"小中见大"的巧妙手法之一。

所谓景墙，主要手法是在粉墙上开设有玲珑剔透的景窗，使园内空间互相渗透。如杭州三潭印月绿洲景区的"竹径通幽处"的景墙，既起到划分园林空间的作用，又通过漏窗起到园林景色互相渗透的作用。

上海豫园万花楼前庭院的南面有一粉墙，上装有不同花样的漏窗。而那水墙的作用则更为巧妙，既分割了庭院，又丰富了万花楼前庭院的空间关系。粉墙横于水系之上，使溪水隔而不断，意趣无穷，而又有水中倒影，极大地丰富了水面景色。

北京颐和园中的灯窗墙，是在白粉墙上饰以各式灯窗，窗面镶有玻璃。在明烛之夜，窗光倒映在昆明湖上，水光灯影，灯影还有生动的图案，令人叹为观止。

苏州拙政园中的枇杷园，是用高低起伏的云墙分割形成园中园的佳例。苏州留园东部多变的园林空间，大部分是靠粉墙的分割来完成的。

## （七）桥

种类繁多的桥真可以说是千姿百态。在我国园林中，有石板桥、木桥、石拱桥、多孔桥、廊桥、亭桥等。置于园林中的桥除了实用之外，还有观赏、游览以及分割园林空间等作用。在杭州等地的园林中，还有历史故事传说中的桥，如西湖白堤上的断桥。园林中的桥，又多以矫健秀巧或势若飞虹的雄姿，或小巧多变精巧细致，吸引着众多的游客慕名而去。

我国古典园林中所有桥梁的类型，在江南园林中可以说是应有尽有。而且在每个园林，以至每个景区几乎都离不开桥。如杭州西湖园林区的白堤断桥、"西村唤渡处"的西泠桥、花港观鱼的木板曲桥、"三潭印月"的九曲桥、"我心相印亭"处的石板桥等。各种各样的桥在杭州园林的平面与空间组合中，都发挥了极其重要的作用。广阔的西湖水面层次多变的空间关系，主要就是由苏堤六桥、白堤断桥、西泠桥等与长堤结合，把西湖水面划分成层次多变的空间，否则西湖水面就会感到空旷单调而无变化。而桥的作用又可使水面空间隔而不断，桥上行人，桥下行船，丰富了西湖水面的变化。

在湖中有岛、岛中有湖的"三潭印月"，九曲桥的布置使水面空间层次多变，用曲桥构成了丰富的园林空间。园路常曲，平桥多折，这既增加了空间层次的变化，又拉长了游览中动观的线路。

桥又起到联系园林景点的重要作用，再以三潭印月为例，从"小瀛洲"弃船登岸之后，游人穿过先贤祠就步入九曲桥，桥右是一座小巧玲珑的三角亭，与三角亭遥遥相对，在九曲桥上筑有一座四角亭，形成组合式的亭桥园林建筑。在这里既看到了景点建筑的联系靠桥，而接近水面的曲桥使游人便于观赏水中的倒影和游鱼，又可以欣赏水面莲荷，人行桥上得到极大的快慰和乐趣。

苏堤上的"映波""锁澜""望山""压堤""东浦""跨虹"，有苏东坡"六桥横绝天汉上，北山路与南桥通"的诗句，正点出了桥的妙用。

杭州园林中的桥又由于它与文化历史或民间传说相结合，更给园林增添了浪漫主义的色彩。如对建于唐代的断桥，诗人张祜就有"断桥荒藓涩"之句，于是人们走在这座历史上苔藓斑斑的古桥上，就会顿生怀古之幽思。它更因白娘子和许仙曾在这里相会，而使人们因历史的传说浮想联翩。待到冬雪时，断桥残雪，远山近水，银装素裹，分外妖娆，断桥又是西湖园林风景的重要景观点了。

在江南众多的私家园林中，在小小的园林空间中不同类型的桥不仅使水面空间层次多变，构成丰富的园林空间艺术布局，它还起到园林景点联系的明显作用。一些一步即过的石板小桥，常常是游览线路中不可少的构筑。在水面空间的层次变化中，常用小桥收而为溪、放而为池的水景处理手法来丰富水系多变的意境。如苏州网师园里的引静桥，可以说是苏州园林中最小的石拱桥了。长2米，宽仅1米，这座姿态苗条秀美的袖珍小桥称得上是网师园林园中的点睛之笔了。

在江南园林中颇具特色的浙江海盐城绮园内的石拱桥是一座双向反曲线的石拱桥，两边竖有精美的石栏，是一座式样美观、幽雅别致、波摇月影，园林景观中少见的单拱石桥，它既是点景建筑，又起到分割水面空间的作用。

亭与桥等形式的组合桥，由于它独特的造型艺术特点，往往又成为城市的标志。杭州西湖三潭印月的九曲亭桥，扬州瘦西湖的五亭桥，都是有代表性的例子。

在北方皇家园林中，要数北京颐和园的桥墩最具有特色了。如昆明湖的玉带桥，全用汉白玉雕琢而成，桥面呈双向反曲线，显得富丽、幽雅、别致，又有水中倒影，成为昆明湖中极重要的观赏点。桥采用亭桥组合的形式，亭东西备有牌坊一座，犹如护卫拥立。而昆明湖上东堤上的十七孔桥，那更是颐和园昆明湖水面上不可少的点景并使水面分割又联系的一座造型极美的联拱大石桥。桥面隆起，形如明月，桥栏雕着形态各异的石狮，只只栩栩如生，极为生动。游人漫步桥畔，长桥卧碧波，又有亭、岛等园林建筑相映媲美，成为昆明湖上重要的点景之作。而在昆明湖的西堤上，则又有西堤六桥，六桥各异，特点不同，桥与西堤成为昆明湖水面分割的重要组成部分。

在园林中，或在重要的风景点，有些桥也因有著名诗人的咏词赞颂，而使园林或风景区留名千古，与园林风景相得益彰。如苏州寒山寺，就是因为有了唐代诗人张继写的《枫桥夜泊》，而闻名遐迩。

桥，有的以其独特的造型和结构，以及悠久历史等，单独成为自然风景区的重要名胜景点。如在闽南永春县东平乡的湖洋溪上，有一座罕见的长廊屋盖梁式桥，它以矫健秀巧的美姿，与湖洋溪两岸景色幽美、迷人的风光组成游览胜地。

中国桥是艺术品，不仅在于它的姿态，而且还由于它选用了不同的材料。石桥之凝重，木桥之轻盈，索桥之惊险，卵石桥之危立，皆能和湖光山色配成一幅绝妙的图画。

## （八）园门

我国古典园林中的门犹如文章的开头，是构成一座园林的重要组成部分。造园家在规划构思设计时，常常搜奇夺巧，匠心独运。如南京瞻园的入口，小门一扇，墙上藤萝攀绕，于街巷深处显得清幽雅静，游人涉足入门，空间则由"收"而"放"。一入门只见庭院一角，山石一块，树木几枝，经过曲廊，便可眺望到园的南部山石、池水建筑之景，采用了欲露先藏的处理手法，正所谓"景愈藏境界愈大"了，把景物的魅力蕴含在强烈的对比之中。苏州留园的入口处理更是苦心经营。园门粉墙、青瓦，古树一枝，构筑可谓简洁，入门后是一个小厅，过厅东行，先进一个过道，空间为之一收。而在过道尽头是一横向长方厅，光线透过漏窗，厅内亮度较前厅稍明。从长方厅西行，又是一个过道，过道内左右交错布置了两个开敞小庭院，院中亮度又有增强，这种随着人的移动而光线由暗渐明，空间时收时放的布置，造成了游人扑朔迷离的游兴。等到过门厅继续西行，便见题额"长留天地间"的古木交柯门洞。门洞东侧开一月洞空窗，细竹摇翠，指示出眼前即到佳境。这种建筑空间的巧妙组合中，门起到了非常重要的作用。

杭州"三潭印月"中心绿洲景区的"竹径通幽处"，通过圆洞门看去，在竹影婆娑中微露羊肠小径，用的就是先藏后露、欲扬先抑的造园手法，这也正如说书人说到紧要处来一个悬念，引人入胜，这都说明我国造园的艺趣。又如苏州沧浪亭，门外有木桥横架于河水之上，这里既可船来，又可步入，形成与众园不同的入口特点。

园林的门，往往也能反映出园林主人的地位和等级。如进颐和园之前，先要经过东宫门外的"涵虚"牌楼、东宫门、仁寿门、玉澜堂大门、宜芸馆垂花门、乐寿堂东跨院垂花门、长廊入口邀月门这七种形式不同的门，穿过九进气氛各异的院落，然后步入700多米的长廊，这一门一院形成不同的空间序列，具有明显的节奏感。

## （九）园路、铺地

园路，指园林中的道路工程，包括园路布局、路面层结构和地面铺装等的设计。园林道路是园林的组成部分，起着组织空间、引导游览、交通联系并提供散步休息场所的作用。它像脉络一样，把园林的各个景区连成整体。园路本身又是园林风景的组成部分，蜿蜒起伏的曲线，丰富的寓意，精美的图案，都给人以美的享受。

一般分为主路、支路、小路和园务路。主路指联系园内各个景区、主要风景点和活动设施的路，通过它对园内外景色进行剪辑，以引导游人欣赏景色。支路指设在各个景区内的路，它联系各个景点，对主路起辅助作用。小路又叫游步道，是深入到山间、水际、林中、花丛供人们漫步游赏的路。园务路指为便于园务运输、养护管理等的需要而建造的路。这种路往往有专门的入口，直通公园的仓库、餐馆、管理处、杂物院等处，并与主环路相通，以便把物资直接运往各景点。在有古建筑、风景名胜处，园路的设置应考虑消防的要求。

西方园林多为规则式布局，园路笔直宽大，轴线对称，呈几何形。中国园林多以山水为中心，园林也多采用自然式布局，园路讲究含蓄；但在庭园、寺庙园林或在纪念性园林中，多采用规则式布局。园路的布置应考虑以下几点：一是回环性。园林中的路多为四通八达的环行路，游人从任何一点出发都能遍游全园，不走回头路。二是疏密适度。园路的疏密度同园林的规模、性质有关，在公园内道路大体占总面积 10% ~ 12%，在动物园、植物园或小游园内，道路网的密度可以稍大，但不宜超过 25%。三是因景筑路。园路与景相通，所以在园林中是因景得路。四是曲折性。园路随地形和景物而曲折起伏，若隐若现，"路因景曲，境因曲深"，造成"山重水复疑无路，柳暗花明又一村"的情趣，以丰富景观，延长游览线路，增加层次景深，活跃空间气氛。五是多样性。园林中路的形式是多种多样的。在人流集聚的地方或在庭院内，路可以转化为场地；在林间或草坪中，路可以转化为步石或休息岛；遇到建筑，路可以转化为"廊"；遇山地，路可以转化为盘山道、磴道、石级、岩洞；遇水，路可以转化为桥、堤、汀步等。路又以它丰富的体态和情趣来装点园林，使园林又因路而引人入胜。

园路设计包括线形设计和路面设计，后者又分为结构设计和铺装设计。线形设计在园路的总体布局的基础上进行，可分为平曲线设计和竖曲线设计。平曲线设计包括确定道路的宽度、平曲线半径和曲线加宽等；竖曲线设计包括道路的纵横坡度、弯道、超高等。园路的线形设计应充分考虑造景的需要，以达到蜿蜒起伏、曲折有致；应尽可能利用原有地形，以保证路基稳定和减少土方工程量。

园路结构形式有多种，典型的园路结构包括面层、结合层、基层和路基。面层是路面最上的一层。它直接承受人流、车辆的荷载和风、雨、寒、暑等气候作用的影响。因此要求坚固、平稳、耐磨，有一定的粗糙度，少尘土，便于清扫。结合层是采用块料铺筑面层时在面层和基层之间的一层，用于结合、找平、排水。基层在路基之上。它一方面承受由面层传下来的荷载，一方面把荷载传给路基。因此，要有一定的强度，一般用碎（砾）石、灰土或各种矿物废渣等筑成。路基是路面的基础。它为园路提供一个平整的基面，承受路面传下来的荷载，并保证路面有足够的强度和稳定性。如果土基的稳定性不良，应采取措施，以保证路面的使用寿命。

中国园林在园路面层设计上形成了特有的风格。一是寓意性。中国园林强调"寓情于景"，在面层设计时，有意识地根据不同主题的环境，采用不同的纹样、材料来加强意境。北京故宫的雕砖卵石嵌花甬路，是用精雕的砖、细磨的瓦和经过严格挑选的各色卵石拼成的。路面上铺有以寓言故事、民间剪纸、文房四宝、吉祥用语、花鸟虫鱼等为题材的图案，以及《古城会》《战长沙》《三顾茅庐》《凤仪亭》等戏剧场面的图案。二是装饰性。园路既是园景的一部分，应根据景的需要做出设计，路面或朴素、粗犷，或舒展、自然、古拙、端庄，或明快、活泼、生动。园路以不同的纹样、质感、尺度、色彩，以不同的风格和时代要求来装饰园林。如杭州三潭印月的一段路面，以棕色卵石为底色，以橘黄、黑两色卵石镶边，中间用彩色卵石组成花纹，显得色调古朴，光线柔和。

铺地是路面铺装的扩大，包括广场（含休息岛）、庭院等场地的铺装。例如，江南古典园林中的"花街铺地"用砖、卵石、石片、瓦片等，组成四方灯锦、海棠芝花、攒六方、八角橄榄景、球门、长八方等多种多样图案精美和色彩丰富的地纹，其形如织锦，颇为美观。又如苏州拙政园海棠春坞前的铺地选用万字海棠的图案，北京植物园牡丹园葛巾壁前的广场铺地采用盛开的牡丹花图案。

在中国传统铺地的纹样设计中，还用各种"宝相"纹样铺地。如用荷花象征"出淤泥而不染"的高洁品德，用忍冬草纹象征坚忍的情操，用菊花的傲雪凌霜象征意志坚定。在中国新园林的建设中，继承了古代铺地设计中讲究韵律美的传统，并以简洁、明朗、大方的格调，增添了现代园林的时代感。如用光面混凝土砖与深色水刷石或细密条纹砖相间铺地，用圆形水刷石与卵石拼砌铺地，用白水泥勾缝的各种冰裂纹铺地等。此外，还用各种条纹、沟槽的混凝土砖铺地，在阳光的照射下，能产生很好的光影效果，不仅具有很好的装饰性，还减少了路面的反光强度，提高了路面的抗滑性能。彩色路面的应用，已逐渐为人们所重视，它能把"情绪"赋予风景。一般认为暖色调表现热烈、兴奋的情绪，冷色调较为幽雅、明快。明朗的色调给人清新愉快之感，灰暗的色调则表现为沉稳宁静。因此在铺地设计中有意识地利用色彩变化，可以丰富和加强空间的气氛。北京紫竹院公园入口用黑、灰两色混凝土砖与彩色卵石拼花铺地，与周围的门厅、围墙、修竹等配合，显得朴素、雅致。

## 二、中国园林建筑风格

### （一）表现含蓄

含蓄效果是中国园林重要的建筑风格之一。追求含蓄乃与我国诗画艺术追求含蓄有关，在绘画中强调"意贵乎远，境贵乎深"的艺术境界；在园林中强调曲折多变，含蓄莫测。这种含蓄可以从两方面去理解：其一，其意境是含蓄的；其二，从园林布局来讲，中国园林往往不是开门见山，而是曲折多姿、含蓄莫测，往往巧妙地通过风景形象的虚实、藏露、曲直的对比来取得含蓄的效果。如首先在门外以美丽的荷花池、桥等景物把游人的心紧紧吸引住，但是围墙高筑，仅露出园内一些屋顶、树木和园内较高的建筑，看不到里面全景，这就会使人遐想，并引起了解园林景色的兴趣。北京颐和园就是如此，颐和园入口处利用大殿，起掩园主景（万寿山、昆明湖）之作用，通过大殿，才豁然开朗，见到万寿山和昆明湖，那山光水色倍觉美不胜收。江南园林中，漏窗往往成为含蓄的手段，窗外景观通过漏窗，隐隐约约，这就比一览无余地看更有生趣。如苏州留园东区以建筑庭园为主，其东南角环以走廊，临池面置有各种式样的漏窗、敞窗，使园景隐露于窗洞中，游人在此游览，左右逢源，妙趣横生。

### （二）追求意境

追求意境，多以自然山水式园林为主。一般来说，园中应以自然山水为主体，这些自然山水虽是人作，但是要有自然天成之美，有自然天成之理，有自然天成之趣。在园林中，即使有密集的建筑，也必须有自然的趣味。为了使园林有可望、可行、可游、可居之地，园林中必须有各种相应的建筑，其不能压倒或破坏主体，而应突出山水这个主体，与山水自然融合在一起，力求达到自然与建筑的有机融合，并升华成一件艺术作品。如承德避暑山庄的烟雨楼，乃仿浙江嘉兴烟雨楼之意境而筑，这座古朴秀雅的高楼，每当风雨来临，即可形成一幅淡雅素净的"山色空蒙雨亦奇"的诗情画意图，见之令人身心陶醉。

园林意境的创作方法有中国自己的特色和深远的文化根源。融情入境的创作方法，大体可归纳为两个方面。一是"体物"的过程。即园林意境创作必须在调查研究过程中，对特定环境与景物所适宜表达的情意作详细的体察。事物形象各自具有表达个性与情意的特点，这是客观存在的现象。如人们常以柳丝比女性、比柔情，以花朵比儿童或美人，以古柏比将军、比坚贞。比、兴不当，就不能表达事物寄情的特点。不仅如此，还要体察入微，善于发现。如以石块象征坚定性格，则卵石、花石不如黄石、磐石，因其不仅在质，亦且在形。在这样的体察过程中，心有所得，才开始立意设计。二是"意匠经营"的过程。在体物的基础上立意，意境才有表达的可能。然后根据立意来规划布局，剪裁景物。园林意境的丰富，必须根据条件进行"因借"。计成《园冶》中的"借景"一章所说"取景在借"，讲的不只是构图上的借景，而且是为了丰富意境的"因借"。凡是晚钟、晓月、樵唱、渔歌等无不可借，计成认为"触情俱是"。

### （三）突出宗教和封建礼教

中国古典建筑与神仙崇拜和封建礼教有密切关系，在园林建筑上也多有体现。汉代园林中多有"楼观"，就是因为当时人们都认为神仙喜爱住在高处。另外还有一种重要的体现，就是皇家建筑的雕塑装饰物上才能看到的吻兽。吻兽是人们对龙的崇拜，创造的多种神兽的总称。

吻兽排列有着严格的规定，按照建筑等级的高低而有数量的不同，一般古建筑上最多使用9样，只有故宫太和殿上的装饰，十样齐全。太和殿是"庑殿"式建筑，有1条正脊，8条垂脊，4条围脊，总共有13条殿脊。吻兽坐落在殿脊之上，在正脊两端有正吻2只，因它口衔正脊，又俗称吞脊兽。在大殿的每条垂脊上，各施垂兽1只，8条脊就有8只。在垂兽前面是1行跑兽，从前到后，最前面的领队是一个骑凤仙人，然后依次为：龙、凤、狮子、天马、海马、狻猊、狎鱼、獬豸、斗牛、行什，共计10只。8条垂脊就有80只。此外，在每条围脊的两端还各有合角吻兽2只，4条围脊共8只。这样加起来，就有大小吻兽106只了。如果再把每个殿角角梁上面的套兽算进去，那就共有114只吻兽了。而皇帝居住和处理日常政务的乾清宫，地位仅次于太和殿，檐角的小兽为9个。坤宁宫原是皇后的寝宫，小兽为7个。妃嫔居住的东西六宫，小兽又减为5个。有些配殿，仅有1个。古代的宫殿多为木质结构，易燃。传说这些小兽能避火。由于神化动物的装饰，帝王的宫殿成为一座仙阁神宫。因此吻兽是中国古典建筑中一种特有的雕塑装饰物。因为吻兽是皇家特有的，所以也是一种区分私家和皇家园林及建筑的一种方法。

### （四）平面布局简明有规律

中国古代建筑在平面布局方面有一种简明的组织规律，这就是每一处住宅、宫殿、官衙、寺庙等建筑，都是由若干单座建筑和一些围廊、围墙之类环绕成一个个庭院而组成的。一般来说，多数庭院都是前后串联起来，通过前院到达后院，这是中国封建社会"长幼有序，内外有别"的思想意识的产物。家中主要人物，或者应和外界隔绝的人物（如贵族家庭的少女），往往生活在离外门很远的庭院里，这就形成一院又一院层层深入的空间组织。同时，这种庭院式的组群与布局，一般都采用均衡对称的方式，沿着纵轴线（也称前后轴线）与横轴线进行设计。比较重要的建筑都安置在纵轴线上，次要房屋安置在它左右两侧的横轴线上，北京故宫的组群布局和北方的四合院是最能体现这一组群布局原则的典型实例。这种布局是和中国封建社会的宗法和礼教制度密切相关的。它最便于根据封建的宗法和等级观念，使尊卑、长幼、男女、主仆之间在住房上也体现出明显的差别。这是封建礼教在园林建筑布局上的体现。

### （五）地域文化不同园林建筑风格有异

洛阳自古以牡丹闻名，园林中多种植花卉竹木，尤以牡丹、芍药为盛，对比之下，亭台楼阁等建筑的设计疏散，甚至有些园林只在花期时搭建临时的建筑，称"幕屋""市肆"。花期一过，幕屋、市肆皆被拆除，基本上没有固定的建筑。而扬州园林，建筑装饰精美，表现细腻。这是因为，扬州园林的建造时期多在清朝乾隆年间，建造者许多都是当时巨商和当地官员，目的是炫耀自己的财富、粉饰太平，带有鲜明的功利性。扬州园林在审美情趣上，更重视形式美的表现。这也与一般的江南私家园林风格不同。江南园林自唐宋以来追求的都是淡泊、深邃含蓄的造园风格。

## 第五节　中国园林的主要构景手法与本质

### 一、中国园林的主要构景手法

在造园构景中运用多种手段来表现自然，以求得渐入佳境、小中见大、步移景异的理想境界，以取得自然、淡泊、恬静、含蓄的艺术效果。构景手段很多，比如讲究造园目的、园林的起名、园林的立意、园林的布局、园林中的微观处理等。在微观处理中，通常有以下几种造景手段，也可作为观赏手段。

## （一）抑景

中国传统艺术历来讲究含蓄，忌一览无余，一望到边。所以园林造景也绝不会让人一进门就看到最好的景色，而是通过某种途径将园中景致隐藏起来，使之好似犹抱琵琶半遮面，然后再突然展现出来，使人心情为之一振，达到渐入佳境和步移景异的意境，以此来提高园林艺术的渲染力，这叫先藏后露、欲扬先抑。这种构景手法恰如其分地体现了中国人内敛含蓄的性格特征，如苏州园林的留园、拙政园的门口风景，都有此手笔。

## （二）透景

园林中有许多观景点，当从甲观景点远望或俯眺乙景点时，可能有建筑物、树木等阻挡观景视线；但建筑物之间，或建筑物与树木之间，或树木与树木之间，总有视线可通过，且可取得观景的审美效果，这叫透景。

透景是园林艺术中常采用的造景手法，在园林中视线穿过稀疏的隔挡，朦胧觉察出眼光所及的风景，这是中国美学上追崇"镜中月、雾里花"的实践运用和现实反映，既可幽化近景，又可叠化远景，虚实相间。

## （三）添景

有时求主景或对景有丰富的层次感，在缺乏前景的情况下可作添景处理。如甲风景点在远方，或自然的山，或人文的塔，如没有其他景点在中间、近处作过渡，就显得虚空而没有层次；如果在中间、近处有乔木、花卉作过渡景，景色显得有层次美，这中间的乔木、花卉，便叫作添景。例如，当人们站在北京颐和园昆明湖岸的垂柳下观赏万寿山远景时，万寿山因有倒挂的柳丝作为装饰而生动起来。

## （四）借景

借景是中国古典园林的传统手法，所谓"借"就是造园时不能单纯孤立地从园的本身着眼，而要寻求园与周围环境、自然景物的巧妙联系。根据造景的需要，把园外的佳景通过门窗或其他途径引入园内，使之成为园内景色的一部分，所以借景意味着园林景象外延。如北京颐和园，远借西山群峰和玉泉山"玉峰塔"，与昆明湖组成美丽的湖光山色，宛如天然的巨幅图画。借景不受空间的限制，形式多种多样，有远借、近借、邻借、仰借、俯借、应时而借等。总之，凡是能触情动人的景观、景物、景色、景致，都可以"借"，可以全方位借景，全时令借景。可借的因素有山有水，有日、月、云雾、雪，还有飞禽、游鱼，甚至风声、雨声、涛声、钟声。

"借景"方法的运用，不仅极大地扩展了园内空间，打破了园内空间的局限，而且非常有效而巧妙地把建筑物同周围自然环境沟通、协调起来，从而极大地丰富和深化了人们对建筑艺术的审美感受。

大至皇家园林，小至私家园林，空间都是有限的。在横向或纵向上让游人扩展视觉和联想，才可以小见大，借景可以将园外甚至远方的风光胜景，巧妙地收进园内游人视线中，以丰富园内景色，使园内外景物融为一体，形成园外有园、景外有景，在有限的空间看到无限景致的效果。借景因距离、视角、时间、地点等不同而有所不同。

远借指借园林外的远处景物，如颐和园借玉泉山及西山，无锡寄畅园借锡山，苏州沧浪亭登见山楼可远借农村景色。

邻借：亦称近借，是把园林附近的景物纳入园里来。如苏州沧浪亭，园内缺乏水面，而园外却有河滨，因此在沿水面河滨处设假山驳岸，上建复廊及面水轩。无封闭围墙，透过复廊上面的漏窗，使园内外景色融为一体，在不觉之间便将园外水面组织到园内。

仰借以借高处景物为主，如宝塔、山峰、大树，甚至白云飞鸟、明月繁星。北京北海公园借景山，南京玄武湖公园借钟山，均属仰借。

俯借如登杭州六和塔展望钱塘江上景色，登西湖孤山观湖上游船及湖心亭、三潭印月等。

因时而借、因地而借主要是依靠大自然的变化和景的配合而构成，如朝借旭日，晚借夕阳，春借桃柳，夏借塘荷，秋借丹枫，冬借飞雪，乃至山泉流水，燕语莺歌。

## （五）夹景

当甲风景点在远方，或自然的山，或人文的建筑（如塔、桥等），它们本身都很有审美价值，如果视线的两侧大而无当，就显得单调乏味；如果两侧用建筑物或树木花卉屏障起来，使甲风景点更显得有诗情画意，这种构景手法即为夹景。如在颐和园后山的苏州河中划船，远方的苏州桥主景为两岸起伏的土山和美丽的林带所夹峙，构成了明媚动人的景色。

夹景是为了突出优美景色，常将视线两侧的较贫乏的景观，利用树丛、树列、山石、建筑等加以隐蔽，形成较封闭的狭长空间，突出空间端部的景物。夹景是运用透视线、轴线突出对景的手法之一，能起障丑显美的作用，增加景观的深远感。

## （六）对景

对景是指园内两两相对、互相感受的景。中国古典园林的对景不像西方庭园的轴线对景方式，而是随着曲折的平面，移步换景，依次展开。对景的作用主要用来加强园内景物之间的呼应与联系。如苏州拙政园中部的枇杷园，本身自成一区，但由枇杷园洞门向北眺望，园中主厅远香堂的主要对景雪香云蔚亭，极为巧妙地成了枇杷园月洞门的对景，这就使枇杷园与园中其他景象组群之间形成紧密的联系。

对景要求无论游人身在园中何处，对面都要有景可看。这是最基本的构景手法，也是最常用的造园手法。对景又有正对、互对之分。对景处理可对称严整，可自由活泼，根据条件而定。为了欣赏对景，一般选择亭、树、草地等能使游人休息逗留的场所作为视点。登楼阁亭台，可观湖光山色；湖中泛舟，可观亭台楼阁，这就是对景。如北京颐和园昆明湖上的南湖岛和十七孔桥，是万寿山的对景。要是以南湖岛和十七孔桥为主体，万寿山就成了对景。

### （七）框景

利用花墙、漏窗、门框、窗框、树干、树枝所形成的框，以及山洞的洞口框等，有选择地摄取另一空间的景色，往往把远处的山水美景或人文景观包含其中，恰似一幅嵌于镜框中的图画，称为框景。北京北海便有专视框景的"看画廊"的设置。杜甫"窗含西岭千秋雪，门泊东吴万里船"，说的就是这种意境。框景可以优化审美对象，把自然美升华到艺术美。如上海豫园三穗堂与仰山堂之间有一瓶形门，门外的花木却巧妙地成了瓶的装饰，这种构思常使人拍案叫绝。

### （八）漏景

漏景是通过墙中空窗（不装窗扇的窗，但各有其形）、漏窗（窗洞中镶嵌各式窗格、窗花），把墙外的景物透漏进来。漏境可使景物时隐时现，千变万化。

在园林的围墙上，或走廊（单廊或复廊）一侧或两侧的墙上，常常设以漏窗，或雕以带有民族特色的各种几何图形，或雕以民间喜闻乐见的葡萄、石榴、老梅、修竹等植物，或雕以鹿、鹤、兔等动物，透过漏窗的窗隙，使园外景色若隐若现，表现含蓄，而有"犹抱琵琶半遮面"的感觉。漏景不仅从漏窗取景，还可通过花墙、漏屏风、漏隔扇等取景，也可通过树干、疏林、飘拂的柳丝取景。

### （九）隔景

凡将园林分隔为不同空间、不同的景区的景物称为隔景。隔景能丰富园景，使各景区、景点各具特色并避免游人的相互干扰。如上海豫园的四个景区，都用龙墙相隔，墙上或开漏窗，或置砖雕，使各区间景色透过门廊漏窗，时隐时现；水面有分有聚，有隔有通，造成了景观深远曲折的境界。

### （十）移景

移景实际指的是仿建。这种仿建以皇家园林最为突出，北京圆明园、河北承德避暑山庄和北京颐和园内，都有许多景色是移植过来的。移景和复制不一样，由于园林总是要受到自然条件的限制，因此只能用写意的手法，使其在似与不似之间。如颐和园内的谐趣园，就是仿无锡的寄畅园建造的。

### （十一）点景

抓住园林中每一景观的特点及中间环境的景象，再结合文化艺术的要求，进行高度概括，点出景色的精华和意境，增加风景的魅力，使游人有更深的审美感受，谓之点景。点景的手法很多，如景色的命名、园林题咏、导游说明等，其中以园林题咏的方式为最多。园林题咏可用对联、匾额、中堂、石碑、石刻等形式表现出来。可以丰富观赏内容，增加诗情画意，给人以艺术的联想，并有宣传、教育、装饰、导游的作用。如平湖秋月、三潭印月，景随名而生，显出景观特色。再如昆明大观楼的180字长联、唐张继的《枫桥夜泊》诗，往往有画龙点睛之效。

### （十二）藏景

藏景是指被高大山石、建筑、树木等遮掩起来的景致。藏景多在园林的僻静角落，不易被人直接发现。如颐和园中的谐趣园和北海公园的静心斋，都在园中的一隅，让人不易找到。

## 二、中国园林的本质

### （一）模山范水的景观类型

地形地貌、水文地质、乡土植物等自然资源构成的乡土景观类型，是中国古典园林的空间主体的构成要素。乡土材料的精工细作，园林景观的意境表现，是我国传统园林的主要特色之一。中国古典园林强调"虽由人做，宛自天开"，强调"源于自然而高于自然"，强调人对自然的认识和感受。

### （二）适宜人居的理想环境

中国古代生活环境相对恶劣，中国古典园林造景都非常注重小气候条件的改善，营造更加舒适宜人的环境，如山水的布局、植物的种植、亭廊的构建等，无不以光影、气流、温度等人体舒适性的影响因子为依据，形成适宜人居的理想环境。

### （三）巧于因借的视域边界

不拘泥于庭院范围，通过借景扩大空间视觉边界，园林景观与外面的自然景观等相联系、相呼应，营造整体性园林景观。无论动观或者静观都能看到美丽的景致，追求无限外延的空间视觉效果。

### （四）循序渐进的空间组织

动静结合、虚实对比、承上启下、循序渐进、引人入胜、渐入佳境的空间组织手法和空间的曲折变化，园中园式的空间布局原则常常将园林整体分隔成许多不同形状、不同尺度和不同个性的空间，并将形成空间的诸要素糅合在一起，参差交错、互相掩映，将自然、山水、人文景观等分割成若干片段，分别表现，使人看到空间局部交错，以形成丰富得似乎没有尽头的景观。

### （五）小中见大的空间效果

古代造园艺术家们抓住大自然中的各种美景的典型特征提炼剪裁，把峰峦沟壑一一再现于小小的庭院中，在二维的园址上突出三维的空间效果。"以有限面积，造无限空间。"大和小是相对的，关键是"假自然之景，创山水真趣，得园林意境"。

### （六）耐人寻味的园林文化

人们常常用山水诗、山水画寄情山水，表达追求超脱与自然协调共生的思想和意境。古典园林中常常通过楹联匾额、刻石、书法、艺术、文学、哲学、音乐等形式表达景观的意境，从而使园林的构成要素富于内涵和景观厚度。

## 第六节　中国园林的文化内涵

### 一、中国园林的美学特征

中国古典园林作为一个园林体系，若与世界上的其他体系相比较，它所具有的个性是鲜明的，而它的各个类型之间，又有着许多共性。这些个性和共性可以概括为四个方面：本于自然，高于自然；建筑美与自然美的融合；诗画的情趣；意境的涵蕴。

### （一）本于自然，高于自然

自然风景以山、水为地貌基础，以植被做装点。山、水、植物乃是构成自然风景的基本要素，当然也是风景式园林的构景要素。但中国古典园林绝非一般地利用或者简单地模仿这些构景要素的原始状态，而是有意识地加以改造、调整、加工、剪裁，从而表现一个精练概括的自然，典型化的自然。唯其如此，颐和园那样的大型天然山水园才能够把具有典型性格的江南景观在北方的大地上复现出来。这就是中国古典园林的一个最主要的特点。

自然界的山岳，以其丰富的外貌和广博的内涵而成为大地景观的最重要的组成部分，所以中国人历来都用"山水"作为自然风景的代称。相应地，在古典园林的地形整治工作中，筑山便成了一项最重要的内容。历来造园都极为重视，而园林假山都是真山的抽象化典型化的摹写，能在很小的地段上展现咫尺山林的局面，幻化千岩万壑的气势。

水体在大自然的景观构成中是一个主要的因素。它既有静止状态的美，又能显示流动状态的美，因而也是一个最活跃的因素。山与水的关系密切。山环水抱一向被认为最佳的成景态势，且反映了阴阳相比的辩证哲理，这些情况都体现在古典园林的创作上，一般说来有山必有水。

园林内开凿的各种水体都是自然界的河、湖、溪、涧、泉、瀑等的艺术概括。人工理水务必做到"虽由人作，宛自天开"，哪怕再小的水面亦必曲折有致，并利用山石点缀岸、矶。有的还故意做出一弯港汊、水口以显示源流脉脉。稍大些的水面，则必堆筑岛、堤，架设桥梁，在有限的空间内尽量表现天然水景的全貌。这就是"一勺则江湖万里"之立意。

园林植物配置尽管姹紫嫣红、争奇斗艳，但都以树木为主调，因为林木最能让人联想到自然界丰富繁茂的生态。此外，观赏树木和花卉还按其形、色、香，而"拟人化"，赋予不同的性格和品德，在园林造景中尽量显示其象征寓意。

总之，本与自然、高于自然是中国古典园林创作的主旨。其目的在于求得一个概括、精练典型而又不失自然生态的山水环境。它是感性的，侧重于表现主体对物象的审美感受和因之而引起的审美感情。这样的创作又必须合乎自然之理，方能获致天成之趣。

## （二）建筑美与自然美的融合

法国的规整式园林和英国的风景式园林是西方古典园林的两大主流。前者按古典建筑的原则来规划园林，以建筑轴线的延伸而控制园林全局；后者的建筑物与其他造园要素之间往往处于相对分离的状态。这两种截然相反的园林形式却有一个共同的特点：把建筑美与自然美对立起来，要么建筑控制一切，要么退避三舍。

中国古典园林则不然。建筑无论多寡，也无论其性质、功能如何，都力求与山、水、花木这三个造园的要素有机地组织在一系列风景面中，突出彼此协调、互相补充的积极的一面，限制彼此对立、互相排斥的消极的一面，甚至能够把后者转化为前者，从而在总体上将建筑美与自然美融糅起来，达到一种人工与自然高度协调的境界——天人和谐的境界。

中国古典园林之所以能够把消极的方面转化为积极的因素，以求得建筑美与自然美的融糅，从根本上来说当然应该追溯其造园的哲学、美学乃至思维方式的主导，但中国传统建筑本身所具有的特性也为此提供了优越条件。

木框架结构的个体建筑，内墙外墙可有可无，空间可虚可实，可隔可透。园林里面的建筑物充分利用这种灵活性和随意性创造了千姿百态、生动活泼的外观形象，获得与自然环境的山、水、花木密切嵌合的多样性。中国园林建筑不仅它的形象之丰富在世界范围内算得上首屈一指，而且还把传统建筑化整为零，把个体组合为建筑群体的可变性

170

发挥到了极致。它一反宫廷、坛庙、衙署、邸宅的严整、对称、均齐的格局，完全自由随意，因山就水，高低错落，以这种千变万化的面上的铺陈强化了建筑与自然环境的嵌合关系。同时，还利用建筑内部空间与外部空间的通透，流动的可能性，把建筑物的小空间与大自然的大空间沟通起来，正如《园冶》所谓："轩楹高爽，窗户虚邻，纳千顷之汪洋，收四时之烂漫。"

匠师们为了进一步把建筑融糅于自然环境之中，还发展、创造了许多别致的建筑形象和细节处理。譬如，亭这种最简单的建筑物在园林中随处可见，不仅具有奠境的作用和观景的功能，而且通过其特殊的形象还体现了以园法天、以方象地，纳宇宙于芥粒的哲理。再如，临水之"舫"和路上的"船厅"即模仿舟船以突出园林的水乡风貌。廊本来是联系建筑物、划分空间的手段。园林里面的那些入水面、飘然凌波的"水廊"，婉转曲折、通花渡壑的"游廊"，盘绕山际、随势起伏的"爬山廊"等各式各样的廊子，好像纽带一般把人为的建筑与天成的自然贯串结合起来。常见山石包镶着房屋的一角，堆叠在平桥的两端，甚至代替台阶、楼梯、柱墩等建筑构件，则是建筑物与自然环境之间的过渡与衔接。随墙的空廊在一定的距离上故意拐一个弯而留出小天井，随意点缀少许山石花木，顿成绝妙小景。那白粉墙上的种种漏窗，阳光透过，图案玲珑明澈。而在诸般样式的窗洞后面衬以山石数峰，花草树木，犹如小品风景，处处动人。

总之，虽然处处有建筑，却处处洋溢着大自然的盎然生机。这种和谐情况，在一定程度上反映了中国传统的"天人合一"的哲学思想，体现了道家对大自然的"为而不恃，长而不宰"的态度。

封建时代中国传统的建筑环境，大至都城，小至住宅的院落单元，人们经常接触到的大部分"一正两厢"对成军棋的布局在很大程度上乃是封建礼制的产物、儒家伦理观念的物化，而园林作为这样一个严整的建筑环境的对立面，却长期与之并行不悖地发展着，体现了"道法自然"的哲理。这就从一个侧面说明了儒、道两种思想在我国文化领域的交融，也足见中国园林艺术在一定程度上通过曲折隐晦的方式反映出人们期望摆脱封建礼教的束缚，崇敬返璞归真的意愿。

### （三）诗画的情趣

文学是时间的艺术，绘画是空间的艺术。园林的景物既需"静观"，也要"动观"，即在游动、行进中领略观赏。故园林是一门综合的技术。中国古典园林的创作，能充分地把握这一特性，在不同艺术门类之间触类旁通，融诗画艺术于园林艺术，使得园林从总体到局部都包含着浓郁的诗画情趣。这就是通常所谓的"诗情画意"。

诗情，不仅是把前人的诗文的某些境界、场景在园林中以具体的形象复现出来，或者运用景名、匾额、楹联等文学手段对园景做直接的点题，而且还在于借鉴文学艺术的章法、手段使得规划设计颇多类似文学艺术的结构。正如钱泳所说："造园如做诗文，必使曲折有法，前后呼应；最忌堆砌，最忌错亲，方称佳构。"园内的动观游览路线绝非平铺直叙的简单道路，而是运用各种构景要素迂回形成渐进的空间序列，即空间的划分和组合。划分，不流于支离破碎；组合，务求开合起承，变化有序，层次清楚。这个层次的安排一般必有前奏、起始、主题、高潮、转折、结尾，形成内容丰富多彩，整体和谐统一的连续的流动空间，表现了诗一般的严谨、精练的章法。在这个序列之中往往还穿插一些对比的手法，悬念的手法，欲扬先抑的手法，更加强了犹如诗歌的韵律感。

因此，人们游览中国古典园林所得的感受，往往仿佛朗读诗文一样酣畅淋漓，这也是园林所包含的"诗情"。

凡属风景式园林都或多或少地具有"画意"，都在一定程度上体现绘画的原则。英国园林追求所谓的"如画的景观"，日本园林中的"枯山水平庭"的创作，也源于水墨山水画的构思。但绘画艺术对于造园的影响之广，渗透之深，两者关系之密切则莫过于中国古典园林。

中国的山水画不同于西方的风景画，前者重写意，后者重写形。西方的画家临景写生；中国的画家遍游名山大川，研究大自然的千变万化，领会在心，归来后于几案之间挥洒而就。这时候所表现的山水风景已不是个别的山水风景，而是画家主观认识的，对时空具有较大的概括性。就此而言，可以说中国园林是把作为大自然的概括和升华的山水画以三度空间的形式复现到人们的现实生活中去。

## （四）意境的涵蕴

意境是中国艺术的创作和鉴赏方面的一个极重要的美学范畴。简单说来，意即主观的理念、感情，境即客观的生活、景物。意境产生于艺术创作中此两者的结合，即创作者把自己的感情、理念熔铸客观生活、景物之中，从而引发鉴赏之类的情感激动和理念联想。中国的传统哲学在对诗言、象、意的关系上从来都把"意"置于首要地位。先哲们很早就已提出"得意忘言""得意忘象"的命题，只要得到意就不必拘守原来用以明象的言和存意的象了。再者，汉民族的思维方式注重综合和整体观照。佛禅和道教的文字宣讲往往立象设教，追求一种"意在言外"的美学趣味。这些情况影响、浸润于艺术创作和鉴赏，从而产生意境的概念。

中国的诗、画艺术十分强调意境。其他的艺术门类也都把意境的有无、高下作为创作和品评的重要标准，园林艺术也不例外。园林由于其与诗画的综合性，三维空间的形象性，其意境内涵的显现比之其他艺术门类就更为明晰，也更易于把握。

其实，园林之有意境不独中国为然，其他的园林体系也具有不同程度的意境涵蕴。但其涵蕴的广度和深度，则远不及中国古典园林。

意境的涵蕴既深且广，其表达的方式必然丰富多样。归纳起来，大体上有三种情况：

一是借助人工的叠山理水把广阔的大自然山水风景缩移模拟于咫尺之间。

二是预先设定一个意境的主题，然后借助山、水、花木、建筑所构成的物境把这个主题表述出来，从而传达给观赏者以意境的信息。

三是意境并非预先设定，而是在园林建成之后再根据现成物境的特征做出文字的"点题"——景题、匾、联、刻石等。

运用文字符号来直接表述意境内涵，表述手法就更为多样化：状写、比附、象征、寓意等，表述的范围也十分广泛：情操、品德、哲理、生活、理想、愿望、憧憬等。游人在游园时所领略的已不仅是眼睛能看到的景象，还有不断在头脑中闪现的"景外之景"；不仅满足了感官（主要是视觉感官）上的美的享受，还能唤起以往经历的记忆，从而获得不断的情思，激发合理联想即"象外之官"。

匾额和对联即表现园林"诗情"的主要手段，也是文人参与园林创作、表述园林意境的主要手段，他们使得园林内的大多数景象"寓景于景"，随处皆可"即景生情"。苏州的拙政园内有两处赏荷花的地方，一处建筑物上匾额为"远香堂"，另一处为"停留馆"。前者得之于周敦颐咏联的"香远益情"句，后者出自李商隐"留得残荷听雨声"的诗意，一样的景物由于匾题的不同却给人以两般的感受，物境虽同而意境则不同。

游人获得园林意境的信息，不仅可通过视觉或者借助于文字信号，而且可通过听觉、嗅觉。诸如十里荷花、丹桂飘香、雨打芭蕉、流水叮咚、桨声欸乃，都能意"味"入景，意"声"入景，而引发意境的遐思。曹雪芹笔下的潇湘馆，那"风味森森，龙吟细细"更是绘声绘色，点出此处意境的浓郁涵蕴。

正是由于园林内的意境涵蕴如此之深广，中国古典园林所达到的情景交融的境界，也就远非其他的园林体系所能企及了。

综上所述，这四大美学特征乃是中国古典园林在世界上独树一帜的主要标志。它们的成长乃至最终形成，固然受政治、经济、文化等的诸多复杂因素的制约，但从根本上来说，与中国传统的天人合一的哲理，以及重整体观念、直接感知、综合推演的思维方式有着直接关系。

## 二、中国园林的山水精神

中国古典园林最终成为"模仿自然，高于自然"这样一种艺术形式，其形成和发展的根本原因，不能不提到三个最重要的意识形态方面的精神因素——崇拜自然思想、君子比德思想、神仙思想。

崇拜自然思想是一个古老的话题。人与自然的关系向来密切。中国人在漫长的历史过程中，很早就积累了种种与自然山水息息相关的精神财富，构成了"山水文化"的丰富内涵，在我国悠久的古代文化史中占有重要的地位。

我国古代把自然作为人生的思考对象（或称"哲学命题"），从理论上加以阐述和发展，是由老子与庄子在他们构建的哲学观念中提出并完成的。老子时代的哲学家们已经注意到了人与外部世界的关系。面对自身赖以立足的大地，人们的悲喜哀乐之情常常来自自然山水。老子从大地呈现在人们面前的鲜明形象主要是山岳河川这个现实中，用自己对自然山水的认识去预测宇宙间的种种奥秘，去反观社会人生的纷繁现象，感悟出"人法地，地法天，天法道，道法自然"这一万物本源之理，认为"自然"是无所不在、永恒不灭的，提出了崇尚自然的哲学观。庄子进一步发挥了这一哲学观念，认为人只有顺应自然规律才能达到自己的目的，主张一切纯任自然，并得出"天地有大美而不言"的观念。

老庄哲学的影响是非常深远的，几千年前就奠定了的自然山水观，后来成为中国人特有的观赏价值观和对美的追求目标。

君子比德思想是孔子哲学的重要内容。孔子进一步突破自然美学观念，提出"智者乐水，仁者乐山"这种"比德"的山水观，反映了儒家的道德感悟，实际上是引导人们通过对山水的真切体验，把山水比作一种精神，去反思仁、智这类社会品格的意蕴。孔子的哲学思想以"仁"为核心，注重内心的道德修养，不论对人还是对事都要恪守仁爱的美德。孔子又是一个对山水情有独钟的人，"登东山而小鲁，登泰山而小天下"，高山巍巍培植了他博大的胸怀；"君子见大水必观焉"，江河荡荡孕育了他高深的智慧。孔子由此把厚重不移的山当作他崇拜的"仁者"形象，用周流不滞的水引发他无限的哲理情思，触发他深沉的哲学感慨。有智慧的人通达事理，所以喜欢流动之水；有仁德的人安于义理，所以喜欢稳重之山。这种以山水来比喻人的仁德功绩的哲学思想对后世产生了无限深广的影响，深深浸透在中国传统文化之中。人们以山水来比喻君子德行，"高山流水"自然而然就成为品德高洁的象征和代名词。"人化自然"的哲理又导致了人们对山水的尊重，从而形成中国特有的山水文化。这种山水文化，不论是积极的还是消极的，都无不带有"道德比附"这类精神体验和品质表现，特别是在文学、诗词、绘画、园林等艺术中表现得尤为突出。在园林史的发展中，从一开始便重视筑山和理水，是中国园林发展中不可或缺的要素。

神仙思想由来已久。大约在仰韶文化时代，先民从万物有灵观念中生发出山水崇拜，并引发出原始宗教意识和活动的重要内容。在古人的想象中，那些不受现实约束的"超人"，飘忽于太空，栖息于高山，卧游于深潭，自由自在，神通广大。他们把自然界种种人力不能及的现象，归属于神灵的主宰，并创造出众多的山水之神，还虚构出种种神仙境界。随着神仙思想的产生和流传，人们从崇拜、敬畏到追求，神仙思想渗透到社会生活的方方面面。在我国的文献中，关于山川之神的记载，远比其他自然神要多，有关的活动也更早。在个人生活中，由于种种原因，如对现实的不满、生活的艰辛、理想的破灭等，而企求神仙、得道升仙来摆脱个人的困境和解脱。于是，自然界的名山大川都成了方士、信徒们养心修炼、求神拜佛的地方。在造园活动中，也时常出现以蓬莱、方丈、瀛洲东海三仙岛为蓝本的山水景观，或表现园主的避世心态，或表现园主的求仙思想，或表现园主的飘飘欲仙的人生理想。

## 【本章小结】

本章主要介绍了旅游园林文化，包括中国古代园林的起源与发展、分类与特点、中国园林造园要素、中国园林建筑形式与风格、中国园林的主要构景手法与特质、中国园林的文化内涵。

## 【复习思考题】

1. 简要介绍一下中国园林的发展史。
2. 中国园林的基本特征是什么？
3. 中国园林的主要构景要素有哪些？
4. 皇家园林与私家园林的区别在哪里？
5. 介绍一下如何鉴赏皇家园林，比如颐和园、承德避暑山庄。

# 第 七 章

## 旅游饮食文化

### 【教学目标】

了解并掌握我国饮食文化的概况。了解我国饮食文化的大概发展历史。掌握我国八大菜系，了解一些地方风味名吃。熟悉并掌握酒和茶的相关知识。能在把握我国饮食文化的基础上，理解和解释相关的旅游文化现象。明确饮食因素之于旅游文化的意义。

### 【导入案例】

#### 源远流长的巴蜀饮食文化

在四川各地的市井街旁，乡村道边，都会看到一间间独具四川风格的茶馆。人们坐在竹椅木桌前，手端四川茶馆独有的盖碗茶具，品着清幽的香茗，或"摆龙门阵"（聊天），或看书读报，茶馆里的气氛与盖碗里的沸水一样，热气腾腾的。进餐时分，又可走进遍布街头的川菜馆，品尝"一菜一格，百菜百味"的川菜与风味小吃，从色、香、味俱全的麻、辣、烫中感受四川悠久的饮食文化和川人的独特性格。茶余饭后，还可步入戏院欣赏川剧，听那高亢动听的高腔，看那神秘莫测的"变脸""吐火"绝技表演，也可以参加各种民间民俗活动。巴蜀是最早出现城市文明的地区之一。它是世界上最早的天然气开采地，是世界纸币和世界茶文化、盖碗茶文化的起源地。

**请思考：**你所了解的饮食文化还有哪些？举例说明。

中国饮食文化源远流长，影响深远，是发展旅游业的一项用之不尽的文化资源。

饮食文化在我国不只是吃饱喝足的问题，更是一种艺术，其涉及"饮"与"食"两个方面。"饮"主要指分别代表酒精饮料和非酒精饮料的酒和茶；"食"则是我国长期形成的以五谷为主食，蔬菜、肉类为副食的传统饮食结构，包括饮食观念、民情风俗、物产原料、烹调技术、饮食器具、餐饮礼仪、食疗养生，及有关的人物逸闻、文献典籍、历史掌故等诸多方面的知识。

# 第一节 中国饮食文化概述

## 一、中国饮食文化

"饮食文化"是一种特殊而又普遍的社会现象。特殊之处是因食物、加工方式的不同，或地区、民族差异，产生不同的饮食风味、文化风格；其普遍是说饮食不分人种、地位、国家和民族，它还涉及政治、经济、哲学、文化艺术等多个领域。提起饮食文化，人们往往就想到"吃"，但"吃"并不能代表饮食文化的全部。可以说，饮食文化是指食物原料开发利用、食品制作和饮食消费过程中的技术、科学、艺术，以及以饮食为基础的习俗、传统、思想和哲学，即由人们食生产和食生活的方式、过程、功能等结构组合而成的全部食事的总和。

饮食之所以是文化有如下原因：首先，饮食是与人的生存同步的历史现象，人的历史就是饮食的历史。其次，每种菜系都是一种文化，其中积淀了无数厨师和文人墨客的心血。再次，饮食现象有一种丰富的结构。饮食器具有各种形式、各样色彩，饮食环境或简朴或豪华，可以说小到餐具大到环境再到整个菜系都构成了一系列文化。最后，饮食文化还包括食客，即消费者的心情、情绪；更深层次还包括哲学，如天人合一、中庸思想等。

## 二、中国饮食文化的发展与传播

### （一）远古时代

根据考证，远在170万年前，至少在六七十万年前，我们的祖先就已开始在中华大地上谋食、生息、繁衍。在四五十万年前，他们就懂得用火烧烤食物。大约在1万多年前，人们学会了人工取火，并学会了驯养家畜。当时的家畜有马、牛、羊、鸡、犬、猪等。后来，人们又学会了种植水稻等粮食作物和蔬菜。在五六千年前，又学会了用海水煮盐。但是在这一阶段，人们只会"烹"，还不会"调"，还只是一种低级阶段的饮食文化。

考古证实中国人远在北京猿人阶段就已用火烧熟食，但当时是直接把食物放在火上烤。在距今8000年的裴李岗文化时期，人们已经学会了用陶器煮食物。当时的煮器有鼎、鬲、釜等。从一些历史传说、文献记载中也可以看到当时饮食文化发展的概貌，如：燧人氏教人钻木取火，以化腥臊；伏羲氏教人结网捕鱼，从事渔猎畜牧；神农氏尝百草，制作耒耜，教人种植五谷杂粮；黄帝教民烹饪，燔肉为炙等。这些传说和考古相印证，大体上是一致的。

### （二）夏商周时期

夏朝时期的饮食内容已比较丰富。根据记载，我国夏朝已有韭、瓜、梅、杏、枣、桃、黍、稻、麦等。在夏朝前后，我们的祖先已学会了用粮食造酒。到了商代，食品就更加丰富了。根据对甲骨文的考证，有一次祭祀活动，就用了上百坛酒。而且在这一时期，一些用来煮食品的钟、鼎等器皿的做工也越来越精美。到了周代，仅《诗经》中提到的食品，植物性的有130多种，动物性的有200多种。当时人们在吃上已非常讲究，在上层社会，已有专管饮食的官员，如膳夫、庖人、鱼人、兽人、盐人等。

春秋战国时期的500多年间，不仅饮食上进一步丰富，而且在饮食和饮食礼仪上也十分讲究。当时孔子提出"七不食"，就很有代表性。孔子主张"鱼馁而肉败，不食；色恶，不食；臭恶，不食；失饪，不食；不时，不食；割不正，不食；不得其酱，不食"。这既是孔子饮食主张的完整表述，也是这位先哲对民族饮食思想的历史性总结。

### （三）秦汉魏晋南北朝时期

秦汉魏晋南北朝时期，是我国饮食文化迅速发展和各民族乃至与外国饮食文化的大交融时期。汉代经济繁荣，饮食文化得到迅速发展，烹调技术已达到相当的水平。当时的炖、炒、煮、酱、脯、炙等烹调手法已被充分掌握。根据文献记载，西汉时期，精美的菜肴已有上百种。由于经济的发展，中国人饮食也由原来的一日两餐变成一日三餐。在汉代，对外交往增加，张骞、班超通西域，为我国开辟了新的食物来源。如我们今天普遍食用的西瓜、胡萝卜、石榴、菠菜、葡萄等，都是从西域传入中原的。魏晋南北朝时期，随着各民族之间的交流与融合，中原地区的饮食传到四面八方，四面八方各民族的饮食也传入内地。我们现在所食用的大部分食品，在当时都已出现。

同时，我国也开始了饮食文化的对外传播。据《史记》《汉书》等记载，西汉张骞出使西域时，就通过丝绸之路同中亚各国开展了经济和文化的交流活动。张骞等人除了从西域引进了胡瓜、胡桃、胡麻、胡萝卜、石榴等物产外，也把中原的桃、李、杏、梨、姜、茶叶等物产及饮食文化传到了西域。今天在原西域地区的汉墓出土文物中，就有来自中原的木制筷子。我国传统烧烤技术中有一种炙法，也通过丝绸之路传到了中亚和西亚，最终在当地形成了人们喜欢吃的烤羊肉串。

### （四）隋唐五代两宋时期

隋唐时期，我国饮食的突出成就，表现于精湛的加工技术。

我国唐代的食品，可以说是丰富多彩。盛唐时期人均粮食占有量已达到500千克，当时不仅"饭"名目繁多，食品也是五花八门，饼、酥、糕、凉面、馄饨等食品皆已出现。仅馄饨一项，就有 24 种馅，制成 24 种样式。当时还出现了不少饮食专著，如韦巨源的《食谱》、杨晔的《膳夫经》等。到了宋代，据孟元老《东京梦华录》记载，当时北宋的都城开封，已是"集四海之珍奇，皆归市易，会寰宇之异味，悉在庖厨"。从张择端的《清明上河图》来看，街的两边饭店林立，有的饮食店已非常讲究。这些店铺不仅白天经营，而且还开"夜市"，种类十分丰富。据《武林旧事》介绍，当时街市上日常供应的食品有：面食 41 种、果子 42 种、蔬菜 21 种、粥 9 种、糕 19 种、冷饮 80 种、酒类 54 种。可以说，名点佳肴，应有尽有。

### （五）明清时期

在明清两代，农业有了更大的发展，食品资源更加丰富，手工业食品作坊有了较大的发展，在烹调方面积累了以前历代的经验，种类更加规范。在《古今图书集成》的饮食类中，各类饮食分为米部、糗部、饭部、粥部、糕部等 29 大类，各分部又分列种名，并考其来源做法，实可谓集饮食文化之大成。

此外，其他一些关于烹调的技术和食品加工的著作也纷纷出现，其中最有代表性的为清代文学家袁枚的《随园食单》，记载了从明到清流行的 326 种食品，而且对烹调技艺也提出了许多高明的见解。

# 第二节　八大菜系及地方风味小吃

## 一、八大菜系

在人类生食文化期，不存在主副食之分，也没有饭菜之别，即使到火陶熟食初期，人们的饮食还是"共煮一器"；后来有了"箅"，才出现有菜肴意义的所谓"菜"——羹汤。到唐宋，随着生产力水平的提高和人类饮食生活的丰富，特别是铁器的使用，菜的品种开始增多，菜的地方性便逐渐显现，出现了"胡食""素食""北食""南食""川味"等称呼；到明清，才出现了"京都风味""姑苏筵席""扬州炒卖""湘鄂大菜"以及"帮""帮口""风味""菜"等称谓。所谓"帮"，是指从业人员的地方性"行帮"；"口"指的是口味，即地方性风味特色。如"鲁帮菜"原指山东厨师烹制的山东风味的菜肴，后来外地厨师烹制的山东风味菜肴，也称"鲁帮菜"，其他菜亦然。中国烹饪由于原料生产、烹调技法、风味特点的差异，历史上形成了众多的帮口。"帮"之用于表示菜的地方性，有其历史的必然性，但它带有旧制度下"行帮""行帮意识""行帮习气"的烙印，新中国成立后继续沿用"菜帮"这一称谓显然不合时宜。"系"的概念正是在这种饮食文化转型的特定时期应运而生和流传开来的。"菜系"说产生于 20 世纪

50 年代，最早正式以文字形式出现是 20 世纪 70 年代中叶以后。

菜系的形成是长期发展的结果。菜系的渊源可以追溯到很远的时期，因为菜肴的特色，是以物产这一自然条件为基础的。晋代张华的《博物志·五方人民》中说得明白："东南之人食水产，西北之人食陆畜。""食水产者，龟蛤螺蚌以为珍味，不觉其腥臊也；食陆畜者，狸兔鼠雀以为珍味，不觉其膻也。""有山者采，有水者鱼。"也就是说靠山吃山，靠海吃海。这是形成菜系的主要条件，正是"今天下四海九州，特山川所隔有声音之殊，土地所生有饮食之异"。

以物产为依据，形成了口味的差异是菜系发展的重要因素。《全国风俗志》称："食物之习性，各地有殊，南喜肥鲜，北嗜生嚼（葱、蒜），各得其适，亦不可强同也。"这种饮食嗜好，成为人们难移的习性。只有到了近百年来，交通之发达，经济之发展，科学之文明，才将地域之间的距离缩短，物产不再是一隅之产，使物产已不再成为其菜系的唯一依据，但这种千百年沿袭而成的食俗还是不易改变的。除上述因素外，烹调方法的差别，也是形成菜系不可忽视的重要条件。清代袁枚的《随园食单》中，曾写了南北两种截然不同的烹调方法，做猪肚："滚油爆炒，以极脆为佳，此北人法也；南人白水加酒煨两炷香，以极烂为度。"可见在袁枚之前，早已形成以烹饪术为别的菜系的不同特色。

中国幅员辽阔，是历史悠久的多民族国家。由于气候、物产和风俗的差异，各地区人民的饮食习惯和品位爱好有很大不同，因而发展出多种多样、具有地方风味和特色的菜肴，以及与之相适应的烹调方法，形成了不同的地方风味。南北两大风味，始于春秋战国，形成于唐宋。清代初期，鲁菜（包括京津等北方地区的风味菜）、川菜（包括湘、鄂、黔、滇地区的风味菜）、苏菜（包括江、浙、皖地区的风味菜）、粤菜（包括闽、台、潮、琼地区的风味菜），已成为我国最有影响的地方菜，后称"四大菜系"。清末，加入闽、浙、湘、徽等地方菜，形成了"八大菜系"。

## （一）鲁菜

鲁菜又称山东菜，主要由济南和胶东地方菜组成，为中国八大菜系之一。

### 1. 形成与发展

鲁菜的历史十分悠久，影响非常广泛，是中国饮食文化的重要组成部分，以其味鲜咸脆嫩、风味独特、制作精细享誉海内外。齐鲁大地依山傍海，物产丰富，经济发达，为烹饪文化的发展及山东菜系的形成，提供了良好的条件。早在春秋战国时代，齐桓公的宠臣易牙就曾以"善和五味"而著称。南北朝时，高阳太守贾思勰在其著作《齐民要术》中，对黄河中下游地区的烹饪技术做了较系统的总结，记下了众多名菜做法，反映了当时鲁菜发展的高超技艺。唐代的段文昌，山东临淄人，穆宗时任宰相，精于饮食，并自编食经五十卷，成为历史掌故。到了宋代，宋都汴梁所称"北食"即鲁菜的别称，已具规模。明清两代，已经自成菜系，成为宫廷御膳的主体，对京津、东北等地影响很大。随着历史的演变和经济、文化、交通事业的发展，鲁菜又逐渐形成了济南、胶东两地分别代表内陆与沿海的地方风味。

### 2. 特点

鲁菜总的特点是注重突出菜肴的原味，内地以咸鲜为主，沿海以鲜咸为特色。菜肴以清鲜脆嫩著名，原料多选用畜禽、海产、蔬菜等，善用爆、炒、烧、扒、炸、拔丝、蜜汁等烹调法，偏于用酱、葱、蒜调味，如葱烧、葱爆、蒜泥拌等。善用清汤、奶汤增鲜，口味咸鲜比较明显。菜品风格大方高雅，适应性强。

### 3. 代表菜品

代表菜有蟹黄海参、白汁裙边、九转大肠、糖醋黄河鲤鱼、德州扒鸡、油爆双脆、油爆海螺、诗礼银杏、干蒸加吉鱼、孔府一品锅等。

## （二）川菜

川菜原料多选山珍、江鲜、野蔬和畜禽，善用小炒、干煸、干烧和泡、烩等烹调法。川菜以善用"味"而闻名全国，类型较多，富于变化，以鱼香、红油、怪味、麻辣较为突出。其菜品风格朴实而又清新，具有浓厚的乡土气息，有"味在四川"之称。

### 1. 形成与发展

概括地说，川菜发源于古代的巴国和蜀国，它是在巴蜀文化背景下形成的。按中国历史来说，川菜历经春秋至秦的启蒙时期后，到两汉、两晋之时，就已呈现初期的轮廓。隋唐五代，川菜有较大的发展。两宋时，川菜已跨越了巴蜀疆界，进北宋东京、南宋临安两都，为川外人所知。明末清初，川菜运用引进种植的辣椒调味，对继承巴蜀早就形成的"尚滋味""好辛香"的调味传统，进一步有所发展。晚清以后，逐步形成一个地方风味极其浓郁的体系，与黄河流域的鲁菜、岭南地区的粤菜、长江下游的淮扬菜同列。

### 2. 特点

正宗川菜以成都、重庆两地的菜肴为代表，素以味广、味多、味厚著称，享有"一菜一格，百菜百味"的美誉。烹饪特别讲究火候，且以小煎、小炒、干烧、干煸见长。重视选料，讲究规格，分色配菜，主次分明，鲜艳协调。其特点是酸、甜、麻、辣、香、油重、味浓，注重调味，离不开三椒（即辣椒、胡椒、花椒）和鲜姜，以麻、辣、酸、香脍炙人口，为其他地方菜所少有，形成川菜的独特风味。川菜善于综合用味，收汁较浓，在咸、甜、麻、辣、酸五味基础上，加上各种调料，相互配合，形成各种复合味，如家常味、咸鲜味、鱼香味、荔枝味、怪味等数十种。川菜发展至今，已具有用料广博、注重调味、味型多样的特征，其中尤以味型多、变化巧妙而著称。"味在四川"，便是世人所公认的。

川菜之味，以麻辣见长。辣椒与其他辣味料合用或分别使用，就出现了干香辣（用干辣椒）、酥香辣（糊辣壳）、油香辣（胡椒）、芳香辣（葱姜蒜）、甜香辣（配圆葱或蓝头）、酱香辣（郫县豆瓣或元红豆瓣）等多种不同辣味。四川常用的 23 种味型，与麻辣有关的达 13 种，如口感咸鲜微辣的家常味型，咸甜辣香辛兼有的鱼香味型，甜咸酸辣香鲜各味十分和谐的怪味型，以及表现不同层次麻辣的红油味型、麻辣味型、酸辣味型、糊辣味型、陈皮味型、椒麻味型、椒盐味型、芥末味型、蒜泥味型、姜汁味型，使辣味调料发挥了各自的长处，辣出了特色。

### 3. 代表菜品

代表菜肴的品种有鱼香肉丝、黄焖鳗、怪味鸡块、麻婆豆腐、干煸牛肉丝、水煮牛肉、宫保鸡丁、酸菜鱼、干烧岩鲤、回锅肉、棒棒鸡、清蒸江团等。

## （三）苏菜

苏菜即江苏菜系。江苏菜系在烹饪学上一般称为"苏菜"，而在一般餐馆中，常常会被称为"淮扬菜"。由徐海、淮扬、南京和苏南四种风味组成，是宫廷第二大菜系。今天国宴仍以江苏菜系为主。

### 1. 形成与发展

江苏东濒大海，西拥洪泽，南临太湖，长江横贯于中部，运河纵流于南北，境内有蛛网般的港汊，串珠似的淀泊，加以寒暖适宜，土壤肥沃，素有"鱼米之乡"之称。"春有刀鲚夏有鲥，秋有肥鸭冬有蔬"，一年四季都有丰富的水产禽蔬，这些富饶的物产为江苏菜系的形成提供了优越的物质条件。江苏菜系影响遍及长江中下游广大地区。苏菜起始于南北朝时期，唐宋以后，与浙菜竞秀，成为"南食"两大台柱之一。

### 2. 特点

用料以水鲜为主，刀工精细，注重火候，擅长炖、焖、煨、糯；追求本味，清鲜本和，咸甜醇正。菜品风格雅丽，形质兼美，酥烂脱骨而不失其形，滑嫩爽脆而益显其味。其特点是浓中带淡，鲜香酥烂，原汁原汤浓而不腻，口味平和，咸中带甜。其烹调技艺擅长于炖、焖、烧、煨、炒。烹调时用料严谨，注重配色，讲究造型，四季有别。苏州菜口味偏甜，配色和谐；扬州菜清淡适口，主料突出，刀工精细，醇厚入味；南京、镇江菜口味醇和，玲珑细巧，尤以鸭制的菜肴负有盛名。

### 3. 代表菜品

江苏菜的代表菜有软兜长鱼、炝虎尾、水晶肴蹄、拆烩大鱼头、清蒸鲥鱼、野鸭菜饭、银芽鸡丝、鸡汤煮干丝、清炖蟹粉狮子头、双皮刀鱼等。

## （四）粤菜

粤菜即广东菜，由广府、客家、潮汕三种风味组成，在中国大部分地区都有粤菜馆。粤菜是国内民间第二大菜系，地位仅次于川菜。在国外是中国的代表菜系。粤菜以广府风味为代表。

### 1. 形成与发展

广东地处东南沿海，气候温和，物产丰富。古代聚居于广东一带的百粤族善渔农，尚杂食。秦汉以后，受到中原文化的影响，杂食之法更加发展、完善。近代又吸取西餐技艺，融会贯通，逐渐形成具有鲜明特色的南国风味菜系——广东菜系。近年来，广东菜更为发展，新派粤菜风靡全国。广东菜系由广州菜、潮州菜、东江菜三个地方菜组成。香港地区菜也应属广东菜系范畴。西汉时就有粤菜的记载，南宋时受御厨随往羊城的影响，明清发展迅速，20 世纪随对外通商，吸取西餐的某些特长，粤菜也推向世界，仅美国纽约就有粤菜馆数千家。

### 2. 特点

粤菜选料广博奇异，善用生猛海鲜。粤菜取料之广，为全国各菜系之最。"不问鸟兽虫蛇，无不食之。"如在动物性原料方面上，除了常用的鸡、鸭、鱼、虾、猪、牛、羊外，还善用蛇、狗、狸、鼠等许多动物。善用鲜活原料为广东菜一大特色，其中以潮州菜用海鲜最为见长。同时，刀工干练以生猛海鲜类的活杀活宰为见长，技法上注重朴实自然，不像其他菜系刀工细腻。广州菜口味上以爽、脆、鲜、嫩为特色。东江菜的口味则以咸、酸、辣为特色，多为家常菜。此外，粤菜的烹调方法许多源于北方或西洋，经不断改进而形成了一整套不同于其他菜系的烹调体系。

### 3. 代表菜品

粤菜的代表菜有三蛇龙虎凤大会、五蛇羹、文昌鸡、东江盐鸡、两柠煎软鸡、梅菜扣肉、铁板煎牛柳、白灼基围虾、八珍扒大鸭、脆皮乳猪、豉汁茄子煲、蚝油扒生菜、潮州白鳝煲、清蒸大鲩鱼等。

## （五）闽菜

闽菜是中国八大菜系之一，经历了中原汉族文化和当地古越族文化的混合、交流而逐渐形成。闽菜由福州、闽南和闽西三路不同风味的地方菜组合而成。其特点是清爽、鲜嫩、淡雅、偏于酸甜。如茸汤广肚、肉米鱼唇、鸡丝燕窝等菜肴，均具有浓厚的地方色彩。

### 1. 形成与发展

福建位于我国东南部，东际大海，西北负山，气候温和。丰富的山珍、野味、水产资源，为福建菜系提供了良好的物质条件。福建菜由福州、闽南、闽西三种不同的风味构成，以福州菜为代表。福州菜清鲜、淡爽，偏于甜酸。讲究调汤，汤鲜、味美，汤种多样。调味上善用糟，有煎糟、红糟、拉糟、醉糟等多种烹调方法。闽南菜善用辣椒酱、沙茶酱、芥末酱，尤以用沙茶酱烹制，饶有风味。闽西菜则稍偏咸、辣，乡土风味浓郁。

### 2. 特点

闽菜以擅制山珍海味著称，尤以巧烹海鲜佳肴见长。在色香味形兼顾前提下，以味为纲，具有淡雅、鲜嫩、隽永的风味特色；刀工巧妙，调味奇特，烹调细腻。烹调方法尤以炒、爆、煨等技术著称。

**3. 代表菜品**

福建菜系的代表菜有佛跳墙、烧片糟鸭、太极明虾、小糟鸡丁、白炒鲜竹蛏、生炒黄螺片、炒西施舌、清蒸加力鱼、荔枝肉等。

## （六）浙菜

浙菜即浙江菜系，以杭州菜为代表。浙江菜系各地风味比较统一，和江苏菜系中的苏南风味，安徽菜系中的皖南、沿江风味较近。

**1. 形成与发展**

浙江位于东海之滨，北部水道成网，素称鱼米之乡；西南丘陵起伏，盛产山珍野味；沿海渔场密布，海产资源丰富。浙江人民利用这些富饶的自然资源，创制出许多深受人们喜食乐道的浙江名菜。浙江菜系由杭州、宁波、绍兴三个地方菜组成，其中以杭州菜为代表。浙江菜有悠久的历史，它的风味包括杭州、宁波、绍兴、温州等地方的菜点特色。

**2. 特点**

浙江菜具有色彩鲜明，味美滑嫩，脆软清爽，菜式小巧玲珑、清俊秀丽的特点。它以炖、炸、焖、蒸见长，重原汁原味。首先，浙菜的选料苛求细、特、鲜、嫩。其次，烹调方法上以南菜北烹见长，口味上以清鲜脆嫩为特色。其中，杭州菜制作精细，变化多，以爆、炒、烩、炸为主；宁波菜鲜咸合一，以蒸、烤、炖见长，讲究鲜嫩软滑，注重保持原味；绍兴菜擅长烹制河鲜，入口香酥绵糯，汤鲜味浓，富有乡土气息。在调味上，浙江菜善用料酒、葱、姜、糖、醋等。形态讲究精巧细腻，清秀雅丽。许多菜肴都富有美丽的传说，文化色彩浓郁是浙江菜一大特色。

**3. 代表菜品**

浙江菜的代表菜有西湖醋鱼、干炸响铃、雪菜黄鱼、东坡肉、清汤越鸡、元江鲈莼羹、叫化鸡、生爆鳞片、龙井虾仁、蜜汁灌藕、嘉兴粽子、宁波汤团、湖州千张包子等。

## （七）湘菜

湘菜即湖南菜系，以长沙菜为代表，主要流行于湖南地区。在中国大部分地区都有湘菜馆。湘菜是民间第三大菜系。

**1. 形成与发展**

湖南位于中南地区，气候温暖，雨量充沛。湘、资、沅、澧四水流经该省，自然条件优越。湘西多山，盛产笋、蕈和山珍野味；湘东南为丘陵和盆地，农牧副渔发达；湘北是著名的洞庭湖平原，素称鱼米之乡。湖南菜由湘中、南地区，洞庭湖区和湘西山区三种地方风味组成。湘中、南地区的菜以长沙、湘潭、衡阳为中心，是湖南菜的主要代表。湘菜历史悠久，早在汉朝就已经形成菜系，烹调技艺已有相当高的水平。《史记》中曾记载，楚地"地势饶食，无饥馑之患"。长期以来，"湖广熟，天下足"的谚语，更是广为流传。秦汉两代，湖南的饮食文化逐步形成了一个从用料、烹调方法到风味风格都比较完整的体系。其使用原料之丰盛，烹调方法之多彩，风味之鲜美，都是比较突出的。唐、宋以来，尤其在明、清之际，湖南饮食文化的发展更趋完善，逐步形成了全国八大菜系中一支具有鲜明特色的湘菜系。

### 2. 特点

湘菜特点首推刀工精细，形态俊美。刀法有 10 余种，菜肴千姿百态，变化无穷。其次，湘菜调味上以酸辣著称，讲究原料的入味，调味工艺随原料质地而异。湖南菜以辣为主，酸寓其中。善用菜油也是湖南传统菜的一大特色。另外，湘菜技法多样，有尤重煨的特点，其他烹调方法如炒、炸、蒸、腊等也为湖南菜所常用。

### 3. 代表菜品

湘菜的代表菜品有剁椒鱼头、腊味合蒸、东安子鸡、酱汁肘子、麻辣子鸡、冰糖湘莲、荷叶软蒸鱼、油辣冬笋尖、湘西酸肉、红烧全狗、菊花鱿鱼等。

## （八）徽菜

徽菜主要流行于徽州地区和浙江西部，和江苏菜系中的苏南菜、浙江菜系较近。

### 1. 形成与发展

徽菜的形成与江南古徽州独特的地理环境、人文环境、饮食习俗密切相关。绿树成荫、沟壑纵横、气候宜人的徽州自然环境，为徽菜提供了取之不尽、用之不竭的徽菜原料，得天独厚的条件成为徽菜发展的有力物质保障。同时，徽州名目繁多的风俗礼仪、时节活动，也有力地促进了徽菜的形成和发展。

徽菜起源于南宋时期的古徽州（今安徽歙县一带），原是徽州山区的地方风味。由于徽商的崛起，这种地方风味逐渐进入市肆，流传于苏、浙、赣、闽、沪、鄂以至长江中下游区域，具有广泛的影响。徽菜的形成、发展与徽商的兴起、发迹有着密切关系。徽商史称"新安大贾"，起于东晋，唐宋时期日渐发达，明代晚期至清乾隆末期是徽商的黄金时代。徽商富甲天下，生活奢靡，而又偏爱家乡风味，其饮馔之丰盛，筵席之豪华，对徽菜的发展起了推波助澜的作用，可以说哪里有徽商哪里就有徽菜馆。

### 2. 特点

总的来说，徽菜有以下一些特点：首先，就地取材，选料严谨，原料立足于新鲜活嫩。其次，巧妙用火，功夫独特，以重色、重油、重火工为特色。最后，徽菜擅长烧、炖，浓淡适宜，在讲究食补的同时，以食养身。

### 3. 代表菜品

徽菜的代表菜品有红烧头尾、黄山炖鸽、腌鲜鳜鱼、毛峰熏鲥鱼、符离集烧鸡、奶汁肥王鱼、葡萄鱼、清炖马蹄鳖、红烧果子狸、徽州毛豆腐等。

## 二、地方风味

人们常说"食在中国"。中国饮食文化不仅国人视之为民族文化的奇葩，而且越来越被公认为世界文化的瑰宝。我国幅员辽阔，不仅有举世闻名的八大菜系，更有众多地方风味小吃。各地的风味小吃各不相同、不胜枚举，本书仅选取其中的部分加以叙述。

### （一）北京风味

北京美食由山东风味和当地风味构成。北京菜的代表菜肴有：北京烤鸭、涮羊肉等。北京的风味美食有 200 多种，较有地方特色的有：爆肚、炒肝、灌肠、白水羊头、芥末墩、茶汤、豆汁、炒疙瘩、驴打滚、艾窝窝、小窝头、羊眼儿包子、五福寿桃、炸酱面等。

### （二）天津风味

天津菜选料精细，技法考究，注重色泽，口味以咸鲜、嫩淡为主，重火候，质地多样。狗不理包子、十八街麻花、耳朵眼炸糕被称为"津门三绝"。另外，具有天津地方特色、知名度较高的还有：张记果仁、曹记驴肉、陆记烫面炸糕、白记水饺、芝兰斋糕干、大福来锅巴菜、石头门坎素包。

### （三）上海风味

上海风味的口味较重，擅浓油赤酱，糖色重艳，咸淡适口，具有与上海人生活同样精致的韵味。代表性美食有葱油饼、高桥松饼、排骨年糕、油炸糖糕、生煎馒头、酒酿圆子等。如著名的生煎馒头，是上海最著名的点心，20 世纪 20 年代初期盛行于上海。其口味特点是松软肥大，底部金黄香脆，皮薄肉嫩，馅汁充足。其制作要领是面粉加沸水时，要边加入边搅拌，加酵母后要揉匀；同时，在煎制时要不断转动平底锅，以便受热均匀。

### （四）重庆风味

重庆风味麻辣鲜香，极富地方特色。较著名的风味小吃有麻圆、凉糍粑、山城小汤圆、熨斗糕、担担面、过桥抄手、鸡丝豆腐脑等。担担面，因过去是小贩挑着面担沿街叫卖故得名。此面以味取胜，各种调味品有十多种，是地道的风味小吃。特色是面条细滑柔软，麻辣味鲜。又如过桥抄手，因其独特的饮食方法而闻名，食用时将碗中抄手夹入味碟中，蘸上碟中调味后食用，犹如过桥，故名。特色是细嫩爽口，因人而异，味多变化。

### （五）东北风味

东北地处我国北方寒冷地区，冬天以含热量较高的食物为食，主食为大米、白面、黏米和玉米等。其中辽宁菜鲜脆酥烂，口味较浓、一菜多味、咸甜分明，著名的有白肉血肠、炒酸菜粉、扒白菜、酥麻蛋饺、沟帮子熏鸡等。吉林风味以满族、回族、朝鲜族等风味为主，有猪肉炖粉条、小鸡炖蘑菇、田宝珍饺子等。黑龙江的风味小吃选料广、品种多，充分显示出地域风情，如松仁小肚、老鼎丰糕点、大面包、什锦马哈鱼卷、烤奶汁鳜鱼等。其中大面包（又称大列巴）就颇具特色，这种大面包为圆形，有 5 斤重，是面包之冠，味道也别具芳香，具有传统的欧洲风味。出炉后的大面包外皮焦脆，内瓤松软，香味独特，又宜存放，是老少皆宜的方便食品。

# 第三节　中国茶文化

茶和咖啡、可可，为当今世界三大饮料，其中茶被尊称为"饮料大王"。中国是茶的故乡，世界上其他的产茶国，其茶种均是直接或间接从中国引进，各地的饮茶习俗，也都是中国传去的。

## 一、茶的起源与茶类

据传说，神农尝百草，一日遇七十毒，得茶而解。这里的茶，就是被用作治病祛疾的。西汉时期，司马相如在其《凡将篇》中，谈到二十一味药，茶为其一，可见汉代蜀人视茶为药。比司马相如稍晚的王褒在其《僮约》中，已明确地提到"烹茶尽具""武阳买茶"等，从中可以看出，茶叶已被作为饮料供人们饮用。

古人是如何利用茶作为饮料的呢？这还得从古人对茶叶的品尝谈起，《尔雅·释木篇》："茶，苦茶也。"《诗经》："谁谓茶苦，其甘如荠。"《黄帝食经》："茶茗久服，令人少睡，有力悦志。"从这些记载中，我们可以看到汉代以前，人们已陆续认识到茶的一些特征，诸如味苦，且苦中有甘，可提神解乏，有一些人嗜茶就完全有可能，继而这种饮食习俗扩大到整个社会，出现"武阳买茶"的茶市也就顺理成章了。

唐代茶业发展的一个里程碑式大事是陆羽的《茶经》问世。陆羽自小被寺院收养，青年时隐居浙江吴兴苕溪，朝廷曾征召他入朝为官，均未就职，对茶学钻研精深，写成《茶经》三卷，他被后世誉为茶圣、茶神。

《茶经》集唐以前茶学之大成，为中国最早的茶学百科全书。书中叙述了茶之源、茶之史、茶之地，如何采茶、制茶、制茶具，如何选水、如何煎茶、如何品饮，以及有关茶具的讲究，等等。

从陆羽的《茶经》可以看到，茶在唐代已带有明显的品赏色彩，后世的茶艺茶道的兴起，大约源于陆氏的首倡。

茶是茶道的物质基础，是茶艺的物质载体。赏茶必须了解茶的演变、茶的分类和茶叶的命名等，因为茶之美主要包括名美、形美、色美、香美和味美等。

中国茶的种类繁多，分类方法比较复杂，习惯上常以茶叶的加工方式进行分类，一是基本茶类，二是再加工茶类。基本茶类分为绿茶、红茶、乌龙茶（青茶）、白茶、黄茶和黑茶等；再加工茶类包括花茶、紧压茶、萃取茶、果味茶、药用保健茶和含茶饮料等。基本茶类：绿茶是我国产量最多的一种茶叶，是通过杀青、揉捻、干燥三个基本工艺流程生产而成的茶叶，该类名茶最多，如江西婺绿炒青、庐山云雾，浙江的西湖龙井、雁荡云雾、顾诸紫笋，安徽黄山毛峰、舒城兰花、太平猴魁等。红茶是鲜叶经过萎凋、揉捻、发酵、干燥等工艺流程生产而成的茶叶，具有叶红汤红的特点，名茶有安徽祁门红茶和云南滇红等。红茶是世界茶叶贸易的大宗产品。乌龙茶又称青茶，属半发酵茶，其工艺流程有晒青、摇青、轻发酵、杀青、揉捻、干燥等，冲泡后既具绿茶的清香，又有红茶的醇厚。名品有武夷岩茶、闽北水仙、凤凰水仙、铁观音、白芽奇兰和台湾乌龙等。其中，武夷岩茶中的大红袍被誉为"中国茶王"，"台湾乌龙"有"东方美人"之称。白茶属轻微发酵茶，基本工艺是萎凋、晒干或烘干，特点是汤色清淡，滋味鲜醇，其名茶不多，主要是产于福建福鼎、政和，名品有建阳的银针白毫、白牡丹等。黄茶属轻微发酵茶，工艺与绿茶近似，只是在制茶过程中多了一道焖黄的程序。特点是叶黄汤黄，代表品种有君山银针、蒙顶黄芽、温州黄汤等。黑茶属后发酵茶，是我国特有茶类，原料粗老，制作过程中因堆积发酵时间较长、叶呈黑褐色而得名。久负盛名的是云南普洱茶、四川边茶和湖南黑茶等。

再加工茶类是以绿茶、红茶等基本茶类为原料进行再加工的产品。其中花茶用茶叶和香花进行拼合窨制而成，又称熏花茶，如菊花茶、茉莉花茶等；紧压茶是以各种散茶或半成品茶为原料，用热水萃取茶叶中的可溶物，过滤弃去茶渣获得茶汤，经浓缩、干燥而制成的固态速溶茶，或不经干燥制成的浓缩茶，或是直接将茶汤装瓶形成的饮料茶；果味茶是茶叶半成品或成品加入果汁后，经干燥制成；药用保健茶是茶叶与某些中草药或食品拼合配制而成；含茶饮料是在饮料中添加茶汁制成。

# 二、茶人

自古饮茶、爱茶、重茶之人不计其数。达官显贵爱茶重其珍，附庸风雅；文人学士爱茶重其韵，托物寄情；佛门高僧爱茶重其德，参禅悟道；道家羽士爱茶重其功，养生延年；平民百姓爱茶重其味，消乏解渴。此所谓仁者见仁，智者见智，知山知水，各得其妙。

### 1. 茶圣——陆羽

陆羽，唐朝复州竟陵（今湖北天门市）人，字鸿渐。据传陆羽幼年被弃，智积禅师将他带回古寺，后托李公抚养，六年后回到寺院。智积禅师嗜茶如命，常呼朋唤友，品茗鉴泉。陆羽耳濡目染加上聪明早成，小小年纪便深谙茶艺。

智积禅师有心以陆羽为衣钵传人，但陆羽本人志于儒学。后来陆羽逃离寺院，流落街头，为求生计，委身民间戏班，从此又与戏剧结缘，并很快艺名远播，后又随隐士邹夫子精研经史，终成儒士。陆羽虽一生坎坷，但淡泊名利，醉心于茶文化的研究，历经三十春秋，写成了中国有史以来第一本茶学专著《茶经》，此书被后人称为中国茶道的"圣经"。

### 2. 茶人——白居易

白居易，河南郑州人，字乐天，号香山居士。白居易生于书香门第，自幼聪慧过人，9岁便能吟诗作对。

白居易爱茶之切，茶艺之精，悟道之深，堪为文人雅士之最。茶与诗是他生命的寄托，曾曰"茶，不可一日无"。他经常亲自煮茶，特别善于鉴茶识水，而"借酒消愁愁不去，转向茶佛自得趣"更是他的真实写照。

### 3. 茶皇——乾隆

乾隆是中国历史上最爱茶的皇帝之一。他自幼有嗜茶之习，十几岁时便懂得鉴茶、择泉、用火、候汤，虽贵为皇子却经常亲自焚竹烧火、煎茶煮茗，而且他一生爱茶，主张品茶要"咀嚼回甘"。他认为茶乃水中君子，酒为水中小人。他借茶施政，甚至亲自讲学赐茶。同时他善以茶休闲，常吟诗品茗，好鉴泉评水，"玉泉"便是他御封的天下第一。

此外中国历史上的著名茶人还有茶仙苏东坡、茶神陆游、茶怪郑板桥等。

## 三、茶艺与茶道

茶艺与茶道是茶文化的核心。"艺"指选茶、制茶、烹茶、品茶等茶之艺术，"道"是指茶艺所要贯彻的精神。二者相辅相成，茶艺重技，载茶道而成艺；茶道主理，因茶艺而得道。有道无艺则空乏，有艺无道则无神，形而上者谓之道，形而下者谓之艺，道艺兼备，形神自得。

茶艺主要是指各种茶汤的冲泡程序与技艺。茶艺十分注重程序编排的科学性和表演动作的协调性，是内在美和外在美的高度统一。程序编排上要求顺茶性、合茶道、讲科学、识风雅，茶艺表演要求动作协调、韵律流畅、传神达韵、和谐完美、怡情悦性，其泡法因品种、择器的不同而各有差异。乌龙茶常见的"八马三才泡法"，共八道程序，简单易学且高雅优美。（1）洗杯——白鹤沐浴。用开水洗净茶具，提高茶具的温度。（2）落茶——乌龙入宫。将茶投入壶中，多少因个人爱好而定。（3）冲茶——高山流水。高壶冲入，最好能让茶叶随开水的冲入在杯中旋转。（4）刮沫——春风拂面。用杯盖刮去浮在杯面的泡沫。（5）巡茶——关公巡城。把杯中的茶汤依次倒入品饮的小杯中。（6）点茶——韩信点兵。将茶汤倒入杯中时不要一次加满而要分次均匀斟入，以使每杯浓淡均匀。（7）看茶——赏色闻香。观赏汤色，闻其盖香。（8）品茶——品啜甘露。即奉茶、品茶、边吸边嗅、细尝细品。值得一提的是乌龙茶茶艺，乌龙茶冲泡要领：一是择器要精，宜用紫砂壶或小盖碗冲泡，杯具最宜白瓷小杯，或由闻香杯和品茗杯组成的对杯，壶以年代久远者为佳；二是高温淋器；三是滚水冲泡；四是旋冲旋啜，即边冲泡、边品饮。其品饮要领是讲究热饮、重闻香、细啜慢品。

# 第四节　中国酒文化

酒是一种古老的饮料，它香而醇厚，饮而得神。酒是一种源于自然、归于天地的物质，更是一种渗透社会、植根民族的文化。

## 一、酒的起源

中国是酒的故乡，中华民族是世界上最早懂得酿酒的民族。作为物态的酒先后经历了一个由天然食物到人工食物的转化过程。自古以来，人类对酒情有独钟，然而酒起源于何时，特别是酒祖是谁，众说纷纭，莫衷一是。据现代专家考证，最原始的酒不是人工酿造的，而是野果自然发酵而成，即所谓"猿酒"。古书载："平乐等府山中，猿猴极多，善采百花酿酒，樵子入山得其巢穴，其酒多至数石，饮之香美异常。"

谷物酿酒应起源于新石器时代，"清盎之美，始于耒耜"。如今的白酒，俗称烧酒，是通过加热蒸馏后所得，据史书所载，始于宋代。

## 二、酒的种类

中国酒的种类繁多，古代与现代分类方法也各不相同。古代分类法比较模糊，与其说是分类，不如说就是酒名。现代酒的分类方法主要有三种：一是根据酿造方法不同，分为蒸馏酒、发酵酒和配制酒；二是根据酒精含量的高低分为高度酒、中度酒和低度酒；三是根据饮用传统或商业分类法，分为白酒、黄酒、啤酒、配制酒、果酒、露酒和药酒等，此外也有按酒的质量进行分类的，分为名酒、优质酒、一般酒等。每一种酒还可以根据不同因素进行细分。总之，其细分方法非常复杂。

中国白酒按照所用酒曲和主要工艺可分为大曲酒、小曲酒、麸曲酒、混曲酒等，按酒精度又可以划分为高度白酒、低度白酒等。这里我们主要介绍按照酒的香型来进行划分的形式。一般来说，国家级评酒往往按酒的主体香气成分的特征对酒进行归类，可分为酱香型白酒、浓香型白酒、清香型白酒、米香型白酒，以及其他香型白酒。

酱香型白酒因有一种类似豆类发酵时的酱香味而得名，因源于茅台酒工艺，故又称"茅香型"。这种酒优雅细腻，酒体醇厚丰富，回味悠长。酱香型白酒的各种芳香物质含量较高且种类多，又分前香、后香。其代表是茅台酒、郎酒等。主要原料有高粱、小麦，贮存三年以上。

浓香型白酒以泸州老窖特曲、五粮液等酒为代表，浓香干爽。发酵原料是多种原料，以高粱为主，发酵采用混蒸续渣工艺。发酵采用陈年老窖，也有人工培养的老窖。在名优酒中，浓香型白酒的产量最大，四川、江苏等地所产的酒均是这种类型。

清香型白酒是一种传统的老白干风格，以山西杏花村的汾酒为代表，又叫"汾香型"，特点是清香醇正、多味协调、余味爽净。原料除高粱外，制曲用大麦、豌豆，采用清蒸清渣工艺，地缸发酵，贮存期为一年。

米香型白酒以桂林三花酒为代表，特点是米香醇正、入口柔绵、落口爽净、回味流畅。以大米为原料，糖化发酵剂采用传统的小曲，发酵工业特点是半液态法，贮存期一般3—6个月。

除了以上介绍的几种香型以外的各种香型的白酒，都属于其他香型，它们是一些因为工艺独特、风格独具而对其香型定义及主体香气成分有待进一步确定，或以一种香型为主兼有其他香型的白酒品种，如西凤酒、董酒等。

中国的黄酒，也称为米酒，属于酿造酒，与葡萄酒、啤酒并称为世界三大酿造酒。其酿造技术独树一帜，成为东方酿造界的典型代表和楷模。

有的人将黄酒这一名称翻译成"yellow wine"，其实这并不恰当。黄酒的颜色并不总是黄色的。在古代，酒的过滤技术不成熟，酒是呈混浊状态的，当时称为"白酒"或浊酒。黄酒的颜色现在也有黑色的、红色的，所以不能光从字面上理解。黄酒的实质应是谷物酿成的，因可以用"米"代表谷物粮食，故称为"米酒"也是较为恰当的。现在通行用"Rice Wine"。

经过数千年的发展，黄酒家族的成员不断扩大，酒的名称更是丰富多彩。最为常见的是按酒的产地来命名，如绍兴酒、金华酒等。黄酒类型的划分依据也有很多，如可以按照原料划分为糯米酒、黑米酒、玉米黄酒等。酒的外观可以划分为清酒、浊酒、白酒、黄酒、红酒等。按黄酒的含糖量将黄酒分为干黄酒、半干黄酒、半甜黄酒、甜黄酒、浓甜黄酒、加香黄酒等。

果酒是以葡萄、梨、橘、荔枝、甘蔗、山楂、杨梅等各种果品和野生果实为原料，采用发酵酿制法制成的各种低度饮料酒，可分为发酵果酒和蒸馏果酒两大类。果酒在人类酿酒史中最为悠久，史籍就载有"猿猴酿酒"的传说，但那只是依靠自然发酵形成的果酒，而我国人工发酵酿制果酒的历史则要晚得多，一般认为是在汉代葡萄从西域传入后才出现的。

唐宋时期除葡萄酒外，还出现了椰子酒、黄柑酒、橘酒、枣酒、梨酒、石榴酒和蜜酒等品种，但未能在世界酿酒史上独树一帜，形成传统的风格。清末烟台张裕葡萄酿酒公司的建立，是我国开始果酒类生产规模化的标志。新中国成立后我国果酒酿造业有了长足的发展，以张裕、长城和王朝最为著名。

啤酒是以大麦和啤酒花为原料制成的一种有泡沫和特殊香味、味道微苦、含酒精量较低的饮料。中华人民共和国成立以后，我国的啤酒工业得以迅速发展。不少优质啤酒远销港澳地区和欧洲、北美等国家和地区。近年来由于人们日益重视饮品的保健作用，啤酒的发展也有着品种味型多样化、口味清淡、低糖、少酒精或无酒精的趋势。

## 三、酒文化的概念与表现形式

酒在我国有着悠久的文化传承，西周倡导的"酒礼""酒德"，后来同儒家的伦理道德思想融合，成为数千年来中国酒文化区别于西方酒文化的最大特色。西周酒业的发展状况基本奠定了中国酒文化发展的两个方向：一是用曲发酵，从古到今，这是中国的国酒——黄酒和白酒与用菌种发酵的洋酒生产工艺的根本区别；二是把酿酒和饮酒、用酒都纳入法治化、礼制化、礼仪化的轨道，大大增加了酒的精神文化价值，减少了酒的负面作用。几千年来，中国酒文化历经无数次的发展变化，但是万变不离其宗，它始终是沿着这样两个方向不断变革、曲折发展、逐步完善的。

秦汉时期，随着制曲技术的发展，造酒技术也得到了进一步的发展，酒的品种也有所增加。在马王堆西汉墓中出土的《养生方》和《杂疗方》中，发现了迄今为止最早的有关酿酒工艺的记载。同时说明，当时的人对酒的药用功能已有一定的认识深度，药酒已是常见之物。在东汉时的画像石和画像砖上，酒事是常见的题材。最引人注目的是山东诸城凉台出土的"庖厨图"中的酿酒场景，它是对当时酿酒全过程的描画。

魏晋时期，伴随饮酒风气的盛行，出现了所谓的魏晋风度，而体现魏晋风度的一个主要标志就是文人喝酒成风。北魏贾思勰在《齐民要术》中，记录了40多种酒的酿造方法，其中有作者亲历的，也有辑自古籍的。此书对研究古代酿造技术极为重要。

到了唐代，除了粮食酒外，还开始酿造果酒和药酒，如葡萄酒、天门冬酒等。唐代的文人也是嗜酒成风，李白、杜甫等人不仅善于喝酒，而且在他们的诗中经常写到酒。如李白的《客中作》："兰陵美酒郁金香，玉碗盛来琥珀光。但使主人能醉客，不知何处是他乡。"以及杜甫的《饮中八仙歌》："……李白一斗诗百篇，长安市上酒家眠。天子呼来不上船，自称臣是酒中仙。张旭三杯草圣传，脱帽露顶王公前，挥毫落纸如云烟。焦遂五斗方卓然，高谈雄辩惊四筵。"

宋代一如唐代，不仅造酒业得到进一步发展，文人喝酒的风气也不亚于唐代。在我们熟悉的人物当中，如豪放词的两个代表人物苏轼和辛弃疾，都是好酒的人物。苏轼曾写过专门谈酒的《东坡酒经》。他的诗词也与酒结下了不解之缘。如著名的《饮湖上初晴后雨》："水光潋滟晴方好，山色空蒙雨亦奇。欲把西湖比西子，淡妆浓抹总相宜。"南宋伟大的爱国词人辛弃疾也是一位爱喝酒的人，他的词中也经常写到酒，如《西江月》："醉里且贪欢笑，要愁那得工夫。近来始觉古人书，信着全无是处。昨夜松边醉倒，问松我醉何如？只疑松动要来扶，以手推松曰（一作'曰'）去。"

元代出现了蒸馏酒——烧酒。李时珍《本草纲目》中记载："烧酒非古法也，自元间始创其法。"或谓烧酒是元代自阿拉伯传入我国的，或谓元以前已有烧酒。一般认为，"烧酒"自元代起逐步传入中原地区。明中叶以后，以高粱为原料，以大麦制曲，用蒸馏的方法制造的"烧酒"在北方发展很快，并渐渐取代黄酒而占据主导地位。南方虽仍以黄酒为主，但白酒的酿造也有所发展。

明清时期，伴随造酒业的进一步发展，出现了不少地方名酒。明代王世贞曾写过《酒品前后二十绝》，分别介绍了桑落酒、羊羔酒、章丘酒、金华酒、麻姑酒等名酒的产地、来历及特点等。

酒是社会文明的标志。研究社会的文明史，不可不研究酒文化史。中华酒文化中的丰富内涵，会给人们带来乐趣和启示。

## 四、中国名酒鉴赏

酒名数以千计，能让人呼之欲出、挥之不去的却不太多，这并不太多的佼佼者，便是我们所说的名酒。名酒古今有别，古代的名酒多是借助文人墨客之笔而流布得"名"，现代名酒则是严格根据感观指标与理化指标进行品评而定的。

从汉代的菊花酒到唐宋的剑南春酒、金陵酒，再到元代的翠涛饮、琼花浓等，元人宋伯仁在《酒小史》中列酒名百种有余。至于明清及其以后，由于蒸馏技术的提高，酒中珍品更是层出不穷。宫廷酒中有竹叶青、芙蓉液、玉泉酒，黄酒中有绍兴酒、金华酒等，烧酒珍品中有山西汾酒，以及剑南春、五粮液、茅台酒、泸州老窖酒等。

1915年在巴拿马太平洋万国博览会上，我国酒类50个品种获奖，震惊世界。新中国成立后，先后举行了多届全国评酒会，有不少特色酒品脱颖而出。如在历史悠久的黄酒系列中，有"越酒行天下"的绍兴酒，有"液倾闽酒赤如丹"的福建沉缸酒，有号称"珍浆"的即墨老酒。在果酒系列中有北京中国红葡萄酒、河北龙眼干白葡萄酒、山东张裕葡萄酿酒公司的烟台红葡萄酒等。啤酒系列中的名牌有青岛、燕京等。而分量最重的白酒系列中，有国酒茅台，还有剑南春酒、五粮液酒、泸州老窖酒、西凤酒、洋河大曲、古井贡酒、董酒等。

### （一）茅台酒

茅台酒产于贵州省仁怀县茅台镇贵州茅台酒厂。此酒历史悠久，早在两汉时，该地区即以"药酱酒"而闻名。明嘉靖年间，茅台镇已有酿酒的作坊，到清道光年间发展到20多家。其酒因入口不辣、入喉不燥、醉后不渴而声名鹊起。茅台酒为典型的酱香型白酒，酒精度53度，酒液微黄晶亮，酱香扑鼻悠长，口味幽雅细致，酒体丰满醇厚，留香经久不绝，素有"国酒"之称。茅台酒在1915年巴拿马万国博览会上获金奖，在历届全国评酒会上一直被评为全国名酒。

### （二）五粮液

五粮液酒产于四川宜宾五粮液酒厂。五粮液得名是因为以五种粮食即高粱、糯米、大米、玉米、小麦为原料精酿制成。宜宾古称戎州、叙州，早在汉代即有人在此酿酒。

宋朝时，当地人就用多种谷物为原料混合酿酒，称"荔枝绿"。诗人黄庭坚曾饮此酒，誉为戎州第一，著有《荔枝绿颂》。1926年，清朝遗老杨惠泉嗜饮此酒，嫌当时酒名"杂粮酒"不雅，建议主人邓子均改名为五粮液，此名要沿用至今。五粮液属浓香型白酒，酒精度分39度、52度、60度三种。酒液清澈透朗，酒香浓烈扑鼻，酒味醇厚谐调，入口甘绵净爽。五粮液酒曾在1915年巴拿马万国博览会上获奖，并在历届全国评酒会上多被评为全国名酒。

### （三）汾酒

汾酒产于山西汾阳杏花村汾酒厂。汾阳古称汾州，自古就是美酒生产之地。南北朝时就有"汾清酒"。至唐代，杏花村酿酒业空前繁荣，有酒坊70多家。诗仙李白曾到此地留有"琼杯绮食青玉案，使我醉饱无归心"的诗句。汾酒的酿造工艺最具传统色彩，除蒸馏工序外，其他工序与黄酒的生产工序相差无几。从古至今保留着七条秘诀：人必精、水必甘、曲必时、粮必实、器必洁、缸必湿，火必缓。汾酒属清香型白酒的典型，"汾香"就是清香。酒精度分60度、53度、48度、38度四种。酒液晶莹透明，兼具清香醇厚、醇甜柔和、余味爽净的特征，以"色、香、味"三绝而闻名。

### （四）剑南春

剑南春酒产于四川绵竹剑南春酒厂。绵竹古属绵州，隶属剑南道。早在唐高祖武德年间，即以出产美酒著称。玄宗开元年间，所酿的"剑南烧春"便为贡品。1958年绵竹酒厂在原大曲酒的基础上，改进原料与工艺，推陈出新，得名剑南春。该酒无色透明、芳香浓郁、醇和回甜、清冽净爽、余香悠长，属浓香型白酒。评酒家们认为此酒有芳、冽、醇、甘四大特点。酒精度为60度、52度、38度等。剑南春酒多次被评为全国名酒。

### （五）泸州老窖

泸州老窖酒产于四川省泸州酒厂。泸州古称江阳，酿酒的历史可追溯至秦汉之时，到宋代泸州酒业已相当发达。黄庭坚诗曰："江安食不足，江阳酒有余。"泸州老窖特曲酒为浓香型白酒之典型，因而浓香又叫"泸香"。酒精度分为60度、52度、38度三种。其窖香浓郁持久，回味悠长尤香，评酒家称此酒具有"浓香、醇和、味甜、悠长"四大特色。泸州老窖多次被评为中国名酒。

### （六）西凤酒

此酒产于陕西凤翔区西凤酒厂。凤翔古称雍城，是春秋战国时秦国都城。其名源于典故"凤鸣岐山"。苏东坡在凤翔为官时曾赋诗"柳林酒，东湖柳，妇人手"，其中"柳林酒"即如今的西凤酒。该酒集浓香型和清香型白酒的特点于一身，清而不淡、浓而不艳，是凤香型白酒的典型代表。酒精度有 65 度、55 度和 39 度三种。西凤酒清芬甘润，五味俱全，且恰到好处，酸不涩，甜不腻，苦不黏，辣不呛喉，香不刺鼻，一直是我国名酒之一。

## 【本章小结】

饮食文化是中国旅游文化的重要组成部分，饮食在"食、住、行、游、娱、购"中居于首位。本章的学习，目的在于了解我国饮食文化的概况，知道我国饮食文化的大概发展历史。同时，要深入挖掘中国旅游文化，必须了解我国的八大菜系和地方代表风味小吃，还要深入了解酒和茶在我国旅游文化中的重要地位。

## 【复习思考题】

1. 简述我国饮食文化大概的发展历史。
2. 简述八大菜系。
3. 简述川菜的特点、历史和代表菜品。
4. 简述我国酒的发展。
5. 说说家乡风味小吃。
6. 简述茶的分类。

# 第 八 章

## 旅游民俗文化

🔍 【教学目标】

本章主要介绍民俗的概念、分类和文化功能，各民族民俗常识及各民族的民俗禁忌。培养学生学习各民族民俗礼仪的热情，使学生在旅游接待活动中能够妥善地处理民俗禁忌，在导游带团工作中能够正确引导游客在民族地区有得体的言行，在导游讲解中能讲出文化、讲出精彩。

📝 【导入案例】

### 甲骨文为什么是占卜的记录

丽莉是殷墟博物馆的讲解员。每次她都会讲："甲骨文的内容大部分是殷商王室占卜的记录。商朝的人皆迷信鬼神，大事小事都要卜问，有些占卜的内容是天气晴雨，有些是农作收成，也有问病痛、求子的，而打猎、作战、祭祀等大事，更是需要卜问了！所以甲骨文的内容可以隐略了解商朝人的生活情形，也可以得知商朝历史发展的状况。"但总有人会问：为什么商朝的人那么迷信，相信鬼神呢？

**请思考：**丽莉应该怎样解释这一中国民俗文化？

# 第一节 民俗文化概述

## 一、民俗的定义

民俗，即民间风俗，指一个国家或民族中广大民众所创造、享用和传承的生活文化。它起源于人类社会群体生活的需要，在特定的民族、时代和地域中不断形成、扩大和演变，为民众的日常生活服务。民俗文化，是民间民众的风俗生活文化的统称，也泛指一个国家、民族、地区中集居的民众所创造、共享、传承的风俗生活习惯。它具有普遍性、传承性和变异性等特点。

## 二、民俗的分类

民俗大致可以分为生产贸易民俗，衣食住行民俗，社会家庭民俗，人生礼仪民俗，生态、科技民俗，信仰民俗，岁时节令民俗，语言文学民俗，民间游乐民俗，民间艺术等十大类。

### （一）生产贸易民俗

生产贸易民俗包括以下内容：

农业民俗：包括农具制造民俗、农事生产管理民俗、农耕礼仪、农耕节气民俗、农作技法民俗等；

狩猎民俗：包括狩猎组织民俗，狩猎技术、器械民俗，狩猎规约，猎物处置民俗等；

畜牧民俗：包括游牧民俗、放牧民俗、动物养殖民俗等；

渔业民俗：包括捕捞民俗、渔业作业民俗等；

矿业民俗：包括五金采矿民俗、采石挖煤民俗等；

林业民俗：包括采伐民俗、搬运民俗、护林民俗等；

采集民俗：包括采山野菜野果民俗、采中草药民俗等；

工匠民俗：包括工匠业民俗、技艺传承民俗；

贸易民俗：包括集市民俗、行商贩卖民俗、坐商店铺民俗、水陆商旅民俗、叫卖吆喝、幌子招牌、老字号及其影响，以及民间消费习俗等；

信贷民俗：包括钱庄行业民俗、典当行业民俗、民间借贷习俗等。

### （二）衣食住行民俗

衣食住行民俗包括以下内容：

服饰民俗：包括衣着类别民俗、修饰装束民俗、服饰礼仪民俗等；

饮食民俗：包括日常食制民俗、节日祭日食俗、调制烹饪食俗、特色风味食俗等；

居住民俗：包括房屋建造民俗、宅院格局与居住民俗、室内陈设民俗等；

交通民俗：包括道路桥梁民俗、运载工具民俗、驿站码头民俗、旅店货栈民俗等。

## （三）社会家庭民俗

社会家庭民俗包括以下内容：

家庭民俗：包括长幼尊卑民俗、家庭起居民俗等；

家族民俗：包括家族亲族民俗、宗族群体民俗、亲属称谓、亲邻关系民俗等；

两性民俗：包括性别民俗、孤寡民俗、两性交往民俗、性教育民俗等；

社团民俗：包括同业行会民俗、结义结社民俗等；

乡规民约民俗：包括社交礼俗、寨组织俗制、村民协力俗制、习惯法规等。

## （四）人生礼仪民俗

人生礼仪民俗包括以下内容：

生育民俗：包括诞生礼俗、养育民俗、教育民俗、成年礼仪、人生礼俗等；

婚嫁民俗：包括恋爱民俗、订婚民俗、媒妁民俗、婚姻俗制、结婚礼仪等；

敬老民俗：包括祝寿民俗、尊老民俗、养老民俗等；

丧葬民俗：包括报丧民俗、祭奠民俗、出殡民俗、服丧民俗等。

## （五）生态、科技民俗

生态、科技民俗包括以下内容：

生态民俗：包括气象生态民俗、山川生态民俗、动物生态民俗、植物生态民俗等；

民间科技：包括天文历法、气象谚语、生产经验、技艺技术发明、民间算术、民间测试、民间制造等；

民间医药：包括民间医疗习俗、民间用药习俗、民间清洁习俗、民间验方等。

## （六）信仰民俗

信仰民俗包括以下内容：

图腾禁忌：包括图腾民俗、占卜民俗、巫俗、禁忌民俗等；

民间宗教：包括巫术巫师巫教、民间神俗、民间宗教、民间鬼狐、民间迷信等；

神灵崇拜：包括灵魂崇拜、祖先崇拜、儒道佛崇拜、民间庙会、其他宗教等。

## （七）岁时节令民俗

岁时节令民俗包括以下内容：

岁时民俗：包括生产时令民俗、生活时令民俗等；

节庆民俗：包括春节过年民俗、四季节日、村落庆典、家族典礼、家庭与个人喜庆等。

## （八）语言文学民俗

语言文学民俗包括以下内容：

语言民俗：包括民间俗语谚语、语言崇拜民俗、语言民俗、语言禁忌等；

口头文学：包括神话、传说、故事、笑话、歌谣、史诗、长诗、谜语等。

## （九）民间游乐民俗

民间游乐民俗包括以下内容：

民间游戏：包括民间玩具、民间游戏等；

民间竞技：包括民间角力摔跤、民间棋艺、斗牛、赛马、刁羊等。

## （十）民间艺术

民间艺术包括以下内容：

民间工艺美术：包括民间工艺、民间美术等；

民间音乐：包括民歌民调、民间器乐等；

民间舞蹈：包括民间歌舞、民间乐舞、民间高跷、旱船、龙灯、舞狮、舞龙等；

民间说唱：包括民间说书、民间弹唱、民间曲艺等；

民间戏曲：包括民间小戏、地方戏、木偶戏、皮影戏等。

# 三、民俗文化的功能

## （一）教化功能

民俗的教化功能，指的是民俗在人类个体的社会化文化过程中所起的教育和模塑作用。人是文化的动物，人一出生，就进入了民俗的规范：诞生礼仪开始为他拉开人生的序幕。他从周围人群中习得自己的语言，在民俗游戏中模仿生活，按照特定的婚姻习俗去成家立业。待其死后，按照特定的丧葬民俗送他离开这个世界。我们从民俗中教育后人，要他们也得遵守婚姻礼仪、丧葬礼仪等。

## （二）规范功能

民俗的规范功能，指民俗对社会群体中每个成员的行为方式所具有的约束作用。

人类社会生活需要的满足，往往有多种方式可供选择。例如吃饭，可用刀叉，也可用筷子或手抓。民俗的作用，在于根据特定条件，将某种方式予以肯定和强化，使之成为一种群体或标准模式，从而使社会生活有规则地进行。

社会规范有多种形式，大略可以分为四个层面：第一层是法律，第二层是纪律，第三层是道德，第四层是民俗。其中，民俗是产生最早，约束面最广的一种深层行为规范。

民俗是起源最早的一种社会规范。法律源于民俗。民俗是一种约束面最广的行为规范。在社会生活中，成文法所规定的行为准则只不过是必须强制执行的一小部分，民俗却像一只看不见的手，无形之中支配着人们的所有行为。从吃穿住行到婚丧嫁娶，从社会交际到精神信仰，人们都在不自觉地遵从着民俗的指令。

在日常生活中，人们很难意识到民俗的规范力量，因此也就不会对其加以反抗。民俗对人的控制，是一种"软控"，却是一种最有力的深层控制。

### （三）维系功能

民俗的维系功能，指民俗统一群体的行为与思想，使社会生活保持稳定，使群体内所有成员保持向心力与凝聚力。民俗能维系社会稳定，任何一个社会都在不断变化，每一种文化都必须根据外部环境与内部情况的变化而不断地加以调整。在社会生活的世代交替中，民俗作为一种传承文化不断被后代复制，由此保持着社会的连续性。即使是在大规模的急剧社会变革中，与整个民俗体系相比，发生的变化总是局部的、渐变的，这就有效地防止了文化的断裂，维系社会生活的相对稳定。所以，民俗是人们认同自己所属集团的标识。

### （四）调节功能

调节功能是指通过民俗活动中的娱乐、宣泄、补偿等方式，使人类社会生活和心理本能得到调剂的功能。

民俗的娱乐功能显而易见。人类创造了文化，目的是享用它。人不可能日复一日、永无止境地劳作，必须在适当的时间进行适当的娱乐活动，休息体力、调剂精神，以及享受劳动成果，进行求偶、社交等活动。世界上没有哪个民族没有节日、游戏、文艺、体育的民俗，它们是人类生活的调节剂。

民俗也有宣泄的功能。人类社会生活中，个体的生物本能在群体中必然受到一定程度的压抑。无论是肉体行为压抑，还是心理压抑，对人类来说都是一种破坏性的力量，如果不在某种程度上得到宣泄，一旦积郁起来集中爆发，其后果不堪设想。有的民俗就是应这种需要而产生的。

民俗还有补偿功能。人们在现实生活中难以得到满足的种种需求，往往在民俗中得到某种补偿。

# 第二节　服饰民俗

## 一、我国汉族的服饰

### （一）汉服的概念

汉族服饰简称汉服，主要是指明末以前，在自然的文化发展和民族交融过程中形成的汉族服饰。它可以界定为上溯炎黄，下至宋明，以汉（先秦时期则为华夏）族人民所穿着的服饰为基础，并在此基础上自然发展演变而形成的一种具有独特风格的一系列服饰的集合。汉服具有以下三个特性。一是民族性，即汉服是汉民族的服饰。诸如中国古代胡人所穿的服装不能称为汉服。民族是个整体的概念，一个汉族人所穿的胡人的服装，也不能称其为汉族的传统服饰。二是发展的传统性。汉服的源流可以追溯到中国上古黄帝时期，一直保留风格传承并不断发展演化。汉服的传统性表现在从黄帝时期到宋明，在中国广袤的土地上，在历时近五千年的时间跨度，和数百万平方千米的空间广度上，所有汉族人的服饰在其主流上拥有共同特点，即以右衽、大袖、深衣为典型代表。三是发展的自然性，即在汉人自觉自愿的情况下自然地发展。

### （二）汉服的起源

新石器时代的仰韶文化时期，人们的生活日趋稳定，产生了原始的农业和纺织业，开始用织成的麻布来做衣服，后又发明了饲蚕和丝纺，人们的衣冠服饰日臻完备。随着生产力和社会分工的发展，原始社会的解体，人类社会发展进程出现了一个质的变化，从无阶级社会过渡到了阶级社会。从此，衣冠服饰便成了统治阶级"昭名分，辨等威，分贵贱"的工具。黄帝时代冕冠的出现标志着等级的差别，开始有了区别贵贱的黼黻。尊卑贵贱，各有分别，服饰制度逐渐形成。

### （三）汉服的基本特点

#### 1. 男装式样

"黄帝垂衣裳而天下治"传下来的大襟右衽交领宽袍大袖博衣大带的式样（秦汉服饰为代表），被夏、商、周（春秋战国）、秦、汉、三国两晋、南北朝、隋、唐、五代、宋、元、明承继，并影响了日本、朝鲜等国。日本和服最常见的式样便是如此。

自隋唐开始盛行的圆领衫（唐太宗李世民所穿）被唐、五代、宋、元、明承继，并影响了日本、朝鲜等国。宋太祖、明太祖所穿的均是这个类型的服饰。至今日本天皇出席某些场合穿的服饰就是这种汉服的变种。

**2. 女装式样**

女装式样相对稍多些，但基本式样大体也只有两种，即大襟右衽交领（以秦汉服饰为代表）式样和隋唐兴起的大襟低胸。大襟低胸式样同秦汉深衣不同的是服饰分为上衣下裳，不再像深衣那样衣裳连在一起。这两种女服式样对宋明时期以及日本朝鲜的民族服饰（女服）影响非常大。隋唐时期汉族妇女也穿过窄袖紧身翻领的胡服，但那些胡服基本是作为流行服饰来穿的（或者说是出于猎奇心理），并不是汉族传统民族服饰。宋明时期汉族妇女也穿过一些别的式样，但影响并不广。

汉族服饰几千年来的总体风格是以清淡平易为主。汉族古代的袍服最能体现这一风格，这种袍服的主要特点是宽袍大袖，褒衣博带，形制虽然简单，但一穿到人身上便神采殊异，可塑性很强。我们现在虽然不能见到这种服装的千姿百态的原型，但还是可以从汉代的帛画和魏晋隋唐遗留下的一些人物画中窥其神貌。形制简单的汉装大衣附着在不同体态的人物身上顿时具有了一种鲜活的生命力，线条柔美流畅，令人浮想联翩。朴素平易的装束反而给他们增添了一种天然的风韵。袍服充分体现了汉民族柔静安逸和娴雅超脱、泰然自若的民族性格，以及平淡自然、含蓄委婉、典雅清新的审美情趣。

## 二、我国少数民族服饰

### （一）回族

回族服饰与汉族基本相同，所不同处主要体现在头饰上，回族男子多戴白色或黑色、棕色的无檐小圆帽。妇女多戴盖头，特别是在西北地区：少女及新婚妇戴绿色的，中年妇女戴黑、青色的，老年妇女戴白色的。

回族男子在节日或遇有红白喜事时，喜戴白色小帽，妇女则戴披搭式巾帕，巾帕前端遮至下巴，后面披垂于肩头。

### （二）满族

20世纪30年代，满族男女都穿直统式的宽襟大袖长袍。女性旗袍下摆至小腿，绣有花卉纹饰。男性旗袍下摆及踝，无纹饰。20世纪40年代后，受国内外新式服饰新潮的冲击，满族男性旗袍已废弃。女性旗袍由宽袖变窄袖，直筒变紧身贴腰，臀部略大，下摆回收，长及踝，逐渐形成今日讲究色彩装饰和人体线条美的旗袍样式。

### （三）藏族

服饰无论男女至今保留完整。不同的地域，有着不同的服饰。特点是长袖、宽腰、大襟。妇女冬穿长袖长袍，夏着无袖长袍，内穿各种颜色与花纹的衬衣，腰前系一块彩色花纹的围裙。藏族同胞特别喜爱"哈达"，把它看作最珍贵的礼物。"哈达"是雪白的织品，一般宽二三十厘米、长一至两米，用纱或丝绸织成，每有喜庆之事，或远客来临，或拜会尊长，或远行送别，都要献哈达以示敬意。

### （四）维吾尔族

花帽，是维吾尔族服饰的组成部分，也是维吾尔族美的标志之一。早在唐代，西域男性多戴卷檐尖顶毡帽，款似当今的"四片瓦"。到了明代，因受阿拉伯和中亚文化的影响，维吾尔族男子削发戴小罩刺绣花帽。清代初期，维吾尔族花帽在用料和款式方面，有了新的发展。冬用皮，夏用绫，前插禽羽。女帽皆用金银线绣花点缀与装饰，喀什干的四楞花帽脱颖而出几乎成了维吾尔族花帽的主流而延续至今。经过各地维吾尔族人民的不断创新，花帽做工愈益精细，品种更为繁多。但主要有"奇依曼"和"巴旦姆"两种，统称"尕巴"（四楞小花帽）。

### （五）蒙古族

首饰、长袍、腰带和靴子是蒙古族服饰的 4 个主要部分。妇女头上的装饰多用玛瑙、珍珠、金银制成。蒙古族男子穿长袍和围腰。妇女衣袖上绣有花边图案，上衣高领。妇女喜欢穿三件长短不一的衣服，第一件为贴身衣，袖长至腕，第二件外衣，袖长至肘，第三件无领对襟坎肩，钉有直排闪光纽扣，格外醒目。

### （六）白族

白族男女都崇尚白色，以白色为尊贵。大理地区的男子多穿白色对襟衣，外套黑领褂，或数件皮质、绸缎领褂，俗称"三滴水"，腰系皮带或绣花兜肚，下着蓝色或黑色长裤。在云南洱源县西山区，每个成年的白族男子都身挎一个小巧玲珑的绣花荷包，荷包上绣着"双雀登枝""鸳鸯戏水"等字样。绣荷包是爱情的象征，它是白族姑娘聪明智慧的结晶。女子服饰则各地不一，大理地区多穿白上衣，红坎肩，或浅色蓝上衣，外套黑丝绒领褂，腰系绣花短围腰，下着蓝色宽裤，足穿绣花"百节鞋"。未婚妇女梳独辫子盘于头顶，并以鲜艳的红头绳绕在白色的头巾上，红白相衬，相得益彰。腰系绣花短围腰，更显得色彩鲜明，美观大方。已婚妇女改为绾髻。洱海东岸妇女则梳"凤点头"的发式，用丝网罩住，或绾以簪子，均用绣花巾或黑布包头。白族妇女有佩戴耳环、手镯的习俗。居住在大理洱源县的白族妇女喜欢的一种头饰叫"登机"，它是姑娘心灵手巧的标志。

### （七）傣族

傣族妇女一般喜欢穿窄袖短衣和筒裙，把她们那修长苗条的身材充分展示出来。上面穿一件白色或绯色内衣，外面是紧身短上衣，圆领窄袖，有大襟，也有对襟，有水红、淡黄、浅绿、雪白、天蓝等多种色彩。现在多是用乔其纱、丝绸、的确良等料子缝制。窄袖短衫紧紧地套着胳膊，几乎没有一点空隙，有不少人还喜欢用肉色衣料缝制，若不仔细看，还看不出袖管，前后衣襟刚好齐腰，紧紧裹住身子，再用一根银腰带系着短袖衫和筒裙口，下着长至脚踝的筒裙，腰身纤巧细小，下摆宽大。傣族妇女的这种装束，充分展示了女性的胸、腰、臀"三围"之美，加上所采用的布料轻柔，色彩鲜艳明快，无论走路或做事，都给人一种婀娜多姿、潇洒飘逸的感觉。

傣族男子一般都穿无领对襟或大襟小袖衫，下穿长管裤，用白布、青布或绯布包头，有的戴呢礼帽，显得潇洒大方。

傣族无论男女，出门总喜欢在肩上挎一个用织锦做成的挎包（筒帕）。挎包色调鲜艳，风格淳朴，具有浓厚的生活色彩和民族特色。图案有珍禽异兽、树木花卉或几何图形，形象逼真，栩栩如生。每一种图案都含有具体的内容，如红、绿色是为了纪念祖先，孔雀图案表示吉祥如意，大象图案象征着五谷丰登，生活美好，充分表现了傣族人民对美好生活的向往和追求。

# 第三节　民间信仰

## 一、图腾崇拜

### （一）图腾崇拜概述

图腾是原始宗教的最初形式，大约出现在旧石器时代晚期。图腾为印第安语 totem 的音译，源自北美阿耳贡金人奥季布瓦族方言 ototeman，意为"他的亲族"或"他的氏族"，因而用来做本氏族的徽号或标志，主要出现在旗帜、族徽、柱子、衣饰、身体等地方。

例如，我国商朝的始祖契是其母亲简狄食了一只黑鸟蛋而生下的，《史记》载"天命玄鸟，降而生商"，玄鸟便成为商族的图腾。

与其他原始宗教相比，图腾崇拜具有自己的特点：第一，图腾崇拜的对象具有多样性。如中华民族的发展史上，曾以龙、凤、黄牛、鼠、龙、蛇、草、梨树、黑、山、水等动物、植物、无生物和自然现象等作为图腾；第二，图腾崇拜既具有直观性，又具有抽象性，是动植物崇拜向祖先崇拜过渡的一种中间状态。

### （二）十二生肖与图腾

我国有十二生肖，它显示了我国各地兄弟民族的图腾崇拜。四川大凉山地区的彝族，至今仍保留了丰富而又有历史渊源的天文学知识，他们以十二兽纪日。有些地方建十二兽神庙，每年举行祭礼活动，在肃穆庄严的气氛中跳十二兽神舞蹈。

我国有的民族地区图腾崇拜的对象就是十二生肖的动物。例如，远古时代的不少氏族、部落认为自己的始祖是老鼠，并为自己是老鼠的后代而自豪，他们描绘、雕刻老鼠的形象，在仪式或节日期间隆祀厚祭，祈求鼠祖先的保护；纳西族把牛视为远古创世神兽；白族虎氏族认为其始祖为雄性白虎，白族鸡氏族传说他们的祖先是从金花鸡的蛋里孵化出来的；柯尔克孜族崇拜羊；满族把猪列为大神；保安族中流传雪白神马；蛇是古越人的重要图腾之一；古代瑶族始祖神即神犬盘瓠；广西南丹县瑶族黄姓传说其始祖姓为母猴。

### （三）龙的图腾崇拜

龙是一种传说中的神异动物，具有蛇身、蜥腿、凤爪、鹿角、鱼鳞、鱼尾、口角有虎须、额下有珠的形象。龙是多种动物的综合体，是原始社会形成的一种图腾崇拜的标志。

龙的雏形在新石器时代晚期已萌芽，是以夏族图腾为主体虚拟的想象物。龙是中国神话中的一种善变化，能兴云雨、利万物的神异动物，传说能隐能显，春分时登天，秋分时潜渊。龙后来成为皇权象征，历代帝王都自命为龙，使用器物也以龙为装饰。

上下数千年，龙已渗透进中国社会的文化中，除了在中华大地上传播承继外，还被远渡海外的华人带到了世界各地，在世界各国的华人居住区或中国城内，最多和最引人注目的饰物仍然是龙。因此，"龙的传人""龙的国度"也获得了世界的认同。

传说龙生九子：

龙长子，名赑屃，样子像龟，善于背负重物，还喜欢文字，爱扬名。它通常用来驮石碑。

龙次子，名螭吻，喜欢登高望远，能喷浪降雨。它通常被装饰在建筑物的屋脊上，用以防火。

龙之三子，名蒲牢，爱吼叫，喜爱音乐。它常被用来装饰大钟，做钟顶的钟钮。

龙之四子，名狴犴，样子像老虎，是威力的象征。它常被装饰在监狱的大门上，用来威吓罪犯。

龙之五子，名饕餮，生性贪吃。人们把它装饰在食物的器皿上。

龙之六子，名趴蝮，平日最喜水。它大都被装饰在桥头、桥洞和桥栏等处。

龙之七子，名睚眦，传说中它性情凶残，爱争斗厮杀。它常被装饰在刀剑的柄上。

龙之八子，名狻猊，样子像狮子，喜欢烟火。它一般被装饰在香炉上。

龙之九子，名椒图，样子像螺蚌，善于封闭和保护自己。人们把它装饰在大门上，用来守门。

## 二、鬼神崇拜

我国与世界各民族一样都经历了原始宗教崇拜的发展阶段，原始宗教包括对天地日月、风雨雷电、山川湖海，以至动物、植物等广泛崇拜。

殷商时代，史前时期的自然崇拜已发展到信仰天神和天命，初步建立了以上天为中心的信仰系统；原始的鬼神崇拜已发展到以血缘为基础，与宗法关系相结合的祖先崇拜；梦兆信仰也已发展到求神意以定吉凶的占卜巫术。这在当时是百姓普遍的信仰，人们相信地上发生的一切事情或后果，都是天神意志的体现；而天神的意志与情绪，依世人对它崇敬的程度，以及行为的善恶而作出报应。帝王为了取悦鬼神（这里鬼指祖先，神指天神，而殷人的祖先即天神），祈求鬼神以其无限的权威来维持他的统治，相应兴起祭祀活动。

周朝建立之后改变了殷商的天命观，但之后的历朝历代民间都有鬼神崇拜，特别宋代以后太庙、祠堂、城隍庙、土地庙，成为神灵崇拜的一大热门。民间更是广泛崇拜灶神，认为"家有主神，灶为司命，念饮食膳馐之自出"，"司人家一家良贱之命，记人善恶，月晦之日，悉奏天曹"。所以人们"切不可对灶吟咏及哭，秽语恶言，烧不净柴，禁厌秽物"，"亦不可用灶火烧香，谓之伏龙屎"。

在中国神仙体系中，属于天神的有上天及日、月、星、斗、宿、风、云、雷、雨诸神；属于地神的有社稷、山川、五岳、四渎之神；属于人鬼的主要是各姓的祖先及崇拜的圣贤。这些也便是后来道教所以成为多神教的来源。后世道教做法事，如建醮坛，设斋供，即古人祭祀的礼仪；唱赞词、诵宝诰，即含有言辞悦天神之意；上表章、读疏文，也便是申诉和祈祷之用。由此可知，汉代兴起的道教具有古代巫祝遗风，所供奉的神也大多渊源于古人的信仰。

## 三、生殖崇拜

生殖崇拜，是原始社会普遍流行的一种风俗。它是原始先民追求幸福、希望事业兴旺发达的一种表示。所谓生殖崇拜，就是对生物界繁殖能力的一种赞美和向往。主要部位包括：生殖器、乳房、臀部。

原始人由于不懂得人类生殖的原因，见到从妇女腹中能生出一个新的生命，总认为其中有一种神奇的力量；同时由于当时社会生产力的极端低下，人就是生产力的全部，人口的多少、体质的强弱决定氏族或部落的兴衰，所以人们对妇女分娩十分重视。当有妇女分娩时都要举行隆重的祝祷仪式，要到野外去分娩，认为这可以使土地肥沃。如果妇女因分娩而死，那么就要对死者举行英雄的葬礼。

古代许多民族都有生殖之神，在古希腊和罗马是普里阿帕斯，其神像的最大特点是阳物雄伟异常；中国古代的生殖之神则多为女性，如送子观音、送子娘娘等。中国历史上有女娲造人的神话，商祖简狄吞玄鸟卵而生契，周祖姜嫄踩巨人脚印而生弃。

## 四、神秘术数

中华文化，不仅以其悠久、丰富称著于世，还因其浓郁的神秘性为中外瞩目。所谓神秘，内含神奇、隐秘之意。一切有神秘色彩的文化，都可以称之为神秘文化。譬如三皇五帝、后妃妻妾、太监外戚、术士巫师、隐者仙人、善男信女、门帮会派、三教九流、三坟五典、秘籍禁书、异端邪说、阴阳五行、天人感应、奇门遁甲、谶纬禁忌、怪习陋俗、相面测字、炼丹养生、占星堪舆、武术气功，皆可包容之。

术数，即以种种方术观察自然界可注意的现象，来推测人和国家的气数和命运。术数是中国传统文化的一部分，尽管其中多是糟粕和迷信，但它能够流传 3000 多年，足见其中也有合理的成分。

术数有不同种类，主要有堪舆和算命，历史上为秦始皇到东瀛求得长生不老之药的徐福，就是著名的术士。

神秘术数中包括了科学和迷信，反映了朴素的民俗。它以阴阳五行学说、天人学说为基本理论，有卜筮、占星、占候、堪舆等分支，是个庞大深奥的体系。

堪舆，即风水，活人居住建房，逝者安葬墓穴，人们常常要找风水先生看风水，或者破风水。风水首重形势，风水讲究龙、水、穴、砂、向。龙即指陆地，水即指水，穴即指建筑，砂即指建筑前左右两边的部分，向即指建筑物的坐向。看似迷信不靠谱，实则体现了人与自然的和谐，这与西方社会"环境决定命运"的说法有异曲同工之妙。

古人讲风水，讲"藏风聚水"，实在是得风水之神韵、精髓。古人又讲风水全在于一个"情"字，这既是宋明时代的精神，也是儒家文化的新发展。人们说一个地方风水好，就称赞这个地方形如太师椅：后有靠，左右有扶手，前边平坦。左右扶手就是砂，左边是龙砂，右边是虎砂，两边规模大小距离长短高低走向等都合乎情意，就是有情；反之就是无情。

# 第四节　民间生活

## 一、姓名文化

在我国，姓的形成经历了几千年的历史，历史上出现过 22000 多个姓氏。据统计，至今各种姓已达到 11939 个，其中单姓 5313 个，复姓 4311 个，三字姓 1615 个，四字姓 571 个，此外，还有五字姓、六字姓，甚至九字姓。从地域分布上看，每个省都有比其他省特殊的高比例的姓氏人口。如广东的梁、罗、赖，山东的孔，江苏的徐、朱，广西的黄、韦等。寻根问祖是中华民族根深蒂固的传统观念，每一个人都有自己的姓。我国具有世界上最悠久并持续不断的姓氏传统，重人伦的炎黄子孙都很看重自己的姓。方兴未艾的寻根热为旅游业带来许多商机，也对旅游工作者提出了进一步了解姓氏学知识的要求。

## （一）关于姓氏

### 1. 姓氏的含义

姓氏是一个人血统的标志。姓的起源可以上溯到母系氏族社会，其作用是"别婚姻"，即识别、区分氏族，实行族外婚。当时的先人已经认识到杂交婚姻与近亲交配的危害，于是在同姓氏族内部禁婚，若干异姓氏族互相通婚，以保证氏族的人种健康兴旺。姓原本表示妇女世代相传的血统关系，由女性方面决定。目前已知的古老姓氏，如姬、姜、嬴、妊、姒、妫等姓中均带有"女"字偏旁，从中可看出母系氏族社会的痕迹。

"氏"原为"姓"的分支，起源于父系氏族社会。其主要作用，在于"明贵贱"。贵者有氏，贱者有名无氏。起初，"姓"原是比"氏"更大的概念，是整个大部落的标记；而"氏"从属于"姓"，是指较小的、派生的氏族，黄帝轩辕氏即属于姬姓部落。氏成为古代贵族标志、宗族系统的称号，用以区别子孙之所由出生。

秦始皇一统天下后，西周旧的氏族及姓氏制度受到强烈冲击，姓和氏开始合二为一。西汉时期，姓氏完全融为一体，姓氏合称，仍取姓之义，表明个人出生家族的符号，并且自天子到庶民人人皆有姓氏，姓氏的使用和发展才真正步入正轨。

在先秦时期，姓和氏有不同的含义。关于姓与氏的性质、作用，郑樵在《通志·氏族略序》中做了很好的概括："夏、商、周三代以前，男子称氏，妇人称姓。氏所以别贵贱，贵者有氏，贱者有名无氏。故姓可呼为氏，氏不可呼为姓。姓所以别婚姻，故有同姓、异姓、庶姓之别。氏同姓不同者，婚姻可通；姓同氏不同者，婚姻不可通。三代之后，姓氏合而为一，皆可以别婚姻，而以地望明贵贱。"

### 2. 姓氏由来

中国姓的形成有以下 8 种原因：

（1）用族号作姓。如秦始皇，姓嬴名政，嬴是他祖先的族号。

（2）受封的国名、地名作姓。如周朝时的周公名旦，本姓姬，但因封地在周，其子孙即以周为姓。

（3）用居住的地名作姓。如西门豹，西门是他先辈居住的地方，西门便成了他的姓。

（4）用官名作姓。如司马迁，祖先曾任过司马的官职，司马便作了他的复姓。

（5）以从事的技艺为姓。如弓、巫、陶三姓，因其祖先曾世代作弓匠、巫医、陶工，便以此作姓。

（6）非汉族的复姓。多以部落命名，如呼延、完颜、尉迟等。

（7）以母系姓为姓氏。在母系氏族社会，婚姻在不同的母系氏族之间进行。现有的一些古姓如姬、姚、姜等都是从女旁，表示出对母性的无限崇拜。

（8）以图腾为姓氏。如姜姓从女从羊，羊可能是羊姓氏族的图腾。马、牛、龙、毛、桃、李、林、云等姓，都可能是一种图腾的标志。

## （二）名、字、号

### 1. 名

名字是一个人区别于其他人的称号。现在一般人只有名而无字，名与名字的含义相同；古代国人名与字有不同的含义和用途。古人幼时取名以供长辈呼唤。

### 2. 字

字是古人成年后取的别名，孔颖达云："始生三月而加名，故云幼名也……人年二十有为人父之道，朋友等类不可复呼其名，故冠而加字。"古代男子到 20 岁成人，要举行冠礼，标志其人可立身于社会了，要另取一个字。女子未许嫁时叫"待字"闺阁，到了 15 岁许嫁时，举行及笄礼，也要取字。字必须在名的基础上起，它是解释名的，所以叫"表字"，解释的是名的性质和含义，所以也叫"表德"。正是因为名和字必须有意义上的联系，所以《白虎通·姓名》才说："或傍其名而为之字者，闻名即知其字，闻字即知其名。"如曹操字孟德，操是操行、品德，所以用"德"来说明"操"；诸葛亮字孔明，"明"与"亮"同义，所以两者相协。另外，还有在家族中依行辈规定的"字辈名"，一般是其第一个字，是本行辈所固有的。

### 3. 号

号，亦称别号。古人在名和字以外的别名，一般为尊称、美称，而呼人之号比呼其字更示尊重与客气。如陆游号放翁，范蠡号陶朱公，秋瑾号鉴湖女侠。另有一类号叫诨号、诨名，即通常说的绰号、外号，如梁山好汉 108 人中的"智多星""豹子头""母大虫"等。

"名以正体"，古人在人际交往中，名具有严肃性，一般用于谦称、卑称。上对下、长对少方可称名；下对上、平辈之间，称字不称名。在一般情况下直呼对方的名是不礼貌的。"字以表德"，字或以明志趣，或以表行第。因此，对人称呼常用字，字的使用率大大超过名。"号为尊其名更为美称焉"，号比字更示尊重、响亮。如孙中山先生，"文"是其名，"逸仙"是字，而"中山"则是号。他自称"文"，父兄长辈直呼其名"孙文"理所当然；一般人直呼他"孙文"的通常是其政敌，带有咒骂、蔑视之意；称他"逸仙"的往往是其早期的同辈和挚友；辛亥革命以后，人们大都称之为中山先生或孙中山先生。

## （三）避讳

讳者，名也。生曰名，死曰讳，隐也，谓隐蔽其事而不敢宣之也。《公羊传》云："春秋为尊者讳，为亲者讳，为贤者讳。"避讳之法，据《左传疏》云："自殷以往，未有讳法，讳始于周。周人尊神之名，为主讳名。列朝有公讳私讳之分。皇帝之名，国人皆共避之，谓之公讳；人子于其祖、父之名，一家共避之，谓之私讳，亦曰家讳。"中国古代，人们言谈和书写时遇到君父尊亲的名字要设法回避，用别的词语来代替，这就叫避讳。

## 二、节日文化

### （一）汉民族的岁时节日民俗

#### 1. 春节

农历正月初一为春节，是中国最重要、最隆重的节日。

（1）桃符。又名"桃板"。古代神话传说谓东海度朔山有大桃树，其下有二神，名神荼、郁垒，能食百鬼。故农历元旦，民间习以桃木板画二神于其上，悬于门户，以驱鬼辟邪。此俗起于汉代，至五代以后，渐代之以用纸书写的春联及刻印门神像。

（2）小挂千。旧时北京等地过春节时，店铺门前所粘刻有吉祥语的小红纸或小黄纸，叫作小挂千，清富察敦崇《燕亦岁时记·挂千》："挂千者，用吉祥语镌于红纸之上，长尺有咫，粘之门前，与桃符相辉映。其上有八仙人物者，乃佛前所悬也。其物民户多用之，世家大族鲜用之者。其黄纸长三寸，红纸长寸余者，曰小挂千，乃市肆所用也。"

（3）闹嚷嚷。明代元旦日，男女老幼所戴之饰物。以纸做成，缠于铜丝之上。为古代"人胜"、宋代"闹蛾"之遗。

（4）年糕。江南地区，用糯米或黏性较大的米，加水磨成粉，蒸制而成的糕。因是过农历年的食品，故称"年糕"，又称"水磨年糕"。各地式样不一，以江浙一带最为重视。冬腊水制成，可存贮数月之久。

（5）五辛盘。又称"辛盘"，即在盘中盛上五种带有辛辣味的蔬菜，作为凉菜食用。源于汉代立春日食生菜。魏晋以后，元旦日有食五辛盘的风俗，意在尝新。唐宋以后，演变为立春日之"春盘"。

（6）拜年。正月初一起，由家长带领小辈出门谒见亲戚、朋友、尊长，以吉祥语向对方祝颂新年，卑幼者并须叩头致礼，谓之"拜年"。主人家则以点心、糖食等热情款待之。亦有士大夫之族，不亲自登门，仅遣子弟或仆役持帖代拜者，宋时已成风气，相沿至近代，改用贺年片。

#### 2. 元宵节

农历正月十五元宵节，中国有闹元宵的习俗。

（1）灯市。唐代始，正月十五夜张灯，至宋代臻于极盛。自腊月末至正月初，民间已有各种奇巧灯彩应市，称为"灯市"。后世相同，直至近代。旧时，从正月十三始，开启"闹元宵"序幕。街道两旁挂满彩灯，其中"走马灯"最为诱人，一盏灯有多幅画面艺术呈现不同的历史故事。随着画面不停转动，人物也活动起来，吸引游人围观。旧时津门富家豪户、商号店铺借此争奇斗富，所有寺庙、公所、水会、茶棚，皆彩灯高挂，供路人观赏。

（2）元宵。元宵又称汤圆、汤团、圆子，用糯米细粉为皮，核仁白糖为馅，大如核桃。人们晚饭前吃汤圆，并把汤圆供奉在神佛祖先的像前。明清时正月十五吃元宵已成全民时尚，这种年俗一直延续至今。

（3）赏月。正月十五是全年第一个月圆之夜。全家同吃元宵，共赏圆月，其乐融融。月圆家圆吃汤圆，象征家庭和睦、美满幸福。

（4）猜谜。旧时元宵节盛行猜灯谜，将谜语写在绢灯上，故名灯谜。明末阮大铖的传奇剧本《春灯谜》和清代曹雪芹《红楼梦》第22回"制灯谜贾政悲谶语"都记叙了猜灯谜的情形。古今延续的正月十五猜灯谜，具有娱乐和益智的双重作用。

（5）庙会。逛庙会是过年的一大习俗。正月十五民俗庙会，熙熙攘攘的人流，琳琅满目的商品，特色迥异的小吃，加上丰富多彩的文化活动，组成年味浓烈的民俗画卷。

### 3. 清明

清明，二十四节气之一。在农历三月初，阳历的4月4日、5日或6日，寒食节的后一天。唐时开始重视此节，因与寒食相联系，宫中于此日赐榆柳之火给近臣，民间也"改火"。此外，又有拔河、斗鸡、抛球、秋千等活动，试新茶、上坟、食饧粥等习俗。自宋以下，民间更于这天插柳条于门，出郊游园饮酒，以贺佳节。

### 4. 端午

端午，中国汉民族传统节日，在农历五月初五。"端"为始之义，每月有三个五日，"端五"，意为第一个五日。又因农历五月称"午月"，故也称"端午""重午"。为我国传统三大节（春节、端午、中秋）之一。

（1）粽子。端午起源甚古，大致与祈求农业丰收及防止夏季疫病有关。至晋以后，楚地纪念伟大爱国诗人屈原的活动也与端午密切联系起来。此日民间历来有悬菖蒲于门户、饮酒、竞渡、挂天师符、沐浴、驱五毒虫、戴长命缕、食粽子（角黍）等风俗。

（2）悬艾。亦名"插艾"。以艾草悬插于门户、堂屋、床头等处。源于古代端午节采集众药草之俗。艾，又名艾蒿、家艾，茎叶含挥发性芳香油，味浓烈，有驱除蚊蝇虫蚁、净化空气的作用，艾绒可用于针灸。菖蒲作用类似，民间迷信它有辟邪免疫的神效。故自汉晋以来，端午节家家必插艾以应节景，唐以后更添以菖蒲，民间为"蒲龙艾虎"。京有以艾束为人形者。

### 5. 中秋

农历八月十五为中秋节。俗以此日为三秋之中，故名。中秋节食月饼，取合家团圆之意。至南宋尚无此习俗。周密《武林旧事》所记各种饼中，虽有"月饼"之名，并非节日食品。民间传说，元代末年，人民为反抗残暴统治，以饼子互相赠送，饼内附有字条，相约于八月十五日一同起义。此后，中秋食月饼并以饼祭月，遂成全国性的风俗。其饼以面制外皮，内馅有荤、素、五仁、百果、椒盐各种。苏州及广州所制月饼颇为有名。乡村农户，则以面纳馅自制圆饼，烘烙而成。或称"烧饼"，实即最初之"月饼"。

### 6. 重阳

重阳亦称"重九""九日"，在农历的九月初九，为古代传统节日。古代《易学》以奇数为阳数，偶数为阴数，九为"极阳"而九月九日更是两个"极阳"之数相遇，认为必有灾厄，故《西厢杂记》谓西汉武帝时已有佩茱萸、食糕饵、饮菊酒诸俗，以为禳避之术。至东汉时，又产生方士费长房指点桓景于九日避厄的传说，因而，至迟在汉魏之际已形成此节。此后，重阳登高游赏、佩萸泛菊、食糕成为自宫廷至民间的普遍风俗。

### 7. 除夕

亦称除夜、大年夜，指农历一年最后一天的晚上，也指一年的最后一天。古时于腊日或腊前一日有击鼓驱疫之俗，谓之"逐除"，除夕之称，盖由此来。汉以后，逐除之俗改在除日谓之"驱傩"。除夕燃放纸裹火药的爆竹，始于宋。此夜红烛高烧，爆竹声不绝于耳，民间与宫廷，并无例外。除夕家人围炉团坐，小儿嬉戏，通夕不眠，谓之守岁，此俗于时已有。又，长幼聚饮，祝颂而散，谓之"分岁"，亦始于晋。后世大年夜合家团聚，吃年夜饭之俗，由此而来。此外，民间除夕有于门上贴门神之俗，每至夜半，辄除旧门神，易新门神。至于门上贴春联，则源于古时的桃符。以红纸书写联语，贴于门上，明以后才普遍流行。除夕夜或岁首，长辈给儿女钱物，谓之压岁钱，盖源于宋时宫廷于岁除，赐钱物于后妃之礼。

## （二）少数民族最具特点的岁时节日民俗

### 1. 回族

回族有三大节日，即开斋节、古尔邦节、圣纪节。这三个节日都是宗教节日。开斋节，是阿拉伯语"尔德·菲士尔"的意译，所以也叫尔德节，在新疆还有肉孜节的叫法。古尔邦节，开斋节后第70天，即伊斯兰教历的12月10日，是古尔邦节。古尔邦节也称"宰牲节"，是穆斯林赴麦加朝觐的最后一天。这一天要沐浴净身，室内焚香，斋戒半日。上午人们要去清真寺参加会礼，向麦加叩拜，请阿訇宰牲，将所宰牛、羊肉的一部分分赠亲友、济贫施舍。圣纪节，是纪念先知穆罕默德诞生的日子，这天是伊斯兰教历3月12日，也是穆罕默德逝世的日子。纪念活动一般在清真寺举行，在活动中要诵经演说，讲述圣绩。有的地方还在这天举行盛大的尔麦里会（善事宴会），宴请宾客。

### 2. 满族

满族受汉文化的影响，节日与汉族相近，重视过农历新年。正月十五过"灯节"，正月二十五祈求来年过"添仓节"，农历二月二是"锁龙"的日子，还有五月初五"端午节"，六月六"虫王节"，八月十五日"中秋节"。

添仓节，满族农村家家讲究煮黏高粱米饭，放在仓库，用秫秸秆编织一只小马插在饭盆上，意思是马往家驮粮食，丰衣足食。也有的人家用高粱秸做两把锄头插在饭上。

这个节至今在东北农村保留着。

虫王节，六月天，易闹虫灾，居住在辽宁省岫岩、凤城一带的满族过去在六月初六这天，一户出一人到虫王庙朝拜，杀猪祭祀，求虫王爷免灾，保证地里的收成好。如今不搞虫王节祭祀活动，但家家要在这一天晾晒衣物，以防虫蛀。

### 3. 黎族

黎族的节日与黎族的历法有着密切的关系。中华人民共和国成立前，黎族的节日在邻近汉族地区和黎汉杂居地区大多都用农历，节日与汉族相同，如春节、清明节、端午节等。就黎族来说，过得最隆重和最普遍的节日是春节和三月三。

### 4. 纳西族

纳西族人民的节日有许多与汉族相同，如春节、清明节、端午节、中秋节等，但春节的活动内容却与汉族不同，具有浓厚的民族特色。同西南许多民族一样，纳西族也有火把节。而本民族的传统节日，主要是骡马会、农具会、龙王会和朝山会。

### 5. 藏族

藏族的节庆活动很多，几乎每月都有一个节日，而且民间节日和宗教节日穿插。传统节日中以藏历新年、沐浴节、雪顿节和望果节最有规模、最具特色。

### 6. 白族

白族人民主要节庆有大过年、三月街、绕三灵、火把节、耍海会、拜日望等，其中三月街、火把节饶有特色。与汉族相同，白族也过清明、端午、中秋等。

## 三、婚庆习俗

### 1. 汉族

传统汉族婚俗基本上延续了古代的"六礼"制度。六礼，传说周文王卜得吉兆，亲迎太姒于渭河之滨，整个过程经过纳采、问名、纳吉、纳征、请期、亲迎六道仪式，后来约定俗成此仪式演变为婚俗礼仪的范本。

纳采，即男方父母托媒找中意的女家表达求婚之意。旧时婚姻多由父母包办、通媒结亲，不能自由恋爱。男孩子长到十七八岁，家长就开始托媒找女家，或者相中哪家姑娘，托媒人去提亲，即"父母之命，媒妁之言"。托媒人提亲，若女方不允，也会婉言谢绝，俗话说"一家女，百家求"，女方可以不允，但不可以得罪媒人。若女方同意婚事，男方才能再去女家求婚。古代纳彩所带礼物用雁，因为人们认为雁"木落南翔，冰泮北徂"，顺乎阴阳往来；二是雁失配偶，终身不再成双，取其忠贞，以雁为礼表示求婚之诚意。

问名是女方同意婚事后，男家托媒人到女方家询问女方名字和出生年月日，准备合婚的仪式，俗称讨八字。问名后，男方请算命先生将男女双方生辰八字排阴阳，看看男女命相是否相克，以定婚姻吉凶。若八字合，即可成婚。

纳吉是将合婚得吉的结果通知对方。这一礼俗唐代叫"报婚书"，近代又称"换帖"，即现代意义的"订婚"。纳吉时，男方要备礼到女家双方互换婚书，表示婚约达成。旧时男方备礼用雁，到了近代逐渐演变为如耳坠、戒指、银帽等饰物。纳吉之后男女双方的婚事就算定下了，至此，女孩子就算"有人家了"。纳吉时交换婚书的方式视双方经济状况而定，可分"下启""会启""传启"三种。生活条件好的人家多采用"下启"形式。男家先派两名熟悉礼仪、儿女双全，且不在服孝期的"吉人"携"聘启"（即婚书）到女家下启。下启人拜见女方家长时面呈聘启。随后女方也要择吉日选派"吉人"到男方家"复启"。家境一般的人家，采取"会启"形式，男女双方共同出资，选一合适地点摆席，双方各派"吉人"携启赴宴，交换婚启。第三种为"传启"，双方均不摆席，由媒人互传婚启了事。近代以来称前式婚书为"小启"，具体订婚还要举行下"大启"仪式以表示婚约的隆重与诚意。大启为双红纸大四折金笺，外加大红帖套。金笺内函为两折，讲究八行，取旧时书信"八行书"格式。传大启仪式比较庄重。山东沂蒙山一带传启时要在包袱里放上红麸子、红糖、香艾、一对穿着红线的针取意吉祥：红麸子谐音洪福，红糖寓意甜美，香艾谐音相爱，一对穿红线的针寓意千里姻缘一线牵。作为回礼，女方则将回启连同备好的衣帽等礼物放在包袱内让"吉人"带回。接下来便是纳征，往女家下聘礼的程序了。

纳征是男女双方缔结婚姻关系后，男家把聘礼送往女家的礼仪。聘礼轻重不拘，但家境好的人家，为显示体面，往往重礼下聘，这样男女双方都觉得脸面增光。女家受礼后要回礼，有的将女家给男方准备的衣服鞋袜等送与男方，有的将聘礼的一部分退回。聘礼中的物品多用双数，忌讳单数。

请期又称看日子、送娶牌、下婆帖，旧时只是男方查定迎娶日期，同女方商议。"请"是谦辞，事实上都是男方定好后通知女方的。先请算命先生卜得吉日，再将日期及迎娶事项写成帖，请媒人送至女方家中征求意见，故称"请期"。一般要卜得两个吉日，一个在上半月，一个在下半月，然后经女方筛选，将选中的日子确定，俗称"定日子"。山东地区讲究礼尚往来，在送日子的同时还要送聘礼。聘礼多为红衫、蓝袄面、戒指、耳坠等，用红包袱包好，上面插柏枝，寓意"长命百岁"。在迎娶之前还要进行迎亲"过礼"仪式。过礼多在上午进行。礼品数量不限，但必为双数。必备礼品为：活鹅一对，代雁；酒一坛；衣服、首饰、衣料；喜饼，为大盒酥皮点心；喜果，干鲜各四盘，多为枣、栗子、花生、桂圆，取吉祥寓意；茶叶，取"三茶六礼"之意。

亲迎，迎娶新娘的仪式，俗称娶媳妇、娶妻子，它是婚嫁礼仪的中心环节，其礼仪也十分繁杂。汉族地区大致有迎亲、祭拜天地、行合卺礼、入洞房等多道程序。吉日确定后，男女双方都要为婚嫁做准备，称为"备嫁"。旧时临娶前一天，新郎要换上新衣鼓乐相随在村中挨户行礼，俗称行家礼，意为恳请亲邻在婚娶的日子里多多帮忙。而婚礼前一天，女方家里的亲朋也都来为新娘暖嫁。这天晚上新娘要向父母行"辞娘礼"，感谢父母的养育之恩。

到了娶亲之日，一般情况为新郎亲自去女家迎接新娘。早饭吃过喜面后，迎亲的花轿就要启程。新郎换上礼帽，胸前系大红花，一切就绪后，迎亲的队伍带着鼓乐队浩浩荡荡去迎接新娘了。山东地区迎娶的轿子有两种，一种是新郎乘坐的叫"官轿"，一种是新娘乘坐的叫"花轿"。迎亲时花轿不能空着，一般要找一个父母双全的小男孩压轿。

花轿到女家门前，鼓乐队要吹打三通才开门，意为"憋性"，故意把新郎拒之门外。新郎进门后，首先要拜见女方祖先和家长，有的地区稍事休息后便端上酒菜，让事先选定的送亲客陪着边吃边谈，等待新娘梳妆。新娘出嫁的着装不论哪个季节都是一袭红，通常喜棉忌单。要是夏天出嫁即在腰间缠一缕棉絮，据说这是寓意"儿女厚实"。有的地区新娘穿戴凤冠霞帔、绣花鞋、金银首饰等举行婚礼仪式。等到新娘梳妆完毕，鼓乐队高奏喜乐，新娘在新郎的陪同下坐上花轿。有的地区认为新娘离屋上轿时，足不着地，一般由新郎或家中兄长背出或抱上花轿。待新郎、新娘在轿中坐稳后，同时起轿，一前一后，娶亲的队伍开始返回男方家中。起轿后，走在最前面的人要撒青龙帖或喜字帖，遇到桥、井、庙宇或拐弯处都要贴青龙帖。一路上不能中途落轿。但凡经过村庄都要吹打一番，以吸引群众。有时男女两家距离近，迎亲的队伍行进路线就故意绕一些、远一些，目的在于烘托结婚的喜庆气氛。

等到迎娶队伍返回男方家中，花轿冲着喜神的位置落定，迎亲的姑娘们铺下红毡，掀开轿帘，新娘在伴娘的搀扶下下轿后，就开始拜天地仪式。一般天地桌摆放在堂屋门前，女东男西站定，在司仪的喊声中，开始拜天地、拜高堂、夫妻对拜的仪式。随后送入洞房。

新娘被送入洞房后，朝着喜神的方位坐下，谓之"坐帐"。此时就有人端来栗子、红枣、花生等撒在床上，边撒边念"一把栗子一把枣，明年生个大胖小"，此谓之"撒帐"。过去坐帐要坐三天，为此新娘在婚前几天便要节食，避免坐帐时的难堪，后来改成一天，或者象征性地坐一下午。山东微山湖一带在婚礼结束后，迎亲婆还要用红鸡蛋在新娘的脸上滚几趟，一边滚一边说："红鸡蛋，满脸窜，今年吃得喜馍馍，明年吃你的喜鸡蛋……"传说这么做不仅具有祛邪避灾功效，同时也是祝愿新娘早生贵子。

2. 满族

满族婚礼既带有本民族浓厚的特点，又融合了不少汉民族的风俗礼节。满族青年男女订婚有两种形式：一是男女青年的家长是熟人或朋友，相互了解，有意做亲，便托媒人给子女许定终身，有的是男方向女方求婚，有的是女方向男方求婚。另一种是男女双方互不认识，托媒人为子女订婚，并由媒人转交双方的"门户帖"，开具双方的旗佐、履历、姓氏、三代。此外，还要互相检验生辰八字。接下来是放定，即递财礼。分放大定和放小定两种。放小定是未来的媳妇拜见姑母兄嫂等男方家至亲时，得到财物。放大定叫作"过大礼"，俗称"下大菜"，就是选择吉日，男方将聘礼送到女方家。结婚前一日，送亲的要喝"迎风酒"。新娘则离家到男方借好的寓所住宿，俗称"打下发"。次日清晨，女方家用彩车送亲，由其哥哥护送。彩车到新郎家时，洞房门前的地上放有一火盆，让喜轿车抬着新娘从火盆上经过，俗称"过火避邪"。为赶走或杀死随轿而来的鬼怪，新郎要向轿门虚射三箭；也有实射的，但一般都是朝轿底射，以免伤着新娘。接着，新娘被人扶出轿来，同新郎一同向北三叩首，俗称"拜北斗"。拜完北斗后举世闻名行"撒盏"仪式。即头戴红盖头的新娘和新郎，面朝南跪在院中神桌前，桌上供猪肘一方、酒三盅、尖刀一把，萨满单腿跪在桌前，一面用满语念经，一面用尖刀把肉割成片抛向空中，同时端酒盅齐把酒泼到地上。主要目的是祈求上苍保佑新婚夫妇，使他们子孙满堂、白头偕老。举行完以上这些仪式后，新娘由全科人（即父母子女俱全的人）搀进洞房。新娘过门槛时，在门槛上放有一副马鞍，新娘必须从上面跨过去。新房的床铺必须"全科人"铺设，洞房铺好后要在房内奏乐，称"响房"。新娘入洞房时，一个小女孩手拿两面铜镜，对新娘照一下，然后把铜镜挂在新娘的前胸后背。接着，另一个小女孩递过两只锡壶，里面盛有米、钱等，新娘或抱在怀里，或夹在腋窝，俗称"抱宝瓶"，又叫"抱保媒壶"。当新娘在床上坐稳后，新郎用秤杆把罩在新娘头上的红布揭去，叫作"揭盖头"。接下来便是夫妻喝交杯酒，吃合喜面、长寿面或子孙饽饽等。

### 3. 维吾尔族

维吾尔族男女青年结婚时，由阿訇或伊码目诵经，将两块干馕蘸上盐水，让新郎、新娘当场吃下，表示从此就像馕和盐水一样，同甘共苦，白头到老。婚宴要在地毯上铺上洁白的饭单，最先摆上馕、喜糖、葡萄干、枣、糕点、油炸馓子等，然后再上手抓羊肉、抓饭。

### 4. 傣族

傣族每年的七月十五至十月十五期间，正值农忙季节，傣族青年一般不谈恋爱，也不办喜事。这一古老的传统习俗一直保留至今。农忙季节一过，就会在幽静凉爽的竹楼上，绿树成荫的地头边，热闹欢乐的丢包场上看到男女青年谈情说爱的身影。傣族青年常用歌声来表示自己的爱慕之情，一问一答，羞涩而不俗套，十分委婉、纯朴、巧妙。男女青年相爱，定情之后，便由男方父母请媒人去女方家里提亲，只要两厢情愿，父母一般是不会阻挠的。订婚之后，选择良辰吉日，举行婚礼。傣族婚礼，古老简朴，按照当地风俗，婚礼必须在女方家竹楼上举行。"拴线"仪式是傣族婚礼的主要内容。宽敞的竹楼堂屋摆着一张婚礼桌，桌面上覆盖着芭蕉叶，上面放着芭蕉叶做成的帽子，下面放着雌雄鸡各一只。桌上还放有红布、白布、芭蕉叶盒子等。主婚人坐在婚礼桌上首，亲友们靠近主婚人围桌而坐。新郎新娘跪在主婚人对面，准备接受"拴线"仪式的洗礼。主婚人致完贺词，新郎新娘从桌上抓一坨糯米饭，蘸上酒，掸向四周。之后，举手作揖，以示对祖先的怀念和祭奠。接着，主婚人从桌上拿起一根较长的白线（有的地方是红线）从左至右，绕过新郎新娘的肩，把线的两端搭在桌子上。然后，又用较短的白线，分别拴在新婚夫妻的手腕上，表示他们的灵魂和心已经拴在一起，相亲相爱，永不分离。同时，在座的老人也纷纷拿起白线，重复地将线拴在新人的手腕上，并祝福他们婚后幸福。生出儿子会犁田、盖房，生出姑娘会织布、插秧。拴线后，桌子上的一只鸡献给念祝词的老人，另一只让年轻小伙子拿去分享，预祝他们早日找到钟情的姑娘。在竹楼的另一端，主人摆设丰盛的佳肴，招待前来贺礼的宾客。新郎新娘举杯向来宾们殷勤地敬酒。此时，客人往往提出各种问题，让新郎新娘当场作答。幽默的问答，有时引起哄堂大笑，气氛异常热烈。婚宴中，还要请"赞哈"（歌手）来唱歌。"赞哈"有男有女，大都是口齿伶俐，通晓本民族文化，善于表达感情的人。当"赞哈"唱到精彩之处，人们不时爆发出"噢！噢！噢！"的欢呼声，将婚礼推向高潮。

## 四、民间游艺

游艺民俗是各种民间娱乐活动的总称，泛指民间各种娱乐活动的习俗，包括民间歌谣、民间神话传说、民间故事、民间音乐、民间舞蹈以及民间体育竞技等各种文化娱乐活动所引起的种种民俗事象。

游艺民俗是一种以消遣、调剂身心为主要目的的民俗事象，其特点是娱乐性与竞技性相融合、季节性与节日性相结合、明显的祭祀与巫术色彩、浓郁的乡土特色。游艺民俗在民俗旅游资源中最富观赏性、最具参与性、最有娱乐性，其旅游价值非同一般。

### （一）汉族游艺民俗

汉族民间的游艺民俗种类很多，民间口头文学、民间歌舞、民间小戏、民间曲艺、民间竞技、民间杂艺、民间游戏等种类多，内容丰富。而且，这些民俗在东南西北不同地区、不同时间，其游艺竞技活动的名称、内容、形式和游戏规则，有不同的表现。

由于人们对游艺娱乐活动的求新、求奇的心理，随着社会生活的不断发展，人们会在生活中创立新的游艺项目，或者不断丰富游艺活动的内容，完善游艺活动的规则，使它更具有娱乐性、可操作性和公平公正性。历史上，某些少数民族曾入主中原，或在中原地区建立政权，他们也将自己民族的习俗带入中原，传遍全国，辽、金、元、清政权的建立便带来了北方民族游艺竞技的习俗，如摔跤、拔河。近代社会，随着西方文化的进入，特别是现代工业的发展，有些民间游艺活动就消失了，如乞巧节的斗巧和斗草就不进行了。围棋、象棋、大炮吃小子等游艺竞技依然存在，但现在民间更流行打麻将、玩扑克。因此，我们考察汉族游艺民俗的传承，可发现其既保持着固有的传统，显示出鲜明的汉族特色，又时时变动，表现出显著的时代特征。

汉族的游艺竞技活动，特别是人们的体育竞技活动，多讲究技巧，必使用工具，而不是纯力量的较量，如二人三足跑、推铁圈、打陀螺、抓拐等。

民间神话传说、民间歌舞、戏曲、杂耍和竞技、游戏，都能给民众带来享受和愉悦，具有娱乐性。

### （二）少数民族游艺民俗

满族人能歌善舞，每到佳节、祭祀、婚庆、祝寿或出征、凯旋都要有歌舞助兴，这些歌舞尽显鲜明的民族特色。满族歌舞大体上分为民间歌舞、宫廷歌舞和祭祀歌舞三大类。莽式舞是流传时间较长的满族民间筵席歌舞。据记载，每逢有筵席，男女主人依次起舞，动作大致是举一袖于额，反一袖于背，因飞腾盘旋，所以叫作"莽式舞"。八角鼓是满族最富有民族特色和民族风格的说唱艺术。

朝鲜族民间歌谣，以表达思念家乡妻儿之情的《阿里郎》、在野外劳动或喜庆之时自由演唱的爱情歌谣《道拉吉》，以及《桔梗谣》《诺多尔江边》等为代表。民间体育活动丰富多彩，而且有悠久的历史传统。其影响最广的，主要有秋千、跳板、摔跤、拔河等。

蒙古族地区素有"歌乡""舞海"美称，在特定的自然、地理环境和历史条件下形成了自己独特的民俗文化。历史上曾留下了《蒙古秘史》《江格尔》《格斯尔》等著名的文学作品，以及歌舞、乐器、绘画等珍贵的民族文化遗产。蒙古族舞蹈久负盛名，传统的马刀舞、鄂尔多斯舞、筷子舞、盅碗舞等，节奏明快，舞步轻盈，艺术地再现了蒙古族劳动人民纯朴、热情、粗犷的健康气质。马头琴是蒙古族人民最喜爱的民族乐器。因在琴杆上端饰有一个马头，所以叫"马头琴"，演奏者多半是独奏，或自拉自唱，辽阔低沉，悠扬动听。我国和蒙古国联合申报的"蒙古族长调民歌"，已被联合国教科文组织批准为"人类口头和非物质文化遗产"第三批名录。

"那达慕"在蒙古语中是娱乐和游戏的意思，是蒙古族传统的群众性集会，也是一年一度的盛大节日。那达慕具有悠久的历史，近代的那达慕大会又增加了读书、唱歌、跳舞、下棋、射击、马球、马术、田径等活动项目。蒙古民族在长期的狩猎游牧生活中，创造了许多具有民族特点的体育竞技活动，其中，被誉为"男子汉三项竞技"的射箭、摔跤、赛马最具有代表性。

维吾尔族有着优秀的文化艺术，如举世闻名的《智慧福乐》和《突厥语大词典》。这些作品不仅是维吾尔族文学宝库中光辉夺目的明珠，也是对世界文学的伟大贡献。维吾尔族是一个能歌善舞的民族，驰名中外的古典乐典《十二木卡姆》是一部维吾尔族民族音乐舞蹈完美结合的艺术瑰宝。传统舞蹈有群众喜闻乐见的顶碗舞、盘子舞、手鼓舞等最富民族特色。民间舞蹈以"赛乃姆""刀郎""夏地亚纳""萨玛""纳孜库姆"为代表。民间故事集有《阿凡提的故事》。民间乐器，一般有弹拨尔、热瓦普、都它、沙塔尔、达甫（即手鼓）等。"麦西来甫"是最具有广泛群众基础，最受群众欢迎的集体歌舞。

藏族人民创造了许多如《格萨尔王传》这样独具特色、博大精深的民族民间文化遗产，包括舞蹈、音乐、戏剧、美术、藏医药，以及传统节日、民族体育和民间游艺、民俗活动等在内的非物质文化遗产。中国第一批"非物质文化遗产"保护名录中，西藏自治区申报的《格萨尔史诗》、热巴舞、唐卡、藏族邦典与卡垫织造技艺和藏族造纸技艺等14项遗产榜上有名。"锅庄"是藏族民间舞蹈形式之一，为藏语"果卓"的谐音，即圆圈歌舞的意思，流行于西藏、四川、云南和青海的藏族地区。藏族的民间舞蹈还有锅鼓舞、朗玛（宫廷舞）、堆协（踢踏舞）、热依、热巴弦子、寺院法舞和面具舞等。

歌圩节是广西壮族一种群众性的唱歌活动，也是酷爱唱歌的壮族人民比歌赛智的传统节日，农历三月初三举行，歌声通宵达旦。

芦笙节是贵州省黔东南苗族侗族自治州苗族人民的传统节日，约在农历九月二十七举行。节日期间，男子穿对襟或右大襟短衣和长裤、头缠青布巾，腰束大带，手持芦笙、唢呐、铜鼓，涌向会场；姑娘们穿着绣有各色花纹、图案的衣裙，头缠青帕，腰束绣花彩带，佩戴银饰，边说边笑跟随而来，人们伴随着芦笙的乐曲翩翩起舞。苗族的体育竞技活动有拔河、顶牛、拉乌龟、荡秋千、挤芦笙、上刀山、下火海等。

阿细跳乐俗称"跳乐"，即高高兴兴跳舞的意思。流传于云南省弥勒、石林、沪西、宜良、丘北、陆良等县的彝族阿细、撒尼等支系中。因阿细人"跳乐"常在月下，舞蹈也被改称为"跳月"。

孔雀舞来自对孔雀优美动作的模仿，也来源于傣族美丽动人的传说，脚鼓舞和傣剧是傣族民间的艺术奇葩。著名舞蹈家刀美兰、杨丽萍表演的孔雀舞在国内外都享有盛誉。

土家族有绚丽多姿的口头文学、歌谣、神话、传说、故事等，《摆手歌》是土家族歌谣中的代表作。音乐、舞蹈、戏剧、工艺美术组成了土家族五彩缤纷的艺术世界。"打家伙"被誉为"土家族的交响乐"。跳丧舞被称作"土家族的迪斯科"。土家族的傩戏，被称为"中国戏剧的活化石"。贵州铜仁土家族地区，是我国傩戏保存最完整，傩戏演出最多的一个傩文化圈。

## 【本章小结】

本章重点介绍了民俗文化概述、服饰文化、民间信仰、民间生活等内容。

## 【复习思考题】

1. 民俗的社会功能有哪些？
2. 简述汉服的起源。

# 第 九 章

## 旅游曲艺歌舞文化

🔍【教学目标】

通过本章的学习，掌握中国曲艺文化的发展过程及特点，了解中国戏曲的艺术特点和审美意识，掌握中国主要的戏剧种类，熟悉中国歌舞的旅游价值。

【导入案例】

《禅宗少林·音乐大典》由《水乐·禅境》《木乐·禅定》《风乐·禅武》《光乐·禅悟》《石乐·禅颂》五个乐章组成。《水乐》是演出的诗境篇，它描绘了中国古典山水名画的优美禅意，以《溪山行旅》《听泉抚琴》《踏水行歌》三章构成。雨景与溪流，月光与禅院，僧侣与农家，禅诗与野唱，构成和谐完美的人间生活图景。《木乐》千年古刹，木鱼声声，叙说着少林武僧的传闻故事；传说中的牧羊女走来了，歌声打破了木鱼的禅定，给这片佛国净土带来了人间的美丽。《风乐》演绎的是禅宗祖庭少林寺的传奇故事，由"达摩面壁"开始，讲述千年古风的承传。而在嵩山实景间以全新方式演绎的少林武术，在禅与武之间行走，一动一静，亦文亦武，浑然天成，构成"万壑松风"的壮丽景象。《光乐》是演出的华彩乐章，它以顿悟的形式直面生命本体。雪景寒林，佛光塔影，远逝高僧在幻境中出现，向我们讲述禅宗故事，引导我们参透生死，彻悟人生。而吉祥的灯佛与世俗生活的交叠场面，表达了禅宗对生命万物的肯定与礼赞。《石乐》是演出的唱颂篇，它用 36 亿年的嵩山古石制成乐器，奏出了"嵩山修禅，顽石开言"的大境界，而石乐礼佛，天花乱坠的奇异景象，将音乐大典演出推向高潮。演出结束时巨大的中岳佛山将现身云端，佛光普照，天地祥和。

《禅宗少林·音乐大典》是全球最大的山地实景演出，由郑州市天人文化旅游有限责任公司投资建设，项目总投资 3.5 亿元人民币，演出项目投资 1.15 亿元人民币。先后被评为"国家文化产业示范基地""中国创意城市—城市文化名片"，并在全国"最美的五大实景演出"评选活动中，获得了网络投票第一名的成绩，成为中国实景演出的扛鼎之作和河南文化旅游新名片，是中国歌舞旅游文化的新秀。

**请思考：**你对歌舞旅游有何认识？

# 第一节　中国曲艺文化

曲艺是中华民族各种"说唱艺术"的统称，它是由民间口头文学和歌唱艺术经过长期发展演变形成的一种独特的艺术形式。

## 一、历史发展

曲艺发展的历史源远流长。早在文字发明之前，随着工具的使用和语言的产生，就孕育了曲艺。山西夏县东下冯文化遗址出土的石磬，最初可能是耕田用的石犁；河南舞阳县贾湖文化遗址出土的骨笛，浙江河姆渡文化遗址留存的骨哨，以及西安半坡村出土的埙，则可能是狩猎时模仿动物鸣叫以便诱猎的工具。发音工具的长期使用，使人们逐渐掌握了发音的手段，审美听觉也得到了开发。

歌唱则起源于语言及共同劳动中协调的呼叫。《吕氏春秋·音初篇》记涂山氏女作歌"候人兮猗"，闻一多先生称之为"曲艺的萌芽"，"孕而未化的语言"。这首最古老的南方情歌，体现了原始歌曲中曲调与语调的密切关系。虽然在曲艺产生的过程中，实用的功能先于审美的感情，但曲艺毕竟是人类思想情感最直接、最便捷的方式之一。作为人类情感表达的一种载体，随着社会的发展及生活的日益复杂，曲艺的内容和作用也随之扩大，美的因素逐渐增多，形式也更加丰富多样。

夏商两代的乐舞内容已渐渐由歌颂神转变为赞扬人。西周有所谓的"六代乐舞"，即黄帝时的《云门》、尧时的《咸池》、舜时的《韶》、禹时的《大夏》、商时的《大蠖》和周时的《大武》。周代的采风制度保留了大量的民歌，并经春秋时孔子的删定，形成了我国第一部诗歌总集——《诗经》。秦时出现"乐府"，汉代主要的歌曲形式则是相和歌，并由此形成"相和大曲"，对隋唐时的歌舞大曲有着重要影响。

隋唐两代，政权统一，特别是唐代，统治者奉行开放政策，勇于吸收外域文化，并融合国内各族曲艺特点，形成了以歌舞曲艺为主要标志的曲艺艺术发展高峰。风靡一时的唐代歌舞大曲，融汇了九部乐中各族曲艺的精华，其中的《霓裳羽衣舞》更为世所称道。

宋、金、元时期曲艺文化的发展以市民曲艺的勃兴为重要标志。随着都市商品经济的繁荣，适应市民阶层文化生活的游艺场"瓦舍""勾栏"应运而生，人们可以听到嘌唱、小唱和唱赚等艺术歌曲的演唱；也可以看到说唱类曲艺种类鼓子词、崖词、诸宫调，以及杂剧、院本的表演，词调曲艺更是获得了空前的发展。

明清时期说唱曲艺异彩纷呈，南方的弹词、北方的鼓词，以及牌子曲、琴书、道情等种类众多。歌舞曲艺在各族人民中有了较大的发展，如汉族的秧歌、维吾尔族的木卡姆、藏族的囊玛、壮族的铜鼓舞、傣族的孔雀舞、彝族的跳月和苗族的芦笙舞等。器乐的发展表现为出现了多种器乐合奏的形式，明代的《平沙落雁》、清代的《流水》等琴曲以及一批丰富的琴歌，如《阳关三叠》《胡笳十八拍》等广为流传。

近100多年来，曲艺文化的发展以民主、科学为主要潮流，交织着传统曲艺和欧洲传入的西洋曲艺。传统曲艺以革命民歌的发展为热潮，戏曲曲艺中，京剧的影响遍及全国，各种地方小戏也获得了较快发展。民族器乐则以民间出现了各种器乐演奏的社团为特点，造就出了许多卓越的民间艺人。在"五四运动"的影响下，我国兴起了传播西洋曲艺、改进国乐的曲艺活动。

## 二、艺术特征

### （一）多样性

任何一种曲艺都与所在国家或地区的语言有着最密切的关系，曲艺是语言在情感、音调和节奏方面的延伸和深化。中国是一个多民族大国，各地语言音调千差万别，也使得各个地方曲艺风格丰富多彩。

### （二）融合性

中国传统曲艺是在中原曲艺的基础上，与四域曲艺、外国曲艺的交流融合中形成发展起来的。中原曲艺指的是以汉族为主体的黄河流域曲艺文化，四域曲艺指的是除了黄河流域曲艺文化以外的中华大地各民族的曲艺文化。中国曲艺与外国曲艺的交流由来已久。在汉代，伴随佛教的传入，印度佛教曲艺和天竺乐进入中国；隋唐时期，大量外国曲艺的输入，不仅带来外国乐曲，而且引进了乐器、乐律和音阶。

### （三）文学性

中国曲艺与中国文学有着密切的结构关系：文学中有对联，曲艺中就有上下句；文学中有"起承转合"4句诗体绝句，曲艺中就有类似的4句结构小曲；文学中有8句结构的律诗，曲艺中就有与之结构原则极为相似的，并大量存在于器乐曲的"六十八板体"；文学中有章回体，曲艺中有套曲体与曲艺联系最密切的诗词，其声调音韵的抑扬顿挫、平平仄仄对应着曲艺的旋律；长短句组合和各种格律的运用则显示了曲艺的节奏。

## （四）礼教性

在中国传统文化中，曲艺不仅起着塑造人格的作用，还有安邦治世的功能，《礼记·乐记》曰："致礼乐之道，举而措之，天下无难矣。"中国封建社会的巩固发展主要依赖于"礼乐"制度。乐是指宫廷雅乐，它的实质功能是对"礼"的辅佐，把最震撼人心的曲艺形式与礼法结合在一起，其渗透力和凝聚力无疑是强大的。

# 三、审美意识

## （一）崇"和"

中国传统曲艺中，对于"和"的追求与表现一直占据着主导的地位，视"和为五音之本"。儒家学派产生以后，更将其作为一种教化工具，注重发挥"乐以治世"的社会功能。在我国第一部曲艺理论著作《乐记》中，将曲艺界定为"天地之和也"，说明了"和"之含义的深邃广阔，既包含人与自然的"和"，也包含人与人的"和"，当然也有曲艺内部诸要素的"和"。中国传统曲艺在音程配合、节拍以及曲式结构等方面都有自己的特色。如琴曲《梅花三弄》用清澈的泛音、舒缓的旋律，营造出风荡梅花的意境，用按音、散音，抒情的旋律，通过切分、大跳等手法，表现梅花的孤傲姿态。节拍上，常常运用散节拍，如"散—慢—中—快—散"，使乐曲留有必要的空白，引人遐想，创造出此时无声胜有声的艺术境界。曲式结构上，中国传统曲艺具有多种变奏体系及曲式，统一中求变化，重在写意，追求神似，达到了极高的美学境界。

## （二）尚"虚"

传统曲艺追求含蓄美，视虚实结合、阴阳相辅、意象共存为最高艺术境界，这种观念是道家思想的产物。道家创始人老子主张"淡兮其无味"，"大音希声"。这种见解发展了《乐记》的"音由心生"的观点，注重用心灵去体会自然、人生、社会，强调心的作用，是对儒家过分强调礼乐教化功能的矫正。这种重视内心感悟的审美取向不仅影响了传统曲艺美学，也符合当今"欣赏即是再创作"的认识，给欣赏者留下了想象空间，至今仍有巨大的美学价值。

## （三）求"韵"

"韵"是中国传统曲艺的灵魂，是中国传统曲艺独有的审美取向。有韵则生，无韵则死；有韵则雅，无韵则俗。传统曲艺的乐音，本身会有或多或少的润音（即"音腔"），使乐音的音高、音色和力度发生一定的变化，增强了表现力，此种音腔即"韵"。这种"韵"，在戏曲、民歌和民族器乐曲中普遍存在，并且由于艺术家个性、修养不同，由于润音方式的不同，形成了众多门派，各具特色。这种韵，使中国曲艺在演奏上，注重因时因地发挥创造，形成了弥足珍贵的即兴曲艺演奏传统。

## 四、审美意境

在中国古典曲艺中，意境往往要求作曲家和演奏家具有精湛的技艺，意境的营造在一定程度上是通过音色、节奏和曲式结构等曲艺要素表现出来的。首先，音色是曲艺意境产生的重要条件。中国古代曲艺家对于音色的要求是非常高的，不仅要在音色中体现精湛的演奏技巧，更要在其中听出作曲家或演奏家的人生追求和意境情趣。如明末古琴家徐上瀛在《溪山琴况》中的后15况中提出了古琴演奏技巧，要求琴音达到"丽、亮、采"的演奏要求。"丽"是指古琴的音色要出于清静，音色古淡而不妖冶；"亮"是指琴音就像清澈的水，得到阳光的照射；"采"即音色要有神采，就像古玩不可掩饰的宝色。同时，其音色还要体现"和、静、清、远"等精神追求。

其次，中国古代文人曲艺中最普遍和突出的特征是节奏、节拍的不明确。如古琴谱有180多种演奏技法，然而记录时值的符号却很少，因此古琴需要打谱，节奏节拍的处理也比较自由。节奏、节拍的不固定正是因为古代的作曲家和演奏家希望通过自由的韵律同天地万物相应和，追求天人合一的自由境界。

曲艺的意境，更重要的是"神"与"形"的统一，正所谓"意之深微"，意境存在于深微之处、幽邃之中。然而，它又"深于游神，得于弦外"，人们既可以通过有限之曲去领会其中意境，又需要超越乐曲的限制，驰骋想象去感悟意境。同时，意境的创造需要演奏者有高尚的人格情操。古人强调演奏时要将曲艺的音响、自然的情怀和对生命的感悟结合起来，追求肤浅和人生态度淡漠的人是很难演奏出深刻的含义的。

## 五、曲艺艺术欣赏

曲艺是一种善于表现和激发感情的艺术，曲艺欣赏的过程就是感情体验的过程，要求欣赏者从各个方面去研究和了解乐曲感情的内在含义，在欣赏曲艺时注意技巧、技术手法及结构形式等方面，还要在感情上真正投入，才能完整地感受与领会曲艺的美。

首先，要对曲艺作品的作者和产生的时代背景有所认知。一首曲艺作品总是表现了作曲家对现实生活的感受，因此，要比较深刻地领会作品的思想内容，就必须了解作者所处的时代及作品产生的时代背景。这对于欣赏者把握曲艺脉动，体会曲艺的风格，以更好地理解曲艺作品所刻画的曲艺形象，有很好的辅助作用。

其次，把握曲艺作品的民族特征。一切曲艺作品都根植于民族民间曲艺，都有各自的民族特性。有些作品概括地体现了民族曲艺语言的某些特点，有些作品则和具体的民族民间音调有着密切的联系。贺绿汀创作的民族管弦乐曲《森吉德玛》、肖邦创作的《波兰舞曲》《玛祖卡》，柴可夫斯基创作的器乐、舞剧和歌剧等无不是根植于本民族这一广袤的土地上，挖掘民族民间的音调加以整理完成的。所以，对各国各民族的曲艺特性有所了解，会对欣赏理解曲艺起到很大的帮助。

再次，理解曲艺作品的语言表现。作曲家创作乐曲也像文学家写作品一样有独特的表达体系，在曲艺上称为曲艺语言。曲艺语言包括很多要素：旋律、节奏、节拍、速度、力度、音色、和声、复调、调式和调性等。一首作品的思想内容和艺术美要通过各种要素才能表现出来。其中，旋律是塑造曲艺形象最主要的手段，是曲艺的灵魂，节奏则是旋律的骨架。曲艺语言的各种要素间相互配合有着千变万化的表现力，曲艺也就变得更加多姿多彩。

最后，认识曲艺作品的曲式和体裁。曲式也就是曲艺的结构布局。简单说即曲艺的品种。不同的曲式各具不同的特点。对曲式和体裁的了解能帮助人们更好地欣赏曲艺。曲式有乐段、二段或三段式、复三段式、回旋曲式、变奏曲式、奏鸣曲式等。反映风俗生活的乐曲，一般用三段式或复三段式，如翟维的《花鼓》等；而描绘一种戏剧性冲突的乐曲常用奏鸣曲式，如小提琴协奏曲《梁祝》等。各种不同的体裁，适合表现不同题材的内容，如舞曲的歌舞性较强，进行曲适合行进中的队列，叙事曲简言之就是讲故事等。

总之，对于一个欣赏者来说，无论是展开想象的翅膀，还是感情的共鸣或者概念上的把握，都不失为获得审美感受的一种途径。曲艺欣赏需要调动自己的全部激情和心智，使之变成一种发现美、感受美、获得美的心理历程。

## 六、旅游价值

曲艺与旅游有着天然的联系，对曲艺资源进行合理的旅游开发可以有效地营造旅游文化氛围，增强旅游地的吸引力，极大地提高旅游产品的文化品位和游客的旅游质量。在旅游研究和开发的过程中应充分认识到曲艺文化的旅游价值，并进行合理有效的利用。

### （一）民族器乐

民族器乐是借助民族乐器的性能特征，结合演奏技巧的应用，所表现的一定情绪与意境的曲艺作品。中国民族器乐发展源远流长，早在 8000 年前已有民族器乐的演奏形式，至今已形成了繁华多彩的格局。中国民族器乐根据乐器的演奏方法和发音特点可分为吹、拉、弹、打四类，按照体裁可分为独奏乐和合奏乐两大类。

中国传统器乐曲在音高方面的特点是"声可无定高"，如很多民族乐器中都有吟、揉、滑等指法，使声音产生波动，余音袅袅，独具韵味；在节拍方面的特点是"拍可无定值"，按乐曲的风格、演奏者的情绪及表达的需要决定，通常有散板、流水板、一板一眼、一板二眼和一板三眼等节拍形式。另外，器乐曲在民间流传时，为了表现的需要，演奏者常常随心所欲地对乐曲进行种种变化，既展现了高超的演奏技巧，也丰富了乐曲的形式及内涵，从而使一个非常简朴的曲调派生出无数个风格迥异的曲艺作品，如"八板"这一器乐曲牌，就有数以千计的变体：琵琶曲《阳春白雪》、江南丝竹的《慢六板》、弦索十三套中的《十六板》、河南板头曲，以及蒙古族的《八音》等。

传统民族器乐演奏是传统文化的载体和传播媒介，彰显着地区或民族文化独特鲜明的风格。例如，马头琴声可以让人看到一望无垠的蒙古草原，冬不拉的弹拨会让人想到热情好客的维吾尔族人民，江南丝竹带来小桥流水，安塞腰鼓则显示了黄土高原的激情。曲艺可以让人消除隔膜和语言障碍，自由进行心灵交流和文化沟通，帮助游客快速感知旅游地的文化特征。

民族器乐可为旅游直接所用：一是与旅游景观的耦合，可以渲染气氛，衬托环境，加深游客的印象；二是作为一种文化资源进行旅游开发，如丽江古城的纳西古乐演奏会，便深受中外游客的欢迎和好评。民族曲艺还可以深入到旅游的每个环节，应用范围十分广阔。例如，在餐厅中，轻松的曲艺能营造良好的就餐环境，促进人的食欲和增加进餐情趣。在长长的旅途中，播放民族轻曲艺可以调动游客的情绪，大大减轻旅途的疲劳。在游览过程中，可将景观的背景资料制作成电视曲艺片进行播放，以加深游客对游览对象的理解认同，也可以开发与旅游者互动的民族器乐教授与演奏，增强旅游的参与性，让旅游活动变得"有声有色"。另外，许多民间乐器不但在演奏功能及音色方面有独特性，还具有很高的观赏性和装饰性，可以制作成为特色旅游商品出售，既能弘扬地方文化，又能产生经济效益。

## （二）歌剧

歌剧是将曲艺、戏剧、文学、歌舞及舞台美术等融为一体的综合性艺术，通常由咏叹调、宣叙调、重唱、合唱、序曲、间奏曲及歌舞场面等组成。虽然早在古希腊时期，就有了歌剧的痕迹，但真正称得上"曲艺的戏剧"的近代西洋歌剧，却是在16世纪末随着文艺复兴时期曲艺文化的世俗化应运而生的。

西洋歌剧于"五四运动"时期传入中国，最早是以"话剧加唱"的形式存在。中华人民共和国成立之后，中国歌剧在创作思维上形成了几种不同的方式：一种是继承戏曲传统，代表性剧目有《小二黑结婚》；一种是以民间歌舞剧、小调剧或黎氏儿童歌舞剧作为参照系，所创作新型歌舞剧，其代表作为《刘三姐》；一种是以话剧加唱作为自己的结构模式，其代表作为"文革"后出现的《星光啊星光》；一种以传统的借鉴西洋大歌剧为参照系，代表作有《王贵与李香香》；最后一种是以《白毛女》创作经验为参照系，在观念和手法上坚持以内容需要为一切艺术构思的出发点，只要内容需要，可以兼取西洋歌剧手法、板腔手法或话剧加唱手法，这种创作模式有两部歌剧杰作——《洪湖赤卫队》和《江姐》。剧中的歌曲《洪湖水浪打浪》和《红梅赞》在当时已被广为传唱，人人耳熟能详，时至今日，更是直接推动了洪湖和重庆红岩、渣滓洞等红色旅游区及旅游线路的开发。

脱胎于广西民间彩调剧的歌剧《刘三姐》成为后来电影《刘三姐》的主要艺术来源。歌仙刘三姐的艺术形象和美丽的漓江山水、旖旎的壮族风情、动听的山歌一起成了人们记忆中的永恒。从此，前来游览桂林山水、寻访刘三姐和广西山歌，便成了一代又一代人的梦想。刘三姐集团、刘三姐香烟、刘三姐景观园等有关刘三姐的企业、产品、项目不断出现，而以张艺谋为总导演、梅帅元为总策划的桂林山水实景演出《印象·刘三姐》，无疑是刘三姐品牌利用的一道浓墨重彩。

《印象·刘三姐》将经典山歌、民族风情及漓江渔火等元素创新组合，不着痕迹地融入山水，还原于自然，创造出天人合一的境界，成功地把广西举世闻名的两大旅游、文化资源——桂林山水和"刘三姐"的传说进行巧妙嫁接和有机融合，让自然风光与人文景观交相辉映。这种曲艺和旅游相结合的新形式，一经推出，便大获成功，观者如潮，既提升了当地的文化价值和经济效益，也为各地区的旅游开发提供了新思路和新方法。

## （三）民歌

民歌是在民间世代广泛流传的歌曲，是最大众化的曲艺形式，是大众口头创作的，并在流传中不断丰富着的集体智慧的结晶，具有鲜明的民族特色和地方色彩。

我国各民族的民间歌谣蕴藏极其丰富，可谓浩如烟海。汉族的民歌除了民谣、儿歌、四句头山歌和各种劳动号子外，还有"信天游""爬山歌""赶五句""四季歌""五更调""十二月""十枝花""盘歌"等各具特色的多种样式。其他民族的民歌形式也是丰富多彩，如藏族的"鲁""协"、壮族的"欢"、白族的"白曲"、回族的"花儿"、苗族的"飞歌"、侗族的"大歌"、布依族的"笔管歌"、瑶族的"香哩歌"等。就风格而言，苗歌瑶歌古朴浑厚，藏歌傣歌优美动听，蒙古族民歌健朗悠扬，鄂伦春族民歌则粗犷有力。同是"花儿"，不同民族的韵味不同，宁夏和青海的也各有差异。同是汉族民歌，北方的以豪放见长，南方的则比较委婉。

民歌一般较为短小，但情感含量很高，代表了一个民族或者地区的人们长期积累的对情感的体验和表达，有着集体性、民族性和即兴性的特点。例如，壮族的三月三歌节，西北撒拉族、保安族、土族、回族的花儿会，内蒙古那达慕大会中的民歌演唱等，都有即兴的编词，曲调也会随乐器和演奏者的不同而发生变化，产生不同的变体。

旅游与民歌的关系，最早可能要追溯到《诗经》时期的"采风"。发展至今，收集到的民歌已逾30万首。其中描写各地风光、民情的歌曲，如《草原牧歌》《我们新疆好地方》《蝴蝶泉边》等，已分别成为内蒙古、新疆、大理旅游风光的标志。民歌对于旅游产业来说，还具有旅游宣传的功能。曲艺比其他具象性的艺术有着更大的优越性，它给人的信息是模糊的，能够激起听者无限的想象。最明显的例子便是四川康定，可以说是一首《康定情歌》催生了康定的旅游业。著名的声乐艺术家喻宜萱教授把此歌推向了世界，三大男高音的竞相演唱使得《康定情歌》成为一首世界性的情歌，也让康定成为世界著名的地方。

民间曲艺的独特性，使得区域旅游资源的特色更为突出，同时它又兼具很强的"品牌"效应和经济效应。例如，蜚声中外的"南宁国际民歌艺术节"，仅前三届的招商引资金额即达 160 亿元，为南宁吸引了大批国内外游客，一跃成为国内叫得响的民歌艺术和旅游节庆品牌。

中国民间曲艺具有很强的即兴性和参与性，它与西方曲艺厅曲艺、酒吧曲艺不同，有相当成分的自娱自乐性质。例如，民歌中的对歌总是应山应水、此起彼伏，你邀一帮，我约一伙，以吼为唱，反复较量。作为旅游产品进行开发，可增强游客的参与度、提高旅游的娱乐性。

### （四）流行音乐

所谓流行音乐，是指那些结构短小、内容通俗、形式活泼、情感真挚，并被广大群众所喜爱，广泛传唱或欣赏，流行一时甚至流传后世的器乐曲和歌曲。这些乐曲和歌曲，植根于大众生活的丰厚土壤之中，又有"大众曲艺"之称。

流行音乐和旅游的牵手，衍发了"旅游歌曲"的产生。此词是在 1999 年举办的第一届全国旅游歌曲大赛上首次提出的。那次比赛产生了《神奇的九寨》《烟花三月》《大地飞歌》等精品旅游歌曲，成为有目的地创作旅游歌曲的成功范例。这些旅游歌曲，大大提高了地方的知名度，成为千万人心中珍藏的风景。

作为旅游 6 大要素中"娱"的重要组成部分，量身打造的旅游歌曲让流行音乐唱响旅游观光文化，对于各地旅游形象的宣传作用愈来愈突出。广东著名音乐人陈小奇曾说过："旅游歌曲是城市的一种听觉识别系统，就像一个国家有国旗、国徽，还要有国歌。音乐比文字传播的速度更快，范围更广，也更容易被人记住。在全球信息化的今天，旅游歌曲作为一种对内可加强景区员工的文化凝聚力，对外可扩大景区知名度的有力的文化载体，已成为旅游景区文化推广的极佳选择。"此外，旅游歌曲在经济发展中还起到牵动作用。广东音乐人从 2007 年开始了"唱响家乡"的计划，以著名音乐人、广东省流行音乐学会会长陈小奇为首的在国内享有较高知名度的一批音乐人组成创作班子，先后到梅州、阳春、虎门和深圳等地采风，创作了 4 组共 40 首旅游歌曲，深受欢迎并被广为传唱。《阳春组歌》中的《甜甜的马水橘》一曲，使阳春的马水橘价格翻了两番，而阳春的旅游总收入则同比增加了 1 倍多。

旅游歌曲具有主创性、本土性、时尚性和通俗性，是发展文化经济的具体实践。一首好的旅游歌曲就是闪亮的旅游名片，曲艺与旅游结合起来可以形成有生命力的文化产业，流行音乐和旅游产品的携手，既是多种途径开发旅游的良好开端，也是文化多元化的全新尝试。

# 第二节　中国戏曲文化

戏曲是中国汉族特有的民族艺术，历史上也称戏剧。中国戏曲是包含文学、曲艺、歌舞、美术、武术、杂技以及表演艺术各种因素综合而成的一门传统艺术，是汉族传统文化中的瑰宝。

## 一、历史发展

关于中国戏曲的起源，学界有着许多不同的看法和见解。综合而言，主要有以下3种。

### （一）王国维的源于"俳优"歌舞说

清末学者王国维在《宋元戏曲考》中说："古之俳优，但以歌舞及戏谑为事。自汉以后，则间演故事，而合歌舞以演一事者，实始于北齐。顾其事至简，与其谓之戏，不若谓之舞之为当也。然戏剧之源，实自此始。"即中国戏剧的源头，可追溯到古人以歌舞戏谑为职业的艺人表演的歌舞。

### （二）许地山、郑振铎的印度影响说

认为中国戏曲与梵剧在许多方面有着相似之处，如皆有唱、白，皆有生、旦、丑，更有许多题材上的巧合。

### （三）孙楷第的源于傀儡说

认为宋代的傀儡戏和影戏"为宋元以来戏文杂剧所从出。乃至后世一切大戏，皆源此"。

以上3种说法以王国维的学说对后世影响最大。戏曲的起源众说纷纭，但学界普遍认为"真正之戏曲"成型是在宋代，宋之前均是戏曲的发生与形成过程，先秦、两汉、魏晋南北朝、隋唐五代都是歌舞、表演等戏剧因子的活跃时期，这些不同时代的各种表演共同奠定了戏曲的基础。

作为一种复合艺术，戏曲的本质是"戏"，而我国最早的"戏"是秦汉时期的百戏，包括了各种杂技幻术以及带有简单故事的角抵戏等。"角抵"是双方以角力强弱决定胜负的技艺表演，西汉时的《东海黄公》为其代表作。魏晋南北朝时期，优戏、歌舞戏有了较大发展，并于唐代进入了兴盛期，不同的人物有了不同的扮相，表演的情节也更为曲折跌宕。当时较著名的参军戏是唐懿宗年间由名优李可编演的《三教论衡》。唐代的俗讲和变文是随着佛教流行而兴起的说唱艺术，题材内容来自僧侣、道士的讲唱经文故

事，最初的目的是传教。说唱艺术发展至宋、辽、金时期，诸宫调开始广为流行，并对元杂剧的产生有着直接而重要的影响。诸宫调是以某一宫调的若干曲子组成单个套数，再由多个宫调形成一个规模庞大的长篇说唱艺术。"诸"即各宫调组合、集合之意。代表作品有《董解元西厢记》，共有套数193套。

杂剧兴于北宋，南戏是在宋杂剧的基础上，融合了南方民间小曲、说唱等艺术因素形成的。"戏曲"一词的最早记载也出现在南戏的产生阶段，在宋末元初刘埙的《水云村稿》中有言："至咸淳，永嘉戏曲出。""永嘉戏曲"指的是温州南戏。南戏是戏曲形成的标志，现存最早的南戏作品为《张协状元》。院本是金朝所流行的一种戏曲形式，其最初形态与宋杂剧一致，在女真人占领北方建立金朝时，宋杂剧的发展中心转向南方，后发展成为南戏，北方则成为金院本流行之地。院本的内容丰富复杂，与元杂剧有着一脉相承的关系。

元杂剧是在金院本和诸宫调的基础上进一步形成的，以1300年为界，分为前、后两个时期。前期为杂剧的繁盛期，其发展中心在大都（今北京），涌现了众多的优秀作家，创作了大量杰出作品，如白朴的《墙头马上》、马致远的《汉宫秋》、王实甫的《西厢记》和关汉卿的《窦娥冤》。元杂剧"一代之文学"的历史地位就是由以关汉卿为代表的一批书会才人和艺人共同奠定的，此时期也成为中国戏曲文化中的第一个高潮。进入14世纪后，杂剧中心逐渐从大都转移到杭州等江浙地区，呈现出由盛转衰的趋势。至元末明初，杂剧式微，南曲复兴，产生了《琵琶记》和"四大南戏"作品，并对明清的传奇艺术产生了直接影响。

明清时期出现了不同创作风格的作家群，创作了大量作品。据统计，有姓名可考的戏曲作家达750多人，创作作品近1800种，可谓"词山曲海"，也由此形成了我国戏曲文化发展的第二个高潮。代表人物及作品有洪昇的《长生殿》、孔尚任的《桃花扇》、方成培的《雷峰塔》、汤显祖的《牡丹亭》。明清时期戏曲发展空前繁荣，南戏在流传过程中受各地语言的影响形成了众多的声腔。其中浙江海盐腔、浙江余姚腔、江西弋阳腔和江苏昆山腔流行较广，被称为明代四大声腔。对后世戏曲影响最大的为弋阳腔和昆山腔，前者发展为全国影响广泛的高腔系统，后者发展成典雅细腻的昆曲。

清康熙以后，以文人剧为特征的昆曲由于脱离现实生活和下层观众而逐渐衰落，与此同时，梆子戏、皮黄戏、秧歌道情戏和花鼓采茶戏等民间戏曲却如雨后春笋般发展起来。清乾隆四十四年（1779年），四川籍秦腔艺人魏长生入京。乾隆五十五年（1790年）开始，继三庆班后，四喜、和春及春台等徽班也相继入京，北京剧坛上四大徽班称盛。湖北汉调艺人也于道光年间进京与徽班艺人同台献艺，徽、汉皮黄在京城合流，经过数十年的发展，在1840年前后形成了一种独具北方特色的皮黄腔——京剧。

清光绪时期至抗日战争之前，是我国地方戏发展的黄金时代，一批新兴地方戏开始在各地戏曲舞台上出现，包括越剧、评剧和黄梅戏等。地方戏极大地丰富和发展了戏曲的表演艺术，塑造了新的舞台形象，使我国的戏曲文化得到了空前的普及，戏曲演出遍及城乡。至此，形成了我国戏曲文化的第三次高潮。

辛亥革命前后和新文化运动中，传统戏曲受到激烈的批判，上海、北京、西安和成都等大都会掀起了声势浩荡的戏曲改良运动，极大地促进了京剧艺术的发展，优秀京剧演员和京剧流派层出不穷，京剧逐渐成为全国性的代表剧种。这一时期，各地民间戏曲蓬勃发展，进入了现代戏曲时代。

## 二、艺术特点

### （一）虚拟性

西方戏剧追求写实，认为戏是对自然的模仿；中国古代戏曲追求想象，认为戏是对生活的虚拟。这与西方艺术强调形似、东方艺术强调神韵有关。所谓虚拟，虽与写意、象征、假定等艺术手法有一定关系，却不等同。写意是一种属于精神领域的艺术思想，虚拟的目的却是借意显实。象征是用具体可感形象传达某一种意思，虚拟虽然含有象征因素，却比象征内容更广泛。假定所表现的舞台形象已不同于生活中的自然面貌，在以实代虚等方面与虚拟有相同之处，但虚拟的主要特点还在于简，即把一切都减少到可以省略的最低限度，以少代多，如以龙套代替三军等。

### （二）程式性

程式使中国戏曲极富魅力。西方戏剧的某些规范与中国戏曲的程式有相似之处，但中国的戏曲程式除具有规范外，还有集中、夸张和鲜明等特点。中国戏曲源于生活，但绝不是机械模仿或照搬。它有一个去粗取精、加工提炼的过程，使之比生活中的原样更富表现力，更具形式美，也更能使人产生联想和生出美感。戏曲程式是无所不包的，但凡戏曲舞台上的一切，大到人物形象塑造，小到锣音鼓声等，无一不被程式化。而且，戏曲程式并不是一成不变的，导演或演员在学戏时如实地掌握它，同时也在实践中不断地发展、完善它。

### （三）综合性

戏剧是一种综合艺术，中国戏曲是所有戏剧样式（如话剧、芭蕾和歌剧等）中综合度最高的艺术，与西方戏剧相比，它对各方面的综合，几乎达到了无体不备、无所不包的程度。中国戏曲的高度综合性是在长期发展的过程中形成的，虽然出现很晚，但武打、角抵、木偶和滑稽表演等都早就有了；唐宋时出现的大量诗词、小说和说唱等，更是被戏曲吸收融化了其中的精华，共同形成了中国戏曲的独特魅力。

### （四）抒情性

中国戏曲与西方戏剧一样，都注意戏剧中冲突的展开，但中国戏曲的重点不在于表现动作的冲突，而是以内心冲突的抒情为重点，侧重于人物灵魂深处的徘徊。凡感情充沛处就用歌唱，即使在双方的对白中，也常插入抒发内心的独白，因此具有较强的抒情性。西方戏剧则更多地表现人物面对面的冲突，具有较强的动作性。中国戏曲的抒情性是"渗透于题材的选择、情节的安排、性格的刻画、语言的锤炼，以及演员表演、唱腔伴奏、舞台美术等戏曲的一切构成因素、构成部分之中的"，是中国戏曲一种独有的美学特征。

## 三、审美意识

审美意识指客观存在的诸审美对象在人们头脑中的反射和能动的反映，一般通称为"美感"。美感具有情感性，人们在审美活动中，总是伴随着好恶爱憎，充满了感情色彩。在传统戏曲中惯见"落难公子遇小姐，私订终身后花园，有朝一日中状元，夫妻相合大团圆"这一类老套的传统戏曲题材，虽自近代以来就曾无数次受到新派人士的猛烈攻击和批判，却仍因普通观众的喜闻乐见而流传不衰。究其原因，与能够满足观众善恶分明的道德情感密切相关。在观众的审美意识中，戏曲俗套里的"落难公子"代表着高贵者人生境遇的低落；而慧眼识才的小姐与之在后花园"私定终身"，是一件虽不合礼法却合乎情理的美事，倘若进而"得中状元"，最终在合乎礼法的范围内实现"大团圆"，那则称得上"尽善尽美"。正是在这种求善求美的心理基础之上，那些题材单一的"才子佳人"戏才会长演不衰。事实上，在其他流传广、搬演多的传统剧目中，也总是蕴含着一种善恶分明的道德感。三国戏、水浒戏，乃至清宫戏、神怪戏等流传至今的传统戏中，无不具有一个惩恶扬善、大快人心的戏核。因此一出戏如果没有泾渭分明的道德评判，一般观众就无法对其展开正常的审美情感活动。

时至今日，"才子佳人"的题材虽显老套，但这些剧目在演出中却因舞台表演和观众期待的双向互动而趋向完美，成为一种"有意味的形式"。特别是经过梅兰芳等艺术大师的锤炼，一些戏曲传统剧目已成为民族文化精神和民族艺术形式高度契合的艺术珍品。善与美的双重追求遂成为"程式化"了的观众审美心理，而其对"善"的追求往往又融合在对"形式美"的玩味和追求中。

## 四、审美意境

意境是中国古典文艺理论的重要美学范畴之一，是中国古代文学家、艺术家孜孜以求的审美理想。其根本特征是情与景、意与境、主观情致与客观自然的交融统一。在戏剧戏曲艺术中，意境是美的整体体现，是戏剧创作中各个具体因素（题材、语言、结构和音律等）有机结合的产物。

### （一）题材

戏曲取境贵新、贵奇，忌庸俗，尤忌恶俗。对新奇意境的追求，也即对新奇故事题材的追求，但对新奇的把握不准，则易造成以怪诞虚幻为奇、以扭捏巧造成奇的创作倾向。因而有人主张在现实人情世事中取材，因为"布帛菽粟之中，自有许多滋味咀嚼不尽。传之久远，愈久愈新，愈淡愈远"。

## （二）情、景

在构成意境的情、景因素中，情居核心主导地位，景则指体现人物性格心理的特定环境，是人物形象的烘托。古代对戏曲人物塑造提出"说何人肖何人"的根本原则，但它并不以形肖为重点，而是把"肖"浓缩为神情举止之肖、情感之肖、以形传神，以貌取神，这就使中国戏曲在刻画鲜明的人物形象的同时，营造了诗意浓郁的意境。

## （三）语言

首先，戏曲意境要求戏曲语言必是以真情为内核的人物个性化语言。情与文（语言）的关系正如明代戏曲学家吕天成所说："以真切之调，写真切之情，情文相生。"戏曲语言只有把握住传写真情这一原则，才不致成为非角色化的作者语言。其次，戏曲意境要求戏曲语言是一种介于"浅深，浓淡，雅俗之间"的富有诗味的语言。清代戏曲理论家李渔提出，戏曲语言应"词浅意深，全无一毫书生气"。意深，则耐于咀嚼，深具意境；词浅，则意境易于接受理解。

## （四）结构

戏曲作为一种叙事文学，其写景抒情均在叙事中完成。戏曲的各个叙事段落都可以呈现相对独立的意境，而各个相对独立的意境又构成全剧的总体意境。这一总体意境的构成问题，即戏曲的结构布局问题。从意境的角度看，戏曲对结构布局的要求有二：一是意境的有机整体性；二是结构自身的意境化。戏曲结构布局贵虚、求曲，强调题材的灵活驾驭与处理、人物情感的委曲婉转和戏曲关目的巧妙安排。描写宜简，太细太实，便缺乏意境的余味，无法留给观众品味和想象的空间。

总之，综合性的戏曲艺术，在创造意境时是以整体性面貌呈现给观众的。它要求各个组成要素发挥各自的能动性，创造出典型的人物形象，揭示出生活的内在本质，既使观众感到美的愉悦，又使观众品味到韵外之致。因此，任何一个好的戏曲剧目呈现在舞台上，往往不乏情景交融的场面和虚实相生的空灵感，二者正是构成戏曲艺术审美意境的两大支柱。

## 五、戏曲艺术欣赏

戏曲的表演，通常分为唱、念、做、打4部分。戏曲的唱功非常讲究，行腔转调、发音吐字都有一定的规矩，绝对不能荒腔走板。戏曲的念白，一般分为"韵白"和"口白"。"韵白"有比较明显的旋律和节奏，多用诗词或是文雅一些的语句，注重吐字准确，音节铿锵；"口白"比较接近日常生活的口语，注重清楚流利，活泼自然。戏曲做功历来有"五法"之说，即手、眼、身、法、步，讲求细腻而不烦琐、洗练而不粗率，每个动作，都必须和人物性格、情绪紧密结合，统一于所塑造的人物形象的要求。戏曲的武打，讲究干净利落，稳妥准确，纵、跳、翻、腾要显得轻捷灵便，看起来毫不吃力。

戏曲服装统称"行头"，约分为5类：蟒、靠、帔、官衣和褶子。蟒为帝王将相穿的官衣，女子穿的叫"女蟒"。靠，是将士穿的铠甲，背后插有四面小旗，称为"靠旗"，不插旗的叫"软靠"，女将穿的叫"女靠"。帔，达官显贵、有钱人家在家里穿的一种便服，对襟、长领子、宽袖。官衣，主要分红蓝二色，样子和蟒差不多，但不绣花，是官员穿的官服。褶子，用途很广，分硬、软、花、素4大类，又按颜色不同分10种，大领大襟，带水袖，主要是老百姓的便服，褶子加上杂色布叫作"富贵衣"，为乞丐所穿。戏曲中的冠帽，种类也很多。帝王戴王帽、平天冠等，将士戴帅盔、虎头盔等，官员戴纱帽，勇士戴罗帽、扎巾等，书生戴文生巾，员外戴员外巾。以上各种穿戴的样式、颜色，都是根据人物的身份、品级或性格来配备的，不能混淆。

戏曲脸谱是中国戏曲中颇有特色的一部分。宋元时期，主要是抹土搽灰，黑白二色。明代脸谱已趋繁杂，形成用多种颜色构成的图案。至清代，脸谱的类型已经有很精细的区分和各种勾画方法。若按颜色区分，有红、老红、紫、赭、粉红、黄、蓝、绿、蟹青、淡青、白、黑、灰、金、银诸色。脸谱颜色也有某种象征性格的意思，红色多为忠勇耿直的人物，如关羽；白多奸诈，如曹操；黑多憨直，如李逵；黄多勇猛，如典韦；金脸、银脸多为神怪仙佛，但都不是绝对的。颜色的不同，主要还是为使观众便于区分舞台人物，所以同场角色，总要使颜色浓淡相映，一目了然。

## 六、剧种简介

### （一）昆曲

昆曲是我国的古老剧种，又称"中国戏曲之母""百戏之祖"。昆曲约在元末明初形成于江苏昆山一带，又称"昆山腔"。明代嘉靖时期杰出的戏曲曲艺家魏良辅，对昆山腔进行了重大改革。他吸收了南曲诸种唱腔和金元北曲中的音律唱法，以及江南的民间小曲等多种艺术成分，创造出一种轻柔委婉的"水磨腔"。剧作家梁辰鱼专为昆山腔编写了《浣纱记》一剧，演出后轰动江南，并迅速流行全国。明末清初，昆曲一度繁荣，在艺术上更加精致完美，成为一个具有全国影响的剧种。至乾隆时期，昆曲艺术被统治阶级所掠夺，内容趋向宫廷化，以致脱离人民群众而渐衰落，到新中国成立前，已濒临奄奄一息的境地。新中国成立后，昆曲在剧本、唱词、唱腔等方面进行了改革，力求通俗易懂。1956年浙江省昆苏剧团赴京成功地演出了《十五贯》，轰动全国。1957年根据周总理的指示，建立了北方昆曲剧院。昆曲这个古老的剧种，又焕发出艺术的青春。

昆曲已有 500 年以上的历史，形成了一套完整的表演体系和独特的声腔系统。它的剧目丰富，剧本文辞典雅华美，文学性较高。发音、吐字讲究四声，严守格律、板眼。昆曲曲调是曲牌体，每出戏由成套曲牌构成。唱腔圆润柔美，悠扬徐缓。表演细腻，身段动作和歌唱紧密结合，歌舞性很强。伴奏乐器主要是笛子，有时也用三弦、笙、唢呐等。

明代中叶，昆曲向北方流传，经许多艺人的努力，昆曲和北方地区语言相结合，形成了"北昆"；原来流行于江、浙一带的昆曲，则被称为"南昆"。北昆的演出武戏较多，表现风格慷慨豪放；南昆则注重音韵吐字和细腻做工，比较清婉缠绵。昆曲在中国戏曲史中占有重要的地位，它对京剧和湘剧、川剧等地方剧种的形成和发展都有过直接的影响。明代著名作家汤显祖的代表作《牡丹亭》，至今仍然广为流传。

## （二）京剧

京剧是中国戏曲剧种之一，从全国 300 多个戏曲剧种中脱颖而出，与豫剧、越剧同为中国戏曲三鼎甲（京剧为榜首）。京剧是在北京形成的戏曲剧种之一，至今已有将近 200 年的历史。它是在徽戏和汉戏的基础上，吸收了昆曲、秦腔等一些戏曲剧种的优点和特长逐渐演变而形成的。徽戏进京是在 1790 年，最早进京的徽戏班是安徽享有盛名的三庆班。随后来京的又有四喜、和春、春台诸班，合称"四大徽班"。

京剧正式形成大约在 1840 年之后，这时其各种唱腔板式已初步具备，其语言特点已经形成，在角色的行当方面已出现了新的变化，已拥有一批具有京剧特点的剧目。京剧第一代演员也已经出现。余三胜、张二奎、程长庚被称为老生三鼎甲，此外还有老生演员兼京剧剧作家卢胜奎。程长庚是这一时期的代表人物，他在融合汉调、徽调并吸收昆曲加以改造和提高方面，比同时期的其他京剧演员做了更多的努力，对京剧表演艺术的形成贡献很大，对后世京剧的发展影响起了很大的作用。

京剧曲艺属于板腔体，主要唱腔有二黄、西皮两个系统，所以京剧也称"皮黄"。京剧常用唱腔还有南梆子、四平调、高拨子和吹腔。京剧的传统剧目在一千多个，常演的有三四百个，其中除来自徽戏、汉戏、昆曲与秦腔者外，也有相当数量是京剧艺人和民间作家陆续创作出来的。京剧较擅长于表现历史题材的政治和军事斗争，故事大多取自历史演义和小说话本，既有整本的大戏，也有大量的折子戏，此外还有一些连台本戏。京剧角色的行当划分比较严格，早期分为生、旦、净、末、丑、武行、流行（龙套）七行，以后归为生、旦、净、丑四大行。

京剧形成以来，涌现出大量的优秀演员，他们对京剧的唱腔、表演，以及剧目和人物造型等方面的革新、发展做出了贡献，形成了许多影响很大的流派。如老生程长庚、余三胜、张二奎、谭鑫培，小生徐小香、程继先、姜妙香、叶盛兰等，考勤武生俞菊笙、黄月山、李春来、杨小楼、盖叫天、尚和玉、厉慧良等，旦角梅巧玲、余紫云、田桂凤、陈德霖、王瑶卿、梅兰芳、程砚秋等，丑角刘赶三、杨鸣玉、王长林、肖长华等。此外，还有著名琴师孙佑臣、徐兰沅、王少卿、杨宝忠等，著名鼓师杭子和、白登云、王燮元等。

### （三）豫剧

豫剧在安徽北部地区称梆剧，山东、江苏的部分地区称梆子戏。其流行区域主要在黄河、淮河流域，是我国最大的地方剧种。

豫剧起源已经很难考证。一说是在当地民歌、小调的基础上，后与传入河南的昆曲和秦腔等剧种相结合而成；二说由北曲弦索调直接发展而成；三说是在河南民间演唱艺术，特别是自明朝中后期，在中原地区盛行的时尚小令基础上，吸收"弦索"等艺术成果发展而成。

清朝乾隆年间，河南省已流行梆子戏。据当时的碑文资料记载内容，明皇宫是"当年演剧各班祈祷宴会之所，代远年湮，亦不知创自何时。于道光年间河工决口，庙宇冲塌，瓦片无存"，可见在道光之前，梆子戏就早已存在。这些记述与艺人间的传说相符。据艺人相传，豫剧最早的传授者为蒋门、徐门两家，蒋门在开封南面的朱仙镇，徐门在开封东面的清河集，都曾办过科班。

辛亥革命以后，河南梆子更多地进入城市演出。当时开封较有名的茶社，均争相邀聘河南梆子班社。此后，郑州、洛阳、信阳、商丘等城市相继出现演出河南梆子的茶社、戏园。在农村，则每逢迎神赛会必演戏。在一些地区，所演多属河南梆子。20 世纪 20 年代末到 30 年代，河南梆子的发展进入一个新的阶段。这一时期，开封相国寺先后建立了永安、永乐、永民、同乐四个河南梆子剧场，许多著名艺人如豫剧大王陈素真及王润枝、马双枝、司凤英、李瑞云、常香玉、赵义庭、彭海豹等，云集于开封。

1935 年年初，以樊粹庭为首成立了豫声戏剧学社，改永乐舞台为豫声剧院，豫剧大王陈素真所在的杞县戏班和赵义庭所在的山东曹县戏班均参加了该学社。豫声戏剧学社革除了旧戏班的一些不合理制度，对表演和舞台美术等进行革新，并演出由樊粹庭创作的《凌云志》《义烈风》《霄壤恨》《涤耻血》《三拂袖》《克敌荣归》等剧目。抗日战争爆发后，于 1938 年，采"醒狮怒"之意，改学社为狮吼剧团。豫剧拥有一批专业和业余的编剧人才，如樊粹庭、杨兰春等。杨兰春先后改编和创作（有的是与他人合作）了《小二黑结婚》《人往高处走》《刘胡兰》《朝阳沟》《冬去春来》《朝阳沟内传》等。同时，以高占全导演为代表导演了不少现代戏和传统戏，如《血泪仇》《赤叶河》《志愿军的未婚妻》《秦香莲》《唐知县审诰命》等。河南及全国许多省、市、自治区普遍建立豫剧演出团体。

### （四）越剧

越剧长于抒情，唯美典雅。前身为流行于浙江嵊县一带的"落地唱书"，至 20 世纪 30 年代逐步发展成为"女子绍兴文戏"。40 年代初女子越剧在上海蓬勃发展，在艺术上吸取了昆剧、话剧的营养，逐渐成熟。以尹桂芳、徐玉兰、王文娟、袁雪芬为代表的老一辈艺术家，在体制和艺术上进行了大胆的改革，新编越剧《祥林嫂》的演出是越剧发展史上的"里程碑"。正是这批老艺术家的勇于改革、积极创新，在继承传统的基础上，根据自身的条件，博采众长，创造了自己独特的风格，逐渐形成了各具艺术特色的越剧流派。

中华人民共和国成立以来，越剧进入了一个大发展的黄金时期，创作出了《梁山伯与祝英台》《红楼梦》《西厢记》，在国内外都获得巨大声誉。《情探》《追鱼》《春香传》《孟丽君》《孔雀东南飞》《何文秀》《沙漠王子》《盘妻索妻》《玉蜻蜓》等成为优秀保留剧目，其中《梁山伯与祝英台》《情探》《追鱼》《碧玉簪》《红楼梦》还被拍摄成电影。

20 世纪 80 年代中期，浙江小百花越剧团在杭州成立，随之，浙江出现了令人瞩目的"小百花"现象。一大批优秀"小百花"如雨后春笋脱颖而出，如梅花大奖获得者茅威涛，梅花奖得主周云鹃、吴凤花等，他们又代表了新一代的越剧艺人，在百花园里竞相绽放。主要剧院剧团有上越、浙百、绍百、芳华、南越等。

2006 年越剧百年，《中国越剧大典》问世，记述了越剧史上的演、编、导、曲、音、美等约 700 位名人的从艺小传，列入名人卷，统计具有代表性优秀剧目 380 余个，其中传统戏与古代剧 260 余个，时装戏与现代剧 120 余个，列入名剧卷。

### （五）黄梅戏

黄梅戏是安徽的主要地方戏曲剧种。黄梅戏原名"黄梅调"或"采茶戏"，是 18 世纪后期在皖、鄂、赣三省毗邻地区形成的一种民间小戏。其中一支逐渐东移到以安徽省怀宁县为中心的安庆地区，与当地民间艺术相结合，用当地语言歌唱、说白，形成了自己的特点，被称为"怀腔"或"怀调"。这就是今日黄梅戏的前身。

在剧目方面，号称"大戏三十六本，小戏七十二折"。大戏主要表现的是当时人民对阶级压迫、贫富悬殊的现实不满和对自由美好生活的向往，如《荞麦记》《告粮官》《天仙配》等。小戏大都表现的是农村劳动者的生活片段，如《点大麦》《纺棉纱》《卖斗笙》。

中华人民共和国成立以后，先后整理改编了《天仙配》《女驸马》《罗帕记》《半把剪刀》《赵桂英》《慈母泪》《三搜国丈府》《九件衣》等一批大小传统剧目，创作了神话剧《牛郎织女》、历史剧《失刑斩》、现代戏《春暖花开》《小店春早》《蓓蕾初开》。其中《天仙配》《女驸马》《牛郎织女》相继搬上银幕，在国内外产生了较大影响。严凤英、王少舫、吴琼、马兰、杨俊、韩再芬是黄梅戏的著名演员。剧团主要有安徽省黄梅剧团、安庆黄梅剧团、湖北省黄梅剧团。

### （六）莆仙戏

莆仙戏是福建古老剧种之一。莆仙戏原名"兴化戏"，流行于古称兴化的莆田、仙游二县及闽中、闽南的兴化方言地区。其戏班足迹遍及福州、厦门、晋江、龙溪、三明等地市和海外华侨聚居地。莆仙戏源于唐、成于宋、盛于明清、闪光于现代。它表演古朴优雅，不少动作深受木偶戏影响，富有独特的艺术风格；其唱腔丰富，综合了莆仙的民间歌谣俚曲、十音八乐、佛曲法曲、宋元词曲和大曲歌舞的艺术特点，用方言演唱，具有浓厚地方色彩，迄今仍保留不少宋元南戏曲艺元素，被誉为"宋元南戏的活化石"。莆仙戏现存传统剧目有 5000 多个，其中保留宋元南戏原貌或故事情节基本类似的剧目有 80 多个。中华人民共和国成立后，莆仙戏经过整理、改编、演出的优秀传统剧目有 200 多个。其中，《琴挑》《三打王英》《团圆之后》《春草闯堂》《秋风辞》《新亭泪》《晋宫寒月》《叶李娘》《状元与乞丐》《江上行》等优秀剧目誉满全国剧坛。此剧种的著名剧作家有陈仁鉴、柯如宽、江幼宋等，著名演员有黄文狄、林栋志、朱石凤、黄宝珍、王少媛等。

### （七）评剧

评剧于清宣统元年（1909）年形成于唐山，故又名"唐山落子"。1923 年，创建该剧种的警世戏社在天津演出时，因其上演剧多有惩恶扬善、警世化人、评古论今之新意，纳名宿吕海寰建议，改称"评剧"。1936 年，名伶白玉霜在上海拍影版《海棠红》，新闻界将评剧之称谓载于《大公报》，从此评剧的名字广泛传播于全国。评剧源于冀东民间歌舞"秧歌"。秧歌是民间农历新年花会活动中的主要形式之一，由双人彩扮，对歌对舞，群体伴唱伴舞，锣鼓击节，唢呐或丝竹配乐伴奏，以歌唱民间生活故事、历史人物、四季风光为主要内容。明、清两代多有以唱秧歌为业者，所唱曲调以莲花落为主。至清末，秧歌又汲取了乐亭皮影、鼓书等，遂演变成为具有冀东地方特色的"蹦蹦戏"。蹦蹦戏初期为两小戏（一旦一丑），有唱有白，载歌载舞；所演剧目有百种以上，有一定的故事情节和首尾贯穿的人物，以叙事体第三人称为其主要特点。曲艺上也是向板腔体过渡的形态。因蹦蹦艺人所唱曲调以莲花落为主，并以竹板（节子板）击节，故有蹦蹦戏与莲花落之混称。演出形式是先以群体合唱"四喜歌"开场，再引出正戏。道光二十年（1840）后，农民以习蹦蹦戏谋生者日益增多，涌现出大批唱蹦蹦戏的艺人。由于艺人们各自所操的乡土方言和活动地域不同，遂形成了东、西、北三路蹦蹦戏。光绪六年至二十六年（1880—1990），出现了许多半职业和职业性的班社。班社中优秀的蹦蹦艺人在互相竞争中，又彼此交流、互相借鉴，从而推动了蹦蹦戏不断向前发展，将对口彩唱两小戏推进到三小戏（即拆出戏）阶段。折出戏扮演者由三人称转化为第一人称。剧本由说唱体演变为代言体，出现了分场式的小型剧目，表演上也开始有了简单的角色行当划分。表演上除在一定程度上保持传统秧歌歌舞动作外，在一些剧目中开始引进模拟现实生活的写实动作，同时开始仿效大剧种的程式动作，但又不受严格的程式规范束缚，动作较为自由。念白以唐山地方语言为基础稍加韵化而成。曲艺唱腔，初具板腔体样式。有了慢板、二六板、小悲调、锁板等；伴奏，以板胡为主，兼用唢呐、笛子；击节乐器甩掉了竹子板，改用枣木梆子并借用河北梆子锣经，以拉板胡者跺脚为令来指挥乐队伴奏。舞台设施只置一桌二椅和"守旧"，别无他物。折出戏剧目计有百余种，大部分来源于两小戏，或影卷、梆子剧本。另一部分则是依据民间现实生活、时事传闻、古今传奇、历史小说、子弟书鼓词等编写而成。在折出戏时期，清光绪三十四年，由于光绪、慈禧的相继逝世，清政府下令百日内禁止娱乐活动，致使蹦蹦戏各班社处于瘫痪状态，多有解体。同年秋，一些艺人成立了庆春社。为防止当局禁演，遂仿照大戏模式对折出戏进行全面改造，大量汲取了梆子板式和锣鼓，使蹦蹦戏具有了大型剧种的雏形。改革后的蹦蹦戏，定名为"平腔梆子戏"。宣统元年，唐山永盛茶园，邀请庆春社做开业演出，深受广大工人及观众的热烈欢迎，从此庆春社在唐山站住了脚跟。为巩固蹦蹦戏在城市中的阵地，班社艺人奋力赶写赶排新戏，至民国元年，创作、改编、移植的大型剧目已达30余部。与此同时，也健全了表演行当，完善了唱腔板式和伴奏体制，从而使蹦蹦戏具有了崭新的艺术风貌。至此，孕育在秧歌母体中的民间小戏，终于在民国初年以新的姿态脱颖而出，时人称其为唐山落子，后定名为评剧。《杨三姐告状》《安重根刺伊藤博文》等现代戏面对社会现实生活，以时事新闻为题材，在当时很有影响。评剧表演艺术家有新凤霞、赵丽蓉等。

## 七、戏曲艺术的旅游价值

戏曲在我国历史悠久，发展至今已有300多个剧种，其中影响较大、流传较广的有京剧、昆曲、越剧、豫剧、湘剧、粤剧、秦腔、川剧、评剧、晋剧、汉剧、潮剧、闽剧、祁剧、河北梆子、黄梅戏及湖南花鼓戏等50多个剧种，每个剧种都代表一方地域特色，有着深厚的文化积淀。人们进行旅游，一方面是为了欣赏风光，另一方面是为了解文化。而由戏曲传播给人们的文化影响，更直接、更生动，更容易接受、更具有衍生力，也更易被人们收藏。戏曲作为具有竞争力的旅游资源，充分反映地方文化特色，能逐步形成剧种所在地区旅游形象，形成新的旅游品牌。目前，到北京看京剧，几乎是每个中外游客必选的内容。在京文化环境中欣赏京剧，自然能感悟更丰富的京剧韵味、体验到更深刻的京剧文化内涵，也能加深对京文化圈内其他旅游文化产品的理解。同样，秦腔慷慨激昂，宽音大嗓，是我国最古老的剧种之一，"八百里秦川黄土飞扬，三千万人民吼叫秦腔"。它的形成和西北地区特殊的地理环境、气候条件，以及语言和传统的审美情趣有着密切的关系，以一种比较特殊的戏曲文化现象吸引着异类文化区域游客的注意。优美抒情的越剧发源于越剧之乡——嵊州，如雨如水，如诉如泣，所谓"剡溪蕴秀异，欲罢不能忘"，和秀美山水相辉映的越剧无疑成为当地巨大的旅游资源宝库。

近年来，戏曲在旅游业中独当一面的事例屡见不鲜，如安庆市在安徽省"打好徽字牌，唱响黄梅戏"的政策指引下，在旅游资源相对贫乏的背景下，积极开拓戏曲旅游市场，使黄梅戏成为安庆市最具潜力的旅游代表产品。江苏省泰州市也充分利用戏曲资源，兴建梅兰芳大剧院、梅园、柳园和桃园等，积极培育自己的戏曲旅游新形象，戏曲旅游日渐成为当地旅游业的旗帜和代表。

戏曲旅游具有市场潜力大、社会效益高、季节性不明显的特点，不像自然旅游资源一样具有明显的四季特征，可以有效弥补我国旅游行业的淡季市场空缺，促进旅游业的良性发展。

# 第三节　中国歌舞文化

歌舞是综合曲艺、歌舞、诗歌等艺术手段，边歌边舞的一种艺术形式。歌舞既能抒情又能叙事，声情并茂，通俗易懂，能表达比较细致复杂的思想感情和广泛的生活内容，具有较强的艺术表现力。

## 一、歌舞与文化概念

"歌舞艺术"这一概念有多种解释，这里我们采用王克芬在《中国歌舞史话》中的说法："歌舞是通过有节奏的，经过提炼和组织的人体动作和造型，来表达一定的思想感情的艺术。"歌舞的文化特征有如下几点。

首先，歌舞艺术是人类实践的产物，并且伴随着人类实践的不断深入而发展。在文化发生的意义上，歌舞是人类实践活动带来的第一种艺术形式。早期人类的实践活动就是劳动，是劳动创造了歌舞的工具——人体。劳动使人直立起来，直立的人体使手、足有了分工，也使手舞足蹈成为可能。劳动又使得人体运动起来，使歌舞有了最初的规范。劳动还使人体的各种器官逐渐发达起来，如视觉器官的发达，使人体及其运动最终成为审美对象，歌舞便成为一种艺术。

其次，歌舞具有民族性、传承性和相互交流的必然性。世界歌舞分为两大阵营，一个是以中国、印度为代表的东方歌舞，一个是以英国、俄国为代表的西方歌舞。对东方歌舞的研究侧重于古代，对西方歌舞的研究侧重于近世。于平总结出东方歌舞的文化特征，包括以下3点：其一，东方歌舞是"坐的文化"，它对"手舞"的关注重于"足蹈"；其二，东方歌舞是"静的文化"，它对"心动"的关注重于"形动"；其三，东方歌舞是"和的文化"，它对"和谐"的关注重于"冲突"。

于平先生认为，东方歌舞之所以具有以上特征，是因为它是农耕文明与伦理本位的文化境遇的产物。中国文化"和谐"的思想境界，"中庸"的心理结构，"至善"的人生主体和行为范式，均为伦理文化的特征。所以，中国歌舞乃至东方歌舞在其艺术表现上，都带有伦理型文化的印记。

## 二、中国歌舞艺术的形成

中国的歌舞艺术诞生于原始社会，最早的歌舞以自娱为目的，反映的是人们的狩猎活动和农业劳动，表达了人们对丰收的企盼。进入阶级社会之后，专业化的舞者开始出现，"乐舞"供统治者欣赏娱乐，"巫舞"则用于祭祀活动。西周实行制礼作乐，音乐和歌舞都被当作重要的教育手段，是贵族子弟的必修课。春秋战国时期民间歌舞大为兴盛，《诗经》和《楚辞》都记载了大量的民间歌舞，这一时期出现了许多优秀的歌舞艺人。

汉代歌舞具有技艺结合、技艺并重的特点，舞者要准确而富于感情地完成许多高难动作。汉高祖的戚夫人、汉武帝的李夫人、汉成帝的皇后赵飞燕都是民间艺人，因能歌善舞而受宠。戚夫人著名的"翘袖折腰之舞"更是以柔软的腰功显示出其歌舞的魅力。魏晋南北朝是民族大融合的时代，北方游牧民族南下中原，北方歌舞随之而来。各族乐舞杂陈，各有其风格和特色，为隋唐歌舞艺术的高度发展奠定了基础。

唐代，歌舞已成为人们生活中不可缺少的组成部分。能歌善舞不仅是歌舞艺人的专长，上层社会也以善舞为荣。唐玄宗李隆基对歌舞艺术有较高的鉴赏能力，杨贵妃即因善舞《霓裳羽衣》和《胡旋舞》而受到宠幸。唐代歌舞的盛行还表现在节日的歌舞游乐和艺人在街头、酒肆的献舞风气。历史上著名的"踏舞"是群众性的自娱活动，人们手袖相连，踏地为节，边歌边舞。"李白乘舟将欲行，忽闻岸上踏歌声"描写了踏歌的普遍流行。杜甫的《观公孙大娘弟子舞剑器行》诗，描写他幼年在河南郾城观看著名舞伎公孙大娘在广场的一次惊心动魄的表演。那"观者如山"的情景，说明这种表演形式如何受民间喜爱。宋代，民间歌舞再度兴盛，歌舞中戏剧因素增强，专业艺人往往在城镇的"瓦子"里表演，业余歌舞队伍则活跃在节日庆典中。

明清两代是中国传统乐舞文化集大成时期。从表面上看，中国传统乐舞文化失去了汉唐时期独领风骚的辉煌地位，尤其是作为独立的歌舞表演艺术已经不多见，只有群众性的歌舞活动还比较活跃。但作为中国传统乐舞文化的结晶体，它却凝固在戏曲艺术之中，往日的宛若惊鸿、翩如游龙等姿态，那种长袖翻飞、行去如风的动势，均以更完善的形象出现在戏曲艺术中。

## 三、中国歌舞艺术的特点

纵观中国歌舞艺术产生和发展的全过程，可以看出，中国歌舞艺术有以下几个特点。

### （一）劳动人民的创造

如前所述，原始社会模拟鸟兽情态的歌舞和反映农业劳动生活的歌舞都是早期人类劳动场面的再现。汉代的灵星舞也是表现农业劳动过程的，包括了耕种、耘锄、驱雀、收获和春簸等环节，今天流行全国的秧歌及少数民族地区的杵歌等都属此类。始于西周，到清代依然流行的傩舞，源于原始社会的图腾崇拜，更确切地说是源于先民的狩猎生活。傩舞在各个历史时期的形式并不一样，但都是驱除邪恶的仪式，而且流行在宫廷和民间。随着社会的发展，人们的鬼神观念逐渐淡薄，傩舞逐渐演变成自娱节目。

### （二）反映现实生活

原始歌舞无论表现狩猎、战争生活的，还是表现宗教祭祀、图腾信仰的，或者表现男女情爱的，都是原始人的实际活动，古朴质拙，颇具荒蛮之风。凡是源于现实生活的歌舞都有很强的震撼力，可以"清商乐"被定为雅乐的史实为证。"清商乐"在魏晋南朝时风靡，从南朝的晋、宋始，其中的许多歌舞就被获准作为前代"正声"进入庙堂，作雅乐祭祀用。至隋，又被文帝指为"华夏正声"，唐代也定为宫廷燕乐。"清商乐"为始发于春秋战国时期的民间歌舞，当时被称为"郑卫之音"。魏晋南朝，士人对社会现实不满，尤其痛恨封建礼教，而渴望回归自然，对来自民间的"桑间濮上之乐"更加钟情。

### （三）各民族歌舞艺术交融

自汉至晋，中原地区一直为汉人政权所统治，而汉民族歌舞文化对异域文化并不排斥，而且有很强的吸收和融合能力。如西汉时被用于宫廷宴享的巴俞舞，原是川东少数民族"寅人"的歌舞，猛锐粗犷。刘邦起兵反秦时，曾征集寅人作汉军先锋，他们在战斗中冲锋陷阵，跳起歌舞来也雄姿英发，刘邦非常欣赏。于是巴俞舞被作为宫廷乐舞，并长期传承。魏晋以后，"胡舞"更在中原地区流行开来。"胡舞"指天竺、龟兹、疏勒以及高丽、高昌的乐舞，其特点是充满激情、奔放不羁，不仅为魏晋时人所赞赏，也为唐代的"软舞"和"健舞"提供了丰富的养分。唐《十部乐》中的《西凉乐》就是中西文化撞击中诞生的一种令人耳目一新的乐舞。《西凉乐》是流行于甘肃武威一带的乐舞，舞者头饰遵照汉人习俗，衣着却用"胡舞"的白大口裤和乌皮靴。汉族歌舞脚下一般着"锦履"，而且以上肢和身体的动作为主；《西凉乐》脚蹬皮靴，意味着歌舞的步伐是西域型的。然而，歌舞的整体基调仍带着浓厚的中原色彩。

## 四、中国歌舞艺术的审美意识

### （一）崇尚自然美

中华大地的居民长期以来都要靠农牧业维持生存，对大自然的依赖性更强，崇尚自然美成为传统的审美意识，在歌舞艺术上的表现也是如此。

#### 1. 歌舞动态模拟自然

中国古代歌舞中有很多模拟鸟兽动态的形式，如傩舞、鸲鹆舞、狮子舞和耍龙灯等。鸲鹆舞是模拟飞鸟动态的歌舞，魏晋时民间比较流行。另一类歌舞，是通过舞者的衣饰、道具和高超的技艺使人体动态对应了某种自然物象，如行云流水、流风回雪、微风细柳、蜻蜓点水等。魏晋"清商乐"中的《白芝舞》《明君》《巾舞》和唐代"软舞"都有这样的艺术效果。

唐代软舞主要讲究舞袖、折腰，以求轻、贵、柔，表现出行云流水般的神韵。唐代软舞的代表作是《绿腰》。

**2. 歌舞动态的曲线美**

西方人认为宇宙是直线前行的，是分层面的、有秩序的，因而古典芭蕾动作多由一基点直线发展，并在各个层面上有秩序地变化中发展动作。中国人认为宇宙是圆流周转、周而复始的，因而古典歌舞的动作多取圆的运动。例如，京戏的全部歌舞动作无一不是圆的，昆曲也是这样。虽然古典戏曲中也有直的姿势，但在动作路线上都强调曲和圆。传统戏曲中的身段都要求圆起、圆行、圆止。"云手"走平圆线，"劈手"走立圆线，"拉山膀"（武将上场时亮相动作）要走弧线……再如，山东鼓子秧歌是流行在鲁北平原的汉族民俗舞，其突出的特点是重"跑"不重"扭"，强调舞者的手臂动作、小臂与手腕的动作都要沿弧线进行。从个别舞者来说，鼓子秧歌的特点是跑，从整体视觉来看，所跑的"场图"都是外圆内方，而且首尾相连，它象征的是古代中国"天圆地方"的宇宙观和宇宙万物周而复始、循环无穷的自然观。

## （二）表现和谐美

### 1. 人与自然的和谐

在中国"天人合一"的宇宙结构里，包含歌舞的"乐"是沟通天、地、人的重要手段。歌舞沟通天地的作用在于它以各种艺术手段演绎宇宙万物，包括自然现象和社会现象。为了构织"行云流水"等审美现象，还要对人体做文化限制，如束腰、隆髻、缠足等。为了演绎人间故事，要塑造各种不同的人物形象，掌握各种角色的动作要领。如旦角动作含蓄内向，温柔婀娜，属于阴的表现；生角属阳，动作刚武强劲，由内向外发展，多为开放的动作，双手抱元守一，属阳极的表现；而旦角中的武旦、生角中的小生，则为强弱的中和。

### 2. 人与人的和谐

中国无论是歌舞艺术还是戏曲艺术大都以"大团圆"为结局，如戏曲歌舞中的《昭君出塞》《宝莲灯》，民间歌舞中的秧歌小戏。秧歌舞队的表演在长期的实践中形成了一种模式，即"情、逗、丢、气"。开场以抒情方式表现男女爱情，然后发生冲突或遇到挫折，最后矛盾解决，以喜剧形式结尾。这种在和谐中找不和谐并最终以和谐为旨归的戏剧情节，是农耕民族典型的爱情心态。在表演动作上是含而不露、落落大方，分寸适度、感情适度，诙谐而不轻薄，泼辣而不放荡，给人以和谐自然的美感。歌舞在古代中国既用于典礼祭祀，又用于伦理教化，还作为娱乐享受，这促成了祭祀礼仪和欣赏娱乐两种不同类型歌舞的产生，故而决定了古典歌舞的文、武两种形式。武舞发扬蹈厉，文舞谦恭揖让。于是，形成了中国歌舞的阴柔、阳刚的审美范式。

中国歌舞发展史上有 3 个集大成时期：汉代歌舞形成了天真古拙的中华本土的主旋律，魏晋南北朝歌舞将中华的主题旋律配上异域的色彩，而唐代歌舞奏出了中外融合的交响。中国古典歌舞的阴柔、阳刚的审美形态，就是在这个发展过程中形成的。汉代人心志高远，胸襟广阔，歌舞也呈现着积极向上的气质。因汉文化多继承楚文化，"翘袖折腰"之舞也很流行，但从汉画像砖石上所看到的长袖大多是奋力甩袖、飞卷空际、舒展矫健、节奏鲜明的舞姿，表现出的仍是汉代那种豪放粗犷的气质。

魏晋及南朝各代表演性歌舞的审美形态基本上是一致的，大多崇尚绮丽、纤巧、柔曼的风格，散发着田园牧歌似的气息。魏晋以后，西北游牧民族纷纷南下，"胡舞"也随之而来。"胡舞"是多纵情，少娴静；多妖娆，少清秀，与魏晋舞风有显著区别，但中原人士却非常赞赏。因为，"胡舞"的刚健、洒脱是人们追求思想解放和超然自得的时风的另一种体现。

唐代歌舞按艺术风格分为两类："健舞"和"软舞"。"健舞"矫捷洒脱，明快有力，充满了阳刚之气。《剑器》舞通过舞剑来展示奋发向上的豪壮之美，颇为唐人推崇。《胡腾》《胡旋》《柘枝》都是从西域传来的歌舞，具有游牧民族文化的特色，舞姿矫健、变化丰富，以高难度的腾、旋动作特征体现出一种开朗向上的阳刚之美和豪壮之美。这种审美形态在《秦王破阵乐》中表现得更为充分，可以说是唐舞风格的主流。唐代"软舞"具有代表性的是《绿腰》和《屈柘》。《屈柘》舞是在《柘枝》舞的基础上演变而成的，较多地展示着汉族传统的歌舞风格，但保持了《柘枝》的快速敏捷、鼓声连催的气势特点。唐代歌舞艺术的最高成就是《霓裳羽衣》舞，它将传统歌舞的柔媚典雅与西域舞风的绚丽明朗融为一体，既不同于"健舞"，又有别于"软舞"，它兼具阴柔阳刚之美，为我国古代乐舞艺术的代表作。

## 五、中国歌舞艺术的审美意境

追求"意境"之美来自诗歌创作，诗的意境要靠诗人的笔锋和丰富的想象力，而歌舞的意境有赖于超常的人体动态作为艺术表现的物质媒介。舞者的人体较之普通人体具有更强的能力，如弹跳、旋转、滚翻和平衡能力等。这些能力有先天的差异，更多的是在后天的训练中获得。当舞者通过柔软的腰肢、轻捷的跳跃、急速的旋转和稳定的控制来创造超常的人体动态之时，观者就会在一种超现实的感觉中忘却了自我，似乎进入一种虚幻的意境。为了创造歌舞的意境之美，自西汉以来，舞人就形成了一个专业队伍，不仅经过严格挑选，还要进行系统训练。

歌舞的意境之美，除了人体的因素之外，还要靠服饰、道具和音乐烘托气氛。如杨贵妃表演的《霓裳羽衣》，是先通过悠扬自由的散曲给观众提供一个含蓄朦胧的诗的意境，这由音乐延续形成的"舞台空白"唤起了观众的视野期待。接着，慢拍子舞序引出翩翩舞人，使观众由听觉引起的遐想转向视觉的审美——舞人时而急徐回转，时而婆娑轻舞；时而像细柳拂风，时而如蛟龙戏水。随着节奏的加快，歌舞激烈到"跳珠撼玉"，使观众目不暇接，审美情绪被推至高潮。可就在这时，音乐戛然而止，接着又"长引一声"，在人们仍若处"仙境"的忘我中结束了全舞。

## 六、中国歌舞艺术的旅游价值

旅游演艺项目在中国的出现始于 1982 年西安《仿唐乐舞》的推出，其主要是为了接待来访的国家首脑和政府要员。之后，一些旅游景区为了弥补旅游市场的空白，主动打造了一些演艺项目，一般都在知名景区和城市，而且都在傍晚至夜间时段上演。目前，旅游演艺项目已经成为一个独立的旅游吸引物，完全可以"独当一面"。旅游学界面临的课题是融合传统与现代，结合地域文化特征，进一步开发歌舞艺术的旅游价值。

### （一）中国古典舞

中国古典舞是指在继承传统歌舞的基础上，体现古典文化精神，具有中华民族气质的歌舞。中国古典舞不是古代歌舞的翻版，而是建立在浓厚的传统歌舞美学基础上，适应现代人欣赏习惯的歌舞。它以民族为主体，以戏曲、武术等民族美学原则为基础，吸收借鉴芭蕾等外来艺术的有益部分，成为独立的，具有民族性、时代性的舞种和体系。中国古典舞创立于 20 世纪 50 年代，曾一度被称为"戏曲歌舞"，因为它是从戏曲歌舞入手来构建的。

中国古典舞注重形与神的结合，在人体形态上强调"拧、倾、圆、曲、仰、俯、翻、卷"的曲线美和"刚健挺拔、含蓄柔韧"的内在气质，充分体现了它的民族性特征。中国古典舞非常强调神韵，即歌舞所表现的人的内心情感，并且在形与神的关系中，把神放在首位，强调"以神领形，以形传神"。可以说，没有神韵就没有了中国古典舞，没有内心情感的激发和带动，也就失去了中国古典舞最重要的光彩。

中国古典舞不仅能表现古代题材，如《宝莲灯》《小刀会》已载入了中国当代歌舞的史册；也可以表现现代题材，如《狼牙山五壮士》《八女投江》至今仍为人称道。可以说，中国古典舞不仅具有民族的特性，而且具有时代的风格。

### （二）中国武术歌舞

武术在我国有悠久的历史，它产生于远古祖先的生产劳动。人们在狩猎的生产活动中，逐渐积累了劈、砍、刺的技能。这些原始形态的攻防技能是低级的，还没有脱离生产技能的范畴，却是武术技术形成的基础。到了氏族公社时代，经常发生部落战争，因此在战场上搏斗的经验也不断得到总结，比较成功的一击、一刺、一拳、一腿，被模仿、传授、习练，武术逐渐形成。武术作为独立的社会文化现象，是同中华文明的产生同步的。唐代裴曼的剑术独冠一时，在当时与李白诗歌、张旭草书并称三绝，世人称他们三人分别为"剑圣""诗仙""草圣"，可见武术作为一种文化所具有的影响。

中华武术是经过千百年文化陶冶的一种独特的人体文化，它之所以被称为"术"正因为它并非单纯的自卫或打击的动作及动作组合，而是以中国传统哲理和伦理为思想基础，以传统兵学和医学为科学基础，以内外兼修、术道并重为鲜明特点的一项内容极为丰富的运动。

中华武术的独特性在于其寓攻防于表演的美学特征，它不仅成为歌舞艺术的创造题材，其本身就是一种有很高艺术价值的歌舞。中华武术扬名世界，每年都吸引着来自四方的游客前来观摩和学习，与其说是缘于其健身、自卫方面的作用，毋宁说是其表演性所体现的美学价值。

### （三）民间歌舞

民间歌舞，是由劳动人民在长期历史进程中集体创造，并广泛流传的一种歌舞形式。它直接反映劳动人民的生活和斗争，表现他们的思想感情、理想和愿望。由于各民族、各地域的自然环境、历史文化、风俗习惯不同，中国各民族、各地区的歌舞便各具特色。

#### 1."北歌南灯"之说

汉族是中华民族大家庭的主体民族，主要分布在东部地区，其民俗舞形态历来有"北歌南灯"之说。"北歌"指秦岭、淮河以北的秧歌，"南灯"则指安徽花鼓灯和云南花灯。东北和陕北同为秧歌歌舞文化区，其表现手法却不相同。东北秧歌是欢快节奏串联下的小步快走，陕北秧歌是大步跳跃。有学者认为，这种运动体态的差异主要来自平原和高原的地形差异。地形差异对运动体态的影响主要在于大腿屈伸的幅度——平原地区的幅度小而高原地区的幅度大。

安徽花鼓灯居于"北歌南灯"的临界点，动律特征具有过渡性质，形式也有戏剧化的倾向；云南花灯已是成熟的地方戏——一种歌舞占较大比重的地方戏，其间的歌舞称"花灯歌舞"。花灯歌舞动律的特征是"崴"，行走时出胯，脚形不绷不勾，自然抬起悠出，手随脚自然摆动，如微风拂柳。一般认为，花灯歌舞的崴步是挑担行走在田埂、坡坎上导致的体态定形。总起来说，汉族民俗舞的南北差异，在动律特征上，"北歌"重扭，"南灯"重崴，扭者重心高而崴者重心低；在舞具特征上，"北歌"重绢而"南灯"重扇。

#### 2."农乐"与"锅桩"

农乐舞是朝鲜族民俗歌舞，以长鼓舞、长缨舞最为引人注目。长鼓舞由单人或多人表演，是女子歌舞。舞者身挂长鼓，一手用竹键击打鼓面，另一手拍鼓面，发出高音和低音鼓点，配合柔美的手臂动作和灵巧的舞步，表达出丰收的喜悦和节日的欢欣。长缨舞由男子表演。舞者通过头部转动使帽子上的长缨不断在空中画圈，用弧线的起伏变化来传递感情信息。"锅桩"是当代遗存的藏族古典舞，最具代表性的是铃鼓舞，即"热巴卓"。它无音乐伴奏，男子摇铃，女子击鼓，随着鼓点和铃声的节奏起舞，先慢后快。

进入快板时，男子舞姿矫健洒脱，高潮主要看男子特技表演。

"农乐"和"锅桩"的差异是：前者重手舞，含气于胸，后者重足蹈，沉气于腹；前者重心高而后者重心低。民间歌舞的生命力是很强的，它不仅为传统歌舞输送营养，而且始终保持原汁原味。当社会上层追逐时尚、推陈出新之时，民俗歌舞却显示出它的固执，以至先人留下了"礼失求诸野，乐失求诸野"的古训。这就是民俗舞令人百看不厌的原因，它丰富的文化内涵和自娱自乐的特点为旅游景区增添新的色彩。

### （四）芭蕾

文艺复兴时期发生于意大利的古典芭蕾曾繁荣于法兰西，鼎盛于俄罗斯，然后点缀于欧美各国。古典芭蕾的主要剧目有《皇后喜剧芭蕾》《无益的谨慎》《吉赛尔》《天鹅湖》，而《天鹅湖》是古典芭蕾的象征。古典芭蕾那科学的人体运动法则和典雅的审美风貌具有永恒的魅力，使它成为最具世界性的歌舞艺术。

芭蕾在欧洲诞生之后，大约经历了 3 个世纪才开始在中国的传播。20 世纪初，芭蕾开始进入中国，新中国成立之后才真正兴起，而对中国影响最大的是俄罗斯学派。20 世纪 50 年代开始有苏联专家应邀来华开办教师训练班，为中国培养芭蕾人才，而苏联艺术家在中国的精彩演出则使中国人开始熟悉并喜爱这一艺术形式。1958 年，在苏联专家的指导下，中国演员第一次上演了经典芭蕾舞剧《天鹅湖》，在国内外引起强烈反响。此后，又上演了《海峡》《吉赛尔》。1964 年，芭蕾舞剧《红色娘子军》上演，它是第一部最成功的大型中国芭蕾舞剧，从内容到形式都具有鲜明的中国风格、中国气派。1965 年，改编自同名歌剧的芭蕾舞剧《白毛女》上演，它以"旧社会把人逼成鬼，新社会把鬼变成人"的真实故事，感动了千千万万的中国人。《红色娘子军》与《白毛女》在中国芭蕾舞剧发展史上具有里程碑的作用，它们是"洋为中用"更深层次的实践，以其独有的中国特色自立于世界芭蕾艺术之林，被誉为"20 世纪的经典"。改革开放以来，中国以更加开放的眼光面向世界，广泛吸收，兼容并蓄，多部不同风格的西方名剧在中国上演。在与西方广泛交流的过程中，新一代芭蕾人才迅速成长，迄今已有多名中国芭蕾艺术家获得世界大奖。

近年来，中国艺术家在芭蕾与中国传统艺术结合方面又作出了新的、有益的探索。2004 年，广州军区战士杂技团排演了杂技芭蕾《天鹅湖》，并于次年 11 月在广东佛山举行的亚洲艺术节上演，中西方艺术相结合的艺术精品深深地吸引了观众。我们有理由相信，随着中西文化的交流进一步深入，芭蕾与中国传统艺术，尤其是具有浓厚地域特征的艺术形式的结合，必将产生新的硕果。

### （五）现代舞

现代舞是 20 世纪初在西方兴起的一种与古典芭蕾相对立的歌舞派别，其主要美学观点是反对古典芭蕾的因循守旧、脱离现实生活和单纯追求技巧的形式主义倾向，主张摆脱古典芭蕾舞过于僵化的动作程式的束缚，以合乎自然运动法则的歌舞动作，自由地抒发人的真实情感，强调歌舞艺术要反映现代社会生活。现代舞的创始人是美国歌舞家伊莎多拉·邓肯，近几十年来，现代舞形成了许多不同风格和艺术主张的派别，有的在歌舞的创新和发展上做出了很大的成绩，有的却完全违背了早期现代舞派的基本思想和艺术主张，远离了客观社会现实生活，发展到离奇、怪诞、晦涩的地步，为广大观众所不能理解和接受。

现代舞在中国有着宽泛的定义和曲折的发展过程。吴晓邦、戴爱莲、贾作光等新歌舞艺术的先驱们都曾从名师学习过地道的西方现代舞，在他们的艺术实践中，葆有与现代舞相通的自由与创新的理念，同时更强烈地追求歌舞的民族性与时代精神。其中，吴晓邦"和着时代的脉搏跳舞"的至理名言和以《义勇军进行曲》《游击队员之歌》《饥火》等为代表的"20世纪经典"之作，应视为"中国现代舞"的珍贵精神财富。

20世纪50年代末至60年代初，吴晓邦创建了"天马歌舞艺术工作室"，系统地推行他所创建的源于现代舞的教学体系，为走出一条"中国现代舞"的路子，进行了多方面的创作实践。这一时期的作品有：从古曲中获得灵感，追求中国传统文化精神的《十面埋伏》《梅花三弄》《平沙落雁》等；也有取材于现实生活的《牧童识字》《足球舞》《花蝴蝶》等。

中国现代舞重新崛起于20世纪70年代末80年代初，随着改革开放的深化而日益发展。初期的一批现代舞的作品，如《希望》《无声的歌》《再见吧，妈妈》《刑场上的婚礼》《割不断的琴弦》等，从构思到语言模式，都具有明显的创新意识和较大的冲击力。

### （六）街舞

街舞（英文名字 Hip Hop）最早起源于美国纽约，是爵士舞发展到20世纪90年代的产物，它的动作是由各种走、跑、跳组合而成，极富变化，并通过头、颈、肩、上肢、躯干等关节的屈伸、转动、绕环、摆振、波浪形扭动等连贯组合而成。各个动作都有其特定的健身效果，既注意了上肢与下肢、腹部与背部、头部与躯干动作的协调，又注意了各环节、各部分的独立运动。因此街舞不仅具有一般有氧运动改善心肺功能、减少脂肪、增强肌肉弹性、增强韧带柔韧性的功效，还具有协调人体各部位肌肉群、塑造优美体态、提高人体协调能力、陶冶美感的功能。街舞按其动作特征可分为两大类：Hip Hop 和 Breaking。Breaking 为技巧型街舞，要求舞者具有较高的力量、柔韧性和协调性，属于技巧性较高的体育歌舞，所以最先为国内青少年所喜爱。Hip Hop 是歌舞型街舞，它有多种风格，都不如 Breaking 那样需要较高的技巧，但更要求舞者的动作协调性和舞感，以及肢体灵活性和控制力。

中国青少年最早接触街舞始自20世纪80年代的美国电影《霹雳舞》，当时的霹雳舞就是现在 Breaking 的前身。随着中国青少年对街舞理解的深入，他们逐步回归街舞的本源，以中国青少年自己的眼光和特点来实践街舞。除了早期的霹雳舞，自 20 世纪 90 年代中开始，全国各地青少年就已经开始习练街舞。北京、上海、广州因为资讯发达，街舞开展比较早。而河南郑州由于中原武术文化与街舞关系密切，Breaking 歌舞也起步较早，近年来更被作为一种文化品牌受到当地政府的大力推广。

## 【本章小结】

本章主要介绍了曲艺文化的发展史、表现手法及种类；戏曲文化的发展史、艺术特色及种类；歌舞文化的技艺特色及种类。

## 【复习思考题】

1. 简述曲艺文化发展史。
2. 京剧的特点是什么？
3. 简述民间歌舞。

# 第 ⑩ 章

# 旅游美术文化

---

## 🔍 【教学目标】

通过本章的学习，理解中国书法的历史、内涵及旅游价值，熟悉中国绘画的发展历程及鉴赏技巧，掌握中国雕塑的美学特征及工艺品的艺术特点。

## 🔍 【导入案例】

卢沟桥上的石雕堪称一绝，其中最让人惊奇的是护栏板望柱头上的石狮子。这些狮子大小不一，高一些的足有50厘米，矮一些的不过20厘米，更多的是30厘米左右的中型石狮。石狮子下面雕有莲座，座下刻荷叶礅。自南北朝佛教在中国盛行以来，作为护法的狮子就成为人们心目中的瑞兽，渐渐地取代了以前怪异猛兽的形象，成为建筑上的重要装饰构件。卢沟桥的石狮子是典型的"顾抱负赘式"造型，其特点是大狮子仰首怒吼，脚下或踩绣球或抚摸小狮子，而背负的小狮子伸颈助威。另外，大狮子怀中腹下的幼狮嬉戏玩耍，神态机警，妙趣横生。卢沟桥望柱上的石狮子都是数个狮子的群雕，大狮子背上爬着小狮子，怀里抱着小狮子，脚下也有小狮子。这些狮子千姿百态，若隐若现，没有任何规律，因而北京就有了"卢沟桥的狮子数不清"的说法。前些年有人全面系统地进行编号，数来数去比较准确的数字是492个，其中较大的石狮子有281个。卢沟桥的石狮子除了望柱上的石狮子外，桥头东端两侧还各有一只伏地而卧的大石狮子，它高近1米，长达7.73米，重有3吨。这头石狮子头抵着桥栏板最外侧的望柱，似用千钧之力稳定桥身之势。在桥两端入口处各有高达4.65米的华表一对，顶端也雕刻石狮子，这些狮子不大，但目光炯炯，同样是石雕中的精品。

著名建筑学家罗哲文在《名闻中外的卢沟桥》一文中曾对这些雕刻精美、神态活现的石狮子有过极为生动的描绘："有的昂首挺胸，仰望云天；有的双目凝神，注视桥面；

有的侧身转首，两两相对，好像在交谈；有的在抚育狮儿，好像在轻轻呼唤；桥南边东部有一只石狮，高竖起一只耳朵，好似在倾听着桥下潺潺的流水和过往行人的说话……真是千姿百态，神情活现。"长久以来，卢沟桥石狮子在游客中享有盛名，是中国雕刻艺术中的佼佼者。

**请思考：**你对中国雕刻艺术有何认识？

# 第一节 中国书法

中国的书法是随着中国文字的产生而产生的。中国文字产生的时间相当久远，是世界上最古老的文字之一。其结构和书写方式与其他文字有着显著区别。文字在演变过程中，形成了甲骨文、金文、篆、隶、楷、行、草等不同字体，产生独特的书法艺术魅力，它是中国传统艺术中很少受外来影响的中国特色艺术。这种独特的艺术遍布全国各地，在旅游中便成了颇具中国特色的旅游资源。比如碑刻、摩崖、匾额、楹联，我国旅游胜地无处不有，往往又以数量之多形成特色，几乎成了名胜古迹之地必不可少的内容之一。

## 一、书法历史

中国的书法艺术开始于汉字的产生阶段，书法艺术的第一批作品不是文字，而是一些刻画符号——象形文字或图画文字。原始文字的起源，是一种模仿的本能，用于描摹某个具体事物。尽管简单而又混沌，但它已经具备了一定的审美情趣。这种简单的文字因此可以称之为史前的书法。

春秋战国时期，各国文字差异很大，成为发展经济文化的一大障碍。秦始皇统一国家后，丞相李斯主持统一全国文字，这在中国文化史上是一项伟大功绩。秦统一后的文字称为秦篆，又叫小篆，是在金文和石鼓文的基础上删繁就简而来。著名书法家李斯主持整理出了小篆。《绎山石刻》《泰山石刻》《琅玡石刻》《会稽石刻》即为李斯所书，历代都有极高的评价。秦代是继承与创新的变革时期。秦代书法，在中国书法史上留下了辉煌灿烂的一页，气魄宏大，堪称开创先河。

两汉是书法史上继往开来，由不断变革而趋于定型的关键时期。隶书是汉代普遍使用的书体。汉代隶书又称分书或八分，笔法不但日臻纯熟，而且书体风格多样。东汉隶书进入了形体娴熟、流派纷呈的阶段，当今所留下的百余种汉碑中，表现出辉煌竞秀的风貌。在隶书成熟的同时，又出现了破体的隶变，发展而成为章草、行书、真书（楷书）。书法艺术的不断变化发展，为以后晋代流畅的行草及笔势飞动的狂草开辟了道路。

从汉字书法的发展上看，魏晋是完成书体演变的承上启下的重要历史阶段，是篆隶真行草诸体咸备俱臻完善的一代。汉隶定型化了迄今为止的方块汉字的基本形态。隶书产生、发展、成熟的过程就孕育着真书，而行草书几乎是在隶书产生的同时就已经萌芽了。真书、行书、草书的定型是在魏晋 200 年间。它们的定型、美化无疑是汉字书法史上的又一巨大变革。这一书法史上了不起的时代，造就了两个承前启后、巍然卓立的大书法革新家——钟繇、王羲之。他们揭开了中国书法发展史的新的一页，树立了真书、行书、草书美的典范。此后历朝历代，乃至东邻日本，学书者莫不宗法"钟王"。

南北朝书法，继承东晋的风气，上至帝王，下至士庶都非常喜好。南北朝书法家灿若群星，无名书家为其主流。他们继承了前代书法的优良传统，创造了无愧于前人的优秀作品，也为形成唐代书法百花竞妍群星争辉的鼎盛局面创造了必要的条件。南北朝书法以魏碑最胜。魏碑，是北魏以及与北魏书风相近的南北朝碑志石刻书法的泛称，是汉代隶书向唐代楷书发展的过渡时期书法。

唐代文化博大精深、辉煌灿烂，达到了中国封建文化的最高峰，可谓"书至初唐而极盛"。唐代墨迹流传至今者也比前代为多，大量碑版留下了宝贵的书法作品。整个唐代书法，对前代既有继承又有革新。初唐书家有虞世南、欧阳询、褚遂良、薛稷、陆柬之等，此后有创造性的还有李邕、张旭、颜真卿、柳公权、怀素、钟绍京、孙过庭。唐太宗李世民和诗人李白也是值得一提的大书法家。楷书、行书、草书发展到唐代都跨入了一个新的境地，时代特点十分突出，对后代的影响远远超过了以前任何一个时代。

宋朝书法尚意，无论是天资极高的蔡襄和自出新意的苏东坡，还是高视古人的黄庭坚和萧散奇险的米芾，都力图在表现自己的书法风貌的同时，凸显一种标新立异的姿态，使学问之气郁郁芊芊发于笔墨之间，并给人以一种新的审美意境，这在南宋的吴说、陆游、范成大、朱熹、文天祥等书家中进一步得到延伸。宋代书法家代表人物是苏、黄、米、蔡。

元初经济文化发展不大，书法总的情况是崇尚复古，宗法晋、唐而少创新。虽然在政治上元朝是异族统治，然而在文化上却被汉文化所同化。元朝书坛的核心人物是赵孟頫，他所创立的楷书"赵体"与唐楷之欧体、颜体、柳体并称四体，成为后代观摹的主要书体。在元朝书坛也享有盛名的还有鲜于枢、邓文原，虽然成就不及赵孟頫，然在书法风格上也有自己独到之处。他们主张书画同法，注重结字的体态。

明代是帖学大盛的一代。法帖传刻十分活跃。其中著名的有董其昌刻的《戏鸿堂帖》、文徵明刻的《停云馆帖》、华东沙刻《真赏斋帖》等。其中《真赏斋帖》可谓明代法帖的代表。《停云馆帖》收有从晋至明历代名家的墨宝，可谓从帖之大成。由于士大夫清玩风气和帖学的盛行，影响书法创作，所以，整个明代书体以行楷居多。代表书法家有：董其昌、文徵明、祝允明、唐伯虎、王宠、张瑞图、宋克等。

清代在中国书法史上是书道中兴的一代。清代初年，统治阶级采取了一系列稳定政治、发展经济文化的措施，故书法得以弘扬。古代的吉书、贞石、碑版大量出土，兴起了金石学。刘墉、邓石如开创了碑学之宗，咸丰后至清末，碑学尤为昌盛。前后有康有为、伊秉绶、吴熙载、何绍基、杨沂孙、张裕钊、赵之谦、吴昌硕等大师成功地完成了变革创新，至此碑学书派迅速发展，影响所及直至当代。纵观清代 260 余年，书法由继承、变革到创新，挽回了宋代以后江河日下的颓势，其成就可与汉唐并驾，各种字体都有一批造诣卓著的大家，可以说是书法的中兴时期。

## 二、书法内涵

书法的内涵主要包括以下几个方面的内容：

第一，书法是指以文房四宝为工具抒发情感的一门艺术。工具的特殊性是书法艺术特殊性的一个重要方面。以文房四宝为工具，充分体现工具的性能，是书法技法的重要组成部分。离开文房四宝，书法艺术便无从谈起。

第二，书法艺术以汉字为载体。汉字的特殊性是书法特殊性的另一个重要方面。中国书法离不开汉字，汉字点画的形态、偏旁的搭配都是书写者较为关注的内容。与其他拼音文字不同，汉字是形、音、义的结合体，形式意味很强。古人所谓"六书"，是指象形、指事、会意、形声、转注、假借六种有关汉字造字和用字的方法，其对汉字形体结构的分析极具指导意义。

第三，书法艺术的背景是中国传统文化。书法植根于中国传统文化土壤，传统文化是书法赖以生存、发展的背景。我们今天能够看到的汉代以来的书法理论，具有自己的系统性、完整性与条理性。与其他文艺理论一样，书法理论既包括书法本身的技法理论，又包含其美学理论，而在这些理论中又无不闪耀着中国古代文人的智慧光芒。比如关于书法中如何表现"神、气、骨、肉、血"等范畴的理论，关于笔法、字法、章法等技法的理论以及创作论、品评论等，都有着自身的体系。

第四，书法艺术具体包括笔法、字法、章法、墨法、笔势等内容。书法笔法是其技法的核心内容。笔法也称用笔，指运笔用锋的方法。字法，也称结字、结构，指字内点画的搭配、穿插、呼应、避就等关系。章法，也称布白，指一幅字的整体布局，包括字间关系、行间关系的处理。墨法，是用墨之法，指墨的浓、淡、干、枯、湿的处理。

## 三、书法审美

### （一）整体形态美

中国字的基本形态是方形的，但是通过点画的伸缩、轴线的扭动，也可以形成各种不同的动人形态，从而组合成优美的书法作品。结体形态，主要受两方面因素影响：一是书法意趣的表现需要；二是书法表现的形式因素。就后者而言，主要体现在三个方面：一为书体的影响，如篆体取竖长方形；二为字形的影响，有的字是扁方形，而有的字是长方形的；三为章法影响。因此，只有在上述两类因素的支配下，进行积极的形态创造，才能创作出美的具体形态。

### （二）点画结构美

点画结构美的构建方式主要有两种：一是各种点画按一定的组合方式，直接组合成各种美的独体字和偏旁部首。二是将各种部首按一定的方式组合成各种字形。中国字的部首组合方式无非是左右式、左中右式、上下式、上中下式、包围式、半包围式等几种。这些原则主要是比例原则、均衡原则、韵律原则、节奏原则、简洁原则等。这里特别要提的就是比例原则，其中黄金分割比又是一个非常重要的比例，对点画结构美非常重要。

### （三）墨色组合美

墨色组合的艺术性，主要是指其组合的秩序性。作为艺术的书法，它的各种色彩不能再是杂乱无章的，而应是非常有秩序的。这里也有些共同的美学原则，要求书者予以遵守，如重点原则、渐变原则、均衡原则等。书法结体的墨色组合，主要涉及两个方面：一是对背景底色的分割组合。人们常说的"计白当黑"，就是这方面的内容。二是点画结构的墨色组合。从作品的整体效果来看，不但要注意点画墨色的平面结构，还要注意点画墨色的分层效果，从而增强书法的表现深度。

## 四、书法名家

### （一）王羲之

王羲之，字逸少，汉族，东晋时期著名书法家，有"书圣"之称。祖籍琅琊（今属山东临沂），后迁会稽山阴（今浙江绍兴），晚年隐居剡县金庭。历任秘书郎、宁远将军、江州刺史，后为会稽内史，领右将军。其书法兼善隶、草、楷、行各体，精研体势，心摹手追，广采众长，备精诸体，熔于一炉，摆脱了汉魏笔风，自成一家，影响深远。风格平和自然，笔势委婉含蓄，遒美健秀。代表作《兰亭序》（见图10-1）被誉为"天下第一行书"。在书法史上，他与其子王献之合称为"二王"。

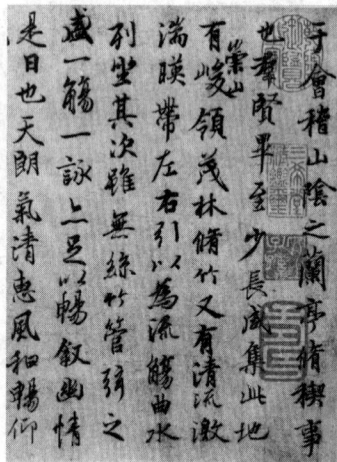

图10-1 《兰亭序》

### （二）褚遂良

褚遂良，字登善，唐朝政治家、书法家，阳翟（今河南禹州）人。褚遂良博学多才，精通文史，隋末时跟随薛举为通事舍人，后在唐朝任谏议大夫、中书令等职。唐贞观二十三年（649年）与长孙无忌同受太宗遗诏辅政；后坚决反对武则天为后，遭贬潭州（长沙）都督，武后即位后，转桂州（桂林）都督，再贬爱州（今越南北境清化）刺史，显庆三年（658 年）卒。褚遂良工书法，初学虞世南，后取法王羲之，与欧阳询、虞世南、薛稷并称"初唐四大家"；传世墨迹有《孟法师碑》（见图 10-2）、《雁塔圣教序》等。

图 10-2 《孟法师碑》

## （三）张旭

张旭，字伯高，一字季明，汉族，唐朝吴县（今江苏苏州）人，是一位极有个性的草书大家，因他常喝得大醉，就呼叫狂走，然后落笔成书，甚至以头发蘸墨书写，故又有"张癫"的雅称。张旭以草书著名，与李白诗歌、裴旻剑舞，合称"三绝"。张旭代表作有《肚痛帖》（见图 10-3）、《古诗四帖》等。

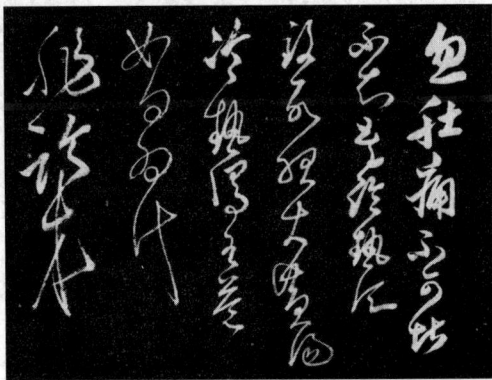

图 10-3 《肚痛帖》

## （四）苏轼

苏轼，眉州（今四川眉山，北宋时为眉山城）人，字子瞻，又字和仲，号"东坡居士"，世人称其为"苏东坡"。其诗、词、赋、散文，均成就极高，且善书法和绘画，是中国文学艺术史上罕见的全才，也是中国数千年历史上被公认文学艺术造诣最杰出的大家之一。其散文与欧阳修并称欧苏；诗与黄庭坚并称苏黄；词与辛弃疾并称苏辛；书法名列北宋四大书法家"苏、黄、米、蔡"之一；其画则开创了湖州画派。苏轼书法代表作有《黄州寒食寺贴》（见图10-4）、《天际乌云帖》等。

图10-4 《黄州寒食诗帖》

## （五）赵孟頫

赵孟頫，字子昂，号松雪道人，又号水精宫道人、鸥波，中年曾作孟俯，汉族，吴兴（今浙江湖州）人。元代著名画家，楷书四大家之一。赵孟頫博学多才，能诗善文，懂经济，工书法，精绘艺，擅金石，通律吕，解鉴赏。特别是书法和绘画成就最高，开创元代新画风，被称为"元人冠冕"。他也善篆、隶、真、行、草书，尤以楷、行书著称于世。其代表性书法作品有《洛神赋》（见图10-5）、《道德经》等。

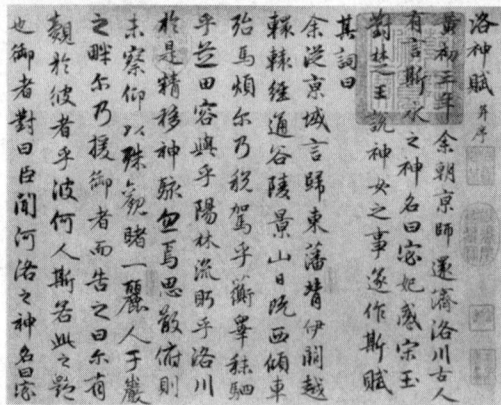

图10-5 《洛神赋》

## 五、中国书法的旅游价值

我国旅游和书法紧密相连，书法已成为重要的旅游资源，书法作品、书写工具、书法景观已成为旅游产品中引人注目的内容。

## （一）观看书法展览

旅游区开展书法展览活动业已成为重要的旅游内容，如兰亭书会等。博物馆更不例外，无论是综合性博物馆还是专题博物馆，都会凭借其收藏的珍贵的书法作品组织综合成个人书画展览会，以吸引旅游者。如故宫所藏历代书画达十万件以上，其中还不包括运去台湾的书画名迹。专题博物馆，如中国美术馆、荣宝斋、上海书画社、杭州西泠印社等都有数千或数万件书法珍品。这些书法作品，能流传至今可谓价值连城，能一睹这些珍品的风采当然是旅游者的一大幸事。另外，听取导游员讲解关于珍贵书法作品收藏与保存的经历也是旅游的重要内容。比如，为了使一些流失的书法作品重新回到故宫，像溥仪出宫时携带的王献之的《中秋帖》、王珣的《伯远帖》流入香港，典当给外国银行，为避免被人买走，1951 年典当期满之前，尽管国库不盈，但周总理仍指示文化部门派人到香港，以重金将二帖赎回。有些是文物收藏家捐献出来的，如故宫所藏西晋陆机的《平复帖》、唐代诗人杜牧所书的《张好好诗卷》都是著名文物收藏家张伯驹捐献给故宫的。因此，我国的书法艺术珍品保全至今，并非易事。

## （二）解读石刻文

石刻文是刻在石鼓、摩崖、碑碣等石器或石壁上的文字。石刻文字始于战国，曾是古人书写文字的重要手段之一，至西汉时，开始用纸写字，但人们每遇大事，仍镌刻于石，以求永存。我国现存的石刻浩如烟海，内容十分广泛，政治、经济、军事及文化等无所不有，骚人墨客和能工巧匠以山石为纸，以锤凿作笔，在自然赋予的天地间尽情显露他们的豪情壮志。这是中国特有的碑刻文化，也是研究我国历史和书法艺术的珍贵资料，是我国珍贵的旅游资源。我们现在常见的石刻文是摩崖石刻与碑碣，石鼓文相对较少。

### 1. 摩崖石刻

摩崖石刻是将文字刻于高山石壁之上的石刻。高山石壁成为历代书法家大显身手之地。著名的摩崖石刻有天津盘山石刻、山东泰山石刻、浙江普陀山石刻、河南嵩水石刻、湖南九嶷山石刻、浯溪露天诗海碑林石刻、广西桂林象鼻山还珠洞石刻、三峡夔门石刻、湖北黄冈赤壁石刻等。如泰山石刻是泰山一大奇观，在攀登泰山的旅途中，到处刻有古人的题字题诗，主要有魏晋时经石峪、唐摩崖、清摩崖等石刻。这里的石刻文字有的龙腾虎跃，有的苍劲古拙，有的潇洒飘逸，有的端正秀雅。真草隶篆各种书体，颜柳欧赵不同流派，应有尽有，犹如一个"中国历代书法展览"。摩崖石刻既有人们触景生情的即兴之作，内容往往深蕴哲理，让人顿开茅塞，也有劝善戒恶之辞。前者如泰山摩崖石刻，从朝阳洞向上，渐渐接近十八盘，山路越来越险，似乎是在登天，猛抬头，忽见摩崖石刻一"从善如登"，四个大字雄浑雅健，非大手笔而无此风。"登山"与"从善"相连，与"从善如流"相对，发人深省，耐人寻味，说明了"从善"像"登山"一样难的道理。"从善如登"正是作者面对攀登悬崖峭壁，触景生情，由情美领略哲理美。后者如杭州灵隐寺飞来峰山崖洞壁上的刻石，历代哲人，儒法释道荟萃于一山。细看内容，最多的是劝善戒恶之辞，如"峰从天外飞来，见一线光明，万壑松涛开觉悟；泉自石边流出，悟三生因果，十方华藏证根源"。看来是佛门长老巧借飞来峰典故，苦心引导人们觉海渡航。

### 2. 碑碣

碑碣是古代人在石头上的一种特殊纪事形式，内容包括颂扬功德、寄托哀思、抒发情感、褒贬世事等。我国碑碣繁多，规模较大的根据其内容分三种情况：一是专题性碑林。如曲阜孔庙内存有两汉以来历代碑碣2200余块。二是非专题内容，以内容丰富多彩取胜。如西安碑林，历代碑碣2300余件，自汉迄清，荟萃各代名家手笔，可谓唐宋明清时代并容，篆隶草楷书体竞艳，颜柳欧赵风格媲美。三是园林中的诗条石碑刻。如苏州园林，厅堂鳞次栉比，游廊曲折蜿蜒，廊墙上嵌诗条石。这种恰到好处的碑刻，使原本精巧秀雅的园林满壁生辉，平添了无限风韵。

## （三）追寻书法名人故地

我国许多景点专因书法名人而没，后人到此凭吊多是围绕书法名人及其作品展开。如湖南祁阳浯溪因颜真卿等人的石刻而成为重要的旅游地，绍兴的兰亭因王羲之而为中外游人瞩目。

比如兰亭，兰亭是为纪念东晋时著名书法家王羲之而建。今天的兰亭，仍然以《兰亭序》中的意境定出全园的基调，即雅、秀、清，并以《兰亭序》文中内容构景，显现书法家人生的片段。王羲之在绍兴生活留下了许多逸闻佳话，被构景者撷取，巧妙地熔铸在景物中。

# 第二节　中国绘画

中国绘画一般称之为丹青，主要画在绢、纸上并加以装裱，简称"国画"。它是用中国所独有的毛笔、水墨和颜料，依照长期形成的表现形式及艺术法则而创作出的绘画。中国绘画是中国文化的重要组成部分，根植于民族文化土壤之中。它不拘泥于外表形似，更强调神似。它建构了独特的透视理论，大胆而自由地打破时空限制，具有高度的概括力与想象力，这种出色的技巧与手段，不仅使中国传统绘画独具艺术魄力，而且日益为世界现代艺术所借鉴吸收。中国绘画是凝聚了几千年文明历史的艺术遗产，它同其他文物艺术一起，构成壮丽的文化艺术景观，为中外游客所观赏、所玩味，从中领略到山水之情。

## 一、绘画历史

中国绘画的历史最早可追溯到原始社会新石器时代的彩陶纹饰和岩画，原始绘画技巧虽幼稚，但已掌握了初步的造型能力，对动物、植物等动静形态也能抓住主要特征，用以表达先民的信仰、愿望以及对于生活的美化装饰。先秦绘画已在一些古籍中有了记载，战国漆器、青铜器纹饰、楚国出土帛画等，都已经达到较高的水平。

秦汉时期，是中国统一的多民族封建国家的建立与巩固时期，也是中国民族艺术风格确立与发展的极为重要的时期。公元前 221 年，秦始皇统一中国后在政治、文化、经济领域的一系列改革使得社会产生了巨大的变化。为了宣扬功业，显示王权而进行的艺术活动，在事实上促进了绘画的发展。西汉统治者也同样重视可以为其政治宣传和道德说教服务的绘画，在西汉的武帝、昭帝、宣帝时期，绘画变成了褒奖功臣的有效方式，宫殿壁画建树非凡。东汉的皇帝们同样为了巩固天下，控制人心，鼓吹"天人感应"论及"符瑞"说，祥瑞图像及标榜忠、孝、节、义的历史故事成为画家的普遍创作题材。

魏晋南北朝时期绘画进一步变得繁复起来。曹不兴创立了佛画，他的弟子卫协在他的基础上又有所发展。作为绘画走向成熟的标志之一，南方出现了顾恺之、戴逵、陆探微、张僧繇等著名的画家，北方也出现了杨子华、曹仲达、田僧亮诸多大家，画家这一身份逐渐地进入了历史书籍的撰写之中，开始在社会生活中扮演越来越重要的角色。

隋代的绘画风格，承前启后，有"细密精致而臻丽"的特点。来自各地，集中于京畿的画家，大多擅长宗教题材，也善于描写贵族生活。作为人物活动环境的山水，由于重视了比例，较好地表现出"远近山川，咫尺千里"的空间效果，山水画开始独立出来。

唐代的绘画在隋的基础上有了全面的发展，人物鞍马画取得了非凡的成就，青绿山水与水墨山水先后成熟，花鸟与走兽也作为一个独立画科引起人们注意，可谓异彩纷呈。盛唐时期是中国绘画发展史上一个空前繁盛的时代，也是一个出现了巨人与全新风格的时代。宗教绘画更趋世俗化，经变绘画又有发展。不同地区的画法交融为一，产生了颇受欢迎的新样式，以"丰肥"为时尚的现实妇女进入画面。以吴道子、张萱为代表的人物仕女画，从初唐的政治事件描绘转为描写日常生活，造型更加准确生动，在心理刻画与细节的描写上超过了前代的画家。而山水画则在此时获得了独立的地位，代表的画家有李昭道、吴道子和张璪，分工细和粗放两种。泼墨山水也开始出现。花鸟画的发展虽不像人物画和山水画那样成熟，但在牛马画方面却名家辈出，曹霸、韩干、陈闳、韩滉与韦偃等都是个中好手。此外，著名的画家王维、卢稜伽、梁令瓒等也名重于时，时至今日还能看到他们的传世作品或者后世的摹本。

五代十国的书画，在唐代和宋代之间形成了一个承前启后的时期。无论是人物、山水，还是花鸟，都在前代的基础上有了新的变化和面貌。北宋在宫廷中设立了"翰林书画院"，对宋代绘画的发展起到了一定的推动作用，也培养和教育了大批的绘画人才。

徽宗赵佶时的画院日趋完备，"画学"也被正式列入科举之中，天下的画家可以通过应试而入宫为官。这是中国历史上宫廷绘画最为兴盛的时期。北宋画坛上，突出的成就是山水画的创作。画家们继承前代传统，在深入自然，观察体验的过程中，创造了以不同的笔法去表现不同的山石树木的方法，名家辈出，风格多姿多彩。李成和范宽为其代表。花鸟画在北宋时期的宫廷绘画中占有主要地位，风格是黄筌的富贵之风，直到崔白等画家的出现才改变这个局面。北宋人物画的主要成就表现在宗教绘画和人物肖像画及人物故事画、风俗画的创作上。武宗元、张择端都是人物画家中的卓越人物。

在北宋时，除了宫廷和民间各自存在有数量可观的职业画家之外，还有一支业余的画家队伍存在于有一定身份和官职的文人学士之中。他们虽然不以此为业，但是在绘画的创作实践和理论探讨方面，都有显著的特点和突出的成就，并且已经自成系统，这就是当时被称作"士人画"，后来被叫作"文人画"的一类。以官僚贵族和文人身份参与绘画的创作活动，古已有之，但是那些人的作品和职业画家的作品没有分别，也没有自己的理论体系。从北宋中期以后，苏轼、文同、黄庭坚、李公麟、米芾等人在画坛上活跃起来，文人画声势渐起。苏轼明确提出了"士人画"的概念，并且认为士人画高出画工的创作。他们还为士人画寻找到了一条发展脉络，唐朝的王维甚至东晋的顾恺之都变成了这一体系的创始人，强调绘画要追求"萧散简淡"的诗境，即所谓"诗中有画，画中有诗"。主张即兴创作，不拘泥于物象的外形刻画，要求达到"得意忘形"的境界。采用的手法主要是水墨，内容从山水扩展为花鸟，这一时期文人贵戚出身的山水花鸟画家增多与此有关。这股潮流的兴起，是中国绘画史上的一件大事，不但对后代的中国绘画发展产生了深远的影响，甚至在一个时期内左右了中国画坛。

南宋的山水画的代表人物主要是号称"南宋四家"的李唐、刘松年、马远、夏圭，他们各自在继承前代的基础上有所创造。文人画在南宋时期除了在理论上进一步展开讨论以外，在实践中也有令人瞩目的成就。米友仁的"云山墨戏"，扬补之的墨梅，赵孟坚的水仙兰花都为世所重。被称为"四君子"，时至今日仍被画家看重的梅、兰、竹、菊，在南宋时已基本成为文人画的固定题材。南宋的著名人物画家有李唐、萧照、苏汉臣等。他们的人物画创作，很多都与当时政治斗争形势有关，多选择历史故事及现实题材，擅长减笔人物画的梁楷的出现，则为中国人物画的创作开辟了一条新的道路。

元代取消了五代、宋代的画院制度，除少数专家画家服务于宫廷外，还有一部分身居高位的士大夫画家，但更多的是隐居不仕的文人画家。元代绘画在继承唐、五代、宋绘画传统的基础之上进一步发展，标志就是"文人画"的盛行，绘画的文学性和对于笔墨的强调超过了以前的所有朝代，书法趣味被进一步引申到绘画的表现和鉴赏之中，诗、书、画进一步结合起来，体现了中国绘画的又一次创造性的发展。人物画相对减少了，山水、竹石、梅兰等成为绘画的主要题材。此外，由于社会的急剧变化也促使了社会审美趣味的转变，在绘画上强调要有"古意"和"士气"，反对"作家气"，摒弃南宋院体即所谓的"近体"，转而主张师法唐、五代和北宋。绘画理论上进一步强调的神的重要作用，把形似放在了次要的地位，以简逸为上，重视绘画创作中主观意兴的抒发，把对自然景物的描写当作画家抒发主观思想情趣的一种手段，与宋代绘画的刻意求工求似形成了鲜明对照。元代虽然时间不长，但是在绘画上却是名家辈出，成就可观。其最重要的画家有赵孟頫、元四家等。

明代是中国古代书画艺术史上的一个重要阶段。这一时期的绘画，在宋元传统的基础上继续演变发展。特别是随着社会政治经济的逐渐稳定，文化艺术变得发达起来，出现了一些以地区为中心的名家与流派。绘画方面，如以戴进为代表的浙派，以沈周、文徵明为首的吴门画派，以张宏为首的晚明吴派，流派纷繁，各成体系。各个画科全面发展，题材广泛，山水、花鸟的成就最为显著，表现手法有所创新。总的说来，元四家的影响在初期犹存，前期以仿宋"院体"为主；中期以后，以吴门各家为代表，回到继承元代水墨画法的文人画派，占据画坛主流。整个明代绘画大体可以分为前期、中期、晚期三个阶段，这三阶段相互有所区别，但也不能截然分开，而应该说是相互交替衔接的。

清代的绘画艺术，继续元、明以来的趋势，文人画日益占据画坛主流，山水画的创作以及水墨写意画盛行。在文人画思想的影响下，更多的画家把精力花在追求笔墨情趣方面，造成了形式面貌的更加多样，派系愈加林立。在董其昌"南北宗论"的影响下，清代画坛流派之多、竞争之烈，是前所未有的。清代绘画的发展，大致也可以分为早、中、晚三个时期。早期，"四王"画派占据画坛的主体地位，江南则有以"四僧"和"金陵八家"为代表的创新派；清代中期，宫廷绘画由于社会经济的繁盛和皇帝对于书画的爱好而得到很好的发展，但在扬州，却出现了以扬州八怪为代表的文人画派，力主创新；晚清时期，上海的海派和广州的岭南画派逐渐成为影响最大的画派，涌现出大批的画家和作品，影响了近现代的绘画创作。

## 二、艺术特征

### （一）写意

中国绘画的艺术特征，总括起来说就是"写意"二字。写意是中国绘画的艺术精神，是中国绘画自成体系的基本特征。中国绘画的写意与西方的写实主义绘画是两个截然不同的绘画体系。其艺术精神、审美取向、造形观念、时空观念、表现手段等诸多方面都是不相同的。

"写"字来自书法。书法是由独特的中国文字所形成的一门艺术，它不是造形艺术而是表现艺术，它没有造形的任务，但一笔一画都是感情的载体。"写"字用之于画，就在于强调作为造形手段的一笔一墨都应是感情的载体，从而具有相对独立的审美价值。中国绘画之主要以线造形，也是以书入画的结果。"意"是什么呢？"意"字上面是一个"音"字，下面是一个"心"字，可说是心灵的声音。所以"写意"二字，也就是用有情的笔墨来传达自己心灵的声音。"意"泛指思想、感情、个性、气质、人品、学养等精神层面的各种素质，同时指主体对客观事物的某种特定的感受。可以说某种特定的感受，是和其人的主观素质不可分割的。因此便有画如其人、人品即画品之说。

### （二）意境的追求

意境是艺术形象升华到精神层面的一种理想境界，是诗的境界，是没有任何功利杂质的、纯粹的审美境界。只有在这样的境界中人的心灵才能净化，人的精神品格才能提高。也就是所谓的陶冶性情。中国绘画中的题诗，是以文学辅助绘画，使其升华到诗的境界的一种手段。它可以使文学与绘画融为一体、相得益彰，但并非所有的中国绘画都可以题诗，在不同的画幅中，诗有可题可不题者，有必须题者，有必不能题者。在画面不容题诗的情况下，也可以"诗堂"的形式使诗与画各自相对独立而又共同创造某种意境。意境属于形而上的部分，却是中国绘画中最精妙的部分。它是以道家的虚妙和佛家的禅悟为其美学哲学基础的，是从参悟中得来的。艺术与宗教在其最高的层面上是可以互通的。

### （三）生命意蕴

顾恺之提出的"传神论"和谢赫提出的"气韵生动说"，开启了近世的生命美学。神，也就是精神，是生命现象中的一种高级形态。"气韵生动"是指画中的那种活生生的生命意蕴。宇宙万物和人都存在于一种有节律的运动中，这种节律反映在艺术中就是韵，韵就是艺术的节奏，也就是运动中的生命状态。中国绘画中的气韵是由虚实的变化产生的，虚虚实实也就是节奏。在画中如形体的大小、方圆、重轻、厚薄，线的粗细、长短、曲直、刚柔、疏密，墨的浓淡、干湿，点的聚散、错落，都是构成节奏韵律的条件，也就是使一件作品成为有机的生命体的基础。生命与气韵乃是属于整体的，是整体各个局部、各种因素的和谐。

### （四）意象造形

中国绘画的造形观念是意象造形，既不同于西方写实绘画的具象，也不同于西方现代绘画的抽象，他所画的乃是被自己所感受的对象，也就是意中之象，经由主观的选择、改造、变形、夸张，并加以想象、联想而成，这就是顾恺之说的"迁想妙得"。中国绘画家在面对对象时，首先找感觉、找灵感，是用心灵去感受它，然后开始一系列加工改造的过程，使其变为意中之象，付诸笔墨。在主客体关系上强调主体的能动性。所谓借物抒情，物（对象）只是被借来利用，抒发主观的情意才是目的。中国绘画从不模仿自然，不做自然的奴隶，而是基于强烈的创造意识去驾驭自然、改造自然、利用自然，以实现自我的价值。由于中国绘画是以意成象，而作者的性情学养又各不相同，所以面对同一对象的不同作者才能创造出千差万别、丰富多彩的艺术形象。就以画梅为例，王冕、金农、虚谷、吴昌硕、齐白石，无一类同。这是因为意象造形观念带来了表现方法的多样性，所谓以意生法，就是由不同的意产生不同的法。我无定法，因时因地因人而异，使绘画的形式语言不断变化，不断丰富，不断发展。

## （五）自由空间

绘画作为空间艺术，在西方的写实绘画中，严格遵守着透视学、光学的科学法则，连天空都是充满着物质性的空气和光的照射，需要无所遗漏地用色彩画出，而不允许有空白的画布。而中国绘画中的空白，可以是天空，可以是水面，可以是白色的墙壁，也可以什么都不是，却关乎气韵，是一种气场，是虚实变化的需要，而且虚中有实，实中有虚，虚实相生。西方写实绘画是以光造形的，物体的明暗调子、体积、色彩、空间位置等都是借光来表现的。中国绘画则是以气造形，画的是感觉，是意中之象，因此在日月灯光照射下也没有影子，黑夜也如同白昼，所以中国绘画中的空间是自由空间或叫心理空间，色彩也不是光照下的本色而是感情色彩，有时干脆就用一种墨色来代替一切颜色，叫作墨分五彩。正因为中国绘画中的空间是虚的、自由的，所以才能包容书法诗词和印章，成为融诗书画印为一体的独特的艺术形式。

## （六）笔墨语言

中国绘画的笔墨不仅是造形的手段，而是感情的载体，是一种形式语言。因此笔墨本身就有其相对独立的审美价值。所以前人总结了各种笔法墨法、皴法描法，成为各人个性化的笔墨语言。

笔墨是中国绘画的细胞，一笔一墨都包含着各自艺术的生命基因，包含着作者个性的特征，可以说都是作者生命的轨迹。石涛的"一笔说"揭示一笔与千笔万笔的关系，也就是细胞与整体生命的关系。成熟的画家是不容许有一笔败笔的，败笔就是死亡的细胞，有时会影响全局。由于笔墨本身的个性化，在以笔墨造形时，就不能如实地描写对象，而是创造出各种符号，如山石的各种皴法，树叶、苔藓的各种点法，以及云、水的表现，用线的各种描法，都是符号化了的。程式、符号是艺术地把握对象的必要手段，笔墨是细胞，各种符号是骨肉筋络及各种组织，最后才能有机地构成人体，即完整的艺术形象。

## 三、绘画鉴赏

## （一）人物画

人物画是以人物形象为主体的绘画之通称，是中国画中的一大画科，大体分为道释画、仕女画、肖像画、风俗画、历史故事画等。人物画力求人物个性刻画得逼真传神，气韵生动、形神兼备。其传神之法，常把对人物性格的表现，寓于环境、气氛、身段和动态的渲染之中。故中国画论上又称人物画为"传神"。历代著名人物画有东晋顾恺之的《洛神赋图》，五代南唐顾闳中的《韩熙载夜宴图》，北宋李公麟的《维摩诘像》，南宋李唐的《采薇图》（见图10-6）等。

图10-6 《采薇图》

《采薇图》这是一幅历史题材的绘画作品，是以殷末伯夷、叔齐"不食周粟"的故事为题而画的。李唐着力刻画了古代这两个宁死不愿意失去气节的人物。图中描绘伯夷、叔齐对坐在悬崖峭壁间的一块坡地上，伯夷双手抱膝，目光炯然，显得坚定沉着；叔齐则上身前倾，表示愿意相随。伯夷、叔齐均面容清癯，身体瘦弱，肉体上由于生活在野外和以野菜充饥而受到极大的折磨，但是在精神上却丝毫没有被困苦压倒。李唐采用这个历史故事来表彰保持气节的人，谴责投降变节的行为，在当时南宋与金国对峙的时候，可谓是"借古讽今"，用心良苦。

## （二）山水画

山水画是以山川自然景观为主要描写对象的中国画。其形成于魏晋南北朝时期，但尚未从人物画中完全分离，隋唐时始独立，五代、北宋时趋于成熟，成为中国画的重要画科。传统上，山水画按画法风格分为青绿山水、金碧山水、水墨山水、浅绛山水、小青绿山水、没骨山水等。著名的山水画有唐寅的《落霞孤鹜图》（见图10-7）。

《落霞孤鹜图》是明人唐寅山水画的代表作。画高岭耸峙，几株茂密的柳树掩映着水阁台榭，下临大江。阁中一人独坐眺望，童子侍立，远处落霞孤鹜，烟水微茫，景物十分辽阔。画法工整，山石用干笔皴擦点染，线条变幻流畅，风格潇洒苍秀，构图不落俗套。画上自题诗曰："画栋珠帘烟水中，落霞孤鹜渺无踪。千年想见王南海，

图10-7 《落霞孤鹜图》

曾借龙王一阵风。"唐寅显然是借《滕王阁序》作者王勃的少年得志，为自己坎坷的遭遇抱不平。此画近于南宋院体，和他借鉴北宋、元代的作品风格不同，是他盛年时的得意之作。

### （三）花鸟画

在中国绘画中，凡以花卉、花鸟、鱼虫等为描绘对象的画，称之为花鸟画。花鸟画中的画法有工笔、写意、兼工带写三种。工笔花鸟画即用浓、淡墨勾勒对象，再深浅分层次着色；写意花鸟画即用简练概括的手法绘写对象；介于工笔和写意之间的就称为兼工带写。著名的花鸟画如赵佶的《芙蓉锦鸡图》（见图10-8）。

图 10-8 《芙蓉锦鸡图》

《芙蓉锦鸡图》是宋徽宗赵佶的作品，现藏北京故宫博物院。全图设色艳丽，绘芙蓉及菊花，芙蓉枝头微微下垂，枝上立一五彩锦鸡，扭首顾望花丛上的双蝶，比较生动地描写了锦鸡的动态。这种表现形式，在宋代花鸟画中很是流行。五彩锦鸡、芙蓉、蝴蝶虽然均为华丽的题材，但如此构图便不同于一般装饰，而充满了活趣。加以双勾笔力挺拔，色调秀雅，线条工细沉着；渲染填色薄艳娇嫩，细致入微。锦鸡、花鸟、飞蝶，皆精工而不板滞，实达到了工笔画中难以企及的形神兼备、富有逸韵的境界。画上有赵佶瘦金书题诗一首，并有落款。

### （四）界画

界画是指用界笔直尺画线而成的绘画。界画适于画建筑物。做界画时，将一片长度约为一支笔的三分之二的竹片，一头削成半圆磨光，另一头按笔杆粗细刻一个凹槽，作为辅助工具作画时把界尺放在所需部位，将竹片凹槽抵住笔管，手握画笔与竹片，使竹片紧贴尺沿，按界尺方向运笔，能画出均匀笔直的线条。著名的界画如李嵩的《水殿招凉图》（见图 10-9）。

图 10-9 《水殿招凉图》

《水殿招凉图》为南宋李嵩所作。此图为重檐十字脊歇山顶，屋檐两头微微上翘，几条高起屋脊端头有兽头的收束构件，垂脊前端则有仙人、蹲兽装饰。屋顶瓦陇与瓦当、飞椽、套兽绘法皆极细腻，屋顶山花面搏风版相当宽阔，正中安置垂鱼，沿边又有惹草装饰。屋檐下方阑额上安补间铺作，当心间用两朵，次间各用一朵，完全符合宋代木匠建屋的技术规则，临水殿建在水边或花丛之旁，构造灵活多样。画上有闸引湖水入渠道，流至宫苑内。建在池沼上的盝顶廊桥，下用地 ，上有排叉柱，柱上架额，额间架梁，是研究宋代桥梁、水闸的宝贵资料。

## 四、绘画的旅游价值

中国古代名画作为文物，是旅游产品的重要组成部分，是人们主要的出游选择目标之一。它对旅游者具有强烈的吸引力，是人们追溯历史、回首历史、了解历史的主要途径。在旅游参观过程中，古代名画对提高旅游者的文化体验具有重要意义。古代名画欣赏可以增强旅游者的历史知识。古代名画储存着社会政治、经济、军事、文化、艺术、宗教、医学、科学技术、工艺美术等各种知识和信息，是中国历史文化知识的结晶。古代名画欣赏能给人们以历史、文化、经济和科学技术的多种知识，使人从感性与理性两个方面去认识相关的历史文化，认识先祖的才智、理想、欢乐或痛苦。古代名画欣赏可以提高旅游者的审美能力。在不同时代美学观念的指导下，古代名画无不凝聚着浓厚而独特的美学思想，展示着不同年代美的画卷，给人以丰富、多彩而又深沉、隽永的审美感受。令人百看不厌，赞叹不已。如现存辽宁博物馆的唐代画家周昉的《簪花仕女图》，描绘精细生动，敷色艳丽典雅，头发的勾染、肌肤的晕色、衣着的装饰都极尽工巧之能事，特别是透明松软的轻纱、细润光泽的肌肤的质感的表现都惟妙惟肖，给人一种妙不可言的极美的精神享受。古代名画欣赏是一种高级而又高尚的精神活动，是一种向美的精神境界的追求，它有助于审美心理的成熟，提高对名画美的形态、形式、风格的辨识能力，以及对名画美的感觉、知觉、想象、理解等的认知协调能力。

古代名画欣赏可以加深旅游者对中国历史文化的品味。古代名画一般汇集着大量的历史文化信息。无论是绘画材质的选择、形象的塑造、技术的处理，以及装饰和色彩的应用，都受到当时生活环境、生产水平和社会习惯的制约，都是当时文化状况、文化特征和文化演进的忠实记录。这些历史文物是人类在不同地域、不同时代的生存方式的充分展示和深刻反映，是人们探寻古代文明、品味历史文化、理解文化特征的理想媒介物。如清代画家郑板桥的画，粗看是一枝竹、一块石、一丛兰，但表现的却是"四时不谢之兰，百节常青之竹，万古不败之石，千秋不变之人"。画中的景物已不是现实生活中景物的复现，而是客观物象和主观感情融会后的再生，是中国历史文化的反映。在人们日益追求旅游文化品位的今天，古代绘画旅游资源越来越受到人们的重视，已成为旅游的一个热点。在旅游的过程中若能从这些历史的因素进行欣赏，必然加深对历史文化的理解和认识，这也是古代绘画旅游的独特魅力所在。

许多古代绘画可以视为历史事件以及历史阶段的典型标志，具有极其丰富的历史文化内涵。例如，五代顾闳中的《韩熙载夜宴图》，画卷共分五段。每段既互相联系又相互独立，把韩熙载听琵琶演奏、观舞、宴会间休息、听笛子演奏、宴会结束连缀成整体，反映出南唐重要政治家韩熙载的沉郁寡欢的心情。可见，从历史、文化的角度欣赏古代绘画，我们就会对文物本身及其所标志的文化与历史时期产生更深刻的理解和认识。总之，对古代绘画的欣赏，更多的是从审美、历史、文化与科学技术等角度进行综合欣赏。古代绘画所蕴含的历史文化、科学技术和审美价值，是全人类可以共享的精神财富。

# 第三节　中国雕刻

雕刻是雕、刻、塑三种创制方法的总称，指用各种可塑材料（如石膏、树脂、黏土等）或可雕、可刻的硬质材料（如木材、石头、金属、玉块、玛瑙等），创造出具有一定空间的可视、可触的艺术形象，借以反映社会生活，表达艺术家的审美感受、审美情感、审美理想的艺术。

随着国家经济发展水平的提高，越来越多的旅游爱好者喜欢游览各地的大好河山。而更多的人会发现，我国的雕刻艺术从 20 世纪 80 年代开始到现在，已慢慢从收藏性质转换为大众艺术，悄悄地出现在城市的环境里。即作为一件艺术品的存在，也同时以旅游风景的身份出现在大众的视线里。雕刻本身已经和旅游融为一体，成为旅游中不可分割的一部分。

## 一、雕刻的形式

雕刻形式较多，通常分为圆雕、浮雕和透雕三种形式。

### （一）圆雕

圆雕又称立体雕，是指非压缩的，可以多方位、多角度欣赏的三维立体雕刻。圆雕是艺术在雕件上的整体表现，观赏者可以从不同角度看到物体的各个侧面。它要求雕刻者从前、后、左、右、上、中、下全方位进行雕刻。圆雕的手法与形式也多种多样，有写实性的与装饰性的，也有具体的与抽象的，户内与户外的，架上的与大型城雕，着色的与非着色的等；雕刻内容与题材也是丰富多彩，可以是人物，也可以是动物，甚至于静物；材质上更是多彩多姿，有石质、木质、金属、泥塑、纺织物、纸张、植物、橡胶等。

### （二）浮雕

浮雕是雕刻与绘画结合的产物，用压缩的办法来处理对象，靠透视等因素来表现三维空间，并只供一面或两面观看。浮雕一般是附属在另一平面上的，因此在建筑上使用更多，用具器物上也经常可以看到。由于其压缩的特性，所占空间较小，所以适用于多种环境的装饰。近年来，它在城市美化环境中的地位越来越重要。浮雕在内容、形式和材质上与圆雕一样丰富多彩。浮雕的材料有石头、木头、象牙和金属等。

### （三）透雕

透雕是指在浮雕的基础上，镂空其背景部分。大体有两种：一是在浮雕的基础上，一般镂空其背景部分，有的为单面雕，有的为双面雕。一般有边框的称"镂空花板"。二是介于圆雕和浮雕之间的一种雕刻形式，也称凹雕或镂空雕。镂空核雕也属于透雕的一种。

## 二、雕刻的形成与发展

中国雕刻艺术起源于对石器的雕削磨制和陶器的捏塑烧制。在陶器上附加人物或动物的形象作装饰，从而使以实用为目的的陶器具有了雕刻性质。商周时代，古代雕刻的塑造、翻铸技术，随着青铜器的产生和发展而大大提高，出现了题材广泛、形式多样的人物和动物的玉、石、陶、骨器雕刻作品。战国时期人们发明了焊接技术，制作了许多青铜器及其他工艺品，丰富了古代的雕刻艺术。

秦代由于中央集权国家的建立，雕刻艺术迎来了前所未有的发展时期。统治阶级大建宫室、陵墓，大型镏金铜像、巨型石雕及陶塑大量出现，如秦咸阳宫铸十二金人。汉代雕刻以陵墓石刻为主，咸阳霍去病墓前的石刻为其代表作品，这些卧马、跃马、猛虎吃羊等石刻已有 2000 多年的历史，其中以"马踏匈奴"最为著名。此雕刻用寓意手法，以一匹气宇轩昂、傲然挺立的战马来象征这位将军的英勇，以战马把匈奴踏翻在地的情节，来赞颂这位将军的战功，堪称西汉雕刻的经典之作。

魏晋南北朝是一个佛教思想与儒学思想碰撞、交融的时期。此时，统治者大建寺院，凿窟造像，利用直观的造型艺术宣传统治者的思想。代表性的石窟为：敦煌石窟、云冈石窟、龙门石窟和麦积山石窟等。石窟内雕刻大量的佛像，有石雕、木雕、泥塑和铸铜等，佛像雕刻遂成为当时中国雕刻的主体。这些石窟在发展中不断增加新的雕刻作品，历代都对石窟进行重修、扩建、新增和补充。这个时期的雕刻特点为较注重细部的刻画，技术更圆转、纯熟，雕刻形象和题材大都为宗教题材，因而雕刻形象具有神化倾向和夸张的特征。宗教使雕刻艺术的题材单一化，但宗教精神的内在动力却也促进了大量精品的诞生。

隋唐是中国封建社会的鼎盛期，也是文学艺术发展的鼎盛期。宗教造像艺术、陵墓的装饰雕刻艺术、陪葬的陶瓷雕刻艺术及肖像造型艺术等都进入一个空前繁荣时期。宗教造像艺术在唐代有长足发展，敦煌石窟成为我国建造规模最大、开凿时间最长的石窟。历代的开凿使雕刻造像数量达到 2000 余尊。其造型或丰腴华丽，或稳重慈祥，具有和谐美的特征。除敦煌石窟外，还有龙门石窟、天龙山石窟等，其造像表现出妍丽优雅的风格，体现出盛唐的雄壮恢宏、热烈奔放、自强奋发、昂扬向上的时代精神。五代雕刻以山西平遥镇国寺万佛殿的彩塑为代表。佛像和菩萨雍容清秀、神态端庄，讲究形体比例和整体效果。隋唐另有陶俑、墓雕传世。隋代陶俑以乐舞俑、女侍俑为优，姿态变化多样，反映了贵族们奢侈豪华的生活；唐代陶俑技艺精湛，出现了在形体表面施加橙、黄、绿 3 种彩釉的人物、动物陶俑，简称唐三彩。唐代的陵墓雕刻规模宏大，胜过六朝，石刻群气魄雄伟，苍劲有力。纪念性雕刻有"昭陵六骏"。

宋代雕刻艺术承唐之余绪，宗教造像活动仍很兴盛，但已转向了南方。广元、大足、巴中、杭州和赣州等地是当时造像较集中的地方，保留下来的雕刻作品主要有两大类：一是石窟，如四川大足、通江，南京栖霞山，浙江杭州等地，都有两宋石窟遗迹；二是泥塑，存于各寺庙建筑物中，如山东长清县灵岩寺中保存有 40 尊罗汉塑像。辽、西夏、金等少数民族的雕刻作品主流风格仍多受宋影响，但在不同程度上呈现出了其民族的特色。

元代统治者对汉民族持不信任态度，但对宗教文化却很尊重，元代统治者信奉喇嘛教，对传统的佛教、道教和伊斯兰教能采取兼容的态度。因此元代的佛教造像出现"汉式"和"梵式"并立的局面。杭州飞来峰造像是元代佛教造像的代表之一。明清时代的雕刻产生了两种倾向：一是仿古，二是追求精巧、细致。宗教雕刻到明清已走向没落，除在寺院中少数造像颇具特色外，一般的水平都不高。

明清陵墓雕刻、建筑装饰雕刻比宗教雕刻有生气。如南京明孝陵墓前的石刻群很有名，造型简洁明快，气势威武不凡，而北京天安门华表上的雕刻、故宫宫殿石阶上的浮雕，以及九龙壁浮雕，想象丰富，造型生动，工艺精湛。这一时期民间雕刻小品风靡一时，材料有所扩大，泥、石、木、象牙、水晶和树根等，都被用来制作小型雕刻品，如广东潮州的木雕，大至屏风、衣柜，小至床头摆设，形式丰富多样。但总体而言，中国雕刻艺术到明清时代，已经处于衰落时期，已经无法再见到雄伟博大的汉唐风格。

## 三、美学特征

### （一）纪念性

综观中国古代雕刻艺术，不论是陶俑、陵墓雕刻，还是佛教造像，都不是单纯为了观赏需要而创作的。它首先是为统治阶级特定的政治需要，常被用来作为政治统治的工具。它总是体现特定的时代一定阶级的信仰、崇拜，或是为纪念某一历史人物和事件，纪念某种功绩和勋业的产物。所以说，中国古代雕刻常常以内容和形式富有政治性和纪念性，成为具有独立鉴赏价值的艺术品。如著名的唐代雕刻"昭陵六骏"，唐太宗在昭陵刻六骏作为纪念，实际上是赞美唐代武功勋业。即使像龙门奉先寺大佛像"方额广颐"，也带有明显的纪念性雕刻特点，此像酷似武后，学者认为它可能是"武则天的模拟像"。

纪念性雕刻的情节，要求言简意赅、启人深思，要求一眼就看到，鲜明而有意境。这个情节是作品与观众思想交流的桥梁，是形式与内容汇合的焦点。应该最能代表一个时代、一个国家、一个事件，如汉霍去病墓前的石雕。

古代雕刻匠在他们的创作中，虽然不可避免地要体现一定的统治阶级的审美理想和审美情趣，但是在作品的艺术处理中，却总要表现自己在审美上的独特感受和对生活的理解，力图创作出不拘一格、内涵丰富的雕刻艺术作品。

### （二）象征性

如同我国民间艺术所常用的托物言志、寓意于物的象征手法一样，中国古代雕刻艺术继承了这一美学风格和传统。中国雕刻艺术中反复出现的那些庄严威武的石狮、辟邪、天禄以及矫健的石马等，都不是仅仅为了表现这些神兽的形态和步姿，而是为了表现人的一定的意念，烘托一定的气氛。象征性可以说是中国古代雕刻艺术的又一美学特征。西汉霍去病墓前群雕，为了纪念青年将军霍去病英勇奋战，率师深入祁连山远征匈奴六战六捷的勋绩，艺术家不是表现英雄本身，而是表现英雄的乘骑，表现英雄威名远震的祁连山。让人从战马想到英勇善战的将军，想到浴血沙场的战士。祁连山永远使你铭记着将士们的功勋。艺术家不是用巨大数字表现千军万马，而是以一当十、以少胜多，仅以三种不同姿态的战马象征青年英雄生前的仪仗甲兵，寓意远征劲旅的艰辛与战绩，歌颂墓主人的赫赫战功。

### （三）装饰性

中国古代雕刻，往往无意于复制人物或动物的自然形态，不以如实模仿自然形态为满足，而是采取装饰手法，把自己在生活实践中所形成的某种情感、趣味和审美理想，寄托在创造性的形象中。

为了表现石狮作为动物凶猛的本能，又是作为镇墓神兽的特征，我国古代雕刻匠师把狮子的外形加以装饰性的处理。狮头上那阔大的嘴巴，鼓出来的眼睛，昂首、挺胸、张口，表现了既可怕又可爱的统一特征。它的视象特征既是令人震惊的雄伟，又给人以沉着稳定的形式美感。艺术家从客观对象的固有特征出发，经过变形、夸张，目的是强化作品的主题，美化作品的艺术形象。

为了表现"从西极，陟流沙"而来的"天马"，唐代乾陵的设计者，有意把马刻成有翅膀的翼马形象。唐代雕刻家对于菩萨的形象表现，是成功地运用了装饰手法的范例。那美丽圆熟的身躯，圆润丰满的胸背部和四肢，为飘洒精美的衣裙所覆盖，围绕着闪光的璎珞，仪容端丽，气度华贵。敦煌第158窟（中唐）的涅槃卧佛像，释迦以僧伽黎（大衣）为枕，右侧身而卧，安静地死去。这是一个悲剧性题材，但天才的雕刻家并没有过多渲染死的恐怖色彩，不像意大利文艺复兴时期大雕刻家米开朗基罗表现的耶稣殉难作品"哀悼基督"那样悲痛欲绝的神态，而是在这尊佛像上，创造了一个丰腴端庄、聪慧慈蔼、安详入睡的形象，把死亡表现得如此富有美感，在世界雕刻艺术中是罕见的。

和中国绘画一样，雕刻艺术同样强调对象精神和气韵的表现，要求形神兼备，脱形写神。著名的唐代雕刻龙门石窟中的"力士"和"天王"的形象，总是充满着力的表现，表面看来有些不合乎人体结构比例，但是夸张了的肌肉的紧张与壮健，恰好给人以强烈的力量感和咄咄逼人的气势，刻画了天王、力士勇猛神武的精神气质，表达了一定的意境和气氛。

成都天回镇出土的汉俑说书俑，若单从人物的比例和解剖关系去要求，四肢比例是不正确的，但是艺术家抓住了说书人的特点，那击鼓的姿态，眉飞色舞的特有神气，十分传神地表现了古代民间艺人的精神风貌。

## （四）类型化

如果说希腊雕刻是以"艺术模仿自然"，追求理想化的人体美，古罗马雕刻是以鲜明的人物个性的肖像为特征的话，中国古代雕刻艺术则是以类型化为自己的美学特征。中国古代绘画与雕刻艺术，都不主张面对自然实物写生，而是凭视觉记忆，调动想象力进行创作。我国元代人物画家王绎往往在人们"叫啸谈话之间，默记情貌，然后落笔"。他自己总结一条经验："默记于心，闭目如在目前，下笔如在笔底。"中国画家和雕刻家的创作，依靠平日的观察积累丰富的记忆表象，经过强化提炼为艺术形象。中国的造型艺术，具有凭记忆造型的特征。具体地说，就是类型化。往往不是拘泥于对象的某一形体比例和性格的真实刻画，而是综合了同类型对象的基本特征（形体和性格），创造出具有共性美的艺术形象。众所周知，中国古代雕刻艺术，一开始就是为一定的政治或宗教目的服务，表现一定的思想和理想的。雕刻家只能按照一定阶级的审美规范进行创作，在一定的审美理想制约下，把各种表现对象加以规范化和类型化。但也并非千人一面，缺乏个性的美。中国雕刻是通过类型来表现个性的，如佛的森严超脱、菩萨的温和妩媚、迦叶的老成持重、阿难的聪慧潇洒和天王力士的雄健威武等。罗汉是一种类型，既体现它法力广大，但还未修炼成佛的僧众的共性，又可以看出各自具有的鲜明的形象特征与个性特征，寓个性于共性之中。

### （五）与建筑、环境融为一体

我国古代雕刻，与建筑和环境的关系极为密切。雕刻作为美化建筑、烘托环境气氛的手段，是为一定的精神目的服务的。

中国古代宫殿、寺庙和陵墓等高级建筑，常用雕刻艺术来衬托建筑的艺术形象。如宫殿正门前的阙、华表、牌坊、照壁和石狮等，都有精美的雕刻作为装饰。如北京故宫天安门前布置着由白色大理石建成的七座拱桥，上面有装饰雕刻；两旁还有石狮和华表，在华表上刻着精彩的云龙浮雕；太和殿、中和殿与保和殿前，两侧都布置铜狮等动物雕刻；重檐屋顶上也有龙、凤、鱼和神等装饰雕刻。这些雕刻协调地与建筑融为一体，加强了故宫庄严富丽、神圣不可侵犯的气氛。

著名的唐代乾陵雕刻群，是建筑、雕刻与环境结合的杰作。设计者有意把石雕尺度、体量放大，当谒陵人在御道两侧庞大的雕刻群俯视下行进时，自然会感到自己的渺小，整个陵区的神圣、庄严和崇高，给人以精神上的震撼。这是古代环境艺术的典范。中国古代雕刻艺术与建筑及环境之关系，常常表现出惊人的和谐与默契，体现了"天人合一"的古典美学思想。

## 四、雕刻的旅游价值

我国的雕刻从题材分有宗教雕刻、建筑雕刻、工艺雕刻和陵墓雕刻等。至今遗留在地上、地下以及收藏在全国各地博物馆中的雕刻艺术宝藏，为旅游业的发展增添了丰富的内涵，促进了旅游业的迅速发展。

### （一）宗教雕刻

宗教雕刻是以宗教教义、故事、人物和传说为题材的雕刻。中国古代宗教雕刻以佛教雕刻艺术成就最高。现存佛教雕刻以石窟雕刻为代表，分布于新疆、甘肃、河南、河北、四川等地百余处。其中敦煌石窟、麦积山石窟、云冈石窟、龙门石窟享誉世界。

#### 1. 敦煌石窟

敦煌石窟是今甘肃敦煌一带石窟群的总称。它包括莫高窟、西千佛洞及榆林窟等，以莫高窟规模最大。据载，敦煌石窟始建于前秦时期，至元代的1000多年间，不断凿建。唐代已有1000窟龛，窟内塑有造像，四壁与天顶画满壁画，洞前建有木结构建筑，集建筑、彩塑与壁画于一体，构成金碧辉煌、绚丽多彩的佛国世界。由于敦煌自西汉张骞通西域开始，就成为东西方的交通枢纽，是印度犍陀罗文化、希腊文化和我国中原文化的汇合地，所以敦煌石窟不仅是中国古代文化艺术的宝库，也是世界古代文化艺术的宝库。

### 2. 麦积山石窟

麦积山石窟位于甘肃天水市东南 45 千米处的秦岭西端的麦积山。凿窟始于十六国后秦，后经多个朝代开凿，现存洞窟 194 个，壁画 1300 余平方米，雕刻 7200 余身，被誉为"中国彩塑博物馆"。其中，北魏、西魏时期的彩塑最为精美，形象已是典型的"瘦骨清相"的优美风格。佛、菩萨温柔亲切、秀丽婉约、宁静淳朴。

### 3. 云冈石窟

云冈石窟位于山西大同的武周山北崖，依山开凿，东西绵长 1 千米，始创于北魏兴安二年（453 年），主要石窟多完成于北魏太和十八年（494 年）迁都洛阳以前。现存洞窟 53 个，共计 1100 余龛，有石雕造像 51000 余尊。其中，最有代表性的是北魏孝文帝命昙曜和尚主持开凿的史称"昙曜五窟"，即第 16~20 窟。这五窟的主像形体硕大，气势宏伟。其相貌分别按北魏太祖至文成帝五世帝王雕刻，突出体现皇帝即"当今如来"的思想，是神权与皇权相结合的产物。20 窟大佛，是云冈石窟的代表作。此窟前壁已崩塌，大佛露天，为释迦牟尼坐像。大佛前额宽广，直鼻大耳，宽肩，头部微俯，沉思端坐。大佛形体洗练、概括，艺术成就极高，但风格仍带有印度外来影响的痕迹。

### 4. 龙门石窟

龙门石窟位于河南省洛阳市南伊水两岸，创建于北魏迁都洛阳（494 年）前后，经东魏、西魏、北齐、隋、唐、北宋 500 多年的营建，现存窟龛 2345 个，雕像 10 万余身，碑刻题记 2800 多品，以北魏的古阳洞、宾阳洞、莲花洞和唐代的奉先寺最为突出。北魏时期的造像，面孔清瘦，身材瘦小，衣纹飘曳，颇具文士之风。与云冈造像的高鼻大眼、面庞饱满、身躯壮实、慈祥中透有威武之气的形象相比，龙门石窟创造了真正有别于外来样式的中国佛教石雕像。此外，我国古代还有一些与宗教有联系的祠祀性建筑中也遗存有优秀的雕刻作品，如山西太原晋祠圣母殿的宋代彩塑就是其中突出的代表。

## （二）陵墓雕刻

陵墓雕刻是指陵墓建筑中的雕刻部分。陵墓建筑分为地上和地下两部分，地面上有坟和祭祀建筑群，地下为墓室建筑。配合地面建筑陈设在不同位置的各种石雕和雕刻，为地面上的雕刻；地下雕刻，则是地下墓壁面上的石刻，砖雕的浮雕以及画像石、画像砖等。其中以地面上的陵墓雕刻最为常见、规模宏大、成就突出。

乾陵位于陕西省乾县城北 6 千米的梁山上，是唐高宗李治和女皇帝武则天的合葬墓。从乾陵天道门踏上石阶路，计 537 级台阶，台阶尽头是一条平宽的道路直到"唐高宗陵墓"碑，这条道路便是"司马道"。两旁现有华表 1 对，翼马、鸵鸟各 1 对，石马

5 对，翁仲 10 对，石碑 2 道。东为无字碑，西为述圣记碑。有王宾像 61 尊，石狮 1 对。"唐高宗陵墓"墓碑，高 2 米，是陕西巡抚毕沅为高宗所立，原碑已毁，现在这块碑是清乾隆年间重建的。此碑右前侧的另一块墓碑，是郭沫若题写的"唐高宗李治与则天皇帝之墓" 12 个大字。昭陵是唐太宗李世民和文德皇后的合葬墓，位于陕西省礼泉县。墓旁祭殿两侧有庑廊，"昭陵六骏"石刻就列置其中。

### （三）建筑雕刻

中国的建筑发展过程中，逐渐形成了丰富多彩的建筑雕刻。在中国古建筑的窗门隔扇、梁柱斗拱、门前门上、屋脊殿角、碑座桥梁和厢楼山墙等地方，处处可见精美的木雕、砖雕和石雕作品。这些作品表现出了极高的工艺水平。

#### 1. 木雕

我国的木雕种类繁多，最著名的是浙江东阳木雕、广东金漆木雕、温州黄杨木雕、福建龙眼木雕，人称"四大名雕"。这些木雕都是因产地、选材或工艺特色而得名。木雕还分为工艺木雕和艺术木雕两大类。工艺木雕通常是指流传在民间，有悠久的历史和强烈的民族传统色彩，讲究精雕细镂、巧夺天工的木雕工艺品。工艺木雕又分纯观赏性木雕和实用性木雕两类。观赏性木雕是陈列、摆设于橱窗之上，供人观赏的小型的、单独的艺术品，利用立体圆雕或半圆雕的工艺技术雕制而成。实用性木雕是指利用木雕工艺装饰的、实用与艺术相结合的艺术品，如屏风、笔架、钟座、佛龛，以及建筑部件、家具雕饰等。艺术木雕通常是指构思精巧、内涵深刻，有独创性，能反映作者审美观、艺术方法和艺术技巧的作品。

木雕的形式大致可分为两种：一种是独立式，另一种是依附式。前者是指可以用来自由放置，并且从任何方向任何角度都能看见的所谓三维空间艺术的圆雕而言，通常是被作为室内的陈设品或案头摆件；后者是指用于装饰建筑物室内墙面或门窗等固定空间的浮雕，这类浮雕通常采用高、低、漏、透、通等多种手法来表现。

#### 2. 砖雕

砖雕是建筑三雕艺术中的主要雕刻艺术，来源于汉代画像砖。这种民间工艺美术，至少也有 2000 年的历史，是劳动人民为适应生活需要和审美要求就地取材而创作的。砖雕的实际运用范围正日益扩大，古典式园林屋面的门楼、门罩，廊的窗、景门上的门楣、漏窗间的嵌画、屏风墙南角花，以及树、阁、亭台等处，都可根据适当的位置，灵活设计，收到装饰美的艺术效果。随着社会文明建设的发展，砖雕艺术将以它"取材简易，雕制便捷，内容丰富，形式多样，群众喜爱，雅俗共赏"等优点，更广泛地进入人们的生活。

砖雕所用的砖是以经过淘洗后的精细泥土做成。在厚度不一的砖上，雕刻有各种几何图案。从近景到远景，全都镂空雕刻，最多可达到九层，前后透视，层层深入，然后烧成细泥青砖。砖雕从早期的简单粗犷、朴素的纹样，逐步演变到后期的繁复、细致华丽的结构，形成了自己独特的艺术风格。

砖雕图案的题材非常广泛，以人物为主的题材在所有砖雕中，被视为精工细作的中心。以人物为主的题材、内容包括神话传说、戏曲图谱、民间故事和习俗等；以花鸟、动物为题材的砖雕里，较多出现的是狮子图案。在民间艺人的杰作里，狮子被表现得威猛而又可爱，两种对立的感情巧妙地糅合在一起。

### 3. 石雕

中国的石艺起源很早，是分布较广的艺术形式，从巍巍壮观的万里长城到魏晋南北朝时期开凿的敦煌石窟，从富丽的十三陵到南京中山陵建筑，从故宫、颐和园皇家建筑到人民大会堂、上海外滩建筑，从皇宫庙宇雕刻到民间石艺处处可见石雕艺术作品。石雕成为中国人生活中不可或缺的部分，在宗教、建筑、园林、陵园等方面独树一帜。

石雕的形式大致也可分为两种：一种是独立式，另一种是依附式。石雕艺人用雕刀、凿子、车钻和刺条等工具，经过设计、打坯、雕刻、配垫、打光以及上蜡等工序，把一块块石头变成一件件精美的工艺品。石雕艺人善于利用石料的天然色彩、质地、纹理和形态进行精心设计，因材施艺，因色取俏，使作品的物象与石料天然妙合。

# 第四节　中国工艺品

中国工艺品艺术有明显的地域性特征，对旅游者来说比较有纪念意义。旅游者的购物动机，大多是为了纪念其难忘的旅游活动。旅游者踏入异国他乡，总希望能买到带有纪念性质的商品，这直接导致购物行为，或为自己留念保存，以便今后睹物思情，唤起对旅游生活的美好回忆，或用来馈赠亲友，唤起亲友对旅游地的向往或欣赏等。

## 一、工艺品与文化概念

工艺品是具有审美价值的生活用品，它是历史最悠久的艺术品种，是人们为满足自己的物质和精神需要，在不同的历史条件下，采用各种物质材料和工艺技术所创造的人工造物的总称。它是造型艺术的重要组成部分，在内涵和形式上保持着实用性与审美性的统一，显示出民族文化所具有的鲜明个性。

### （一）实用性

所有工艺品的产生都源于其实用价值而非审美价值，原始人类是为了生存才去制造陶器的，而不是在物质生活满足后的思乐、思美愿望驱使下才去制造的。只有当人类对所需的满足在"量"的层面上逐步实现的时候，才会提出对"质"的要求。而这种对"质"的要求，正是工艺品艺术产生和发展的动力。实用性不仅是工艺品艺术赖以生存的基础，也是创作工艺品艺术的基本条件。工艺品的造型和装饰必须以使用功能为前提并受其制约。工艺品的实用性功能还要求，在制作工艺品时，必须考虑使用的对象及使用的范围，如制作陶器要考虑它是作为茶器还是酒器，装饰性的工艺品也要考虑是要放在房间里的，还是摆在庭院中。

### （二）审美性

工艺品艺术不但以实用的功能与人们的生活发生密切的关系，而且也以它独特的艺术魅力起着美化生活、陶冶情操的作用，这一特征决定了它要采取与其他艺术形式不同的表现手法。例如，绘画所表现的内容可以是生活的各个侧面，可以是美的，也可以是丑的，作者的态度或歌颂或揭露，或讽刺或赞美，可尽情倾吐自己的喜怒哀乐。而工艺品艺术既然以美化生活、陶冶情趣为宗旨，其表现的审美对象只能是正面的、积极的、健康的，不能表现批判性。

## 二、中国工艺品艺术的形成

艺术远比宗教、政治制度等文明成果产生得早，工艺品艺术则是原始艺术中最重要的形式之一。中国的工艺品艺术从产生到发展经历了漫长的历史过程。

中国工艺品是伴随石器生产而产生的，旧石器时代的山顶洞人将磨光、钻孔的小石球，以赤铁矿染成红色，作为串饰。旧石器时代晚期已出现用兽骨、兽角和蚌壳等制成的工具和生活用具。在原始工艺品中，最令人瞩目的是陶器，以彩陶和黑陶为代表。彩陶文化多分布于黄河中上游各地，仰韶文化和马家窑文化遗址出土的彩陶令人惊艳；黑陶最早在山东章丘龙山镇发现，成为龙山文化的代表。

殷商、西周时期，社会的文明和发展拓展了工艺造物的实用内涵，宗教和礼制的出现则丰富了其精神内涵，中国工艺品艺术有了划时代的进步，表现为瓷器、青铜器、玉器工艺水平的提高。这一时期出现的原始青瓷为后世中国瓷器的辉煌艺术成就奠定了基础，青铜器以品种多、数量大、地区分布广、工艺水平高而著称，玉石加工则广泛用于制作礼器、实用器物和饰品。

春秋战国至秦汉时代的工艺品艺术显示了中国封建社会早期经济实力和意识形态的发展。越王勾践剑在历经2000多年的岁月后重见天日，依然寒光熠熠，通身没有一个锈点，显示出技术进步所创造的奇迹。战国时期的金属铸造工艺取得突出成就，代表作品有湖北随县出土的曾侯乙编钟、陕西临潼秦始皇陵园遗址出土的铜车马、河北满城出土的汉代镏金长信宫灯、甘肃武威出土的"马踏飞燕"等。秦陵浩大的兵马俑表现出当时制陶工艺的高超和写实作风，各地秦、汉墓相继出土的生活陶俑则通过夸张、简化、变形等艺术手法，显示出活跃、自然、有趣的特点，更富于装饰色彩。

中国工艺品艺术在唐代获得全面的发展，织锦、印染、陶瓷、金银器、漆器和木工等的技艺水平和生产规模都超越了前代。随着经济的发达、中外文化的交流以及思想意识的解放，隋唐工艺品艺术表现出舒展博大的气势、精巧圆润的装饰意味和富丽丰满的形态特征。宋代是中国陶瓷史的黄金时代，全国各地有许多各具特色的名窑，如汝窑、官窑、哥窑、定窑、钧窑和景德镇窑等，生产的瓷器远销世界各地。

明清商品经济和城市经济的繁荣、市民阶层的出现，以及新的文化和科学的产生，促使工艺品艺术跨入一个新阶段，其品种之繁多、技艺之精湛、手法之丰富都远远超过前代，呈现出集各历史时期之大成的局面。明清工艺品仍以传统陶瓷的创新发展最为突出，当时的景德镇已成为全国最大的瓷业中心，新的陶瓷品种也相继出现，如宜兴紫砂陶、德化白瓷、石湾瓷等，还有琉璃器、法华器和珐琅彩等。明清时期的民间工艺也呈异彩纷呈之势，如剪纸、彩灯、风筝、泥塑和各种装饰工艺画等。

中国工艺品艺术的历史呈现两条清晰的发展脉络：以实用为主体的民间工艺品艺术和以观赏为主体的宫廷及文人士大夫工艺品艺术。民间工艺品主要源自自然经济的家庭手工业，生产的目的主要是满足生产者自身的需要，生产与消费的统一，使其完满地体现了实用、审美一体的基本原则，具有朴质、刚健、明快的品质。宫廷及文人士大夫工艺品产生于官营或私营手工业作坊之中，迎合贵族和文人阶层的需要和趣味，因而侧重于显示观念意蕴和追求观赏把玩价值，推崇精雕细刻、矫饰奇巧。

## 三、中国工艺品艺术的特点

中国工艺品是中华民族的文化精神和审美意识的结晶，是千百年来无数工匠、艺人辛勤创造的产物，体现了中国人民的勤劳和智慧。它以独到的境界、高雅的风范、永恒的魅力展示出鲜明的美学特征。

### （一）和谐精神

中国古典艺术是古代天人观的反映，天人合一的思想认为宇宙和人类是统一的，是相互依存、和谐相处的，人与宇宙、人与自然、人与人、灵与肉是和谐的统一体。因此，中国艺术的基调是平静、和谐与乐观的。中国传统的艺术思想非常重视人与物、用与美、形与神、材与艺等因素相互间的关系，追求"和"与"宜"的理想境界，这使中国工艺品呈现出高度的和谐性。具体表现为外观的物质形态与内涵的精神意蕴的和谐统一，实用性与审美性的和谐统一，感性关系与理性规范的和谐统一，材质工艺与意匠营构的和谐统一。

### （二）象征意味

象征是艺术创作的基本艺术手法之一，它指以具体事物的外在特征寄寓深邃的思想，使抽象的概念具体化、形象化，并延伸描写的内蕴，创造一种艺术意境，以引起人们的联想，增强作品的表现力和艺术效果。中国的工艺品艺术非常重视表达人的内心世界，中国的传统观念和民间习俗中，有许多自然物都具有人们熟知的象征意义，如喜鹊象征吉祥、鸽子象征和平、鸳鸯象征爱情等，这成为工匠、艺人艺术创造的丰富素材，用来表达特定的意蕴。中国工艺思想还非常重视造物在伦理道德上的感化作用，既强调感官愉快与情感满足的联系，同时要求这种联系符合伦理道德规范。因此，中国传统的工艺品往往含有特定的寓意，它借助造型、体量、尺度、色彩或纹饰来象征性地喻示伦理道德观念。

## （三）线条灵动

相对于西方艺术对造型的面和体的重视，中国艺术更重视的是线，突出造物的曲线美。早在仰韶文化时期，描画着各种水纹、云纹的陶器就大量出现，这些曲线饱含着神秘的意蕴和勃勃的生机。中国艺术重视曲线的传统来源于中国古代思想。古代思想家认为，天地之间充塞阴阳，阴阳流动回旋构成万物，因此曲线是富有生命力的构造。道家认为柔软曲折战无不胜，老子称"上善若水"，而水的流动是呈曲线的。这种观点渗透到艺术中，引导艺术家崇拜曲线和空灵。由曲线构成的结构范式富有生命的韵律和循环不息的运动感，使中国工艺造物在规范严整中又显变化活跃、疏朗空灵。

## （四）因材施艺

孔子说"文质彬彬，然后君子"，他的教育理念中十分重视因材施教，这种思想传统在中国的工艺品艺术中也体现得很明显。中国工艺思想重视工艺材料的自然品质，主张理材、因材施艺，在创作中总是尊重材料的规定性，充分利用或显露材料的天生丽质，使人为顺应自然，达到自然与人文的完美结合。这种卓越的意匠使中国工艺造物具有自然、天真、恬淡、优雅的趣味和情致。

# 四、中国工艺品艺术的审美

中国人对工艺品的审美观念强调内容与形式的和谐统一，注重美好意境的营造。

## （一）中国工艺品艺术的审美意识

审美意识指客观存在的审美对象在人们头脑中的反射和能动的反映，也称为"美感"。有人认为人的审美意识是天生的，如柏拉图就认为人的审美意识是与生俱来的，孟子也认为人生来就有对美丽色彩、美妙声音和美味佳肴的向往，并以此作为其"性善论"的依据。我们认为，人的审美意识取决于其社会实践活动，并在社会实践中不断发展变化。不同民族、不同历史时期、不同阶层的人的实践活动是有差异的，因而，审美意识有民族、时代、阶级，乃至个人的独特性、差异性。审美意识为客观存在的美所决定，同时又反作用于人们创造美的实践。中国由于其独特的历史文化背景，形成了独特的审美意识追求。

### 1. 和谐统一的形式美

中国传统的文化观念重视和谐，包括人与自然的和谐、人与人的和谐相处，中国人的思维方式也是注重整体的思维方式，因而对和谐统一的整体美的追求是中国工艺品艺术的一大特色。为实现这一艺术追求，中国工艺品往往强调重复手法的运用，重视作品的对称与均衡，关注点、线、面、色的对比与调和，注重形体、色彩的节奏与韵律。

### 2. 作为骨架的造型美

我国古代的工艺理论认为，器物的造型犹如人体的骨架，是形象的根本。在工艺品艺术领域，陶瓷、青铜器、漆器、家具及编织等，无不以造型作为工艺形象的基本因素。工艺品的造型建立在实用的基础上，在充分发挥材质美的前提下，最大限度地满足人们的审美要求。中国工艺品的造型大致可以分为两类：一类是自然形，如葫芦、佛手、莲花及各种动物和人物，这些形象是工艺品造型的客观根据和基本形态；另一类是人造型，是根据空间的需要和人的审美趣味来进行的自由创造。

### 3. 娱悦视觉的色彩美

色彩是一般审美感觉中最普遍、最大众化的形式。人类对于色彩美的感受似乎是一种天性，五彩缤纷的气球、玩具，可以引起婴儿的微笑，鲜红的苹果、橙黄的柑橘、彩色的糖果能够引起幼儿的食欲。很显然，色彩在艺术作品中地位显著。工艺品的色彩包括天然本色和装饰色彩两种。天然本色是材料固有的色彩，它自有美的韵味和诱人的魅力，人们在塑造工艺形象时应尽可能充分地表现出它的美，如玉石、木料的天然色。装饰色彩是人为的色彩，是追求理想效果和象征意义的色彩，它在客观色彩的基础上，进行大胆的归纳、夸张，使之更有条理、更带有人的主观愿望。中国工艺品的色彩运用既体现了对自然的向往，也表达了人的思想感情，体现出色彩在中国文化观念中独特的象征意义，如红色象征喜庆、黄色象征高贵、紫色象征吉祥等。

### 4. 构图美与纹样美

构图是指对器物表面的图案进行描绘和表现，它以装饰为目的，借助各种手段突出表现图案的形式美。在中国传统工艺品的构图设计中，最为突出的是想象手法的运用。中国的工匠艺人往往以自然物为素材，以传统的文化观念和民间习俗为基点，用丰富的想象力创造出精美别致的构图，表现和寄托中国人内心的理想和愿望。如用佛手、桃子和石榴构成的图案表现"多福多寿多子"，以喜鹊和梅枝的图案表示"喜上眉梢"，以柿子和如意构成的图案表示"事事如意"。中国的工艺品艺术有着一个绚丽而引人入胜的纹样世界。纹样最早出现于原始社会的彩陶，它一经出现便一直活跃于工艺品艺术领域。中国传统纹样在各个不同的历史时期，有着不同的风格特征。如魏晋南北朝时期，天下分裂、战乱不息，对乱世的失望与对和平的向往使象征佛教的莲花图案取代了汉代的朱雀玄武、青龙白虎；盛唐时代，政治开明、社会安定、经济繁荣、文化兴盛，于是纹样的风格变得雍容、丰满，透露出博大的气势和旺盛的生命力；北宋时期，世风朴实，人的心境和意绪成了艺术和美学的主题，这一时期的纹样则变得精巧。中国的传统纹样有其自身的内容与形式，一向为中国人民所喜闻乐见。

### （二）中国工艺品艺术的审美意境

中国的工艺品艺术秉承的是中国传统的思想观念，而意境正是中国传统的思想观念在艺术上的表现。意境之美在于它体现了一种永恒的生命力，一种与天地同呼吸、与万物共命运的宇宙境界。

宗白华先生说："中国人的个人人格、社会组织及日用器皿，都希望能在美的形式中，作为形而上的宇宙秩序，与宇宙生命的表征，这是中国人的文化意识，也是中国艺术境界的最后根据。"而这种宇宙秩序、宇宙生命在艺术领域中是以"意境"体现出来。

意境是景与情的结合、象与意的统一，工艺品的意境在于其形象的意味，在于这一形象对人的思想情感的委婉含蓄的表达。这里，以中国的陶瓷工艺为例，探讨中国工艺品艺术的审美意境。中国的陶瓷无论从造型、线条还是色彩、装饰上都具有有限中透出无限的意境美。如魏晋时期由于"士"的清谈与玄思，青瓷的颜色首先符合"士"的审美理想，因为青瓷的青既与玉色相似，又与江南山水的颜色相近，恬淡宁静的青色给魏晋"士"人留下无限遐想。

中国陶瓷以天然瓷土和水为材料，外加"火"烧制而成，在最初的实用观驱使下，中国陶瓷已经具有了精致的造型、华丽的色彩和精美的装饰。釉的发明给中国陶瓷带来革命性的变化，它使得中国的瓷器始终带着温润如玉的质感，这种瓷面的质地美正是在自然造化的基础上形成的，无论薄如蛋壳、精巧剔透的薄胎瓷，还是清澈如水、意蕴幽远的青瓷，抑或类银类雪、色调清虚的白瓷，都体现出这种自然的造化。如果说瓷质是"境"，那么，瓷面则是"意"，而中国瓷器的瓷面总是流光溢彩，似乎带着一股来自宇宙的生命气流。而如果从造型、色彩及装饰等各方面综合考察，就会发现它是内敛的，即使是具有民间风味的磁州陶瓷，尽管它的装饰题材具有很强的写实性，却仍给人以丰富而深刻、活泼而不张扬的韵味。中国陶瓷艺术可以说意无穷、味高远，它以自然的泥土，配以工匠艺人的高超技艺，浸润着中国文化的内涵，通体流淌着中国艺术意境的血液，于有形中显出无穷无尽的象征意味。

## 五、中国工艺品艺术的旅游价值

中国幅员辽阔，不同地区不同的自然环境、气候条件和文化氛围造就了不同特色的工艺品，如江西景德镇的瓷器、江苏宜兴的紫砂陶、山东潍坊的风筝、北京的景泰蓝、河南淮阳的泥泥狗等。同一种工艺品也会因产地不同而具有不同的风格，如我国的四大名绣等。富于地方特色和民族风情的工艺品对游客有着很强的吸引力，这是一份独特的旅游资源，值得深入发掘。

### （一）中国主要工艺品及其产地分布

#### 1. 玉器

中国玉器以其优良的质地，巧妙的造型而令人羡慕和惊异。玉器起源于石器制作，早在新石器时代，人类就开始把与石混同的"美石"识别出来，作为美化性装饰品。仰韶文化中已有玉佩出现，商周时期，琢玉技艺已相当成熟，发展到西汉时期，玉器开始渗入人们的日常生活，出现了玉环、玉钩、玉灯和玉盘等。宋代是我国玉器工艺的重要时期，琢玉艺人运用玉料的自然色彩，巧妙地构思，名为"俏色"。明清时期，民间作坊制作玉器颇为繁盛，技法上除浮雕、半立体雕刻、圆雕和镂空外，还创造了镶嵌、加金等新工艺。明代玉器的制作中心有北京、苏州等地，清代又出现了南京、杭州、扬州、天津等新的创作玉器的中心。

我国古代的玉器从作工上看，有"时作玉"和"仿古玉"两种。时作玉是应时之作，造型丰富，图案精美。仿古玉是仿效古代之作，它始于宋代，盛于明、清。现代玉器风格有二：一种是空灵、细巧、飘逸，另一种为古朴、浑厚、端庄。玉器制作以北京、上海和广州等地较为著名。

#### 2. 景德镇瓷器

中国是瓷器的故乡，瓷器是中华民族对世界文明的伟大贡献。自"原始青瓷"问世之后，中国瓷器历经 2000 多年，在宋代发展到巅峰，烧造技术达到完全成熟的程度。宋代闻名中外的名窑很多，而在众多名窑当中，历时千余年仍长盛不衰的则是景德镇窑。

景德镇从东汉起制陶，唐代所产瓷器曾被称为"假玉器"。宋真宗景德年间派官员到这里督办瓷务，始名景德镇。其瓷器以"白如玉，明如镜，薄如纸，声如磬"的独特风格蜚声海内外，青花、玲珑、粉彩和颜色釉合称景德镇四大传统名瓷，薄胎瓷人称神奇珍品，雕刻瓷为我国传统美术工艺品。

#### 3. 景泰蓝

景泰蓝，又名"铜胎掐丝珐琅"，是一种瓷铜结合的独特工艺品。制作景泰蓝先要用紫铜制胎，接着工艺师在上面作画，再用铜丝在铜胎上根据所画的图案粘出相应的花纹，然后用色彩不同的珐琅釉料镶嵌在图案中，最后再经反复烧结，磨光镀金而成。景泰蓝的制作既运用了青铜和瓷器工艺，又融入了传统手工绘画和雕刻技艺，堪称中国传统工艺的集大成者。这种铜的珐琅器创始于明代景泰年间，因初创时只有蓝色，故名景泰蓝。

现在的景泰蓝工艺大有提高，造型多样，纹饰品种繁多，深受海内外游客喜爱。2006 年 5 月 20 日，景泰蓝制作技艺经国务院批准列入第一批国家级非物质文化遗产名录。2007 年 6 月 5 日，经文化部确定，北京市的钱美华、张同禄为该文化遗产项目代表性传承人，并被列入第一批国家级非物质文化遗产项目 226 名代表性传承人名单。

### 4. 刺绣

刺绣起源很早，东周已设官专司其职，至汉已有宫廷刺绣。历数千年的发展，刺绣已成为中国工艺品艺术最具代表性的成果之一，它与地方文化相结合，形成今天的四大名绣。

苏州刺绣素以精细、雅洁著称，图案秀丽、色泽文静、绣工细致、形象传神，双面绣《金鱼》《小猫》是苏绣的代表作。湘绣常以中国画为蓝本，色彩丰富鲜艳，强调颜色的阴阳浓淡，形态生动逼真，风格豪放，有"绣花能生香，绣鸟能听声，绣虎能奔跑，绣人能传神"的美誉。粤绣构图繁而不乱，色彩富丽夺目。一般多作写生花鸟，富于装饰味，常以凤凰、牡丹、松鹤、猿、鹿，以及鸡、鹅等为题材，混合组成画面。配色选用反差强烈的色线，常用红绿相间，炫耀人眼，宜于渲染欢乐热闹气氛。蜀绣以软缎和彩丝为主要原料，题材内容有山水、人物及花鸟虫鱼等，以龙凤软缎被面和传统产品《芙蓉鲤鱼》最为著名。

### 5. 年画

年画是中国画的一种，是我国特有的绘画体裁，也是独具特色的民间工艺品，大都用于新年时张贴以装饰环境，含有祝福新年吉祥喜庆之意。年画画面线条单纯、色彩鲜明、气氛热烈愉快，常以神仙、历史故事、戏剧人物作题材。年画艺术是中国民间艺术的先河，也是中国社会的历史、生活、信仰和风俗的反映。千百年来，年画不仅是年节的点缀，还是文化流通、道德教育、审美传播、信仰传承的载体。同时，它又是一部地域文化的辞典，反映各地域鲜明的文化个性。传统民间年画多用木版水印制作，主要产地有天津杨柳青、苏州桃花坞、山东潍坊、四川绵竹及河南朱仙镇等。

## （二）工艺品艺术与旅游商品

我国的旅游商品市场还存在极大潜力，亟待进一步开发。而我国各具地方特色的工艺品艺术则为旅游商品的开发提供了丰富的资源。旅游商品一般来说包括旅游纪念品、工艺品饰品和收藏品。

### 1. 旅游纪念品

旅游纪念品是游客在旅游过程中购买的精巧便携、富有地域特色的纪念品。真正的旅游纪念品具有浓厚的地方色彩和鲜明的地域特征，是区域性文化的杰出代表，具有自己的独立性和不可替代性，具有永久的纪念价值和收藏价值。旅游纪念品是一个地区、一座城市的名片，世界上许多著名旅游胜地都有精美的旅游纪念品，如法国巴黎的埃菲尔铁塔耳坠，美国纽约的自由女神钥匙扣，荷兰阿姆斯特丹的小瓷鞋、小风车，日本东京的和服娃娃，韩国首尔的小腰鼓等。我国也有歙砚、湖笔、徽墨、宣纸，以及杭州王星记扇子、苏州双面绣、福州寿山石、洛阳唐三彩和西安铜车马等。

旅游纪念品作为一种地域信息性和纪念性很强的商品，是一个地区的传统文化、民族民俗风情的浓缩，游客带走的是一个地区、一座城市文化品位的缩影，通过旅游纪念品能够起到游客与当地的文化艺术进行交流的作用，对于旅游地也是一种侧面的宣传。因此，旅游纪念品的开发不仅体现着经济效益，更承载着社会效益。以工艺品为主体的特色旅游纪念品仍然是，也将长期是旅游购物市场中的重要组成部分，对其进行开发的关键在于如何在产品设计上不仅反映优秀的传统文化，也能体现当代人的文化需求，在生产上摆脱落后的手工艺的束缚，运用现代科学技术，使产品具有适应旅游者新的需求的新面貌。

### 2. 工艺品饰品

饰品是用来美化人自身的装饰物，包括身体携带的装饰物，如钗、簪、头花、耳环、耳坠、项链、手镯和戒指等；也包括衣服上的装饰物，如领花、胸花、领带夹和袖扣等；还包括人随身携带或经常使用的物品、器械上的装饰物，如扇坠、钥匙坠、背包上的挂件和汽车内的饰物等。以其工艺美术价值而非材质的高贵见长的饰品即工艺品饰品。工艺品饰品是旅游纪念品的主要形式，因为它体积小、分量轻、便于携带，价格也比较低廉，所以，不仅可自己留作纪念，还可用来馈赠亲友，能完美地体现"礼轻情意重"的含义。

### 3. 收藏品

人们为着各种目的所进行的收藏，其对象是极为广泛的，对数量巨大、种类繁多的收藏品进行科学分类也是比较困难的。有人曾将各种私人收藏分为自然历史、艺术历史、人文历史和科普历史四类。自然历史类包括昆虫标本、海洋生物及标本、雨花石、奇石等，即以自然界的各种物品为主；艺术历史类包括烟标、烟具、火花、微雕、茶具、瓷刻和书画等；人文历史类以图书、报刊、资料和民俗等类物品为主；科普历史类包括算具、钟表、钥匙和藏酒等类。作为工艺品的收藏，强调的是藏品的艺术价值，而作为旅游工艺品的收藏则还要体现历史文化和地域文化的特征。如果说饰品以价廉物美取胜的话，收藏体现的则是货真价实，并因此而具有升值的空间。这是收藏品区别于一般旅游纪念品的重要特征。

### 【本章小结】

本章主要介绍了中国书法的历史、审美及名家，中国绘画的历史、艺术特征及鉴赏，中国雕刻艺术的类别及审美特征，中国工艺美术的类别及审美特征。

### 【复习思考题】

1. 如何鉴赏中国书法？
2. 中国绘画如何表现意境？
3. 简述中国雕刻的分类。

# 参考文献

1. 陈锋仪. 中国旅游文化［M］. 西安：陕西人民出版社，2005.

2. 王勇，吕迎春. 中国旅游文化［M］. 大连：大连理工大学出版社，2009.

3. 喻学才. 旅游文化［M］. 北京：中国林业出版社，2004.

4. 管维良. 中国历史与文化［M］. 重庆：重庆大学出版社，2009.

5. 谢元鲁. 旅游文化学［M］. 北京：北京大学出版社，2007.

6. 唐鸣镝. 中国古代山水［M］. 北京：旅游教育出版社，2004.

8. 杭磊. 中国名胜［M］. 重庆：重庆出版社，1999.

9. 曹林娣. 中国山水文化［M］. 北京：中国建筑工业出版社，2000.

10. 周文. 中国风景名胜［M］. 哈尔滨：哈尔滨出版社，2003.

11. 钟贤巍. 旅游文化学［M］. 北京：北京师范大学出版社，2004.

12. 王冬青，杨光. 全国导游基础知识［M］. 大连：大连理工大学出版社，2004.

13. 华国梁. 中国旅游文化［M］. 北京：中国商业出版社，2003.

14. 尹华光. 旅游文化［M］. 北京：高等教育出版社，2003.

15. 沈祖祥. 旅游与中国文化［M］. 北京：旅游教育出版社，2002.

16. 潘宝明. 中国旅游文化［M］. 北京：中国旅游出版社，2005.

17. 康玉庆，何乔. 中国旅游文化［M］. 北京：中国科学技术出版社，2004.

18. 王明煊. 中国旅游文化［M］. 杭州：浙江大学出版社，2006.

19. 王明强. 中国旅游文化［M］. 天津：天津大学出版社，2008.

20. 李伟. 中国旅游文化［M］. 北京：清华大学出版社，2010.